[illegible]

女九明年貳佐氣 [illegible]

男明商三拾伍歲 龜松甫拾貳庚付 [illegible]

男思社拾貳拾年氣 白丁 [illegible]

[illegible]

男明奉主貳拾[illegible] 白丁 [illegible]

[illegible]

敦煌社會歷史文獻釋録第一編

主編：郝春文、副主編：游自勇

英藏敦煌社會歷史文獻釋録 第十八卷

郝春文、游自勇、石冬梅、宋雪春、管俊瑋、武紹衛、聶志軍 編著
田衛衛 助編

SSAP
社會科學文獻出版社
SOCIAL SCIENCES ACADEMIC PRESS (CHINA)

本書第十八卷　係
國家社會科學基金重大項目（10&ZD080）
國家古籍整理出版資助項目

敦煌社會歷史文獻釋録

凡例

一　本書係大型文獻圖集《英藏敦煌文獻》的文字釋録本。其收録範圍、選擇内容均與上書相同，但增收該書漏收的部分佛教典籍以外文獻；對於該書未收的佛經題記，因其具有世俗文書性質，亦予增收；對於該書所收的部分佛經，本書則予以剔除。凡屬增收、剔除之文書，均作説明。

二　本書的編排順序係依收藏單位的館藏編號順序排列。每號文書按正背次序排列，背面以『背』（V）表示。文書正背之區分均依文書原編號。發現原來正背標錯的情況，亦不改動，但在『説明』中加以提示。

三　凡一號中有多件文書者，即以件爲單位依次進行録校。在每件文書標題前標明其出處和原編號碼。

四　每件文書均包括標題、釋文兩項基本内容；如有必要和可能，在釋文後加説明、校記和有關研究文獻等内容。

五　文書的擬題以向讀者提供盡量多的學術信息爲原則，凡原題和前人的擬題符合以上原則者，即行採用；不符者則重新擬題。

六　凡確知爲同一文書而斷裂爲兩件以上者，在『説明』中加以提示；若能直接綴合，釋文部分將逕録綴合後的釋文。

七　本書之敦煌文獻釋文一律使用通行繁體字釋録。釋文的格式採用兩種辦法，對有必要保存原格式的文書，以忠實原件、反映文書的原貌爲原則，按原件格式釋録；沒有必要保存原格式的文獻，則採用自然行釋録。原件中之逆書（自左向右書寫），亦不改動；一件文書寫於另一件文書行間者，分別釋録，但加以説明。保存原格式的文書，原文一行排不下時，移行時比文書原格式低二格，以示區別。

八　釋文的文字均以原件爲據，適當吸收前人的研究成果。如已發表的釋文有誤，則逕行改正，並酌情出校。

九　同一文書有兩種以上寫本者，釋録到哪一號，即以該號中之文書爲底本，以其他寫本爲參校本；有傳世本者，則以寫本爲底本，以傳世本爲參校本。

一〇　底本與參校本内容有出入，凡底本中文字文義可通者，均以底本爲準，而將參校本中之異文附於校記，以備參考。若底本有誤，則保留原文，在錯誤文字下用（ ）注出正字；如底本有脱文，可據他本和上下文義補足，但需將所補之字置於〔 〕內；改、補理由均見校記。

一一　原件殘缺，依殘缺位置用（前缺）（中缺）（後缺）表示。因殘缺造成缺字者，用

□表示，不能確知缺幾個字的，上缺用□表示，中缺用□表示，下缺用□表示，一般佔三格，但有時爲了保持原文格式，可適當延長，視具體情況而定。

一二　凡缺字可據别本或上下文義補足時，將所補之字置於□内，並在校記中説明理由；原文殘損，但據殘筆劃和上下文可推知爲某字者，逕補；無法擬補者，從缺字例；字跡清晰，但不識者照描，在該字下注以『（？）』，以示存疑；字跡模糊，無法辨識者，亦用□表示。

一三　原書寫者未書完或未書全者，用『（以下原缺文）』表示。

一四　原件中的俗體、異體字，凡可確定者，一律改爲通行繁體字；有些因特殊情況需要保留者，用（　）將正字注於該字之下。

一五　原件中的筆誤和筆劃增減，逕行改正；出入較大的保留，用（　）在該字之下注出正字，並在校記中説明理由。

一六　原件中的同音假借字照録，必要時用（　）在該字之下注出本字，或出校説明。

一七　原件有倒字符號者，逕改；有廢字符號者，不録；有重疊符號者，直接補足重疊文字；均不出校。有塗改、修改符號者，只録修改後的文字；不能確定哪幾個字是修改後應保留的，兩存之。有塗抹符號者，能確定確爲作廢者，不録；不能確定已塗抹的文字，則照録。原寫於行外的補字，逕行補入行内；不能確定補於何處者，仍照原樣録於夾行中。

一八　原件中的衍文，均保留原狀，但在校記中注明某字或某字至某字衍，並説明理由。

一九　文書中的朱書和印跡，均在説明中注明。

二〇　本書收録與涉及的敦煌文獻，在標明其出處時，使用學界通用的略寫中文詞和縮寫英文詞，即：

『斯』：倫敦英國國家圖書館藏敦煌文獻斯坦因（Stein）編號

『北敦』（BD）：北京中國國家圖書館藏敦煌文獻編號

『Ch BM』：倫敦英國國家博物館藏敦煌絹紙畫編號

『Ch IOL』：倫敦英國印度事務部圖書館藏敦煌文獻編號

『S. P』：倫敦英國國家圖書館藏敦煌文獻木刻本斯坦因（Stein）編號

『伯』：巴黎法國國立圖書館藏敦煌文獻伯希和（Pelliot）編號

『Дх.』：聖彼得堡俄羅斯聯邦科學院東方文獻研究所藏敦煌文獻編號

『Φ.』：聖彼得堡俄羅斯聯邦科學院東方文獻研究所藏敦煌文獻弗魯格（Флуг）編號

目録

斯三九二七　瑜伽師地論卷第卅題記

釋文

大中十一年四月廿一日，苾芻明照寫〔一〕。

大唐大中十一年歲次丁丑六月廿二日〔二〕，國大德三藏法師沙門法成於沙州開元寺説畢〔三〕。

説明

此件《英藏敦煌文獻》未收，現予增收。自第二行起爲朱書。其中之『明照』又見於斯七三五、Дх一六一〇、BD一二二〇〇等號寫經題記；『法成』即活動於吐蕃管轄敦煌後期至歸義軍初期的譯經三藏吴和尚（參看《講座敦煌7敦煌と中國佛教》，三八三至四一四頁）。大中十一年即公元八五七年。

校記

〔一〕『苾芻』，《敦煌遺書總目索引新編》《敦煌碑銘讚輯釋》（增訂本）漏録。

〔二〕『大唐』，《敦煌碑銘讚輯釋》（增訂本）漏録；『丑』，《敦煌遺書總目索引新編》《敦煌碑銘讚輯釋》（增訂本）釋作『酉』，誤；『二』，《敦煌遺書總目索引新編》《敦煌碑銘讚輯釋》（增訂本）均釋作『三』，誤。

〔三〕第一個『沙』，《敦煌遺書總目索引》釋作『法』，誤，《中國古代寫本識語集録》《敦煌遺書總目索引新編》《敦煌碑銘讚輯釋》（增訂本）漏録；『門』，《中國古代寫本識語集録》《敦煌遺書總目索引新編》《敦煌碑銘讚輯釋》（增訂本）漏録；第二個『沙』，《敦煌遺書總目索引新編》《敦煌碑銘讚輯釋》（增訂本）均釋作『甘』，誤；『開元』，《敦煌遺書總目索引新編》《敦煌碑銘讚輯釋》（增訂本）均釋作『修多』，誤。

參考文獻

Descriptive Catalogue of the Chinese Manuscripts from Tunhuang in the British Museum, The Trustees of the British Museum, London 1957, p. 123（録）；《敦煌寶藏》三二册，臺北：新文豐出版公司，一九八二年，三六二頁（圖）；《敦煌遺書總目索引》，北京：中華書局，一九八三年，一八八頁（録）；《講座敦煌7敦煌と中國佛教》，東京：大東出版社，一九八四年，三八三至四一四頁；《敦煌佛教の研究》，京都：法藏館，一九九〇年，八四至一一二頁；《中國古代寫本識語集録》，東京大學東洋文化研究所，一九九〇年，四一五頁（録）；《敦煌研究》一九九三年二期，一至四頁；《敦煌碑銘讚輯釋》，蘭州：甘肅教育出版社，一九九二年，八六頁（録）；《敦煌遺書總目索引新編》，北京：中華書局，二〇〇〇年，一一九頁（録）；《敦煌學・日本學：石塚晴通教授退職紀念論文集》，上海辭書出版社，二〇〇五年，六五至七四頁；《歸義軍史研究——唐宋時代敦煌歷史考索》，上海古籍出版社，二〇一五年，三頁；《敦煌碑銘讚輯釋》（增訂本），上海古籍出版社，二〇一九年，一三七頁（録）。

斯三九二七背　　一　丑年聽法題記

釋文

丑年六月廿二日説了。

説明

以上題記朱筆書寫於《瑜伽師地論》卷第卅卷背，應和正面的朱筆題記一樣，記録的是唐大中十一年歲次丁丑六月廿二日國大德三藏法師沙門法成於沙州開元寺講授《瑜伽師地論》之事。《敦煌寶藏》《英藏敦煌文獻》均未收，現予增收。

參考文獻

Descriptive Catalogue of the Chinese Manuscripts from Tunhuang in the British Museum, The Trustees of the British Museum, London 1957, p. 123（録）；《中國古代寫本識語集録》，東京大學東洋文化研究所，一九九〇年，四一五頁（録）。

斯三九二七背　二　雜寫

釋文

淨今（？）銀（？）□

説明

以上文字係時人隨手所寫，筆跡與上件不同，亦係朱書。《敦煌寶藏》和《英藏敦煌文獻》亦均未收，現予增收。

斯三九二九背＋斯三九三七背　節度押衙知畫行都料董保德等功德記抄

釋文

蓋聞三身化現〔一〕，化周三界之儀；四智圓明，圓救四生之苦〔二〕。迦毗示跡，夢瑞誕於峗巒；震旦垂風，靈祥生於宕谷。爰自樂傳遥禮〔三〕，法良起崇，君臣締構而興隆，道俗雋（鐫）粧而信仰〔四〕。石壁刀削〔五〕，蟲書記仙巖之文〔六〕；鐵嶺錐穿，像跡有維摩之室。金容寶相〔七〕，晃耀千龕；月面星儀，晶暉萬窟〔八〕。仙葩聖果〔九〕，遍林麓以馨鮮；異獸祥禽，滿溪巒而遨躍。三賢道者，進道茅菴〔一〇〕；十地聖人，證聖草屋。矧以脩行張老，寂住其中，餐苦參子以充齋〔一一〕，著麻莎（紗）裳而弊（蔽）體〔一二〕。乃有往來瞻禮，見燈炎於黄昏〔一三〕；去返巡遊，睹香雲而（於）白日〔一四〕。疑是觀音菩薩，易體經行；薩訶聖人〔一五〕，改形化現〔一六〕。由是山頭谷地，佛刹之精麗難名；窟宇途間〔一七〕，梵室之殊嚴莫喻。厥有節度押衙知畫行都料董保德等〔一八〕，謙和作志，温雅爲懷。抱君子之清風，蘊淑人之勵節。故得丹青巧妙〔一九〕，粉墨希奇，手跡及於僧瑶（繇）〔二〇〕，筆勢鄰於曹氏。畫蠅如活，佛鋪妙似於祇園〔二一〕；邈影如生〔二二〕，聖會雅同於鷲嶺。而又經文粗曉，禮樂兼精，實聖代之賢能，乃明時之應世。時遇　曹王，累代道俗興平，營善事而無停，增福因而不絶〔二三〕。或奉上命驅策，或承信仕招攜〔二四〕。每廣受於纏盤〔二五〕，亦厚霑於賞賜。家資豐足，人食有餘。乃與上下商宜，行侣評薄〔二六〕。君王之恩隆須報，信心之敬重要酬，共脩功德，衆意如何？尋即大之與小，尊之與卑，異口齊歡，同音共辦。保德自己先依當府子城内北街西横巷東口弊居〔二七〕，聯壁形勝之地〔二八〕，創建蘭若一所。刹心四廊，圖塑諸妙佛鋪；結脊四角，垂拽鐵索鳴鈴〔二九〕。宛然具足〔三〇〕。新疑彌勒之宫〔三一〕，創似育王之塔。其斯積善之家〔三二〕，長幼歸依敬信〔三三〕。又云又云。又於窟宇講堂後〔三四〕，建此普浄之塔〔三五〕。四壁圖會云云〔三六〕。是以五土分平〔三七〕，迴開靈刹；三峗特秀〔三八〕，勢接隆基〔三九〕。輝浮孟敏之津，影輝神農之水。門開慧日，窗豁慈雲。清風鳴金鐸之音，白鶴沐玉毫之舞。果脣疑笑〔四〇〕，演花句於花臺〔四一〕；蓮臉將然〔四二〕，披葉文於葉座〔四三〕。威靈罕測，諒瞻仰之難思；色相可求〔四四〕，固歸依而有屬〔四五〕。功德既畢，心願斯圓。

　　蓋聞三身化現〔四六〕，化周三界之儀；四智圓明，乃救四生之苦〔四七〕。迦毗示跡〔四八〕，夢瑞誕於峗巒；震旦垂風，靈祥生於宕谷。爰自樂傳遥禮，法良起崇，君臣締構而興隆，道俗雋（鐫）粧而信仰〔四九〕。石壁刀削，蟲書記仙巖之文；鐵嶺錐穿，像跡有維摩之室。金容寶相，晃曜不啻於千龕〔五〇〕；月面星儀，挺特有侔於萬窟〔五一〕。仙葩聖果〔五二〕，遍林麓以馨鮮〔五三〕；異獸祥禽，滿溪巒而遨躍。三賢道者，進道隘塞於茅菴〔五四〕；十地聖人，證聖駢填於草屋。矧以脩行張老〔五五〕，寂住其中，餐苦參子以充齋〔五六〕，著麻莎（紗）裳而弊體〔五七〕。乃有往來瞻禮，見燈炎於黄昏〔五八〕；去返巡遊，睹香雲於白日。疑是觀音菩薩〔五九〕，易體經行〔六〇〕；薩訶聖人，改形化現。由是山頭谷地，佛刹之精麗難名；窟宇途間，梵室之殊嚴莫喻〔六一〕。厥有節度押衙知畫行都料董保德等，謙和作志〔六二〕，温雅爲懷，守君子之清風〔六三〕，藴淑人之勵節。故得丹青巧妙〔六四〕，粉墨希奇，手跡及於僧瑶（繇）〔六五〕，筆勢鄰於曹氏。畫蠅如活，佛鋪妙越於前賢；邈影如生，聖會雅超於後哲。而又經文粗曉，禮樂兼精，實佐代之良工，乃明時之膺世〔六六〕。時遇曹王，累代道俗興平，營善事而無停，修福因而莫絶〔六七〕。或奉 上命驅策〔六八〕，或承信士招攜。每廣受於纏盤，亦厚霑於賞賜。衣資給足，糧食供餘。先思仰報，奉於 君恩〔六九〕，仍酬答於施〔七〇〕；然以輕酬於信施〔七一〕，當來之勝福〔七二〕。先於當府子城内北街西横巷東口弊居〔七三〕，聯壁形勝之地〔七四〕，創建蘭喏（若）一所〔七五〕。刹心四廊，圖塑諸妙佛鋪〔七六〕；結脊四角，垂拽鐵索鳴鈴〔七七〕。菀（宛）然具足〔七八〕。又於此巖，共諸施主權修窟五龕，彩繪一一妙畢。又有信心募召，彩繪靈龕〔七九〕。住箔（泊）時多〔八〇〕，居停日久。因即行侶會坐〔八一〕，上下商宜，共修此古精藍，報答君恩〔八二〕，豈非好事〔八三〕！施主遂乃同音共辦〔八四〕，異口齊歡。即日施工，下手建造。即於古塔下得珍珠、瓔珞一瓶子〔八五〕，所有貳升以來〔八六〕，内有某物。當破上件物色〔八七〕，造一珠像一身〔八八〕，以酬先人心願矣〔八九〕。先資國泰人安，法輪常轉，大王遐壽，以日月而齊明〔九〇〕；永握西關〔九一〕，作倉生之父母〔九二〕。

衣資給足，糧食供餘。先思仰報於君　恩，然以輕酬於信施。而又居火宅〔九三〕，若雷響而暫鳴；自了坯軀，等蟾光而速耀。遂抽資産，募召良工，謹於本府子城内衙宇表北街西横巷東口弊居〔九四〕，聯壁形勝之地〔九五〕，創建云云。屋頂結脊四角，聯拽鐵〔索〕鳴鈴〔九六〕。宛然具足。又於此巖，共諸施主誘引，再修古龕伍所，一一彩繪妙畢。又於北方毗沙門造頭冠一所〔九七〕，莊金彩畫。又三峗山建法華塔一所。又於講堂幄帳門兩扇新著紙布，莊師僧天王兩軀〔九八〕。又因信心召邀，命來畫仙龕。駐箔（泊）時多〔九九〕，居停日久，乃見普淨古塔〔一〇〇〕，置立年深，基宇摧殘，金容色參〔一〇一〕。遂共行侣發語，上下商宜，等（？）共修造精藍〔一〇二〕，豈非好事？故得同音齊應，異口稱欣〔一〇三〕，一諾相隨，不違善事。尋乃即日下手〔一〇四〕，運土開基，則於塔下得珍珠、瓔珞一瓶子，所有一升以來〔一〇五〕，麩金一瓶亦爾〔一〇六〕，内有金指環六個，銀指環五個，純金珠子一索，又移一大石〔一〇七〕。當用此物〔一〇八〕，以修功德。造珍珠像一幢〔一〇九〕，供養本處。不逾多載，廊宇以忉利立成〔一一〇〕；俄匝三周，殿刹以靈山化出〔一一一〕。

西瞿陀尼洲第一尊者〔一一二〕，迦濕彌羅國第二尊〔者〕〔一一三〕，

東勝身（神）洲第三〔一一四〕，北俱盧洲第四尊者〔一一五〕，
南瞻部洲第五，耽没羅洲第六，
鉢剌拏州第七〔一一六〕，僧伽恭洲第八〔一一七〕，
香醉山第九尊者，三十三天第十，
畢利颺瞿洲第十一〔一一八〕，半度波山第十二，
廣脅山中第十三，可住山中第十四，
鷲峰山中第十五，持軸山中第十六〔一一九〕。

說明

此件由斯三九二九背和斯三九三七背綴合而成，綴合後的文本首尾完整，其内容爲三通節度押衙知畫行都料董保德等建造蘭若、塔、窟龕等的功德記。其中前兩通抄於斯三九二九背，内容有較多重複；第三通抄於斯三九三七背，屬節抄，後半部分内容有較大差異，尤其是增加了前兩通未有的十六羅漢名。第二、三通的筆跡一致，係同一人所抄。

此件之定名，《敦煌遺書總目索引》將前兩通擬名爲『節度押衙董保德建造蘭若功德頌』，將第三通擬名爲『建造伽藍功德記』（參看《敦煌遺書總目索引》，一八八至一八九頁）。黄徵、吴偉將前兩通擬名『建窟發願文』（參看《敦煌願文集》，三八八頁）。王惠民將綴合後的文本擬名『節度押衙董保德重修普淨塔功德記』（參看《〈董保德功德記〉與隋代敦煌崇教寺舍利塔》，《敦煌研究》一九九七年三期，

七〇頁）。因三通所記功德名目不同，既包括造蘭若，也有建塔、修塔，還有修窟龕，而以上擬名均未將董保德等所建功德列全，兹擬今名。

董保德又見於Дx一四四八《戊辰年（公元九六八年）四月十六日都料董保德麥歷》和伯三七二一背《己卯年（公元九八一年）十一月廿六日冬至目斷官員》。馬德認爲此件乃曹元忠稱「大王」時代的作品，具體年代在公元九六四年至九七四年之間（參看《〈董保德功德頌〉述略》，《敦煌研究》一九九六年三期，一六頁）。

以上將三通功德記分别釋録，每通之間空一行以示區別。

校記

〔一〕「身」，《〈英藏敦煌文獻〉第六卷叙録》釋作「周」，《敦煌遺書總目索引新編》釋作「生」，均誤。

〔二〕「圓」，《〈英藏敦煌文獻〉第六卷叙録》《敦煌遺書總目索引新編》釋作「乃」，誤。

〔三〕「傳」，《敦煌遺書總目索引新編》漏録。

〔四〕「雋」，當作「鐫」，《敦煌願文集》據文義校改，「雋」爲「鐫」之借字，《〈董保德功德頌〉述略》《〈英藏敦煌文獻〉第六卷叙録》《敦煌遺書總目索引新編》均逕釋作「鐫」。

〔五〕「壁」，《〈英藏敦煌文獻〉第六卷叙録》釋作「劈」，誤。

〔六〕「蟲」，《〈英藏敦煌文獻〉第六卷叙録》釋作「蠶」，誤；「書」，《〈英藏敦煌文獻〉第六卷叙録》釋作「晝」，校改作「籀」，誤；「仙」，《〈英藏敦煌文獻〉第六卷叙録》釋作「丹」，誤。

〔七〕「相」，《〈英藏敦煌文獻〉第六卷叙録》釋作「像」，誤。

〔八〕『暉』，《敦煌願文集》《敦煌遺書總目索引新編》釋作『輝』，《〈董保德功德頌〉述略》釋作『暈』，均誤。

〔九〕『葩』，《〈英藏敦煌文獻〉第六卷叙録》釋作『芭』，校改作『葩』，《敦煌遺書總目索引新編》釋作『芭』，均誤。

〔一〇〕『茅』，《敦煌遺書總目索引新編》釋作『草』，誤。

〔一一〕『餐』，《敦煌願文集》《敦煌碑銘讚輯釋》（增訂本）釋作『食』，《〈英藏敦煌文獻〉第六卷叙録》釋作『飧』，雖義可通而字誤。

〔一二〕『莎』，當作『紗』，《〈董保德功德頌〉述略》據文義校改，『莎』爲『紗』之借字；『弊』，當作『蔽』，《敦煌遺書總目索引》據文義校改，『弊』爲『蔽』之借字。

〔一三〕『炎』，《〈英藏敦煌文獻〉第六卷叙録》校改作『焰』。

〔一四〕『而』，當作『於』，《敦煌願文集》據文義校改，『而』爲『於』之借字，《敦煌遺書總目索引新編》逕釋作『於』。

〔一五〕『訶』，《〈英藏敦煌文獻〉第六卷叙録》釋作『軻』，誤。

〔一六〕『形』，《敦煌遺書總目索引新編》釋作『行』，誤。

〔一七〕『間』，《敦煌願文集》釋作『見』，校改作『間』，誤。

〔一八〕『衙』，《敦煌遺書總目索引新編》釋作『牙』，誤。

〔一九〕『青』，《敦煌願文集》釋作『清』，校改作『青』，誤。

〔二〇〕『瑶』，當作『繇』，《敦煌遺書總目索引》據文義校改，『瑶』爲『繇』之借字。

〔二一〕『祇』，《〈董保德功德頌〉述略》《敦煌遺書總目索引新編》均釋作『祗』，誤。

〔二二〕『邈』，《敦煌願文集》釋作『貌』，校改作『邈』，誤。

〔二三〕『福』，《敦煌遺書總目索引新編》釋作『瑞』，誤。

〔二四〕『仕』，《敦煌願文集》《敦煌碑銘讚輯釋》（增訂本）校改作『士』，按『仕』通『士』，不煩校改，《敦煌遺書總目索引新編》釋作『士』，誤。

〔二五〕『纏盤』，《〈英藏敦煌文獻〉第六卷叙録》釋作『涅槃』，誤。

〔二六〕『侶』，《敦煌願文集》校改作『旅』，《〈英藏敦煌文獻〉第六卷叙録》《敦煌遺書總目索引新編》釋作『旅』，誤；『評』，《敦煌遺書總目索引新編》釋作『諏』，誤。

〔二七〕『横』，《敦煌遺書總目索引新編》釋作『衡』，誤；『弊』，《敦煌願文集》校改作『敝』，按『弊』通『敝』，不煩校改，《〈英藏敦煌文獻〉第六卷叙録》釋作『蔽』，校改作『弊』，《敦煌遺書總目索引新編》釋作『蔽』，均誤。

〔二八〕『壁』，《〈英藏敦煌文獻〉第六卷叙録》《敦煌遺書總目索引新編》均釋作『臂』，誤。

〔二九〕『拽』，《敦煌願文集》校改作『曳』，按『拽』通『曳』，不煩校改。

〔三〇〕『宛』，《〈英藏敦煌文獻〉第六卷叙録》釋作『完』，誤。

〔三一〕『疑』，《〈董保德功德頌〉述略》釋作『穎』，誤。

〔三二〕『斯』，《〈董保德功德頌〉述略》釋作『時』，誤。

〔三三〕『長』，《〈董保德功德頌〉述略》釋作『和』，誤；『敬』，《敦煌願文集》釋作『結』，誤。

〔三四〕『講』，《敦煌願文集》釋作『構』，誤。

〔三五〕『淨』，《〈董保德功德頌〉述略》《〈英藏敦煌文獻〉第六卷叙録》均釋作『敬』，誤。

〔三六〕『會』，《〈英藏敦煌文獻〉第六卷叙録》校改作『繪』，《〈董保德功德頌〉述略》《敦煌碑銘讚輯釋》（增訂本）逕釋作『繪』，按『會』可通『繪』，不煩校改。此句《敦煌願文集》漏録。

〔三七〕『分平』，《〈董保德功德頌〉述略》釋作『平分』，誤。

〔三八〕『特』，《〈董保德功德頌〉述略》《敦煌碑銘讚輯釋》（增訂本）均釋作『時』。

〔三九〕『接』，《敦煌遺書總目索引新編》釋作『倚』，誤。

〔四〇〕『果』，《〈英藏敦煌文獻〉第六卷叙録》認爲底本脱文，並校補作『櫻』，誤，《敦煌遺書總目索引新編》漏録。

〔四一〕『演』，《敦煌遺書總目索引新編》未能釋讀；『句』，《〈英藏敦煌文獻〉第六卷叙録》《敦煌遺書總目索引新編》《敦煌碑銘讚輯釋》（增訂本）均釋作『勾』。

〔四二〕『然』，《敦煌遺書總目索引》《〈英藏敦煌文獻〉第六卷叙録》校改作『燃』，按『然』有『燃』義，不煩校改，《〈董保德功德頌〉述略》釋作『止』，誤。

〔四三〕第一個『葉』，《〈董保德功德頌〉述略》釋作『業』，誤，《敦煌遺書總目索引新編》未能釋讀；第二個『葉』，《敦煌願文集》校改作『蓮』，《敦煌遺書總目索引新編》釋作『蓮』，《〈董保德功德頌〉述略》釋作『業』，均誤。

〔四四〕『可』，《〈董保德功德頌〉述略》釋作『所』，誤。

〔四五〕『固』，《敦煌願文集》校改作『因』，《〈董保德功德頌〉述略》釋作『因』，《〈英藏敦煌文獻〉第六卷叙録》釋作『故』，均誤；『有』，《敦煌遺書總目索引新編》釋作『可』，誤。

〔四六〕『身』，《敦煌願文集》釋作『生』，誤。

〔四七〕『乃』，《〈董保德功德頌〉述略》釋作『能』，誤。

〔四八〕『示』，《〈董保德功德頌〉述略》釋作『爾』，誤。

〔四九〕『雋』，當作『鐫』，據文義改，『雋』爲『鐫』之借字，《敦煌願文集》《〈董保德功德頌〉述略》《敦煌碑銘讚輯釋》（增訂本）均逕釋作『鐫』。

〔五〇〕『曜』，《〈董保德功德頌〉述略》《〈英藏敦煌文獻〉第六卷叙録》釋作『耀』，誤。

〔五一〕「特」，《〈董保德功德頌〉述略》釋作「持」，誤。
〔五二〕「葩」，《敦煌遺書總目索引新編》釋作「芭」，校改作「葩」，誤。
〔五三〕「馨」，《〈董保德功德頌〉述略》釋作「罄」，誤。
〔五四〕「隘」，《〈董保德功德頌〉述略》《〈英藏敦煌文獻〉第六卷叙録》均釋作「溢」，誤。
〔五五〕「張」，《〈董保德功德頌〉述略》校改作「長」。
〔五六〕「餐」，《〈董保德功德頌〉述略》釋作「食」，誤。
〔五七〕「莎」，當作「紗」，《〈董保德功德頌〉述略》據文義校改，「莎」爲「紗」之借字；「弊」，《敦煌遺書總目索引》校改作「蔽」，按「弊」通「蔽」，《〈董保德功德頌〉述略》逕釋作「蔽」。
〔五八〕「燈」，《〈董保德功德頌〉述略》釋作「耀」，誤。
〔五九〕「疑是」，《〈董保德功德頌〉述略》漏録。
〔六〇〕「經」，《〈董保德功德頌〉述略》釋作「而」，誤。
〔六一〕「殊」，《敦煌願文集》釋作「珠」，校改作「殊」，誤。
〔六二〕「謙」，《〈董保德功德頌〉述略》釋作「廉」，誤。
〔六三〕「守」，《敦煌願文集》釋作「抱」，誤。
〔六四〕「得」，《〈董保德功德頌〉述略》釋作「傳」，誤；「巧」，《〈英藏敦煌文獻〉第六卷叙録》釋作「增」，誤。
〔六五〕「瑶」，當作「繇」，《敦煌遺書總目索引》據文義校改，「瑶」爲「繇」之借字。
〔六六〕「時」，《〈董保德功德頌〉述略》釋作「持」，誤。
〔六七〕「修」，《〈董保德功德頌〉述略》釋作「增」，誤；「莫」，《〈英藏敦煌文獻〉第六卷叙録》釋作「不」。
〔六八〕「策」，《〈董保德功德頌〉述略》釋作「榮」，誤。

〔六九〕『奉』，《敦煌願文集》釋作『之』，誤，《〈董保德功德頌〉述略》《敦煌碑銘讚輯釋》（增訂本）漏録。

〔七〇〕『酬』，《敦煌願文集》《〈董保德功德頌〉述略》《敦煌碑銘讚輯釋》（增訂本）均釋作『祈酬』，按底本『祈』字已被刪除；『答於』，《敦煌願文集》釋作『於答』，誤；『施』，《敦煌碑銘讚輯釋》（增訂本）釋作『施幽』，誤。

〔七一〕『然以』，《敦煌碑銘讚輯釋》（增訂本）釋作『次』，誤。

〔七二〕『當』，《敦煌願文集》《〈董保德功德頌〉述略》《敦煌碑銘讚輯釋》（增訂本）釋作『修當』，按底本『修』字已被刪除。

〔七三〕『於』，《〈董保德功德頌〉述略》釋作『依』，誤；『弊』，《敦煌願文集》校改作『敝』，按『弊』通『敝』，不煩校改。

〔七四〕『壁』，《〈董保德功德頌〉述略》釋作『壁』，誤。

〔七五〕『建』，《〈董保德功德頌〉述略》釋作『造』，誤；『喏』，當作『若』，據文義改，『喏』爲『若』之借字，《敦煌願文集》《〈董保德功德頌〉述略》《敦煌碑銘讚輯釋》（增訂本）均逕釋作『若』。

〔七六〕『圖』，《敦煌願文集》漏録。

〔七七〕『拽』，《敦煌願文集》釋作『曳』，誤。

〔七八〕『菀』，當作『宛』，《敦煌願文集》據文義校改，『菀』爲『宛』之借字，《〈董保德功德頌〉述略》《敦煌碑銘讚輯釋》（增訂本）均逕釋作『宛』。

〔七九〕『靈』，《敦煌願文集》釋作『稠□□（仙）』，《敦煌碑銘讚輯釋》（增訂本）釋作『靈舍精』，均誤。

〔八〇〕『住』，〈董保德功德頌〉述略》釋作『位』，誤；『箔』，當作『泊』，據文義改，『箔』爲『泊』之借字，《敦煌願文集》釋作『⿱竹鉤』，誤；『時多』，《〈董保德功德頌〉述略》釋作『多時』，按底本原寫作『多時』，後乙正爲

「時多」，爲使校改更明晰，抄寫者又在「時」右下角補寫「多」字。

〔八一〕「侶」，《敦煌願文集》校改作「旅」。

〔八二〕「君恩」，《敦煌願文集》漏録。

〔八三〕「豈非」，《敦煌願文集》漏録。

〔八四〕「施主」，《敦煌願文集》漏録；「辦」，《敦煌願文集》釋作「忻」，誤。「豈非好事！施主遂乃同音共辦」，《〈董保德功德頌〉述略》釋作「施主豈非好事。遂乃同音共辦」，《敦煌碑銘讚輯釋》（增訂本）釋作「施主豈非共辦，好事遂乃同音」。

〔八五〕「得」，《敦煌願文集》以爲底本脱並校補作「得」，誤；「珠」，《敦煌願文集》釋作「珍」，校改作「珠」，誤；「瓔」，《敦煌願文集》《〈董保德功德頌〉述略》釋作「纓」，校改作「瓔」；「珞」，《敦煌願文集》釋作「洛」，校改作「珞」，誤。

〔八六〕「所」，《敦煌願文集》《〈董保德功德頌〉述略》《敦煌碑銘讚輯釋》（增訂本）釋作「可」；「升」，《敦煌願文集》釋作「斗」，誤；「以」，《〈董保德功德頌〉述略》釋作「次」；「來」，《敦煌願文集》未能釋讀，《〈董保德功德頌〉述略》釋作「米」，誤。

〔八七〕「當破」，《敦煌願文集》未能釋讀；「件物色」，《敦煌願文集》未能釋讀。

〔八八〕「造」，《〈董保德功德頌〉述略》釋作「已造」，誤；「珠」，《敦煌願文集》未能釋讀；「像」，《敦煌願文集》《敦煌碑銘讚輯釋》（增訂本）未能釋讀，《〈董保德功德頌〉述略》釋作「繯」，誤；「一身」，《敦煌願文集》未能釋讀，《〈董保德功德頌〉述略》《敦煌碑銘讚輯釋》（增訂本）釋作「亦可」，並斷入下句。

〔八九〕「先」，《〈董保德功德頌〉述略》釋作「其」，誤。此句《敦煌願文集》未能釋讀。

〔九〇〕「以」，《敦煌願文集》校改作「與」，按「以」有「和」義，不煩校改。

〔九一〕『永』，《敦煌願文集》漏録；『握』，《敦煌願文集》校補作『握符』，誤。

〔九二〕『倉』，《敦煌願文集》《〈董保德功德頌〉述略》校改作『蒼』，按『倉』通『蒼』，不煩校改，《敦煌碑銘讚輯釋》（增訂本）釋作『蒼』，誤。

〔九三〕『居』，《〈董保德功德記〉與隋代敦煌崇教寺舍利塔》釋作『托居』，《敦煌碑銘讚輯釋》（增訂本）釋作『□居』，按『居』前一字已被删除。

〔九四〕『表』，《敦煌碑銘讚輯釋》（增訂本）釋作『外表』；『弊』，《〈董保德功德記〉與隋代敦煌崇教寺舍利塔》釋作『敝』，誤。

〔九五〕『壁』，《〈董保德功德記〉與隋代敦煌崇教寺舍利塔》釋作『璧』，誤。

〔九六〕『索』，據前兩通及文義補。

〔九七〕自此句至『來畫仙龕』，《敦煌碑銘讚輯釋》（增訂本）釋作『又於北方毗沙門造頭冠一所莊（妝）金。又因信心召邀命彩畫，又三峗山建法華塔一所，又於講堂幄帳門兩扇，新著紙布妝飾□天王兩軀。來畫仙龕』。

〔九八〕『師僧』，《〈董保德功德記〉與隋代敦煌崇教寺舍利塔》未能釋讀。

〔九九〕『箔』，當作『泊』，據文義改，『箔』爲『泊』之借字，《〈董保德功德記〉與隋代敦煌崇教寺舍利塔》釋作『筠』，誤。

〔一〇〇〕『乃』，《〈董保德功德記〉與隋代敦煌崇教寺舍利塔》釋作『遂』，《敦煌碑銘讚輯釋》（增訂本）釋作『遂乃』。

〔一〇一〕『參』，《〈董保德功德記〉與隋代敦煌崇教寺舍利塔》釋作『隳』，《敦煌碑銘讚輯釋》（增訂本）校改作『殘』。

〔一〇二〕『等』，《〈董保德功德記〉與隋代敦煌崇教寺舍利塔》疑作『手』，《敦煌碑銘讚輯釋》（增訂本）釋作『手』。

〔一〇三〕『稱』，《敦煌碑銘讚輯釋》（增訂本）釋作『類』，誤。

〔一〇四〕『尋』，《〈董保德功德記〉與隋代敦煌崇教寺舍利塔》漏録。

〔一〇五〕『所』，《〈董保德功德記〉與隋代敦煌崇教寺舍利塔》《敦煌碑銘讚輯釋》（增訂本）均釋作『可』；『以來』，《〈董保德功德記〉與隋代敦煌崇教寺舍利塔》釋作『沙□前』，誤。

〔一〇六〕『爾』，《〈董保德功德記〉與隋代敦煌崇教寺舍利塔》釋作『於』，誤。

〔一〇七〕『移』，《〈董保德功德記〉與隋代敦煌崇教寺舍利塔》疑作『獲』。

〔一〇八〕『當』，《〈董保德功德記〉與隋代敦煌崇教寺舍利塔》釋作『爲』，誤。

〔一〇九〕『幢』，《〈董保德功德記〉與隋代敦煌崇教寺舍利塔》釋作『幀』，《敦煌碑銘讚輯釋》（增訂本）釋作『幅』，均誤。

〔一一〇〕『宇』，《〈董保德功德記〉與隋代敦煌崇教寺舍利塔》漏録；『以』，《〈董保德功德記〉與隋代敦煌崇教寺舍利塔》校改作『與』，按『以』有『和』義，不煩校改。

〔一一一〕『以』，《〈董保德功德記〉與隋代敦煌崇教寺舍利塔》校改作『與』，按『以』有『和』義，不煩校改。

〔一一二〕『第』，底本似『弟』，敦煌寫本中『第』『弟』形近易混，故據文義逕釋作『第』。以下同，不另出校。

〔一一三〕『尊』，據殘筆劃及文義補；『者』，《〈董保德功德記〉與隋代敦煌崇教寺舍利塔》據文義校補。

〔一一四〕『身』，當作『神』，《敦煌碑銘讚輯釋》（增訂本）據文義校改，『身』爲『神』之借字。

〔一一五〕『盧』，《敦煌碑銘讚輯釋》（增訂本）釋作『虚』，校改作『廬』，誤。

〔一一六〕『拏』，《〈董保德功德記〉與隋代敦煌崇教寺舍利塔》釋作『拿』，誤；『州』，《敦煌碑銘讚輯釋》（增訂本）釋作『洲』，誤。

〔一一七〕『恭』，《〈董保德功德記〉與隋代敦煌崇教寺舍利塔》釋作『荼』，誤。

〔一一八〕『颺』，《〈董保德功德記〉與隋代敦煌崇教寺舍利塔》釋作『揚』，誤。

〔一一九〕『持』，《敦煌碑銘讚輯釋》（增訂本）釋作『禱』，誤。

參考文獻

《敦煌資料考屑》（下册），臺北：臺灣商務印書館，一九七九年，二八二至二八四頁；《講座敦煌2敦煌の歷史》，東京：大東出版社，一九八〇年，八八至二八九頁；《敦煌寶藏》三二册，臺北：新文豐出版公司，一九八二年，三七九至三八〇、四三二至四三三頁（圖）；《敦煌遺書總目索引》，北京：中華書局，一九八三年，一八八至一八九頁（録）；《敦煌研究》一九八五年三期，三頁（録）；《1983年全國敦煌學術討論會文集·石窟藝術編（下）》，蘭州：甘肅人民出版社，一九八七年，一七二至一九一頁（録）；《英藏敦煌文獻》五卷，成都：四川人民出版社，一九九二年，二一四至二一五頁（圖）；《敦煌願文集》，長沙：岳麓書社，一九九五年，三八八至三九二頁（録）；《段文傑敦煌研究五十年紀念文集》，北京：世界圖書出版公司，一九九六年，一二七頁；《敦煌藝術宗教與禮樂文明》，北京：中國社會科學出版社，一九九六年，一四至一五頁；《敦煌莫高窟史研究》，蘭州：甘肅教育出版社，一九九六年，五四、一七三、二五九頁；《敦煌研究》一九九六年三期，一四至二〇頁（録）；《敦煌工匠史料》，蘭州：甘肅人民出版社，一九九七年，一〇、六九頁；《敦煌研究》一九九七年三期，六九至八三頁；《英國收藏敦煌漢藏文獻研究：紀念敦煌文獻發現一百周年》，北京：中國社會科學出版社，二〇〇〇年，一四五至一四六頁（録）；《敦煌遺書總目索引新編》，北京：中華書局，二〇〇〇年，一一九至一二〇頁；《敦煌學》二五輯，臺北：臺灣樂學書局，二〇〇四年，二九五至二九六頁；《敦煌研究》二〇〇七年六期，八〇頁；《敦煌佛教與石窟營建》，蘭州：甘肅教育出版社，二〇一〇年，九一至九二頁（録）；《敦煌碑銘讚輯釋》（增訂本），上海古籍出版社，二〇一九年，一四三七至一四五〇頁（録）。

斯三九三二　大般若波羅蜜多經卷第一九七勘經題記

釋文

兑。

説明

以上文字書寫於《大般若波羅蜜多經》卷第一九七第一紙經文天頭，表示此紙佛經已經作廢。《英藏敦煌文獻》未收，現予增收。

參考文獻

《敦煌寶藏》三二册，臺北：新文豐出版公司，一九八二年，四〇一頁（圖）。

斯三九三五　大集經卷第十八題記

釋文

開皇三年歲在癸卯五月廿八日[一]，武候帥都督宋紹遭難在家[二]，爲亡考妣發願讀《大集經》《涅槃經》《法華經》《仁王經》《金光明經》《勝縵（鬘）經》《藥師經》各一部[三]，願亡者神遊淨土，永離三塗八難，恆聞佛法。又願家眷大小，福慶從心，諸善日臻，諸惡雲消。王路開通，賊寇退散，疫氣不仟[四]，風雨順時。受苦衆生，速蒙解脱，所願從心。

説明

此件《英藏敦煌文獻》未收，現予增收。宋紹又見於斯五八二『大集經卷第廿五題記』。三井八郎右衛門所藏《華嚴經》卷四六末有開皇三年五月十五日『武候帥都督前治會稽縣令宋紹演』題記，黃徵、吳偉認爲與此件之『宋紹』爲同一人（參看《敦煌願文集》，八四八頁）。開皇三年即公元五八三年。

校記

〔一〕『廿』，《敦煌遺書總目索引新編》釋作『二十』。

〔二〕『候』，《敦煌遺書總目索引新編》釋作『侯』；『帥』，《敦煌遺書總目索引新編》釋作『師』，誤。

〔三〕『緵』，當作『鬉』，據文義改，『緵』爲『鬉』之借字，《中國古代寫本識語集録》《敦煌願文集》《敦煌遺書總目索引新編》均逕釋作『鬉』。

〔四〕『疫』，《敦煌遺書總目索引新編》釋作『役』，誤；『仟』，《中國古代寫本識語集録》校改作『干』，不必。

參考文獻

Descriptive Catalogue of the Chinese Manuscripts from Tunhuang in the British Museum, The Trustees of the British Museum, London 1957, p. 39（録）；《敦煌寶藏》三二册，臺北：新文豐出版公司，一九八二年，四三〇頁（圖）；《敦煌遺書總目索引》，北京：中華書局，一九八三年，一八九頁（録）；《中國古代寫本識語集録》，東京大學東洋文化研究所，一九九〇年，一四〇頁（録）；《敦煌願文集》，長沙：岳麓書社，一九九五年，八四八至八四九頁（録）；《敦煌遺書總目索引新編》，北京：中華書局，二〇〇〇年，一二〇頁（録）。

斯三九四〇背　題名

釋文

郭熚糹。

説明

以上題名書寫於《佛説阿彌陀經》卷背，原未書寫完整，《英藏敦煌文獻》未收，現予增收。

參考文獻

《敦煌寶藏》三二册，臺北：新文豐出版公司，一九八二年，四五三頁（圖）。

斯三九四二　大乘無量壽經題記

釋文

宋昇。

説明

此件《英藏敦煌文獻》未收，現予增收。

參考文獻

《敦煌寶藏》三二册，臺北：新文豐出版公司，一九八二年，四六四頁（圖）；《中國古代寫本識語集録》，東京大學東洋文化研究所，一九九〇年，三九一頁（録）；《敦煌遺書總目索引新編》，北京：中華書局，二〇〇〇年，一二〇頁（録）。

斯三九四八背　梵網經盧舍那佛説菩薩心地戒品題記

釋文

此戒卷是靈圖寺別寺收得者，不合〔一〕□

説明

以上文字寫於《梵網經盧舍那佛説菩薩心地戒品》卷背，《英藏敦煌文獻》未收，現予增收。池田温推測此寫本的年代大約在公元九世紀前期（參看《中國古代寫本識語集録》，三九七頁）。

校記

〔一〕『不合』，《敦煌遺書總目索引》《敦煌遺書總目索引新編》均漏録。

參考文獻

Descriptive Catalogue of the Chinese Manuscripts from Tunhuang in the British Museum, The Trustees of the British Museum,

London 1957, p. 116（録）；《敦煌寶藏》三二册，臺北：新文豐出版公司，一九八二年，五一〇頁（圖）；《敦煌遺書總目索引》北京：中華書局，一九八三年，一八九頁（録）；《中國古代寫本識語集録》，東京大學東洋文化研究所，一九九〇年，三九七頁（録）；《敦煌遺書總目索引新編》，北京：中華書局，二〇〇〇年，一二〇頁（録）。

斯三九五一＋伯二五二九　毛詩詁訓傳（周南卷耳——陳風宛丘）

釋文

（前缺）

陟彼砠矣[一]，我馬瘏矣，我僕痡矣[二]，云何吁矣[三]！

《卷耳》四章，章四句[四]。

《樛木》，后妃逮下也。言能逮下也[五]，而無嫉妒之心。

南有樛木[六]，葛藟纍之。樂只君子，福履綏之。南有樛木，葛藟荒之。樂只君子，福履將之。南有樛木，葛藟縈之。樂只君子，福履成之。

《樛木》三章，章四句。

《螽斯》，后妃子孫衆多也。言若螽斯不妒忌，則子孫衆多。

螽斯羽，詵詵兮。宜爾子孫，振振兮。螽斯羽，薨薨兮。宜爾子孫，繩繩兮。螽斯羽，揖揖兮。宜爾子孫，蟄蟄兮。

《螽斯》三章，章四句。

《桃夭》，后妃之所致也。不妒忌，則男女以正，婚姻以時，國無鰥民焉。

桃之夭夭，灼灼其華。之子于歸，宜其室家。桃之夭夭，有蕡其實。之子于歸，宜其家室。桃之夭夭，其葉蓁蓁。之子于歸，宜其家人。

《桃夭》三章，章四句。

《兔罝》，后妃之化行〔七〕。《關雎》之化行，則莫不好德，賢人衆多也。

肅肅兔罝，椓之丁丁。赳赳武夫，公侯干城。肅肅兔罝，施于中逵。赳赳武夫，公侯好仇。肅肅兔罝，施于中林。赳赳武夫，公侯腹心〔八〕。

《兔罝》三章，章四句。

《芣苢》，后妃之美也。天下和平則婦人樂有〔子〕矣〔九〕。

采采芣苢，薄言采之。采采芣苢，薄言有之。采采芣苢，薄言掇之。采采芣苢，薄言捋之。采采芣苢，薄言袺之。采采芣苢，薄言擷之。

《芣苢》三章，章四句。

《漢廣》，德廣所及也。文王之道被乎南國，美化行乎江漢之域，無思犯禮，求而不可得也。

南有喬木，不可休息。漢有游女，不可求思。漢之廣矣，不可泳思。江之永矣，不可舫思。翹翹錯薪，言刈其楚。之子于歸，言秣其馬。漢之廣矣，不可泳思。江之永矣，不可舫思。翹翹錯薪，言刈其蔞。之子于歸，言秣其駒。漢之廣矣，不可泳思。江之永矣，不可舫思。

《漢廣》三章，章八句。

《汝墳》，道化行也。文王之化行乎汝墳之國，婦人能閔其君子，猶勉之以正也。

遵彼汝墳，伐其條枚。未見君子，惄如輖飢。既見君子〔一〇〕，悠悠我思。遵彼汝墳，伐其條肆（肄）〔一一〕。既見君子，不我遐棄。魴魚赬尾，王捚室如燬〔一二〕。雖則如燬，父母孔爾。

《汝墳》三章，上一章章六句，下〔二〕章章四句〔一三〕。

《麟之趾》，《關雎》之應也。《關雎》之化行，則天下無犯非禮，雖衰世之公子，皆信厚如麟趾之時也。

麟之趾，振振公子，于嗟麟兮！ 麟之定，振振公姓，于嗟麟兮！ 麟之角，振振公族，于嗟麟兮！

《麟之〔趾〕》三章〔一四〕，章三句。

周南之什有一篇，卅六章，百五十九句第一。

召南鵲巢詁訓傳　第二　毛詩國風

《鵲巢》，夫人之德也。國君積行累功以致爵位，夫人起家而居之。德如鳲鳩，乃可以配焉。

維鵲有巢，維鳩居之。之子于歸，百兩御之。維鵲有巢，維鳩方之。之子于歸，百兩將之。維鵲有巢，維鳩盈之〔二五〕。之子于歸，百兩成之。

《鵲巢》三章，章四句。

《采繁（蘩）》〔二六〕，夫人不失職也。可以奉祭祀，則不失職矣。

于以采繁（蘩），于沼于沚。于以用之？公侯之事。于以采繁（蘩），于澗之中。于以用之？公侯之宫。被之僮僮，夙夜在公。被之祁祁，薄言旋歸。

《采蘩》三章，章四句。

《草蟲》，大夫妻能以禮自防也。

喓喓草蟲，趯趯阜螽。未見君子，憂心忡忡。亦既見止，亦既覯止，我心則降。陟彼南山，言采其蕨。未見君子，憂心惙惙。亦既見止，亦既覯止，我心則説。陟彼南山，言采其薇。未見君子，我心傷悲。亦既見止，亦既覯止，我心則夷。

《草蟲》三章，章七句。

《采蘋》，大夫妻能循法度，能循法度，則可以承先祖，供祭祀矣。

于以采蘋？南澗之濱。于以采藻？于彼行潦。于以盛之？維筐及筥。于以湘之？維錡[綺]及釜。于以奠之？宗室牖[酉]下。誰其尸之，有齊季女。

《采蘋》三章，章四句。

《甘棠》，美召伯也。召伯之教，明于南國。

蔽芾[戾]甘棠，勿翦勿伐，召伯所茇。蔽芾甘棠，勿翦勿敗，召伯所憩。蔽芾甘棠，勿翦勿拜，召伯所說。

《甘棠》三章，章三句。

《行露》，召伯聽訟也。衰亂之俗微，貞信之教興，强暴之男不能侵淩貞女也〔一七〕。

厭浥行路（露）〔一八〕，豈不夙夜？謂行多露。誰謂雀無角，何以穿我屋？誰謂汝無家，何以速我獄？雖速我獄，室家不足。誰謂鼠無牙，何以穿我墉[容]？誰謂汝無家，何以速我訟？雖速我訟，亦不汝從！

《行路（露）》三章〔一九〕，〔一〕章三句〔二〇〕，二章章六句。

《羔羊》，《鵲巢》功之所致也。召南之國，化文王政，在位皆節儉正直，德如羔羊。

羔羊之皮，素絲五紽[夷]。退食自公，委蛇委蛇[駝]。羔羊之革，素絲五緎。委蛇委蛇，自公退食。羔羊之縫，素絲五總。委蛇委蛇，退食自公。

《羔羊》三章，章四句。

《磤其雷》，勸以義也。召南之大夫遠行從正，不遑寧處，其室家能閔其勤勞，勸以義也。

磤其雷，在南山之陽。何斯違斯？莫敢或遑。振振君子，歸哉歸哉！磤其雷，在南山之側。何斯違斯？莫敢遑息。振振君子，歸哉歸哉！磤其雷，在南山之下。何斯違斯？莫敢遑處。振振君子，歸哉歸哉！

《殷其雷》三章，章六句。

《摽有梅》，男女及時也。召南之國被文王之化，男女得以及時也。

摽有梅，其實七兮。求我庶士，迨其吉兮。摽有梅，其實三兮。求我庶士，迨其今兮。摽有梅，傾筐塈之。求我庶士，迨其謂之。

《摽有梅》三章，章四句。

《小星》，惠及下也。夫人無妒忌之行，惠及賤妾，進御於君，知其命有貴賤，能盡其心矣。

嘒彼小星，三五在東。肅肅霄（宵）征[二]，夙夜在公。寔命不同！嘒彼小星，維參與昴。肅肅霄（宵）征[三]，抱衾与裯。寔命不猶！

《小星》二章，章五句。

《江有汜》，美媵也。勤而不怨，嫡能悔過。文王之時，江沱之間，有嫡不以其媵備數，媵遇勞而無怨，嫡亦自悔也。

江有汜，之子歸，不我以。不我以，其後也悔。江有渚，之子歸，不我與。不我與〔二三〕，其後也處。江有沱，之子歸，不我過。不我〔過〕〔二四〕，其嘯也歌。

《江有汜》三章，章五句。

《野有死麕》，惡無禮也。天下大亂，强暴相淩〔二五〕，遂成淫風。被文王之化，雖當亂世，猶惡無禮也。

野有死麕，白茅苞之。有女懷春，吉士誘之。林有樸楝（樕）〔二六〕，野有死鹿。白茅純束，有女如玉。舒而脱脱兮！無撼我帨兮，無使狵也吠兮。

《野有死麕》三章，上〔二〕章章四句〔二七〕，下一章章三句。

《何被（彼）襛矣》〔二八〕，美王姬也。雖則王姬，亦下嫁於諸侯，車服不繫其夫，下王后一等，猶執婦道以誠（成）肅雍之德也〔二九〕。

何彼襛矣？棠棣之華。曷不肅雍？王姬之車。何彼襛矣？華如桃李。平王之孫，齊侯之子。其釣維絲（何）〔三〇〕？維何（絲）伊緡〔三一〕。齊侯之子，平王之孫。

《何彼襛矣》三章，章四句。

《騶虞》，《鵲巢》之應也。《鵲巢》之化行，人倫既正，朝廷既治，天下純被文王之化，則庶類蕃殖，蒐田以時。仁如騶虞，則王道成矣。

彼茁者葭，壹發五豝。于嗟乎？騶虞！彼茁者蓬，壹發五豵。于嗟乎？騶虞！

《騶虞》二章，章四句。

邵南之什，十有四篇。

鄁柏之什詁訓傳 第三 毛詩國風

《柏舟》，言仁而不遇也。衛傾公之時，仁人不遇，小人在側。

汎彼柏舟，亦汎其流。耿耿不寐，如有殷憂。微我無酒，以遨以遊。我心匪監，不可以茹。亦有兄弟，不可以據。薄言往訴，逢彼之怒。我心匪石，不可轉也。我心匪席，不可卷也。威儀棣棣，不可選也。憂心悄悄，慍于群小。遘閔既多，受侮不少。靜言思之，寤嬖（擗）有摽〔三二〕。日居月諸，胡迭而微？心之憂矣，如匪澣衣。靜言思之，不能奮飛。

《柏舟》五章，章六句。

《緑衣》，衛莊姜傷己也。妾上僭，夫人失位，而作是詩。

緑兮衣兮，緑衣黃裏。心之憂矣，曷云其已。緑兮衣兮，緑衣黃裳。心之憂矣，曷惟其亡。緑兮絲兮，汝所治兮。我思古人，俾無訧兮。絺兮紘（綌）兮〔三三〕，淒其此風。我思古人，實獲我心。

《緑衣》四章，章四句。

《燕燕》，衛莊〔姜〕送歸妾也〔三四〕。

燕燕于飛，差池其羽。之子于歸，遠送于野。瞻望不及，泣涕如雨。燕燕于飛，頡之頏之。之子于歸，遠送將之。瞻望不及，佇立以泣。燕燕于飛，下上其音。之子于歸，遠送于南。瞻望不及，寔勞我心。仲氏任只，其心塞淵。終温且惠，淑慎其身。先君之思，以勖寡人！

《燕燕》四章，章六句。

《日月》，衛莊姜傷己也。遭州吁之難，傷己不〔見〕答於先君[三五]，以至困窮也。

日居月諸，照臨下土。乃如之人兮，逝不古處。胡能有定？寧不我顧。日居月諸，下土是冒。乃如之人兮，逝不相好。胡能有定？寧不我報。日居月諸，出自東方。乃如之人兮，德音無良。胡能有定？俾也可忘。日居月諸，東方自出。父兮母兮，畜我不卒。胡能有定？報我不述。

《日月》四章，章六句。

《終風》，衛莊姜傷己也。遭州吁之暴，見侮慢而不能止也。

終風且暴，顧我則笑。謔浪笑傲，中心是悼。終風且霾，惠然肯來？莫往莫來，悠悠我思。終風且曀，不日有曀。寤言不寐，願言則嚏[illegible][三六]。曀曀其陰，虺虺其雷。寤言不寐，願言則懷。

《終風》四章，章四句。

《擊鼓》，怨州吁也。衛州吁用兵暴亂，使公孫文仲將而平陳與宋，國人怨其勇而無禮也。

擊鼓其鏜，踊躍用兵。土國城漕，我獨南行。從孫子仲，平陳与宋。不我以歸，憂心有忡。爰居爰處，爰喪其馬。于以求之？于林之下。死生挈闊，與子成悦。執子之手，与子偕老。于嗟闊兮，不我活兮。于嗟洵絢兮〔三七〕，不我信兮。

《擊鼓》五章，章四句。

《飄風》，美孝子也。衛之淫風流行，雖有七子之母，猶不安其室。故美七子能盡其孝道，以慰其母心，成其志爾。

飄風自南，吹彼棘心。棘心夭夭，母氏劬勞。凱風自南，吹彼棘薪。母氏聖善，我無令人。爰有寒泉，在浚之下。有子七人，母氏勞苦。睍現睆盱黄鳥，載好其音。有子七人，莫慰母心。

《飄風》四章，章四句。

《雄雉》，刺衛宣公也。淫乱不恤國事，軍旅數起，大夫久役，男女怨曠，國人患之。

雄雉于飛，泄泄其羽。我之懷矣，自貽伊阻。雄雉于飛，下上其音。展矣君子，實勞我心。瞻彼日月，悠悠我思。道之云遠，曷云能來？伯（百）爾君子〔三八〕，不知德行。不忮不求，何用不臧？

《雄雉》四章，章四句。

《匏有苦葉》，刺衛宣公也。公与夫人並爲淫亂焉。

匏潽有苦葉〔三九〕，濟有深涉。深則厲，淺則揭。有瀰濟盈，有鷕袖雉鳴〔四〇〕。濟盈不濡軌，雉鳴求其牡。雝雝鳴雁，旭子玉日始旦。士如歸妻，迨冰未泮。招招舟子，人涉仰否？人涉仰否，卬印穹須我友。

《匏有苦葉》四章，章四句。

《谷風》，刺夫婦失道也。衛人化其上，淫於新婚而棄其舊室，夫婦離絶，國俗傷敗焉。

習習谷風，以陰以雨。僶俛同心，不宜有怒。采葑采菲，無以下體。德音莫違，及爾同死。行道遲遲，中心有違。不遠伊爾，薄送我畿。誰謂荼苦，其甘如薺。燕爾新婚，如兄如弟。涇以渭濁〔四一〕，湜湜其沚。燕爾新婚，不我屑以。無逝我梁，無發我笱。我躬不閲，遑恤我後。就其深矣，方之舟矣。就其淺矣，泳之遊矣。何有何亡，僶俛求之。凡人有喪，匍匐救之。不我能慉〔四二〕，反以我爲讎。既阻我德，賈用不售。昔育恐育鞠（鞫）〔四三〕，及爾顛覆。既生既育，比予于毒。我有旨蓄，亦以御冬。燕爾新婚，以我御窮。有洸有潰，既貽我隸（肄）〔四四〕。不念昔者，伊余來塈改！

《谷風》六章，章八句。

《式微》，黎侯寓乎衛，其〔臣〕勸以歸也〔四五〕。

式微式微〔四六〕，胡不歸？微君之故，胡爲乎中露？式微式微，胡不歸？微君之躬，胡爲乎泥中？

《式微》二章，章四句。

《旄丘》，責衛伯也。狄人迫逐黎侯，黎侯寓乎衛。衛不能脩兮（方）伯連帥之職〔四七〕，黎之臣子以責於衛也。

旄丘之葛兮，何誕之節兮？叔也伯也〔四八〕，何多日也？何其處也？必有與也。何其久也？必有以也。狐裘蒙戎，匪車不東。叔兮伯兮，靡所與同〔四九〕。瑣兮尾兮，流離之子。叔兮伯兮，褎如充耳。

《旄丘》四章，章四句。

《簡兮》，刺不用賢也。衛之賢者仕於伶官，皆可以承事王者也。

簡兮簡兮，方將《萬》舞。日之方中，在前上處。碩人俣俣，公庭《萬》舞。有力如虎，執轡如組。左手執籥，右手秉翟。赫如渥赭〔五〇〕，公言錫爵。山有榛，隰有苓。云誰思（之）之（思）〔五一〕？西方美人。彼美人兮，西方之人兮！

《簡兮》三章，章六句。

《泉水》，衛女思歸也。嫁於諸侯，父母以終，思歸寧而不得，故作是詩以自見也。

毖彼泉水，亦流于淇〔五二〕。有懷于衛，靡日不思。孌彼諸姬，聊與之謀。出宿于濟，飲餞于禰。女子有行，遠父母兄弟。問我諸姑，遂及伯姊。出宿于干，飲餞于言，載脂載舝，還車言邁。遄臻于衛，不遐有害？我思肥泉，兹之永歎。思須與漕，我心悠悠。駕言出遊，以寫我憂。

《泉水》四章，章六句。

《北門》，刺仕不得志也。言衛之忠臣不得其志爾。

出自北門，憂心殷殷。終窶且貧，莫知我艱。已焉哉，天實爲之，謂之何哉！王事適我，政事一埤益我。我入自外，室人交徧讁我〔五三〕。已焉哉，天實爲之，謂之何哉！王事敦我，政事一埤遺我。我入自外，室人交遍摧我。已焉哉，天實爲之，謂之何哉！

《北門》三章，章七句。

《北風》，刺虐也。衛國並爲威虐，百姓不親，莫不相攜持而去焉。

北風其涼，雨雪其雱。惠而好我，攜手同行。其虚其邪？既亟只且！北風其喈，雨雪其霏。惠而好我，攜手同歸。其虚其邪？既亟只且！莫赤匪狐，莫黑匪烏。惠而好我，攜手同車。其虚其邪？既亟只且！

《北風》三章，章六句。

《靜女》，刺時也。衛君無道，夫人無德。

靜女其姝，俟我乎城隅。愛而不見，搔首踟躕。靜女其孌，貽我彤管。彤管有煒，悦懌亦女美。自牧歸荑，詢美且異。非女之爲美人，美人之貽。

《靜女》三章，章四句。

《新臺》，刺衛宣公也。納伋之妻，作新臺于河上，久而要之〔五四〕。國人惡之，而作是詩也。

新臺有泚詞，河水瀰瀰。燕婉之求，籧篨不鮮。新臺有洒，河水浼浼。燕婉之求，籧篨不殄。魚網之設，鴻則離之。燕婉之求，得此戚施。

《新臺》三章，章四句。

《二子乘舟》，思伋、壽也。衛宣公之二子，争相爲死，國人傷而思之，而作是詩也。

二子乘舟，汎汎其影。願言思子，中心養養。二子乘舟，汎汎其逝。願言思子，不遐有害。

《二子乘舟》二章，章四句。

鄁國十有九篇，七十一章，三百六十三句。凡八千四百七十三言，第二。

鄘柏舟詁訓傳第四　**國風**〔五五〕

《柏舟》，恭（共）姜自誓也〔五六〕。衛世子共恭伯蚤早死亡，其妻守義，父母欲奪而嫁之，誓而弗許，故作是詩以絶之也。

汎彼柏舟，在彼中河。髧彼兩髦，實惟我儀。〔之〕死矢靡它他〔五七〕。母也天只，不諒人只！汎彼柏舟，在彼河側。髧彼兩髦，實惟我特。之死矢靡匿。母也天只，不諒人只！

《柏舟》二章，章七句。

《牆有茨》，衛人刺上也。公子頑通乎君母，國人疾之而不可道也。

牆有茨，不可掃。中冓之言，不可道。所可道？言之醜。牆有茨，不可攘。中冓之言，不可詳。所可詳？言之長。牆有茨，不可束。中冓之言，不可讀。所可讀？言之辱。

《牆有茨》三章，章六句。

《君子偕老》，刺衛夫人。夫人淫亂，失事君子之道。故陳人君之德，服飾之盛，宜與君子偕老。

君子偕老，副笄六珈。委委他他，如山如河，象服是宜。子之不淑，云如之何？瑳兮瑳兮，其之狄兮。鬒髮如雲，不屑髢也。玉之瑱田也〔五八〕，象之揥也。揚且之晳（晳）也〔五九〕。胡然而天？胡然而帝？瑳兮瑳兮，其之展也〔六〇〕。蒙彼縐絺，是紲袢也。子之清揚，揚且之顔也。展如之人兮，邽（邦）之媛也〔六一〕。

《君子偕老》三章，一章章七句，一章章九句，一章章八句。

《桑中》，刺奔也。衛之公室淫亂，男女相奔，至乎世族在位，相竊妻妾，期於幽遠。政散民流而不可止然也。

爰采唐矣？沬之鄉矣。云誰之思？美孟姜矣。期我乎桑中，要我乎上宮，送我乎淇之上矣。爰采麥矣？沬之北矣。云誰之思？美孟弋矣，期我乎桑中，要我乎上宫，送我乎淇之上矣。爰采葑矣？沬之東矣。云誰之思？美孟庸矣。期我乎桑中，要我乎上宫，送我乎淇之上矣。

《桑中》三章，章七句。

《鶉之奔奔》，刺宣姜也〔六二〕。衛人以爲宣姜，鶉鵲之不若也。

鶉之奔奔，鵲之彊彊。人之無良，我以爲兄。鵲之彊彊，鶉之奔奔。人之無良，我以爲君。

《鶉之奔奔》二章，章四句。

《定之方中》，美衛文公也。衛爲翟人所滅，東徙度河，野處曹邑，齊桓公攘戎翟而封之。文公徙居楚丘，始建城市而營宫室，得其時制，百姓説之，國家殷富焉。

定之方中，作爲楚宫。揆之以日，作爲楚室。樹之榛栗，椅桐梓漆，爰伐琴瑟。升彼墟矣，以望楚矣。望楚与堂，景山与京。降觀于桑，卜云其吉，終然允臧。靈雨既零，命彼倌人，星言夙駕，説于桑田。匪直也人，秉心塞淵，騋牝三千。

《定之方中》三章，章七句。

《蝃蝀》，止奔也。衛文公能以道化其民，淫奔之恥，國人不齒也焉。

蝃蝀在東，莫之敢指。女之（子）有行〔六三〕，遠父母兄弟。朝隮于西，崇朝其雨。女子有行，遠兄弟父母。乃如之人兮，懷婚姻也。太無信也，不知命也。

《蝃蝀》三章，章四句。

《相鼠》，刺無禮也。衛文公正其群臣，而刺在位承先君之化，無礼儀也。

相鼠有皮，人而無儀。人而無儀，不死何爲？相鼠有齒，人而無止。人而無止，不死何俟？相鼠有體，人而無禮。人而無禮，胡不遄死？

《相鼠》三章，章四句。

《干旄》，美好善也。衛文公臣子多好善賢者，樂告以善道也。

孑孑結干旄[六四]，在浚之郊。素絲紕之，良馬四之。彼姝者子，何以畀之？孑孑干旟，在浚之都。素絲徂（組）之[六五]，良馬五之。彼姝者子，何以予之？孑孑干旌，在浚之城。素絲祝之，良馬六之。彼姝者子，何以告之？

《干旄》三章，章六句。

《載馳》，許穆夫人作也。閔其宗國〔顛〕〔覆〕[六六]，自傷不能救之[六七]。衛懿公爲翟人所滅[六八]，國人分散，露於曹邑[六九]。許穆夫人閔衛之亡，傷許之小，力不能救，思歸唁其兄，又義不得，故賦是詩也。

載馳載驅，歸唁衛侯。驅馬悠悠，言至乎曹[七〇]。大夫跋涉，我心則憂。既不我嘉，不能旋〔反〕[七一]。〔視〕〔爾〕〔不〕〔臧〕[七二]，〔我〕〔思〕〔不〕〔遠〕[七三]。〔既〕〔不〕

〔我〕〔嘉〕〔七四〕，〔不〕〔能〕〔旋〕濟〔七五〕。視爾不臧，我思不閟。陟彼阿丘，言采其蝱。女子善懷，亦各有行。許人尤之，衆穉池且狂。我行其野，芃蓬芃其麥〔七六〕。控乎大邦〔七七〕，誰因誰極！大夫君子，無我有尤。百爾所思，不如我所之！

《載馳》五章，其二章章六句〔七八〕，二章章四句〔七九〕，一章章八句〔八〇〕。

衛淇奥詁訓傳 第五 國風〔八一〕 鄭氏箋

《淇隩》〔八二〕，美武公之德也。有文章，又能聽其規諫，以禮自防，故能入相乎周〔八三〕，美而作是詩也。

瞻彼淇隩，緑竹猗猗。有匪君子，如切如瑳，如琢如磨。瑟兮僩兮，赫兮咺歎兮〔八四〕。有匪君子，終不可諼暄兮。瞻彼淇隩，緑竹青青。有匪君子，充耳琇螢（瑩）〔八五〕，會弁如星。瑟兮僩兮，赫兮咺兮。有匪君子，終不可諼兮。瞻彼淇隩，緑竹如簀。有匪君子，如金如錫，如珪如璧〔八六〕。寬兮綽兮，猗重較兮〔八七〕。善戲謔兮，不爲虐兮。

《淇隩》三章，章九句。

《考槃》，刺莊公也。不能繼先君之業〔八八〕，使賢者退而窮處。

考槃在澗，碩人之寬。獨寐寤言，永矢弗諼。考槃在阿，碩人之薖。獨寐寤歌，永矢弗過。考槃在陸，碩人之軸。獨寐寤宿，永矢弗告軸〔八九〕。

《考槃》三章，章四句。

《碩人》，閔莊姜也。莊公惑於嬖妾，使驕上譖〔九〇〕。莊姜賢而不答，終以無子，國人閔而憂之也〔九一〕。

碩人其傾（頎）〔九二〕，衣錦褧衣。齊侯之子，衛侯之妻。東宮之妹，邢侯之姨，譚公維私。手如柔荑，膚如凝脂。領如蝤齊（蠐）〔九三〕，齒如瓠犀。螓秦首蛾眉，巧笑倩兮，美目盼兮。碩人敖敖，稅乎農郊〔九四〕。四牡母有驕，朱幩鑣鑣。狄（翟）茀以朝〔九五〕，大夫夙退，無使君勞。河水洋洋，北流活活。施罛濊濊豁〔九六〕，鱣擅鮪偉潑潑〔九七〕，葭加菼淡揭揭。庶姜孽孽，庶士有朅。

《碩人》四章，章七句。

《氓》，刺時也。宣公之時，禮義消亡，淫風大行，男女無別，遂相奔誘，華落色衰，復相棄背，或乃困而自悔，喪其配偶〔九八〕，故序其事以風焉。美反政〔九九〕，刺淫佚〔一〇〇〕。

氓之蚩蚩，抱布貿絲。匪來貿絲，來即我謀。送子涉淇，至于頓丘。匪我愆期，子無良媒。將子無怒，秋以爲期。乘彼垝垣，以望復關。不見復關，泣涕漣漣。既見復關，載笑載言。爾卜爾筮，體無咎言。以爾車來，以我賄遷。桑之未落，其葉沃若。于嗟鳩兮，無食桑椹〔一〇一〕。于嗟女兮，無與士耽。士之耽兮，猶可説也。女之耽兮，不可説也。桑之落矣，其黄而隕。自我徂爾，三歲食貧。淇水湯湯，漸車帷裳。女也不爽，士貳其行。士之罔極〔一〇二〕，二三其德。三歲爲婦，靡室勞矣。夙興夜寐，靡有朝矣。言既遂矣，至乎暴矣〔一〇三〕。兄弟不知，咥其笑矣。静言思之，躬自悼矣。及爾偕老，老使我怨。淇則有岸，隰則有泮。總角之宴，言笑晏晏。信誓旦旦，不思其反。反是不思，亦以焉哉〔一〇四〕！

《泯（氓）》六章〔一〇五〕，章十句。

《竹干》〔一〇六〕，衛女思歸也。適異國而不〔見〕答〔一〇七〕，思而能以禮也〔一〇八〕。

籊籊竹干〔一〇九〕，以釣于淇。豈不爾思，遠莫致之。泉源在左，淇水在右。女子有行，遠兄弟父母。淇水在右，泉源在左。巧笑之瑳，佩玉之儺。淇水悠悠〔一一〇〕，檜楫松舟。駕言出遊，以寫我憂。

《竹干》四章〔一一一〕，章四句。

《丸（芄）蘭》〔一一二〕，刺惠公也。驕而無禮，大夫刺之。

丸（芄）蘭之支，童子佩觿。雖則佩觿，能不我知。容兮遂兮，垂帶悸兮。丸（芄）蘭之葉，童子佩韘。雖則佩韘，能不我甲。容兮遂兮，垂帶悸兮。

《丸（芄）蘭》二章，章六句。

《河廣》，宋襄公母歸乎衛〔一一三〕，思而不止，故作是詩也。

誰謂河廣？一葦航之〔一一四〕。誰謂宋遠？跂予望之。誰謂河廣？曾不容舠〔一一五〕。誰謂宋遠？曾不崇朝。

《何（河）廣》二章〔一一六〕，章四句。

《伯兮》，刺時也。君子行役〔一一七〕，爲王前驅，過時而不反焉。

伯兮朅兮，邽（邦）之傑兮〔一一八〕。伯也執殳，爲王前驅。自伯之東，首如飛蓬。豈無膏沐？誰適爲容。其雨其雨，杲杲出日。願言思伯，甘心首疾。焉能（得）諼草〔一一九〕，言樹之背？願言思伯，使我心痗。

《伯兮》四章，章四句。

《有狐》，刺時也。衛之男女失時，喪其配偶焉〔一二〇〕。古者國有凶荒，則殺禮而多婚〔一二一〕，會男女之無室家者〔一二二〕，所以蕃育民人也〔一二三〕。

有狐綏綏，在彼淇梁。心之憂矣，之子無裳。有狐綏綏，在彼其（淇）厲〔一二四〕。心之憂矣，之子無帶。有狐綏綏，在彼淇側。心之憂矣，之子無服。

《有狐》三章，章四句。

《木瓜》，美齊桓公也。衛國有狄人之敗，出處于曹〔一二五〕，齊桓公救而封之，遺車馬器服焉〔一二六〕，衛人思之，欲厚報之，而作是詩也。

投我以木瓜，報之以瓊琚。匪報也，永以爲好也。投我以木桃，報之以瓊瑶。匪報也，永以爲好也。投我以木李，報之以瓊玖。匪報也，永以爲好也。

《木瓜》三章，章四句。第三〔一二七〕

王黍離故訓傳　第六〔一二八〕

《黍離》，閔宗周也。〔周〕大夫行役至于宗周〔一二九〕，過故宗廟宫室，盡爲禾黍，閔周室之顛覆，彷徨不忍去，而作是詩〔一三〇〕。

彼黍離離，彼稷之苗。行邁靡靡，中心摇摇。知我者謂我心憂，不知我者謂我何求？悠悠蒼天，此何人哉？彼黍離離，彼稷之穗。行邁靡靡，中心如醉。知我者謂我心憂，不知我者謂我何求？悠悠蒼天，此何人哉？彼黍離離，彼稷之實。行邁靡靡，中心如噎。知我者謂我心憂，不知我者謂我何求？悠悠蒼天，此何人哉？

《黍離》三章，章十句。

《君子于役》，刺平王也。君子行役無期度，大夫思其危難以風焉。

君子于役，不知其期，曷至哉？鷄棲于慱（塒）〔一三一〕，日之夕矣，羊牛下來。君子于役，如之何勿思！君子于役，不日不月，曷其有佸？鷄棲于桀，日之夕矣，羊牛下括。君子于役，苟無飢渴？

《君子于役》二章，章八句。

《君子陽陽》，閔周也。君子遭亂〔一三二〕，相招爲禄仕，全身遠害而已矣〔一三三〕。

君子陽陽，左執簧，右招我由房。其樂只且！君子陶陶〔一三四〕，左執翿，右招〔我〕游遨〔一三五〕。其樂只且！

《君子陽陽》三（二）章〔一三六〕，章四句。

《揚之水》，刺平王也。不撫其民，而遠屯戍于母家，周人怨焉〔一三七〕。

揚之水，不流束薪。彼其之子，不與我戍申。懷哉懷哉！遏（曷）月予還歸哉〔一三八〕？揚之水，不流束楚。彼其之子，不与我戍甫。懷哉懷哉！遏（曷）月予還歸哉〔一三九〕？揚之水，不流束蒲。彼其之子，不與我戍許。懷哉懷哉！遏（曷）月予還歸哉〔一四〇〕？

《揚之水》三章，章六句。

《中谷有椎（蓷）》〔一四一〕，閔周也。夫婦日以衰薄，凶年饑饉，室家相棄爾。

中谷有推（蓷）〔一四二〕，暵其乾矣。有女仳離，嘅其歎矣。嘅其歎矣，遇人之艱難矣。中谷有椎（蓷），暵其脩矣。有女仳離，條其嘯矣〔一四三〕。條其嘯矣〔一四四〕，遇人之不淑矣。中谷有椎（蓷），暵其濕矣。有女仳罹（離）〔一四五〕，啜其泣矣。啜其泣矣，何嗟及矣。

《中谷有椎（蓷）》三章，章六句。

《菟爰》〔一四六〕，閔周也。桓王失信，諸侯背畔〔一四七〕，構怨連禍，王師傷敗，君子不樂其生焉。

有菟爰爰，雉罹（離）于羅。我生之初，尚無爲。我生之後，逢此百罹，尚寐無訛〔一四八〕。有菟爰爰，雉罹（離）于罦。我生之初，尚無造。我生之後，逢此百憂，尚寐無覺。有菟爰爰，雉罹（離）于罿。我生之初，尚無庸。我生之後，逢此百凶，尚寐無聰。

《菟爰》三章，章七句。

《葛藟（藟）》〔一四九〕，王族刺桓王也〔一五〇〕。周室道衰，棄其九族焉。

緜緜葛藟（藟），在河之滸。終遠兄弟，謂他人父。謂他人父，亦莫我顧。緜緜葛藟（藟），在河之涘。終遠兄弟，謂他人母。謂他人母，亦莫我有。緜緜葛藟（藟）〔一五一〕，在河之漘〔一五二〕。終遠兄弟，謂他人昆。謂他人昆，亦莫我聞。

《葛藟（藟）》三章，章六句。

《采葛》，懼讒也。

彼采葛兮〔一五三〕，一日不見，如三月兮。彼采蕭兮，一日不見，如三秋兮。彼采艾兮，一日不見，如三歲兮。

《采葛》三章，章三句。

《大車》，刺周大夫也。禮義淩遲〔一五四〕，男女淫奔，故陳古以刺今，大夫不能聽男女之訟焉。

大車檻檻，毳衣如菼。豈不爾思？畏子不敢。大車哼哼，毳衣如璊。豈不爾思？畏子不奔。穀則異室，死則同穴。謂予不信，有如皦日。

《大車》三章，章四句。

《丘中有麻》，思賢也。莊王不明，賢人放逐，國人思之，而作是詩也。

丘中有麻麻〔一五五〕，彼留子嗟。彼留子嗟，其將來施施〔一五六〕。丘中有麥，彼留之（子）國〔一五七〕。彼留之（子）〔國〕〔一五八〕，其將來食〔一五九〕。丘中有李，彼留之子。彼留之子，詒我佩玖〔一六〇〕。

《丘中有麻》三章，章四句〔一六一〕。

鄭緇衣故訓傳　第七〔一六二〕

《緇衣》，美武公之德也〔一六三〕。父子並爲周司徒，善於其職，國人宜之，故美其德，以明有國善善之功焉。

緇衣之宜兮，弊〔一六四〕，予又改爲兮。適子之館兮，還，予授子之粲兮。緇衣之好兮，弊，予又改造兮。適子之館兮，還，予授子之粲兮。緇衣之席兮，弊，予又改作兮。適子之館兮，還，予授子之粲兮。

《緇衣》三章，章四句。

《將仲子》，刺莊公也。不勝其母，以害其弟，叔失道而公弗制〔一六五〕，祭仲驟諫而公弗聽〔一六六〕，小不忍以致大亂焉。

將仲子兮！無踰我里，無折我樹杞。豈敢愛之？畏我父母。仲可懷也，父母之言，亦可畏也。將仲子兮！無踰我牆，無折我樹桑。豈敢愛之？畏我諸兄。仲可懷也，諸兄之言，亦可畏也。將仲子兮！無踰我園，無折我樹檀。豈敢愛之？畏人之多言。仲可懷也，人之多言，亦可畏也。

《將仲子》三章，章六（八）句〔一六七〕。

《叔于田》，刺莊公也。叔處于京，繕甲治兵。以出于田，國人説而歸之。

叔于田，巷無居人。豈無居人？不如叔也，洵美且仁。叔于田（狩）〔一六八〕，巷無飲酒。豈無飲酒？不如叔也，洵美且好。叔適野，巷無服馬。豈無服馬？不如叔也，洵美且武。

《淑（叔）于田》三章〔一六九〕，章五句。

《太叔于畋》〔一七〇〕，刺莊公也，叔多才而好勇，不義而得衆（藂）也〔一七一〕。

太叔于畋〔一七二〕，乘乘馬。執轡如組，兩驂如舞。叔在藪，火烈具舉。襢裼暴虎，獻于公所。將叔毋狃〔一七三〕，戒其傷女。叔于田，乘乘黄。兩服上襄，兩驂雁行。叔在藪，火烈具揚。叔善射忌，又良御忌。抑磬控忌，抑縱送忌。叔于田，乘乘鴇。兩服齊首，兩驂如手。叔在藪，火烈具阜。叔馬嫚忌〔一七四〕，叔發罕忌。抑釋棚（掤）忌〔一七五〕，抑鬯弓忌。

《太叔于田》三章〔一七六〕，章十句。

《清人》，刺文公也。高克好利而不顧其君，文公惡之而欲遠之不能〔一七七〕。使高克將兵而御狄于境〔一七八〕，陳其師旅，翺翔乎河上〔一七九〕。久而不召，衆散而歸，高克奔陳。公子素惡高克進之不以禮，文公退之不以道，危國亡師之本，故作是詩也。

清人在彭，駟介旁旁。二矛重英，河上乎翱翔。清人在消，駟介麃麃。二矛重喬，河上乎逍遥。清人在軸，駟介陶陶。左旋右抽，中軍作好。

《清人》三章，章四句。

《羔裘》，大夫刺朝也〔一八〇〕。言古之君子，以風其朝焉。

羔裘如濡，洵直且侯。彼己之子〔一八一〕，舍命不渝。羔裘豹飾，孔武有力。彼己之子〔一八二〕，邽（邦）之司直〔一八三〕。羔裘晏兮，三英粲兮。彼己之子〔一八四〕，邽（邦）之彦兮〔一八五〕。

《羔裘》三章，章四句。

《遵大路》，思君子也。莊公失道，君子去之，國人思望焉。

遵大路兮，摻執子之袪兮。無我惡兮，不寁故也。遵大路兮，摻執子之手兮。無我𣫔（𣫔）兮〔一八六〕，不寁好兮〔一八七〕。

《遵大路》二章，章四句。

《女曰鷄鳴》，刺不説德也。陳古士義以刺今〔一八八〕，不説德而好美色也〔一八九〕。

女曰鷄鳴，士曰昧旦。子興視夜，明星有爛。將翱將翔，弋鳧与雁。弋言加之，與子宜之。宜言飲酒，與子偕老。琴瑟在御，莫不静好。知子之來之，雜珮以贈之〔一九〇〕。知子之順之，雜珮以問之。知子之好之，雜珮以報之。

《女曰鷄〔鳴〕》三章〔一九一〕，章六句。

《有女同車》，刺忽也。鄭人刺忽之不婚于齊也〔一九二〕。太子忽嘗有功于齊，齊侯請妻之。齊女賢而忽不取〔一九三〕，卒以無大國之助，至於見逐，國人〔刺〕之〔一九四〕。

有女同車，顔如舜華。將翱將翔，佩玉瓊琚。彼美孟姜，洵美且都。有女同行，顔如舜英。將翱將翔，佩玉將將。彼美孟姜，德音不忘。

《有女同車》二章，章六句。

《山有扶蘇》，刺忽也。所美非美人〔一九五〕。

山有扶蘇，隰有荷華。不見子都，乃見狂且。山有橋松〔一九六〕，隰有游龍。不見子充，乃見狡童。

《山有扶蘇》二章，章四句。

《蘀兮》，刺忽也。君弱臣强，不倡而和也。

蘀兮蘀兮，風其吹汝〔一九七〕。叔兮伯兮，倡予和女。蘀兮蘀兮，風其漂女。叔兮伯兮，倡予要女。

《蘀兮》二章，章四句。

《狡童》，刺忽也。不能與賢人圖事，權臣擅命也。

彼狡童兮，不與我言兮。維子之故，使我不能餐兮。彼狡童兮，不與我食兮。維子之故，使我不能息兮。

《狡童》二章，章四句。

《褰裳》，思見正也。狂童姿（恣）行〔一九八〕，國人思大國之正己也。

子惠思我，褰裳涉溱。子不我思，豈無他人？狂童之狂也且！子惠思我，褰裳涉洧。子不我思，豈無他士？狂童之狂也且！

《褰裳》二章，章五句。

《豐》，刺亂也。婚姻之道缺，陽倡而陰不和，男行而女不隨也〔一九九〕。

子之豐兮，俟我于巷兮〔二〇〇〕。悔予不送兮。子之倡（昌）兮〔二〇一〕，俟我乎堂兮。悔予不將兮。衣錦褧衣，裳錦褧裳。叔兮伯兮，駕予與行。裳錦褧裳，衣錦褧衣。叔兮伯兮，駕予與歸。

《豐》四章，二章〔章〕三句〔二〇二〕，二章章四句。

《東門之壇（墠）》〔二〇三〕，刺亂也。男女有不待禮而相奔者也。

東門之壇（墠），茹蘆（藘）在阪〔二〇四〕。其室則爾〔二〇五〕，其人不（甚）遠〔二〇六〕。東門之栗，有踐家室。豈不思（爾）爾（思）〔二〇七〕？子不我即。

《東門之壇（墠）》二章，章三（四）句〔二〇八〕。

《風雨》，思君子也。亂世則思君子，不改其度焉。

風雨淒淒，鷄鳴喈喈。既見君子，云胡不夷？風雨蕭蕭〔二〇九〕，鷄鳴膠膠。既見君子，云胡不瘳？風雨如晦，鷄鳴不已。既見君子，云胡不喜？

《風雨》三章，章四句。

《子衿》，刺學校廢也。亂世則學校不脩〔二一〇〕。

青青子衿，悠悠我心。縱我不往，子寧不嗣音？青青子佩，悠悠我思。縱我不往，子寧不來？佻兮達兮〔二一一〕，在城闕兮。一日不見，如三月兮。

《子衿》三章，章四句。

《揚之水》，閔無臣也。君子閔忽之無忠臣良士，終以死亡，而作是詩也。

揚之水，不流束楚。終鮮兄弟，維予與汝〔二一二〕。無信人之言，人實迋汝〔二一三〕。揚之水，不流束薪。終鮮兄弟，維予二人。無信人之言，人實不信。

《揚之水》二章，章六句。

《出其東門》，閔亂也。公子五爭，兵革不息，男女相棄，民人思保其室家焉。

出其東門，有女如雲。雖則如雲，匪我思存。縞衣綦巾，聊樂我云〔二一四〕。出其闉闍，有女如荼。雖則如荼，匪我思徂〔二一五〕。縞衣如（茹）蘆（藘）〔二一六〕，聊可与虞〔二一七〕。

《出其東〔門〕》二章〔二一八〕，章六句。

《野有蔓草》，思遇時也。君之澤不流於下〔二一九〕，民人窮於兵革〔二二〇〕，男女失時，思不期而會焉。

野有蔓草，零露團兮〔二二一〕。有美一人，清揚婉兮。邂逅相遇，適我願兮。野有蔓草，零露瀼瀼。有美一人，婉如清陽（揚）〔二二二〕。邂逅相遇，与子皆臧。

《野有蔓草》二章，章六句。

《溱洧》，刺亂也。兵革不息，男女相棄，淫風大行，莫之能救焉。

溱與洧，方渙渙兮。維士与女〔二二三〕，方秉蕳兮。女曰：『觀乎？』士曰：『既且。』『且往觀乎？洧之外，洵訏且樂。』維士與女，伊其相謔，贈之以勺藥。溱与洧，瀏其清矣。維士与女，殷其盈矣。女曰：『觀乎？』士曰：『既且。』『且往觀乎，洧之外，洵訏且樂。』維士与女，伊其將謔，贈之以勺藥。

《溱洧》二章，章十二句。卷第四〔二二四〕

齊鷄鳴詁訓傳　第八〔二二五〕

《鷄鳴》，思賢妃也。哀公荒淫怠慢，故陳古賢妃貞女夙夜驚（警）戒相成之道也〔二二六〕。

鷄既鳴矣，朝既盈矣。匪鷄則鳴，蒼蠅之聲。東方明矣，朝既昌矣。東方則明，月出之光。蟲飛薨薨，甘与子同夢。會且歸矣，無庶与子憎〔二二七〕。

《鷄鳴》三章，章四句。

《還》，刺荒也。哀公好田獵，從禽獸而無厭。國人化之，遂成風俗，習於田獵謂之賢，閑於馳逐謂之好焉。

子之還兮，遭我乎峱之間兮。並驅從兩豜兮〔二二八〕，揖我謂我儇兮。子之茂兮，遭我乎峱之道兮。並驅從兩牡兮，揖我謂我好兮。子之昌兮，遭我乎峱之陽兮。並驅從兩狼兮，揖我謂我臧兮。

《還》三章，章四句。

《著》，刺時也。時不親迎〔二二九〕。

俟我於著乎而，充耳以素乎而，尚之以瓊華乎而。俟我於庭乎而，琇耳以青乎而〔二三〇〕，尚之以瓊瑩乎而〔二三一〕。俟我於堂乎而，琇耳以黄乎而〔二三二〕，尚之以瓊英乎而。

《著》三章，章三句。

《東方之日》，刺襄公也〔二三三〕。君臣失道，男女淫奔，不能以禮化也。

東方之日兮，彼姝者子，在我室兮。在我室兮，履我即兮。東方之月兮，彼姝者子，在我達兮〔二三四〕。在我達兮〔二三五〕，履我發兮。

《東方之日》二章，章五句。

《東方未明》，刺無節也。朝庭興居而無節度〔二三六〕，號令不時，挈壺氏不能掌其職焉〔二三七〕。

東方未明，顛倒衣裳。顛之倒之，自公召之。東方未晞（晞）〔二三八〕，顛倒裳衣。倒之顛之，自公命之〔二三九〕。折柳樊圃，狂夫瞿瞿。不能晨（辰）夜〔二四〇〕，不夙則暮〔二四一〕。

《東方未明》三章，章四句。

《南山》，刺襄公也。鳥獸之行，淫乎其妹，大夫遇是惡，作詩而去焉〔二四二〕。

南山崔崔，雄狐綏綏。魯道有蕩，齊子由歸。既曰歸止，曷又懷止？葛屨五兩，冠緌（緌）雙止〔二四三〕。魯道有蕩，齊子庸止。既曰庸止，曷又從止？藝麻如之何〔二四四〕？從（衡）衡（從）其畝〔二四五〕。娶妻如之何〔二四六〕？必告父母。既曰告止，曷又鞫止？析薪如之何？匪斧不克。娶妻如之何〔二四七〕？匪媒不得。既曰得止，曷又極止？

《南山》四章，章六句。

《甫田》，大夫刺襄公也。無禮儀而求大功〔二四八〕，不脩其德而求諸侯〔二四九〕，志大心勞，所求之者非其道也〔二五〇〕。

無佃甫田〔二五一〕，維莠驕驕。無思遠人，勞心忉忉。無佃甫田〔二五二〕，維莠桀桀。無思遠人，勞心怛怛〔二五三〕。婉兮孌兮，總角丱兮。未幾見之〔二五四〕，突而弁兮。

《甫田》三章，章四句。

《盧鈴》〔二五五〕，刺荒也。襄公好田獵畢弋而不脩民事，百姓苦之，故陳古以刺風焉〔二五六〕。

盧鈴鈴，其人美且仁。盧重環，其人美且鬈。盧重鋂，其人美且偲。

《盧鈴》三章，章二句。

《敝笱》，刺文姜也。齊人惡魯桓公微弱，不能防閑文姜，使至淫亂，爲二國患焉。

敝笱在梁，其魚魴鰥〔二五七〕。齊子歸止，其從如雲。敝笱在梁，其魚魴鱮。齊子歸止，其從如雨。敝笱在梁，其魚唯唯。齊子歸止，其從如水。

《敝笱》三章，章四句。

《載驅》，齊人刺襄公也。無禮儀故〔二五八〕，盛其車服，疾驅於通道大都，与文姜淫，播其惡於萬民焉。

載驅薄薄，簟茀朱鞹。魯道有蕩，齊子發夕。驅驪濟濟〔二五九〕，垂轡瀰瀰。魯道有蕩，齊子愷悌〔二六〇〕。汶水湯湯，行人彭彭。魯道有蕩，齊子翱翔。汶水滔滔，行人儦儦。魯道有蕩，齊子遊敖。

《載驅》四章，章四句。

《猗嗟》，刺魯莊公也。齊人傷魯莊公有威儀伎藝〔二六一〕，然而不能以禮防閑其母，失子之道，人以爲齊侯之子焉。

猗嗟昌兮，頎而長兮。抑若陽兮〔二六二〕，美目揚兮。巧趨蹌兮，射則臧兮。猗嗟名兮，美目倩（清）兮〔二六三〕，儀既成兮。終日射侯，不出正兮，展我甥兮。猗嗟孌兮，清揚婉兮。舞則選兮，射則貫兮。四矢反兮，以御亂兮〔二六四〕。

《猗嗟》三章，章六句〔二六五〕。

魏葛屨詁訓傳　第九

《葛屨》，刺褊也。魏地陿隘，其人機巧趨利〔二六六〕，其君儉嗇褊急，而無德以將之也〔二六七〕。

糾糾葛屨，可以履霜？摻摻女手，可以縫裳？要之襋之，好人服之。好人提提，宛然左僻〔二六八〕，佩其象揥。維是褊心，是以爲刺。

《葛屨》二章，一章六句，一章五句。

《汾沮洳》，刺儉也。其君儉以能勤，刺不得禮也。

彼汾沮洳，言采其莫。彼其之子，美無度。美無度，殊異乎公輅（路）〔二六九〕。彼汾一方，言采其桑。彼其之子，美如英。美如英，殊異乎公行。彼汾一曲，言采其藚。彼其之子，美如玉。美如玉，殊異乎公族。

《汾沮洳》三章，章六句。

《園有桃》，刺時也。大夫憂其君國小而迫，而儉以嗇，不能用其人〔二七〇〕，而無德教，日以侵削，而作是詩也〔二七一〕。

園有桃，其實之殽。心之憂矣，我歌且謡。我（不）不（我）知者〔二七二〕，謂我士也驕。彼人是哉，子曰何其。心之憂矣，其誰知之？其誰知之，蓋亦勿思。園有棘，其實之食。心之憂矣，聊以行國。不知（我）我（知）者〔二七三〕，謂我士也罔極。彼人是哉，子曰何其。心之憂矣，其誰知之？其誰知之，蓋亦勿思。

《園有桃》二章，章十二句。

《陟岵》，孝子行役，思念父母也。國小而迫〔二七四〕，而數見侵削〔二七五〕，役于大國之間〔二七六〕，父母兄弟離散，而作是詩也。

陟彼岵兮，瞻望父兮。父曰：『嗟，予子！行役夙夜無已。上慎旃哉！猶來無止。』

陟彼屺兮，瞻望母兮。母曰：『嗟，予季！行役夙夜無寐。上慎旃哉！猶來毋棄〔二七七〕。』

陟彼罡兮〔二七八〕，瞻望兄兮。兄曰：『嗟，予弟！行役夙夜必偕。上慎旃哉！猶來無死。』

《陟岵》三章，章六句。

《十畝之間》，刺時也。言其國削小，民無所居焉。

十畝之間〔二七九〕，桑者閑閑兮，行與子旋兮〔二八〇〕。十畝之外〔二八一〕，桑者泄泄兮，行與子逝兮。

《十畝之間》二章，章三句。

《伐檀》，刺貪也。在位貪鄙，無功而受禄，君子不得進仕爾。

坎坎伐檀兮，寘之河之干兮，河水清且漣猗。不稼不穡，胡取禾三百廛兮？不狩不獵，胡瞻爾庭有懸貆兮〔二八二〕？彼君子兮，不素餐兮！坎坎伐輻兮，寘之河之側兮，河水清且猗（直）直（猗）〔二八三〕。不稼不穡，胡取禾三百億兮？不狩不獵，胡瞻爾庭有懸特兮？彼君子兮，不素食兮！坎坎伐輪兮，寘之河之漘兮，河水清且淪猗〔二八四〕。不稼不穡，胡取禾三百囷兮？不狩不獵，胡瞻爾庭有懸鶉兮？彼君子兮，不素飧兮！

《伐檀》三章，章十句〔二八五〕。

《碩鼠》，刺重斂也。國人刺其君之重斂〔二八六〕，蠶食於人〔二八七〕，不脩其政，貪而畏人，若大鼠也。

碩鼠碩鼠，無食我黍。三歲貫女，莫我肯顧。逝將夫汝〔二八八〕，適彼樂土。樂土樂土，爰得我所！碩鼠碩鼠，無食我麥。三歲貫女，莫我肯德。逝將去汝〔二八九〕，適彼樂國。樂國樂國，爰得我直！碩鼠碩鼠，無食我苗。三歲貫女，莫我肯勞。逝將去女，適彼樂郊。樂郊樂郊，誰之詠號〔二九〇〕！

《碩鼠》三章，章八句。

魏國七篇，十八章，百廿八句。卷第五〔二九一〕

唐蟋蟀詁訓傳　第十 卷第六〔二九二〕

《蟋蟀》，刺晉僖公也。儉不中禮，故作是詩以閔之，欲其及時以禮自虞樂也。此晉也，而謂之唐，本其風俗，憂深思遠，儉而用禮，乃有堯之遺風焉。憂深思遠，謂『宛其死矣』『百歲之後』之類也。

蟋蟀在堂，歲聿其暮〔二九三〕。今我不樂，日月其除。蟋蟀，蛬也，九月在堂。聿，遂也〔二九四〕；除，去也。箋云：我，我僖公也。蛬在堂，歲時之候也〔二九五〕，是農功畢〔二九六〕，君可以自樂矣。今不自樂，日月將過去〔二九七〕，不復暇爲之。謂十二月，當復命農計耦耕事者也〔二九八〕。無已太康〔二九九〕，職思其居。已，甚也〔三〇〇〕；康，樂也〔三〇一〕；職，主也。箋云：君雖當自樂，亦無甚太樂，欲其用禮爲節也，人當主思於所居之事〔三〇二〕，言國中政令者〔三〇三〕。好樂無荒，良士瞿瞿。荒，大也。瞿瞿然，顧禮義也。箋云：荒，廢亂也。良，善也。君子之好樂〔三〇四〕，不當至於廢亂政事，當如善士瞿瞿然顧禮義者也〔三〇五〕。

蟋蟀在堂，歲聿其逝。今我不樂，日月其邁。邁，行〔三〇六〕。無已太康〔三〇七〕，職思其外。外，禮樂之外也〔三〇八〕。箋云：外謂國外至四境者也〔三〇九〕。好樂無荒，良士蹶蹶。蹶蹶，動而而敏於事也〔三一〇〕。蟋蟀在堂，役車其休。箋云：庶人乘役車，役車休休〔三一一〕，農功畢，無事也。今我不樂，日月其慆。慆，過也。無已太康〔三一二〕，職思其憂。憂，可憂也。箋云：憂者，謂鄰國侵伐之憂也〔三一三〕。好樂無荒，良士休休。休休，樂道之心也〔三一四〕。

《蟋蟀》三章，章八句。

《山有樞》，刺晉昭公也。不能脩道以正其國，有財不能用，有鍾鼓不能以自樂，有朝廷不能洒掃〔三一五〕，政荒民散，將以危亡。四鄰謀取其國家而不知，國人作詩以刺之〔三一六〕。

山有樞，隰有榆。興也。樞，荎也。國君有賄貨而不能用〔三一七〕，如山隰不能自用其材也〔三一八〕。子有衣裳，弗曳弗婁。子有車馬，弗馳弗馳（驅）〔三一九〕。婁亦曳也。宛其死矣〔三二〇〕，他人是愉。宛〔三二一〕，死貌也〔三二二〕。愉，樂也。箋云：愉讀曰偷。偷，取者〔三二三〕。山有栲，隰有杻。栲，山樗也〔三二四〕。杻，檍也。子有庭内〔三二五〕，弗洒弗掃〔三二六〕。子有鍾鼓，弗擊弗考〔三二七〕。洒，灑也。考，擊也。宛其死矣〔三二八〕，他人是保。保，安也。箋云：保，居也。山有漆，隰有栗。子有酒食，何不鼓瑟〔三二九〕？君子無故，琴瑟不離於側也〔三三〇〕。且以喜樂，且以永日。永，引也。苑其死矣〔三三一〕，他人入室。

《山有樞》三章，章八句。

《揚之水》，刺晉昭公也。昭公分國以封沃，沃盛强，昭公微〔三三二〕，國人將叛而歸沃焉。封沃者，封叔父桓叔於沃〔三三三〕。〔沃〕〔三三四〕，曲沃〔三三五〕，晉之邑也。

揚之水，白石鑿鑿。興也。鑿鑿然，鮮明貌。箋云：激揚之水，波流湍疾〔三三六〕，洗去垢濁，使白石鑿鑿然。興者，諭桓叔盛强〔三三七〕，除民所惡，民將以有禮義也〔三三八〕。素衣朱襮，從子于沃。襮，領也，諸侯繡黼丹朱中衣。沃，曲沃也。箋云：繡當爲爲（霄）〔三三九〕，〔霄〕〔三四〇〕，領（黼）丹朱中衣〔三四一〕，中衣以霄黼爲領〔三四二〕，丹朱〔爲〕純也〔三四三〕。國人欲進此服，去從桓叔者也〔三四四〕。既見君子，云何不樂？箋云：君子，謂桓叔也〔三四五〕。揚之水，白石浩（皓）浩（皓）〔三四六〕。浩（皓）浩（皓）〔三四七〕，潔白也。素衣朱繡，從子于鵠。繡，領〔三四八〕。鵠，曲沃邑也。既見君子，云何其憂？言無憂也。揚之水，白石鄰（粼）鄰（粼）〔三四九〕。鄰（粼）〔三五〇〕，清澈也。我聞有命，不可告人〔三五一〕。聞曲沃有善政命也〔三五二〕，不敢以告人也〔三五三〕。箋云：不告人而去者〔三五四〕，畏昭公謂己動民心。

《揚之水》三章，〔二〕〔章〕章六句〔三五五〕，一章四句。

《椒聊》，刺晉昭公也。君子見沃之能脩其政〔三五六〕，知其蕃衍盛大，子孫將有國焉〔三五七〕。

椒聊之實，蕃衍盈升。興也。椒聊，子也〔三五八〕。箋云：椒性芬香而少實〔三五九〕，今一捄之實，蕃衍滿升，非其常也。興者，諭桓叔晉君支別耳〔三六〇〕，今其子孫衆多，將以日盛也〔三六一〕。彼己之子〔三六二〕，碩大無朋。朋，比也。箋云：之子，是子也，是謂桓叔也〔三六三〕。碩謂狀（壯）貌〔三六四〕，佼好也。大謂美廣博也〔三六五〕。無月（朋）〔三六六〕，平均，不朋黨也〔三六七〕。椒聊且！遠條且！條，長也。箋云：椒之氣日益遠長，似椒（桓）叔之德彌廣博也〔三六八〕。椒聊之實，蕃衍盈匊。兩手曰匊。彼己之子〔三六九〕，碩大且篤。篤，厚也〔三七〇〕。椒聊且！遠條且〔三七一〕！

《椒聊也》二章〔三七二〕，章六句。

《綢繆》，刺晉亂也。〔國〕〔亂〕則婚姻不得其時焉〔三七三〕。不得其時者〔三七四〕，謂不及仲春之月。

綢繆束薪，三星在天。興也。裯（綢）繆猶纏綿也〔三七五〕。三星，參也。在天〔謂〕始見東方也〔三七六〕。男女待禮而成，若薪芻待人事而束也〔三七七〕。三星在天，可嫁娶也〔三七八〕。箋云：三星，謂心〔星〕〔也〕〔三七九〕，〔心〕有尊卑〔三八〇〕，夫婦父子之象，又爲二月之合宿，故嫁娶者〔以〕爲候焉〔三八一〕。昏而火星不見，嫁娶之時也。今我束薪於野，乃見其在天，則三月之末，四月之中也〔三八二〕，見於東方矣，故云『不得其時』〔三八三〕。今夕何夕？見此良人。良人，善室也〔三八四〕。箋之（云）〔三八五〕：今夕何夕者，言此夕何月之夕乎，而汝以見良人〔三八六〕，言非其時者〔三八七〕。子兮子兮，如此良人何？何（子）〔兮〕者〔三八八〕，嗟茲茲也〔三八九〕。箋云：子兮子兮者，斥娶者也〔三九〇〕。子之娶後陰陽交會之月〔三九一〕，當如此良人何也〔三九二〕？綢繆束芻，三星在隅。隅，東南隅也。箋云：心星在隅，謂四月之末，五月之中也〔三九三〕。今夕何夕？見此解覯〔三九四〕。解覯，解說之貌。子兮子兮，如此解覯何？綢繆束楚，三星在户。參星正中直户也〔三九五〕。箋云：三星在户〔三九六〕，謂五月之末〔三九七〕，六月之中也〔三九八〕。今夕何夕？見此粲都〔三九九〕。三女爲粲。大夫一妻二妾。子兮子兮，如此粲都何？

《裯（綢）繆》三章，章六句。

《杖（杕）杜》〔四〇〇〕，刺時也。君不能親其宗族，骨肉離散，獨居而無兄弟，將爲沃所并爾。

有杖（杕）之杜，其葉湑湑。興也。杖（杕），特貌也〔四〇一〕。杜，赤棠也。湑湑，枝葉不相比近者〔四〇二〕。獨行踽踽，豈無他人？不如我同父。踽踽，無所親也。箋云：他人謂異姓也。言昭公遠其宗族，獨行於國中踽踽然。此豈無異姓之臣乎？顧恩不如同姓親親耳〔四〇三〕。嗟行之人，胡不比焉？箋云：君何（所）與行之人〔四〇四〕，謂異姓卿大夫也。比，輔也。此人汝何不輔君爲政令也〔四〇五〕。人無兄弟，胡不佽焉？佽，助也。箋云：異姓卿大夫，汝見無兄弟之親親者〔四〇六〕，何不相推佽而助之也〔四〇七〕。有杖（杕）之杜，其葉菁菁。菁菁，葉盛貌也〔四〇八〕。箋云：菁菁，希少之貌也〔四〇九〕。獨行嬛嬛〔四一〇〕，豈無他人？不如我同姓。嬛嬛〔四一一〕，無所依也。同姓，同祖也。嗟行之人，胡不比焉？人無兄弟，胡不佽焉？

《杖（杕）杜》二章，章九句。

《羔裘》，刺時也。晉人刺其君在位之不恤其〔民〕也〔四一二〕。恤，憂也。

羔裘豹祛，自我人居居。祛，袂末也〔四一三〕。本末不同，在位与民異心。自，用也。居居，懷惡不相親比之貌也〔四一四〕。箋云：羔裘豹祛，在位卿大夫之服也。其役使我之民人，其意居居然有懷惡之心〔四一五〕，不恤我之困苦者也〔四一六〕。豈無他人？維子之故。箋云：此民，卿大夫菜（采）邑之民也〔四一七〕，故曰豈無他人可歸往者乎〔四一八〕？我不去者，乃念子故舊人也〔四一九〕。羔裘豹褎，自我人究究。褎猶袪也。究究猶居居〔四二〇〕。豈無他人？維子之好。箋云：我不去而歸往他人〔四二一〕，乃念了而愛好之也。民之厚如此，亦唐之遺風焉〔四二二〕。

《羔裘》二章，章四句。

《鴇羽》，刺時也。昭公之後，大亂五世，君子下從征役，不得養其父母，而作是詩也。大亂五世者，昭公也〔四二三〕，孝侯也〔四二四〕，鄂侯也〔四二五〕，哀侯也〔四二六〕，小子侯者也〔四二七〕。

肅肅鴇羽，集于苞栩。興也。肅肅，鳥羽聲也〔四二八〕。集，止也〔四二九〕；苞，稹也〔四三〇〕；栩，杼也。鴇之性不樹止。箋云：興者，諭君子當居平安之處〔四三一〕，今下從征〔四三二〕，其爲危苦，如鴇之樹止然。稹者，恨（根）相迫迮梱傚（致）也〔四三三〕。王事靡盬，不能蓺稷黍。父母何怙？盬，不攻致也〔四三四〕。怙，恃也。箋云：藝，樹也。我迫王事，無不政（攻）致〔四三五〕，故盡力焉。既則罷倦，不能播五穀〔四三六〕，今我父母將何所怙者也〔四三七〕？悠悠蒼天，曷其有所？箋云：曷，何也。何時我得其所哉？肅肅鴇翼，集于苞棘。王事靡盬，不能蓺黍稷。父母何食？悠悠蒼天，曷其有極？箋云：極，已也。肅肅鴇行，行，翮〔四三八〕。集于苞桑。王事靡盬，不能蓺稻粱〔四三九〕。父母何嘗？悠悠〔蒼〕天〔四四〇〕，曷其有常？

《鴇羽》三章，章七句。

《無衣》，美晉武公也〔四四一〕。武公始并晉國，其大夫爲之請命乎天子之使，而作是詩也。天子之使，是時使來者也〔四四二〕。豈曰無衣七兮？侯伯之禮七命，冕服七章，箋云：我豈命無是七章之衣乎〔四四三〕？晉舊有之，非新命之服。不如子之衣，安且吉兮。諸侯不命於天子則不成爲君也〔四四四〕。箋云：武公初并晉國，心未自安，故以得命服爲安。豈曰無衣六兮？天子之卿六命，車旗衣服以六爲節。箋云：變七言六者，謙也。不敢必當侯伯，得受六命之服，列於天子之卿，猶愈乎不。不如子之衣，安且燠兮。燠，暖也。

《無衣》二章，章三句。

《有杕（杕）之杜》，刺晉武公也〔四四五〕。武公寡特，兼其宗族，而不求賢以自輔焉。

有杕（杕）之杜，生于道左。興也。道之陽〔四四六〕，人所宜休息〔四四七〕。箋云：道左，道東也。日之熱，恒在日中之後，道東之杜，人所宜休息也。今人不休息者，以其特生蔭寡也〔四四八〕。興者，諭武公初兼其宗〔四四九〕，不求賢者與之在位，君子不歸，似乎特生之杜然。彼君子兮，噬肯適我？噬，逮也。箋云：肯，可；適，之也。彼君子之人，至於此邦〔四五〇〕，皆可來之我君所〔四五一〕。君子之人，義之與比。其不來者，君不求耳也〔四五二〕。中心好之，曷飲食之？箋云：曷，何也。言心誠愛好之〔四五三〕，何但飲食之，當盡禮〔極〕勸（歡）以待之者〔四五四〕。有杕（杕）之杜，生于道周。周，曲也。彼君子兮，噬肯來游？游，觀也。中心好之，曷飲食之？

《有杕（杕）之杜》二章，章六句。

《葛生》，刺晉獻公也。好攻戰，則國人多喪矣。哀（喪）〔四五五〕，棄亡也。棄亡不反〔四五六〕，則其妻居家而怨思之也〔四五七〕。

葛生蒙楚，蘞蔓于野。興也。葛生延而蒙〔楚〕〔四五八〕，〔蘞〕〔生〕〔蔓〕於野〔四五九〕，諭婦人外成於他家也〔四六〇〕。予美亡此，誰與獨處？箋云：予，我也〔四六一〕。亡，無也。言所美人無於此〔四六二〕，謂其君子也。吾今誰誰与居乎〔四六三〕？獨處家耳。從軍未還，未知死生，期今無於此也〔四六四〕。葛生蒙棘，蘞蔓于域。域，營域也。予美亡此，誰與獨息？息，止也。角枕粲兮，錦衾爛兮。齋則角枕錦衾〔四六五〕。禮：『夫不在，〔斂〕枕篋衾〔四六六〕，席韣而藏之。』箋云：夫雖不在，其粲（祭）也攝主〔四六七〕，主婦猶自齋而行事也〔四六八〕。予美亡此，誰與獨旦？箋云：旦，明也。我君子無於此，吾誰〔與〕齋乎〔四六九〕？獨自絜明〔四七〇〕。夏之日，冬之夜。言長也。箋云：思者於晝夜長之時尤甚〔四七一〕，故極言之以盡情也〔四七二〕。百歲之後，歸于其居。箋云：居，墳墓也。言此者婦人專壹〔四七三〕，義之至，情之盡也〔四七四〕。冬之夜，夏之日。百歲之後，歸于其室。室，猶居也〔四七五〕。

《葛生》五章，章四句。

《采苓》〔四七六〕，刺晉獻公也。獻公好聽讒焉。

采苓采苓，首陽之顛〔四七七〕。興也。苓，大苦也。首陽，山名也。采苓，細事〔四七八〕。首陽，幽辟也。細事，喻小行〔四七九〕。幽辟，喻無微（徵）也〔四八〇〕。箋云：采苓采苓者，言采苓之人衆多，非一也，皆云我時月而采之於首陽山之上〔四八一〕，首〔陽〕〔山〕〔之〕〔上〕〔四八二〕，信有苓矣。而今之採苓者未必於〔此〕〔山〕〔四八三〕，〔然〕而人必信之〔四八四〕。興者，喻事有似而非也〔四八五〕。人之爲言，苟亦無信。舍旃舍旃，苟亦無然。苟，誠也。箋云〔四八六〕：〔苟〕〔四八七〕，〔且〕〔也〕〔四八八〕。爲信言〔四八九〕，謂爲人爲善言以稱薦之，欲使見進用也。旃，之也〔四九〇〕。舍之焉舍之〔焉〕〔四九一〕，謂謗訕也〔四九二〕。欲使見貶退也。此二者且無信，答之且無然〔四九三〕，答然之也〔四九四〕。人之爲言，胡得焉！箋云：人以言來〔四九五〕，不信，受之不答，然之也〔四九六〕，從後察之。或時見罪，何所得。采苦采苦，首陽之下。苦，苦菜〔四九七〕。人之爲言，苟亦無與。無与，勿用者也〔四九八〕。舍旃舍旃，苟亦無然。人之爲言，胡得焉！采葑采葑，首陽之東。葑，菜也〔四九九〕。人之爲言，苟亦無從。舍旃舍旃，苟亦無然。人之爲言，胡得焉！

《采苓》三章，章八句。

唐國十有二篇〔五〇〇〕，卌五章〔五〇一〕，二百五句〔五〇二〕。　凡三千二百五十二字〔五〇三〕。

秦車鄰詁訓傳　第十一〔五〇四〕

《車鄰》，美秦仲也。秦仲始大，有車馬禮樂侍御之好焉。秦仲爲周宣王大夫也〔五〇五〕。

有車鄰鄰，有馬白顛。鄰鄰，衆車聲也。白顛，的顙也。未見君子，寺人之令。寺人，内小臣也。箋云：欲見國君者，先令寺人使傳〔五〇六〕。時秦仲始有此臣也〔五〇七〕。阪有漆，隰有栗。興也。坡者曰阪〔五〇八〕，下濕曰隰。箋云：興者，諭秦仲之君〔臣〕所有各得其宜也〔五〇九〕。既見君子，並坐鼓瑟。又見其禮樂也〔五一〇〕。箋云：既見，既見秦仲也，並坐鼓瑟者〔五一一〕，君臣以閑暇燕飲酒相晏樂之也〔五一二〕。今者不樂，逝者其耋。耋，老也。八十曰耋。箋云：今者不於此君了之朝自樂〔五一三〕，謂仕焉也〔五一四〕。而去在（仕）他國〔五一五〕，徒自使老〔五一六〕，言將後寵禄也。阪有桑，隰有楊。既見君子，並坐鼓簧。簧，笙也。今我（者）不樂〔五一七〕，逝者其亡！亡，喪棄也。

《車鄰》三章，二章章六句〔五一八〕，一章章四句。

《四驖》〔五一九〕，美襄公也。始命，有田狩之事，苑囿之樂焉〔五二〇〕。始命，命爲諸侯也。奉始附庸者也〔五二一〕。

四驖孔阜〔五二二〕，六轡在手。驖，驪也〔五二三〕。阜，大也。箋云：四馬六轡。六轡在手，言馬之良也。公之媚子，從公于狩。能以道媚於上下者也〔五二四〕。冬獵曰狩。箋云：媚於上下者〔五二五〕，謂使君臣上下和合也〔五二六〕。此人從公往狩，言襄公親賢也。奉時辰牡，辰牡孔碩。時，是也〔五二七〕；辰，時也。冬獻狼，夏獻麋，春〔秋〕獻鹿豕群獸也〔五二八〕。箋云：奉是時牡也者〔五二九〕，謂虞人也。時牡甚肥大，言禽獸得其所之〔五三〇〕。公曰左之，舍拔則獲。拔，矢末也。箋云：左之者，從禽之左射之也。拔，括也。舍括則獲〔五三一〕，言善射也〔五三二〕。游于北園，四馬既閑。閑，習也。箋云：公所以田則剋獲者〔五三三〕，乃游北園之時〔五三四〕，時則已習其四種之馬。輶車鸞鑣，載歛（獫）歇獢〔五三五〕。輶車〔五三六〕，輕車也〔五三七〕。載〔五三八〕，始也〔五三九〕。歛（獫）、歇獢〔五四〇〕，田犬也。長喙曰斂（獫），短喙曰獢〔五四一〕。箋云：輕車，驅逆之車也。置鸞於鑣者〔五四二〕，異於乘車也。載，始也。始田犬者，謂達其搏噬也〔五四三〕，始成之〔五四四〕。此皆遊於北園時所爲者也〔五四五〕。

《四驖》三章〔五四六〕，章四句。

《小戎》，美襄公也。備其兵甲，以討西戎，西戎方强〔五四七〕，而征伐不休，國人則矜其車甲，婦人則閔其君子焉〔五四八〕。矜，夸大也。國（人）夸大其車甲之盛〔五四九〕，有樂之意也。婦人閔其君子恩義之至也。作者叙外内之志，以美君政教之功也〔五五〇〕。

小戎俴收，五楘梁輈。小戎，兵車也。俴，淺也〔五五一〕；收，軫也。五，五束也。楘，歷録也。梁輈，輈上句衡也。一輈五束，束有歷録。箋云：此群臣之兵車也〔五五二〕，故曰小戎也〔五五三〕。遊環脅驅，陰靷鋈續。遊環，靷環也。游在背上，所以御出也〔五五四〕。脅驅，順駕具〔五五五〕，所以止入也。蔭〔五五六〕，掩軌也。靷，所以引也。鋈，白金也。續，續靷也。箋云：游環在背上，無常處，貫驂之外轡，以禁其出。脅驅者，著服馬之脅〔五五七〕，以止驂之入。掩軌，在軾前垂輈車上〔五五八〕。鋈續，續白金飾續靷環之也〔五五九〕。文茵暢轂，駕我騏馵。文茵，虎皮也。暢穀（轂）〔五六〇〕，長穀（轂）也〔五六一〕。騏，騏文也。左足白曰馵。箋云：此上六句者，國人所矜也〔五六二〕。言念君子，温其如玉。箋云：言，我也。我念君子之性温然如玉〔五六三〕。玉有五德者也〔五六四〕。在其板屋，亂我心曲。西戎板屋。箋云：心曲，心之委曲也。憂則心亂〔五六五〕。此上四句〔五六六〕，婦人所以閔其君子〔五六七〕。四牡孔阜，六轡在手。騏駵是中〔五六八〕，騧驪是驂。黄馬黑喙曰騧，箋云：赤身黑鬣（鬣）曰駵〔五六九〕。中，中服也。驂，兩騑者〔五七〇〕。龍盾之合，鋈以觼軜。龍盾，畫龍其盾也。合，合而載之。軜，驂内兩轡也〔五七一〕。箋云：鋈以觼軜，軜之觼以白金爲飾也。軜繫於軾軫前者也〔五七二〕。言念君子，温其在邑。在敵邑者〔五七三〕。方何爲期？胡然我念之。箋云：方以何時爲還期乎〔五七四〕？何以然了不來，言望之〔五七五〕？俴駟孔群，厹矛鋈錞。蒙伐有苑，俴駟，駟介馬也〔五七六〕。孔，甚也。厹矛〔五七七〕，三偶（隅）矛〔五七八〕。錞，鐏也。蒙，討羽也。伐，中千（干）也〔五七九〕。苑，文貌也〔五八〇〕。箋云：俴，淺也，謂以薄金爲介之札也〔五八一〕。介，甲也。孔〔五八二〕，甚也群者〔五八三〕，言和調也。蒙，尨也〔五八四〕。討，雜也。畫雜羽之文於伐，故曰尨伐也〔五八五〕。虎韔鏤膺。交韔二弓，竹閉緄縢。虎，虎皮也。暢（韔）〔五八六〕，弓室也。膺，馬帶也。交也暢（韔）二弓〔五八七〕，〔交〕〔二〕〔弓〕於暢（韔）中也〔五八八〕。閉，紲也〔五八九〕；緄，繩也〔五九〇〕；縢，約也。箋云：鏤膺，有刻金飾也。言念君子，載寢載興。厭厭良人，秩秩德音。厭厭，安靜也。袟（秩）袟（秩）〔五九一〕，有智也〔五九二〕。箋云：此既閔其君〔子〕寢起之勞〔五九三〕，又思其性與德德也〔五九四〕。

《小戎》三章，章十句。

《蒹葭》，刺襄公也。未能用周禮，將無以固其國焉。秦處周之舊土，其人被周之德化日久矣〔五九五〕。今襄公新爲諸侯，未習周之禮法，故國人未服焉。

蒹葭蒼蒼，白露爲霜。興也。蒹葭〔五九六〕，簾也〔五九七〕；葭，蘆也。蒼蒼，盛也。白露凝戾爲霜，然〔後〕歲事成〔五九八〕；國家待禮，然後興。箋云：蒹葭在衆草之中蒼蒼强〔五九九〕，至白露凝爲霜則成而黄〔六〇〇〕。興者，喻衆民之不服從襄公之政令者〔六〇一〕，至得周禮以教之則皆服之也〔六〇二〕。所謂伊人，在水一方。伊，維也。一〔方〕〔六〇三〕，難至矣。箋云：伊當作翳（緊）〔六〇四〕，翳（緊）猶是也〔六〇五〕。所謂是知周禮之賢人，乃在大水之一邊。假喻以言遠也〔六〇六〕。遡洄從之，道阻且長。逆流而上曰遡洄。逆禮則莫能以至也。箋云：此言不以敬順往求之，不能得見也〔六〇七〕。遡游從之，苑（宛）在水中央〔六〇八〕。順流而涉曰遡游，慎禮而未濟〔六〇九〕，道來迎慎求之則之也〔六一〇〕。箋云：苑（宛）然〔六一一〕，坐見貌也。以敬慎求之則近耳，言易得見之也〔六一二〕。蒹葭萋萋，白露未晞。淒（萋）淒（萋）猶蒼蒼也〔六一三〕。晞，乾也。箋云：未晞，未爲霜也〔六一四〕。所謂伊人，在水之湄。湄，水隒也。遡洄從之，道阻且躋。躋，升也。箋云：升者，〔言〕其難至如升阪也〔六一五〕。遡游從之，苑（宛）在水中坻〔六一六〕。坻，小者（渚）也〔六一七〕。蒹葭采采，白露未已。采采猶淒淒也〔六一八〕。未已，〔未〕止也〔六一九〕。所謂伊人，在水之涘。涘，涯也〔六二〇〕。遡洄從之，道阻且呇。呇，出其呇也。箋云：右言其迂迴也〔六二一〕。遡游從之，苑（宛）在水中沚〔六二二〕。小坻曰沚也〔六二三〕。

《蒹葭》三章，章八句。

《終南》，戒襄公也。能取周地，始爲諸侯，受顯服，大夫美之，而作是詩以戒勸之也〔六二四〕。

終南何有？有條有梅。興也。終南，周之名山中南也。條，稻也〔六二五〕；梅，柟也。宜以戒不宜也。箋云：問何有〔六二六〕，意以爲名山高大，宜有木也〔六二七〕。興者，諭人君有盛德〔六二八〕，宜有顯服〔六二九〕，猶山之木有大小也。此之謂戒勸也〔六三〇〕。君子至止，錦衣狐裘。錦衣，采衣也〔六三一〕。狐裘，朝廷之服也〔六三二〕。箋云：至止者，受命服於天子而來也。諸侯狐裘，錦衣以褐之也〔六三三〕。顔如渥丹，其君也哉？箋云：渥，淳漬也〔六三四〕。顏色如淳漬之丹〔六三五〕，言赤而澤也，其君也哉，儀貌尊嚴之〔六三六〕。終南何有？有紀有堂。紀，基也。堂，畢道平如堂也。箋云：畢也、堂也，高大之山〔六三七〕，所宜有也。畢，終南山之道名已〔六三八〕，邊如堂之牆然。君子至止，黻衣繡裳。黑與青謂之黻，五色備謂之繡者也〔六三九〕。佩玉將將，壽考不忘〔六四〇〕！

《終南》二章，章六句。

《黃鳥》，哀三良也。國人刺穆公以人從死，而作是詩也。三良，三善臣也。菴（奄）息〔六四一〕、仲行、鍼虎也。從死，自煞人（以）從死自者〔六四二〕。

交交黃鳥，止于棘。興也。交交，小貌也〔六四三〕。黃鳥以時往來得其（所）〔六四四〕，人以壽命終亦得其所也〔六四五〕。箋云：黃鳥止于棘，以求安已也。此棘若不安則移。興者，諭臣之事君亦然〔六四六〕。今穆公使臣從死，刺其不得黃鳥止于棘之本意也〔六四七〕。誰從穆公？子車奄息。子車，氏；奄息，名也〔六四八〕。箋云：誰從穆公者乎〔六四九〕，傷之也〔六五〇〕。維此奄息，百夫之特。乃特百夫之德也〔六五一〕。箋云：百夫之中雄俊也〔六五二〕。臨其穴，惴惴其栗〔六五三〕。惴惴〔六五四〕，懼也。箋云：穴謂冢壙也〔六五五〕。秦人哀傷此奄息之死，臨視其壙，皆爲之悼栗之也〔六五六〕。彼蒼者天，殲我良人！殲，盡也〔六五七〕；良，善也。箋云：言彼蒼者天，遡之也〔六五八〕。如可贖兮，人百其身！箋云：如此奄息之死，可以他人贖之者，人皆百其身。謂一身百死猶爲之，惜善人甚也〔六五九〕。交交黃鳥，止于桑。誰從穆公？子車仲行。箋云：仲行，字也。維此仲行，百夫之防。防，比也。箋云：防猶當也。此一人當於百夫也〔六六〇〕。臨其穴，惴惴其栗。彼蒼者天，殲我良人！如何（可）贖兮〔六六一〕，人百其身。交交黃鳥，止于楚。誰從穆公？子車鍼虎。維此鍼虎，百夫之御〔六六二〕。御〔六六三〕，當也。臨其穴，惴惴其栗。彼蒼者天，殲我良人！如何（可）贖兮〔六六四〕，人百其身。

《黃鳥》三章，章十二句。

《晨風》，刺康公也。忘穆公之業，始棄其賢臣也。

鴥彼晨風，鬱彼北林。興也。鴥，疾飛貌也〔六六五〕。晨風，鸇也。鬱，積也。北林，林名也。先君招賢人，賢人往之，使疾如晨風之飛入林矣〔六六六〕。箋云：先君謂穆公也〔六六七〕。未見君子，憂心欽欽。思望之，中欽欽然〔六六八〕。箋云：言穆公始未見賢者之時，思望之而憂〔六六九〕。如何如何？忘我實多。今則忘之也〔六七〇〕。箋云：此以穆公之意責康公也〔六七一〕。如何如何乎？汝忘我之事大多〔六七二〕。山有苞櫟，隰有六駮。櫟，木也。駮，如馬。倨牙，食虎（豹）〔六七三〕。箋云：山之櫟，隰之駮，皆其所宜有也。以言賢者亦國所宜有也〔六七四〕。未見君子，憂心靡樂。如何如何？忘我實多。山有苞棣，隰有樹檖。棣，唐棣也。檖，赤羅也。未見君子，憂心如醉。如何如何？忘我實多。

《晨風》三章，章六句。

《無衣》，刺用兵也。秦人刺其君好攻戰，亟用兵，而不与民同欲焉。

豈曰無衣？与子同袍。興也。袍，襧（襺）也〔六七五〕。上與百姓同欲，則百性（姓）能致其死〔六七六〕。箋云：責康（公）之言也〔六七七〕。君豈當曰〔六七八〕：汝無衣〔六七九〕，我与汝共袍乎〔六八〇〕？言不与民同（欲）〔六八一〕。王于興師，脩我戈矛，與子同仇。戈長六尺六寸，矛長二丈。天下有道，則禮樂征伐自天子出。仇，疋也〔六八二〕。箋云：于，於〔六八三〕。怨耦曰仇。君不與我同欲，而於王興師，則云：脩戈矛〔六八四〕，与子仇〔六八五〕，伐之〔六八六〕。刺其好戰也〔六八七〕。

豈曰無衣？與子同澤。澤，閏澤也〔六八八〕。箋云：澤〔六八九〕，褻衣，近汙垢者也〔六九〇〕。王于興師，脩我矛戟，與子皆作〔六九一〕。作，起也。箋云：〔戟〕〔六九二〕，車戟常〔六九三〕。豈曰無衣？與子同裳。王于興師，脩我甲兵，與子皆行〔六九四〕。行，往也。

《無衣》三章，章五句。

《渭陽》，康公念母也。康公之母，晉獻公之女。文公遭麗姬之難，未及（反）而秦姬卒〔六九五〕。穆公納文公，康公時爲太子〔六九六〕，贈送文公于渭之陽，念母之不見也。我見舅氏，如母存焉。及即位〔六九七〕，思而作是詩也。

我送舅氏，曰至渭陽。母云（之）昆弟曰舅〔六九八〕。箋云：渭，水名也。秦是時都雍〔六九九〕，至渭陽〔七〇〇〕，蓋東行送舅於咸陽之地也〔七〇一〕。何以贈之？路車乘黃。贈，送也。乘黃，四馬黃也〔七〇二〕。我送舅氏，悠悠我思。何以贈之？瓊瑰玉珮。瓊瑰，石次玉者也〔七〇三〕。

《渭陽》二章，章四句。

《權興（輿）》〔七〇四〕，刺康公也。忘先君之舊臣，與賢人有始而無終也〔七〇五〕。於我乎！夏屋渠渠，夏，大也。箋云：屋，具也。渠（渠）〔七〇六〕，猶勤勤也。言始於我〔七〇七〕，厚設禮食大具以食我，其意勤勤然也〔七〇八〕。今也每食無餘。箋云：此言君今遇我薄，其食我裁足耳〔七〇九〕。于嗟乎！不承權輿。承，繼也。權輿，始〔七一〇〕。於我乎！每食四簋，四簋，黍稷稻粱〔七一一〕。今也每食不飽。于嗟乎！不承權輿。

《權輿》二章，章二（五）句〔七一二〕。

秦國十篇，廿七章，百七十七句〔七一三〕。凡二千九百八十字〔七一四〕。卷六

陳苑（宛）丘詁訓傳　第十二 卷七〔七一五〕　毛詩國風　鄭氏箋

《苑（宛）丘》，刺幽公也。淫荒昏亂，游蕩無度焉。

子之湯兮，苑（宛）丘之上兮。子，卿大夫也〔七一六〕。湯，蕩也。四方高中央下曰苑（宛）丘。箋云：子者，斥幽公也。游蕩無所不爲也〔七一七〕。洵有情兮，而無望兮。洵，信也。箋云：此君信有淫荒之情，其威儀無可觀望而則效之〔七一八〕。坎其擊鼓，苑（宛）丘之下。坎坎，擊鼓聲。無冬無夏，值其鷺羽。（以下原缺文）

説明

此卷由斯三九五一與伯二五二九綴合而成，兩件綴合後首缺尾全，存二十五紙，正面抄寫《毛詩詁

訓傳》，背面十二處騎縫寫有『鋒』字，應爲抄手之名；一處騎縫有朱筆『圖』字，似指敦煌靈圖寺。背面還抄寫有書信、雜寫等，筆跡不同，係不同時期不同人所抄。

此件首缺尾全，起《周南·卷耳》『陟彼砠矣』之『砠』，訖《陳風·宛丘》『無冬無夏，值其鷺羽』，卷末尚有空白，原未抄完。存《周南》《召南》《邶風》《鄘風》《衛風》《王風》《鄭風》《齊風》《魏風》《唐風》《秦風》《陳風》等十二國風的一百三十四首詩。斯三九五一存二十七行，行有烏絲欄，白文無注。伯二五二九存五百八十九行，先有烏絲欄，《叔于田》開始代之以折迭欄，且字距轉密，自《唐風》開始以雙行夾注兼抄傳箋。多數情況下，詩中以空格表示分章，中有朱筆句讀及校改，《唐風》以下朱點則稀，偶有朱筆校改及石緑校改。此外正面尚有小字旁注音十餘處，相應文字的背面亦有改字，當係閲者所爲。許建平根據此件『世』『民』『葉』等避諱字的缺筆情況，認定此件必爲唐高宗以後的寫本，又由字體稚拙的特點，推測寫卷蓋爲歸義軍時期的學子所書（參看《敦煌經籍叙録》，一四〇至一四三頁）。

敦煌文獻中與此件相關的寫本有：伯二五三八＋斯五四一，有傳箋，起《邶風》卷題，訖《旄丘》『何誕之節兮』箋『亦疏廢也』；斯七八九，無傳箋，起《周南·漢廣》小序之『江漢之域』，訖《鄘風·干旄》之末；伯二五七三＋斯一七二二，無傳箋，《周南》十一篇俱存，首題『周南關雎詁訓傳第一，毛詩國風』；伯二六六〇，有傳箋，起《周南·樛木》首章《鄭箋》『而上下俱盛』之『上』，訖《桃夭》小序《鄭箋》『老而無妻曰鰥』之『妻』；伯二六六九B，有傳箋，存全部《齊風》和《魏風》，與底本差别極小，二者可能存有淵源關係；伯四六三四B爲數張碎片，無傳箋，起首題『周南關雎詁訓傳第口氏箋』，訖《采蘩》『薄言旋歸』；Дх 一一九三三B+Дх 一一九三七+Дх 一二七五〇+Дх 一二七五九，無傳箋，中間殘損較重，有些地方不能直接綴合，其内容涉及《周南》之《卷耳》《樛木》《螽斯》《桃夭》四篇；Дх 一二六九七，無傳箋，起《邶風·谷風》『涇以渭濁』，訖《泉水》『亦流于淇』之『流』，共十四行，殘存下截。

以上釋文以斯三九五一+伯二五二九爲底本，因本書在對斯七八九、伯二五七三+斯一七二二進行釋録時，曾用包括此件在内的諸本參校，各本之異同均可見以上兩件之校記。故此件與斯七八九和伯二五七三+斯一七二二内容重合部分，僅用伯二五七三+斯一七二二（稱其爲甲本）和斯七八九（稱其爲乙本）校改錯誤和校補脱文，各本異文不再一一出校。另因斯七八九未將Дх 一二六九七列入校本，故此件補入Дх 一二六九七（稱其爲丙本）參校。此件未與斯七八九和伯二五七三+斯一七二二重合部分，用對其有校勘價值的伯二六六九B（稱其爲丁本）、《十三經注疏》（中華書局，一九八〇年版）之《毛詩正義》（稱其爲戊本）參校。

校記

〔一〕『陟彼』，據甲本補。
〔二〕『痛矣』，據甲本補。
〔三〕『云』，據甲本補；『何』，據殘筆劃及甲本補。
〔四〕『句』，據殘筆劃及甲本補。
〔五〕『逮下』，據甲本補；『也』，據殘筆劃及甲本補。

〔六〕「木」，據殘筆劃及甲本補。
〔七〕「行」，甲本作「也」。
〔八〕「腹」，底本作「䚷」，爲「腹」之增旁俗字。
〔九〕「子」，據甲本補。
〔一〇〕此句及下句，《敦煌古寫本詩經校釋劄記》認爲係衍文，當删。
〔一一〕「肆」，當作「肄」，據甲、乙本改。
〔一二〕「王」字下地腳處另筆寫一「榸」字，《敦煌經部文獻合集》疑爲上句中「楨」之注音。斯三五九一止於此句之「王」字，伯二五二九始於此句之「室」字。
〔一三〕「二」，甲、乙本亦脱，據文義補。《敦煌經部文獻合集》認爲此句及上句應作「章四句」。
〔一四〕「趾」，甲本亦脱，據乙本補。
〔一五〕「維」，《敦煌經部文獻合集》認爲此字乃旁注，誤。
〔一六〕「繁」，當作「蘩」，據乙本改，「繁」爲「蘩」之借字。以下同，不另出校。
〔一七〕「淩」，乙本作「陵」。
〔一八〕「路」，乙本同，當作「露」，據戊本改，「路」爲「露」之借字。
〔一九〕「路」，乙本同，當作「露」，據戊本改，「路」爲「露」之借字。
〔二〇〕「一」，據乙本補。
〔二一〕第二個「肅」，《敦煌經部文獻合集》認爲底本脱，按底本有朱筆重文符號。「霄」，乙本同，當作「宵」，據戊本改，「霄」爲「宵」之借字。
〔二二〕「霄」，乙本同，當作「宵」，據戊本改，「霄」爲「宵」之借字。

〔二三〕『我』，《敦煌經部文獻合集》認爲底本脱，按底本有朱筆校加之重文符號。

〔二四〕『過』，據乙本補。

〔二五〕『淩』，乙本作『陵』。

〔二六〕『楝』，乙本同，當作『樕』，據戊本改，『楝』爲『樕』之借字。

〔二七〕『二』，據乙本補。

〔二八〕『被』，當作『彼』，據乙本改。

〔二九〕『誠』，當作『成』，據乙本改，『誠』爲『成』之借字。

〔三〇〕『絲』，當作『何』，據乙本改。

〔三一〕『何』，當作『絲』，據乙本改。

〔三二〕『孼』，當作『擘』，據乙本改，《敦煌經部文獻合集》逕釋作『擘』。

〔三三〕『紘』，當作『綌』，據乙本改。

〔三四〕『姜』，據乙本補。

〔三五〕『見』，據戊本補。

〔三六〕『翽』，寫於『嘵』字右下角，此行天頭處亦寫有此字，《敦煌經部文獻合集》認爲此蓋下文『虺』之注音。

〔三七〕『絢』，寫於此行地腳處，《敦煌經部文獻合集》認爲此蓋讀者旁注異文。

〔三八〕『伯』，當作『百』，據乙本改。

〔三九〕『滸』，寫於此行地腳處，《敦煌經部文獻合集》認爲此蓋『匏』之注音。

〔四〇〕『袖』，寫於此行地腳處，《敦煌經部文獻合集》認爲此蓋『鷕』之注音。

〔四一〕丙本始於此句。

〔四二〕「慉」，乙本同，丙本作「蓄」，「蓄」爲「慉」之借字。
〔四三〕「鞠」，乙本同，當作「鞫」，據戊本改，「鞫」爲「鞫」之借字。
〔四四〕「隸」，當作「肆」，據戊本改，《敦煌經部文獻合集》逕釋作「肆」。
〔四五〕「臣」，據乙本補。
〔四六〕第二個「微」字右側似有小字「化（？）生」，蓋讀者或校者所加，其義不明。
〔四七〕「脩」，乙本同，《敦煌經部文獻合集》認爲底本脱，按底本在「兮」上朱筆改作「脩」，又於右側另寫朱字「兮」；「兮」，當作「方」，據乙本改。
〔四八〕兩個「也」，乙本同，丙本均作「兮」。
〔四九〕「靡」，乙本同，丙本作「無」。
〔五〇〕「渥」，乙本同，丙本作「握」，「握」爲「渥」之借字。
〔五一〕「思之」，當作「之思」，據乙本改。
〔五二〕丙本止於此句之「亦流」。
〔五三〕「偏」，乙本同，《敦煌經部文獻合集》釋作「偏」校改作「徧」，按底本原寫作「偏」，後朱筆改作「徧」。
〔五四〕「久」，乙本無，《敦煌經部文獻合集》認爲係衍文，當删。
〔五五〕《敦煌經部文獻合集》認爲「國風」前脱「毛詩」二字，其下亦當有「鄭氏箋」三字。「風」字下有朱筆三横，或爲後人提示此處脱「鄭氏箋」三字。
〔五六〕「恭」，當作「共」，據乙本改，「恭」爲「共」之借字。
〔五七〕「之」，底本原寫有此字，旁有卜煞符號，實不當删，據乙本補。
〔五八〕「田」，《敦煌經部文獻合集》漏録。

〔五九〕『晳』，當作『晳』，據乙本改。
〔六〇〕『也』，乙本同，《敦煌經部文獻合集》釋作『兮』，誤。
〔六一〕『邽』，當作『邦』，據乙本改。
〔六二〕《敦煌經部文獻合集》認爲『宣』前脱『衛』字。
〔六三〕『之』，當作『子』，據乙本改，『之』爲『子』之借字。
〔六四〕『結』，《敦煌經部文獻合集》漏録。
〔六五〕『徂』，當作『組』，據乙本改，『徂』爲『組』之借字。
〔六六〕『顛覆』，據戊本補。
〔六七〕『之』，戊本作『也』。
〔六八〕『翟』，戊本作『狄』。
〔六九〕『曹』，戊本作『漕』。
〔七〇〕『乎曹』，戊本作『于漕』。
〔七一〕『反』，據戊本補。
〔七二〕『視爾不臧』，據戊本補。
〔七三〕『我思不遠』，據戊本補。
〔七四〕『既不我嘉』，據戊本補。
〔七五〕『不能旋』，據戊本補。
〔七六〕『芃』字右側似有一『田』字書於紙縫。
〔七七〕『乎』，戊本作『于』。

〔七八〕『其』，戊本無，據文例係衍文，當删；『二』，戊本作『一』；第二個『章』，戊本無。
〔七九〕第二個『章』，戊本無。
〔八〇〕第二個『章』，戊本無。戊本此句後尚有『鄘國十篇，三十章，百七十六句』。
〔八一〕《敦煌經部文獻合集》認爲『國風』前脱『毛詩』二字。
〔八二〕『陝』，戊本作『奥』。以下同，不另出校。
〔八三〕『乎』，戊本作『于』。
〔八四〕『歎』，《敦煌經部文獻合集》釋作『歡』，誤。
〔八五〕『螢』，當作『瑩』，據戊本改，『螢』爲『瑩』之借字。
〔八六〕『珪』，戊本作『圭』。
〔八七〕『猗』，戊本作『倚』，『猗』通『倚』，《敦煌經部文獻合集》釋作『倚』，誤。
〔八八〕『君』，戊本作『公』。
〔八九〕『軸』，蓋讀者或校者所加，其義不明，《敦煌經部文獻合集》漏録。
〔九〇〕『譖』，戊本作『僭』，『僭』通『譖』。
〔九一〕『也』，戊本無。
〔九二〕『傾』，當作『頎』，據戊本改，《敦煌經部文獻合集》逕釋作『頎』。
〔九三〕『齊』，當作『蠐』，據戊本改，『齊』爲『蠐』之借字。
〔九四〕『税乎』，戊本作『説于』。
〔九五〕『狄』，當作『翟』，據戊本改，『狄』爲『翟』之借字。
〔九六〕『豁』，寫於此行地腳處。

〔九七〕『溷溷』，戊本作『發發』。
〔九八〕『配』，戊本作『妃』；『偶』，戊本作『耦』。
〔九九〕『政』，戊本作『正』，『政』通『正』。
〔一〇〇〕『佚』，戊本作『泆』，均可通。
〔一〇一〕『椹』，戊本作『葚』。
〔一〇二〕『之』，戊本作『也』。
〔一〇三〕『乎』，戊本作『于』。
〔一〇四〕『以』，戊本作『已』。
〔一〇五〕『泯』，當作『泯』，據戊本改。
〔一〇六〕『干』，戊本作『竿』，『干』通『竿』。
〔一〇七〕『見』，據戊本補。
〔一〇八〕『也』，戊本作『者也』。
〔一〇九〕『干』，戊本作『竿』，『干』通『竿』。
〔一一〇〕『悠悠』，戊本作『滺滺』。
〔一一一〕『干』，戊本作『竿』，『干』通『竿』。
〔一一二〕『丸』，當作『芄』，據戊本改，『丸』爲『芄』之借字。以下同，不另出校。
〔一一三〕『乎』，戊本作『于』。
〔一一四〕『航』，戊本作『杭』。
〔一一五〕『舠』，戊本作『刀』。

〔一一六〕「何」，當作「河」，據戊本改，「何」爲「河」之借字。
〔一一七〕「君」，戊本作「言君」。
〔一一八〕「邽」，當作「邦」，據戊本改；「傑」，戊本作「桀」。
〔一一九〕「能」，當作「得」，據戊本改。
〔一二〇〕「配」，戊本作「妃」；「偶」，戊本作「耦」。
〔一二一〕「煞」，戊本作「殺」；「婚」，戊本作「昏」。
〔一二二〕「室」，戊本作「夫」。
〔一二三〕「蕃」，戊本無；「民人」，戊本作「人民」。
〔一二四〕「其」，當作「淇」，據戊本改，「其」爲「淇」之借字。
〔一二五〕「曹」，戊本作「漕」。
〔一二六〕「遺」，戊本作「遺之」。
〔一二七〕此句戊本無，戊本後尚有「衛國十篇，三十四章，二百四句」。
〔一二八〕「故」，戊本作「詁」。「六」字下有朱筆大字「四」，其義不明。《敦煌經部文獻合集》認爲此句下當有「毛詩國風鄭氏箋」。
〔一二九〕第一個「周」，據戊本補。
〔一三〇〕「詩」，戊本作「詩也」。
〔一三一〕「峕」，當作「塒」，據戊本改。
〔一三二〕此句後《敦煌經部文獻合集》認爲底本有一「伏」字，乃「代」之訛變，「代」爲「世」之諱改字。按「伏」右側有卜煞符號。

〔一三三〕『矣』，戊本無。
〔一三四〕此行地腳似有殘字痕。
〔一三五〕『我』，據戊本補；『游遨』，戊本作『由敖』。
〔一三六〕『三』，當作『二』，據戊本改。
〔一三七〕『怨』，戊本作『怨思』。
〔一三八〕『遏』，當作『曷』，據戊本改，『遏』爲『曷』之借字。
〔一三九〕『遏』，當作『曷』，據戊本改，『遏』爲『曷』之借字。
〔一四〇〕『遏』，當作『曷』，據戊本改，『遏』爲『曷』之借字。
〔一四一〕『椎』，當作『蓷』，據戊本改，『椎』爲『蓷』之借字。以下同，不另出校。
〔一四二〕『推』，當作『蓷』，據戊本改，『推』爲『蓷』之借字。
〔一四三〕『嘯』，戊本作『歗』。
〔一四四〕『嘯』，戊本作『歗』。
〔一四五〕『罹』，當作『離』，據戊本改，『罹』爲『離』之借字。以下同，不另出校。
〔一四六〕『菟』，戊本作『兔』。以下同，不另出校。
〔一四七〕『畔』，戊本作『叛』，『畔』通『叛』。
〔一四八〕『訛』，戊本作『吪』。
〔一四九〕『櫐』，當作『藟』，據戊本改，『櫐』爲『藟』之借字。以下同，不另出校。
〔一五〇〕『桓』，戊本作『平』。
〔一五一〕『蘽』，當作『藟』，據戊本改。以下同，不另出校。

〔一五二〕『湑』，戊本同，《敦煌經部文獻合集》釋作『脣』，按底本『脣』左側有朱筆校加『氵』。

〔一五三〕『采』，戊本同，底本原寫作『菜』，係涉下文『葛』而成之類化俗字。

〔一五四〕『淩』，戊本作『陵』。

〔一五五〕第二個『麻』，戊本無，據文義係衍文，當删。

〔一五六〕『其將』，戊本作『將其』。

〔一五七〕『之』，當作『子』，據戊本改，『之』爲『子』之借字，《敦煌經部文獻合集》逕釋作『子』。

〔一五八〕『之』，當作『子』，據戊本改，『之』爲『子』之借字，《敦煌經部文獻合集》逕釋作『子』；『國』，據戊本補，《敦煌經部文獻合集》失校。底本此行地脚有淡墨筆劃，無法識别。

〔一五九〕『其將』，戊本作『將其』。

〔一六〇〕『詒』，戊本作『貽』。

〔一六一〕戊本此句下有『王國十篇，二十八章，百六十二句』。

〔一六二〕『故』，戊本作『詁』。《敦煌經部文獻合集》認爲此句下脱『毛詩國風鄭氏箋』。

〔一六三〕『之德』，戊本無。

〔一六四〕『弊』，戊本作『敝』。以下同，不另出校。

〔一六五〕『叔』，戊本作『弟叔』。

〔一六六〕『驟』，戊本無。

〔一六七〕『六』，當作『八』，據戊本改。

〔一六八〕『田』，當作『狩』，據戊本改。

〔一六九〕『淑』，當作『叔』，據戊本改，『淑』爲『叔』之借字。

〔一七〇〕『太』，戊本作『大』；『畋』，戊本作『田』。
〔一七一〕『衆』，當作『薨』，據戊本改。
〔一七二〕『太』，戊本作『大』；『畋』，戊本作『田』。
〔一七三〕『毋』，戊本作『無』。
〔一七四〕『嫚』，戊本作『慢』。
〔一七五〕『栩』，當作『掤』，據戊本改。
〔一七六〕『太』，戊本作『大』。
〔一七七〕第一個『之』，戊本無，據文義係衍文，當删。
〔一七八〕『御』，戊本作『禦』；『境』，戊本作『竟』，『竟』通『境』。
〔一七九〕『乎』，戊本無。
〔一八〇〕『大夫』，戊本無。
〔一八一〕『己』，戊本作『其』。
〔一八二〕『己』，戊本作『其』。
〔一八三〕『邦』，當作『邦』，據戊本改。
〔一八四〕『己』，戊本作『其』。
〔一八五〕『邦』，當作『邦』，據戊本改。
〔一八六〕『鼓』，當作『鼓』，據《經典釋文》改，戊本作『鼖』。
〔一八七〕『兮』，戊本作『也』。
〔一八八〕『士』，戊本無。

〔一八九〕『美』，戊本無。
〔一九〇〕『珮』，戊本作『佩』。以下同，不另出校。
〔一九一〕『鳴』，據戊本補。
〔一九二〕『婚』，戊本作『昏』；『也』，戊本無。
〔一九三〕『忽』，戊本無。
〔一九四〕『國』，戊本作『故國』，《敦煌經部文獻合集》失校；『刺』，據戊本補。
〔一九五〕『人』，戊本作『然』。
〔一九六〕『橋』，戊本作『喬』。
〔一九七〕『汝』，戊本作『女』。
〔一九八〕『姿』，當作『恣』，據戊本改，『姿』爲『恣』之借字。
〔一九九〕『也』，戊本無。
〔二〇〇〕『于』，戊本作『乎』。
〔二〇一〕『倡』，當作『昌』，據戊本改，『倡』爲『昌』之借字。
〔二〇二〕第二個『章』，據戊本補。
〔二〇三〕『壇』，當作『墠』，據戊本改。以下同，不另出校。
〔二〇四〕『蘆』，當作『藘』，據戊本改，『蘆』爲『藘』之借字。
〔二〇五〕『爾』，戊本作『邇』，『爾』通『邇』。
〔二〇六〕『不』，當作『甚』，據戊本改。
〔二〇七〕『思爾』，當作『爾思』，據戊本改。『思』字下地腳有殘筆劃，無法識别。

〔二〇八〕「三」，當作「四」，據戊本改。

〔二〇九〕「蕭蕭」，戊本作「瀟瀟」。

〔二一〇〕「脩」，戊本作「脩焉」。

〔二一一〕「佻」，戊本作「挑」。

〔二一二〕「汝」，戊本作「女」。

〔二一三〕「汝」，戊本作「女」。

〔二一四〕「云」，戊本作「員」。

〔二一五〕「徂」，戊本作「且」。

〔二一六〕「如」，當作「茹」，據戊本改，「如」爲「茹」之借字；「蘆」，當作「藘」，據戊本改，「蘆」爲「藘」之借字。

〔二一七〕「虞」，戊本作「娛」，「虞」通「娛」。

〔二一八〕「門」，據戊本補。

〔二一九〕「流於下」，戊本作「下流」。

〔二二〇〕「人」，戊本無。

〔二二一〕「團」，戊本作「溥」。

〔二二二〕「陽」，當作「揚」，據戊本改，「陽」爲「揚」之借字。

〔二二三〕「維」，戊本無。

〔二二四〕「第」，底本原寫作「弟」，按寫本中「第」「弟」形近易混，故可據文義逕釋作「第」。「卷第四」，戊本脱。此句後戊本有「鄭國二十一篇，五十三章，二百八十三句」。

〔二二五〕丁本始於此句。丁本此句後有『卷五』二字。

〔二二六〕『古』，丁本同，戊本無；『驚』，當作『警』，據丁、戊本改，『驚』爲『警』之借字；『也』，丁本無，戊本作『焉』。

〔二二七〕『与』，丁、戊本作『予』。

〔二二八〕『豜』，丁本同，戊本作『肩』。

〔二二九〕『迎』，丁本同，戊本作『迎也』。

〔二三〇〕『琉』，丁本同，戊本作『充』。

〔二三一〕『瑩』，底本原寫作『螢』，背面相應處有改字『瑩』。

〔二三二〕『琉』，丁本同，戊本作『充』。

〔二三三〕『襄』，丁本同，戊本作『衰』；『公』，丁本同，戊本無。

〔二三四〕『達』，戊本作『闥』。

〔二三五〕『達』，戊本作『闥』。

〔二三六〕『庭』，丁、戊本作『廷』；『而』，丁本同，戊本無；『度』，丁本同，戊本無。

〔二三七〕『壶』，底本有校改痕跡，背面相應處另寫『壶』，以示更正。

〔二三八〕『睎』，當作『晞』，據丁、戊本改。

〔二三九〕『命』，丁本同，戊本作『令』。

〔二四〇〕『晨』，丁本同，當作『辰』，據戊本改，『晨』爲『辰』之借字。

〔二四一〕『暮』，丁本同，戊本作『莫』。

〔二四二〕『焉』，丁本同，戊本作『之』。

〔二四三〕『綏』，丁本同，當作『緌』，據戊本改。
〔二四四〕『藝』，丁本同，戊本作『蓺』。
〔二四五〕『從衡』，丁本同，當作『衡從』，據戊本改。
〔二四六〕『娶』，丁、戊本作『取』。
〔二四七〕『娶』，丁、戊本作『取』。
〔二四八〕『儀』，丁、戊本作『義』。
〔二四九〕『其』，丁本同，戊本無。
〔二五〇〕『求之』，丁本同，戊本作『以求』。
〔二五一〕『佃』，丁本同，戊本作『田』。
〔二五二〕『佃』，丁本同，戊本作『田』。
〔二五三〕『心』，《敦煌經部文獻合集》釋作『思』，校改作『心』，按底本原寫作『思』，後用朱筆塗去『田』。
〔二五四〕『之』，丁本同，戊本作『兮』。
〔二五五〕『鈴』，丁本同，戊本作『令』。以下同，不另出校。
〔二五六〕『剌』，丁本同，戊本無；『風』，戊本同，丁本無。《敦煌經部文獻合集》認爲『剌風』中有一字係衍文，當删。
〔二五七〕『鯤』，丁本同，戊本作『鰥』。
〔二五八〕『儀』，丁本同，戊本作『義』。
〔二五九〕『駟』，丁本同，戊本作『四』。
〔二六〇〕『愷悌』，丁本同，戊本作『豈弟』。

〔二六一〕「伎」，丁本同，戊本作「技」。
〔二六二〕「陽」，丁本同，戊本作「揚」。
〔二六三〕「倩」，當作「清」，據丁、戊本改。
〔二六四〕「御」，戊本作「禦」。
〔二六五〕此句下丁本有「齊國十有一篇，廿四章，百卌三句」，戊本有「齊國十一篇，二十四章，百四十三句」。
〔二六六〕「人」，丁、戊本作「民」。
〔二六七〕「也」，丁本同，戊本無。
〔二六八〕「僻」，戊本作「辟」。
〔二六九〕「輅」，丁本同，當作「路」，據戊本改，「輅」爲「路」之借字。
〔二七〇〕「人」，丁、戊本作「民」。
〔二七一〕「而」，丁本同，戊本作「故」。
〔二七二〕「我不」，丁本同，當作「不我」，據戊本改。
〔二七三〕「知我」，當作「我知」，據丁、戊本改。
〔二七四〕「小而」，丁本同，戊本無。
〔二七五〕「數」，戊本同，丁本脱；「見」，丁本同，戊本脱。
〔二七六〕「于」，丁本同，戊本作「乎」；「之間」，丁本同，戊本無。
〔二七七〕「毋」，丁本同，戊本作「無」。
〔二七八〕「罡」，丁本同，戊本作「岡」，《敦煌經部文獻合集》認爲當校改作「岡」，按「罡」通「岡」，不煩校改。
〔二七九〕「間」，丁本同，戊本作「間兮」。

〔二八〇〕『旋』，丁本同，戊本作『還』。
〔二八一〕『外』，丁本同，戊本作『外兮』。
〔二八二〕『懸』，丁本同，戊本作『縣』。以下同，不另出校。
〔二八三〕『猗』，丁本同，當作『直』，據戊本改，《敦煌經部文獻合集》釋作『倚』，誤；『直』，丁本同，當作『猗』，據戊本改。
〔二八四〕『猗』，丁、戊本同，底本原寫作『漪』，係涉上文『淪』而成之類化俗字。
〔二八五〕『十』，丁本同，戊本作『九』。
〔二八六〕『之』，丁本同，戊本無。
〔二八七〕『人』，乙、戊本作『民』。
〔二八八〕『汝』，丁本同，戊本作『女』。
〔二八九〕『汝』，丁本同，戊本作『女』。
〔二九〇〕『詠』，丁本同，戊本作『永』，『永』爲『詠』之借字。
〔二九一〕『第』，丁本原寫作『弟』，按寫本中『第』『弟』形近易混，故可視作『第』；『五』，丁本作『十五』，『十』係衍文，當刪。『魏國七篇』至此句，戊本無。丁本止於此句。
〔二九二〕此句戊本無。《敦煌經部文獻合集》認爲此句下當有『毛詩國風鄭氏箋』。
〔二九三〕『暮』，戊本作『莫』。
〔二九四〕『也』，戊本無。
〔二九五〕『也』，戊本無。
〔二九六〕『是』，戊本作『是時』。

〔二九七〕『將』，戊本作『且』。
〔二九八〕『者也』，戊本無。
〔二九九〕『太』，戊本作『大』。
〔三〇〇〕『也』，戊本無。
〔三〇一〕『也』，戊本無。
〔三〇二〕『人』，戊本作『又』。
〔三〇三〕『言』，戊本作『謂』；『者』，戊本無。
〔三〇四〕『子』，戊本無；『樂』，戊本作『義』。
〔三〇五〕『者』，戊本無。
〔三〇六〕『行』，戊本作『行也』。
〔三〇七〕『太』，戊本作『大』。
〔三〇八〕『也』，戊本無。
〔三〇九〕『者也』，戊本無。
〔三一〇〕第二個『而』，戊本無，據文義係衍文，當删，《敦煌經部文獻合集》失校；『也』，戊本無。
〔三一一〕第二個『休』，戊本無，據文義係衍文，當删。
〔三一二〕『太』，戊本作『大』。
〔三一三〕『也』，戊本無。
〔三一四〕『也』，戊本無。
〔三一五〕『掃』，戊本作『埽』。

〔三一六〕「之」，戊本作「之也」。
〔三一七〕「賄」，戊本作「財」，《敦煌經部文獻合集》校改作「財」，按不改亦可通。
〔三一八〕「材」，戊本作「財」；「也」，戊本無。
〔三一九〕「馳」，當作「驅」，據戊本改。
〔三二〇〕「苑」，戊本作「宛」，「宛」通「苑」。
〔三二一〕「苑」，戊本作「宛」，「宛」通「苑」。
〔三二二〕「也」，戊本無。
〔三二三〕「者」，戊本作「也」。
〔三二四〕「也」，戊本無。
〔三二五〕「庭」，戊本作「廷」，「廷」爲「庭」之借字。
〔三二六〕「掃」，戊本作「埽」。
〔三二七〕「擊」，戊本作「鼓」。
〔三二八〕「苑」，戊本作「宛」，「宛」通「苑」。
〔三二九〕「不」，戊本作「不日」。
〔三三〇〕「也」，戊本無。
〔三三一〕「苑」，戊本作「宛」，「宛」通「苑」。
〔三三二〕「微」，戊本作「微弱」。
〔三三三〕「於」，戊本作「于」；「沃」，戊本作「沃也」。
〔三三四〕「沃」，據戊本補。

〔三三五〕「曲」，戊本作「沃曲」。
〔三三六〕「波」，戊本作「激」。
〔三三七〕「諭」，戊本作「喻」；「强」，戊本作「彊」。
〔三三八〕「將」，戊本作「得」。
〔三三九〕第二個「爲」，當作「霄」，據下文「中衣以霄黼爲領」句改，戊本作「綃」。
〔三四〇〕「霄」，據下文「中衣以霄黼爲領」句補，戊本作「綃」。
〔三四一〕「領」，當作「黼」，據戊本改。
〔三四二〕「霄」，戊本作「綃」。
〔三四三〕「爲」，據戊本補。
〔三四四〕「者也」，戊本無。
〔三四五〕「也」，戊本無。
〔三四六〕「浩浩」，當作「皓皓」，據戊本改，「浩」爲「皓」之借字。
〔三四七〕「浩浩」，當作「皓皓」，據戊本改，「浩」爲「皓」之借字。
〔三四八〕「領」，戊本作「黼也」。
〔三四九〕「鄰鄰」，當作「粼粼」，據戊本改，「鄰」爲「粼」之借字。
〔三五〇〕「鄰」，當作「粼」，據戊本改，「鄰」爲「粼」之借字。
〔三五一〕「可」，戊本作「敢以」。
〔三五二〕「也」，戊本無。
〔三五三〕「也」，戊本無。

〔三五四〕『不』，戊本作『不敢以』。

〔三五五〕『二章』，據戊本補。

〔三五六〕『之』，戊本作『之盛彊』。

〔三五七〕『國』，戊本作『晉國』。

〔三五八〕『子』，戊本作『椒』。

〔三五九〕『性』，戊本作『之性』。

〔三六〇〕『諭』，戊本作『喻』；『支』，戊本作『之支』。

〔三六一〕『以日』，戊本作『日以』。

〔三六二〕『己』，戊本作『其』。

〔三六三〕『是』，戊本無。

〔三六四〕『狀』，當作『壯』，據戊本改，『狀』爲『壯』之借字。

〔三六五〕『美』，戊本作『德美』。

〔三六六〕『月』，當作『朋』，據戊本改，《敦煌經部文獻合集》逕釋作『朋』。

〔三六七〕『也』，戊本無。

〔三六八〕『椒』，當作『桓』，據戊本改；『也』，戊本無。

〔三六九〕『己』，戊本作『其』。

〔三七〇〕『也』，戊本無。

〔三七一〕戊本此句後尚有『言聲之遠聞也』。

〔三七二〕『也』，戊本無，據文義係衍文，當刪。

〔三七三〕『國亂』，據戊本補。
〔三七四〕『者』，戊本無。
〔三七五〕『裯』，當作『綢』，據戊本改，『裯』爲『綢』之借字。以下同，不另出校。
〔三七六〕『謂』，據戊本補。
〔三七七〕『而』，戊本作『而後』。
〔三七八〕『可』，戊本作『可以』；『也』，戊本作『矣』。
〔三七九〕『星也』，據戊本補。
〔三八〇〕『心』，據戊本補。
〔三八一〕『以』，據戊本補。
〔三八二〕『也』，戊本無。
〔三八三〕『云不得其時』，係倒書。
〔三八四〕『善』，戊本作『美』。
〔三八五〕『之』，當作『云』，據戊本改。
〔三八六〕『汝』，戊本作『女』。
〔三八七〕『者』，戊本無。
〔三八八〕『何』，當作『子』，據戊本改；『兮』，據戊本補。
〔三八九〕第二個『玆』，戊本無，據文義係衍文，當删。
〔三九〇〕『娶』，戊本作『嫁娶』，『嫁』係衍文，當删；『也』，戊本無。
〔三九一〕第一個『之』，戊本無；『娶』，戊本作『取』。

〔三九二〕『也』，戊本無。
〔三九三〕『也』，戊本無。
〔三九四〕『解覯』，戊本作『邂逅』。以下同，不另出校。
〔三九五〕『正』，戊本作『正月』，『月』係衍文，當删。
〔三九六〕『星』，戊本作『心』。
〔三九七〕『謂』，戊本作『謂之』。
〔三九八〕『也』，戊本無。
〔三九九〕『都』，戊本作『者』。
〔四〇〇〕『杖』，當作『杕』，據戊本改。以下同，不另出校。
〔四〇一〕『也』，戊本無。
〔四〇二〕『近』，戊本無；『者』，戊本作『也』。
〔四〇三〕『耳』，戊本作『也』。
〔四〇四〕『何』，當作『所』，據戊本改。
〔四〇五〕『汝』，戊本作『女』；『也』，戊本無。
〔四〇六〕『汝』，戊本作『女』；『見』，戊本作『見君』。
〔四〇七〕『也』，戊本無。
〔四〇八〕『貌』，戊本無。
〔四〇九〕『也』，戊本無。
〔四一〇〕『嬛嬛』，戊本作『睘睘』。

〔四一一〕「嬛嬛」，戊本作「睘睘」。
〔四一二〕「君」，戊本無；「之」，戊本無；「民」，據戊本補。
〔四一三〕「未」，戊本無。
〔四一四〕「也」，戊本無。
〔四一五〕「懷」，戊本作「悖」。
〔四一六〕「者也」，戊本無。
〔四一七〕「菜」，當作「采」，據戊本改，「菜」爲「采」之借字。
〔四一八〕「曰」，戊本作「云」。
〔四一九〕「人也」，戊本作「之人」。
〔四二〇〕第二個「居」，戊本作「居也」。
〔四二一〕「人」，戊本作「人者」。
〔四二二〕「焉」，戊本無。「風焉」係倒書。
〔四二三〕「也」，戊本無。
〔四二四〕「也」，戊本無。
〔四二五〕「也」，戊本無。
〔四二六〕「也」，戊本無。
〔四二七〕「者也」，戊本無。
〔四二八〕「烏」，戊本作「鴭」。
〔四二九〕「也」，戊本無。

〔四三〇〕『槙』，戊本作『積』；『也』，戊本無。
〔四三一〕『諭』，戊本作『喻』；『平安』，戊本作『安平』。
〔四三二〕『征』，戊本作『征役』。
〔四三三〕『恨』，當作『根』，據戊本改；『徴』，當作『致』，據戊本改，『徴』爲『致』之借字。
〔四三四〕『致』，戊本作『緻』。
〔四三五〕『政』，當作『攻』，據戊本改。
〔四三六〕『播』，戊本作『播種』。
〔四三七〕『所』，戊本無；『者也』，戊本無。
〔四三八〕『翮』，戊本作『翮也』。
〔四三九〕『粱』，戊本作『梁』，『粱』通『梁』。
〔四四〇〕『蒼』，據戊本補。
〔四四一〕『美』，戊本作『刺』。
〔四四二〕『也』，戊本無。
〔四四三〕『命』，戊本無，疑係衍文。
〔四四四〕『也』，戊本無。
〔四四五〕『公』，戊本無。
〔四四六〕『道』，戊本作『道左』，『左』疑係衍文。
〔四四七〕『息』，戊本作『息也』。
〔四四八〕『蔭』，戊本作『陰』。

〔四四九〕『諭』，戊本作『喻』；『宗』，戊本作『宗族』。
〔四五〇〕『邦』，戊本作『國』。
〔四五一〕『來』，戊本作『求』，誤。
〔四五二〕『耳』，戊本無；『也』，戊本作『之』。
〔四五三〕『心』，戊本作『中心』；『愛』，戊本無。
〔四五四〕『極』，據戊本補；『勸』，當作『歡』，據戊本改；『者』，戊本無。
〔四五五〕『哀』，當作『喪』，據戊本改。
〔四五六〕此句前戊本有『夫從征役』。
〔四五七〕『之也』，戊本無。
〔四五八〕『莚』，戊本作『延』；『楚』，據戊本補。
〔四五九〕『薮生蔓』，據戊本補。
〔四六〇〕『諭』，戊本作『喻』；『也』，戊本無。
〔四六一〕『也』，戊本無。
〔四六二〕『所』，戊本作『我所』；『美』，戊本作『美之』。
〔四六三〕『今』，戊本無；第二個『誰』，戊本無，據文義係衍文，當删；『居』，底本原寫作『君』，按寫本中『居』『君』形近易混，故據文義可逕釋作『居』。
〔四六四〕『期』，戊本作『其』；『也』，戊本無。
〔四六五〕『齋』，戊本作『齊』，『齊』義同『齋』。以下同，不另出校。
〔四六六〕『斂』，據戊本補。

〔四六七〕『其』，戊本作『不失其』；『粲』，當作『祭』，據戊本改，《敦煌經部文獻合集》逕釋作『祭』。
〔四六八〕『也』，戊本無。
〔四六九〕『與』，據戊本補。
〔四七〇〕『絜』，戊本作『潔』。
〔四七一〕『長之』，戊本作『之長』。
〔四七二〕『言』，戊本無；『也』，戊本無。
〔四七三〕『壹』，戊本作『一』。
〔四七四〕『也』，戊本無。
〔四七五〕此句下戊本有『箋云：室猶冢壙』。
〔四七六〕『采』，戊本同，底本原寫作『菜』，係涉下文『葛』而成之類化俗字。
〔四七七〕『顛』，戊本作『巔』。
〔四七八〕『事』，戊本作『事也』。
〔四七九〕『行』，戊本作『行也』。
〔四八〇〕『微』，當作『徵』，據戊本改。
〔四八一〕『我時月而采之』，戊本作『采此苓』。
〔四八二〕『陽山之上』，據戊本補。
〔四八三〕『而』，戊本作『然而』；『採』，戊本作『采』；『苓』，戊本無；『此山』，據戊本補。
〔四八四〕『然』，據戊本補。
〔四八五〕『也』，戊本無。

〔四八六〕『箋』，戊本同，《敦煌經部文獻合集》釋作『牋』，誤。
〔四八七〕『苟』，據戊本補。
〔四八八〕『且也』，據戊本補。
〔四八九〕『信』，戊本無，據文義係衍文，當删。
〔四九〇〕『之』，戊本作『之言焉』。
〔四九一〕『焉』，據戊本補。
〔四九二〕『也』，戊本作『人』。
〔四九三〕『答』，戊本作『受』；『然』，戊本作『答然』。
〔四九四〕『答然之也』，戊本無。
〔四九五〕『言』，戊本作『此言』。
〔四九六〕『也』，戊本無，據文義係衍文，當删。
〔四九七〕『菜』，戊本作『菜也』。
〔四九八〕『者』，戊本無。
〔四九九〕『菜』，戊本作『菜名』。
〔五〇〇〕『有』，戊本無。
〔五〇一〕『卅五』，戊本作『三十三』。
〔五〇二〕『五』，戊本作『三』。
〔五〇三〕此句戊本無。
〔五〇四〕《敦煌經部文獻合集》認爲此句下當有『毛詩國風鄭氏箋』。

〔五〇五〕此句戊本無。
〔五〇六〕『先』，戊本作『必先』；『傳』，戊本作『傳告之』。
〔五〇七〕『始』，戊本作『又始』；『也』，戊本無。
〔五〇八〕『坡』，戊本作『陂』。
〔五〇九〕『諭』，戊本作『喻』；『臣』，據戊本補；『也』，戊本無。
〔五一〇〕『也』，戊本作『焉』。
〔五一一〕『者』，戊本無。
〔五一二〕『酒』，戊本無；『晏』，戊本作『安』；『之』，戊本無。
〔五一三〕『子』，戊本無。
〔五一四〕『也』，戊本無，《敦煌經部文獻合集》疑係衍文。
〔五一五〕『在』，當作『仕』，據戊本改。
〔五一六〕『徒』，戊本作『其徒』。
〔五一七〕『我』，當作『者』，據戊本改。
〔五一八〕此句及下句，戊本作『一章四句，二章章六句』。
〔五一九〕『四』，戊本作『駟』。
〔五二〇〕『苑』，戊本作『園』。
〔五二一〕『者』，戊本無。
〔五二二〕『四』，戊本作『駟』。
〔五二三〕『也』，戊本無。

〔五二四〕「也」，戊本無。
〔五二五〕「者」，戊本無。
〔五二六〕「上下」，戊本無。
〔五二七〕「也」，戊本無。
〔五二八〕「秋」，據戊本補；「也」，戊本無。
〔五二九〕「也」，戊本無。
〔五三〇〕「之」，戊本無。
〔五三一〕「括」，戊本作「拔」。
〔五三二〕「言」，戊本作「言公」；「也」，戊本無。
〔五三三〕「剋」，戊本作「克」。
〔五三四〕「游」，戊本作「游于」。
〔五三五〕「斂」，當作「獫」，據戊本改，「斂」爲「獫」之借字，以下同，不另出校；「獢」，戊本作「驕」。
〔五三六〕「車」，戊本無。
〔五三七〕「車」，戊本無。
〔五三八〕「載」，戊本無。
〔五三九〕「始也」，戊本無。
〔五四〇〕「獢」，戊本作「驕」。
〔五四一〕「獢」，戊本作「歇驕」。
〔五四二〕「者」，戊本無。

〔五四三〕『也』，戊本無。

〔五四四〕『之』，戊本作『之也』。

〔五四五〕『者』，戊本無。

〔五四六〕『四』，戊本作『駟』。

〔五四七〕『强』，戊本作『彊』。

〔五四八〕『則』，戊本作『能』。

〔五四九〕『人』，據戊本補。

〔五五〇〕『以』，戊本作『所以』；『也』，戊本無。

〔五五一〕『也』，戊本無。

〔五五二〕『也』，戊本無。

〔五五三〕『也』，戊本無。

〔五五四〕『御』，戊本作『禦』。

〔五五五〕『順』，戊本作『慎』，均可通。

〔五五六〕『蔭』，戊本作『陰』，均可通。

〔五五七〕『脅』，戊本作『外脅』。

〔五五八〕『車』，戊本無。

〔五五九〕第一個『續』，戊本無；『環之』，戊本作『之環』；『也』，戊本無。

〔五六〇〕『穀』，當作『轂』，據戊本改，《敦煌經部文獻合集》逕釋作『轂』。

〔五六一〕『穀』，當作『轂』，據戊本改，《敦煌經部文獻合集》逕釋作『轂』。

〔五六二〕『也』，戊本無。
〔五六三〕『我』，戊本脱。
〔五六四〕『者也』，戊本無。
〔五六五〕『亂』，戊本作『亂也』。
〔五六六〕『句』，戊本作『句者』。
〔五六七〕『以』，戊本作『用』。
〔五六八〕『騮』，戊本作『騂』。
〔五六九〕『驑』，當作『鬣』，據戊本改，『驑』爲『鬣』之借字，《敦煌經部文獻合集》逕釋作『鬣』；『騮』，戊本作『騂』。
〔五七〇〕『者』，戊本作『也』。
〔五七一〕『兩』，戊本無。
〔五七二〕『軫』，戊本無；『者也』，戊本無。
〔五七三〕『者』，戊本作『也』。
〔五七四〕『乎』，戊本作『也』。
〔五七五〕『之』，戊本作『之也』。
〔五七六〕『駟』，戊本作『四』。
〔五七七〕『矛』，戊本無。
〔五七八〕『偶』，當作『隅』，據戊本改；『矛』，戊本作『矛也』。
〔五七九〕『千』，當作『干』，據戊本改。

〔五八〇〕『也』，戊本無。

〔五八一〕『也』，戊本無。

〔五八二〕『孔』，戊本無，據文義係衍文，當删。

〔五八三〕『也』，戊本無，據文義係衍文，當删。

〔五八四〕『尨』，戊本作『庬』。

〔五八五〕『尨』，戊本作『庬』；『也』，戊本無。

〔五八六〕『暢』，當作『韔』，據戊本改，『暢』爲『韔』之借字，《敦煌經部文獻合集》逕釋作『韔』，誤。

〔五八七〕『也』，戊本無，據文義係衍文，當删；『暢』，當作『韔』，據戊本改，『暢』爲『韔』之借字；『二弓』，戊本無。

〔五八八〕『交二弓』，據戊本補；『暢』，當作『韔』，據戊本改，『暢』爲『韔』之借字。

〔五八九〕『也』，戊本無。

〔五九〇〕『也』，戊本無。

〔五九一〕『袟袟』，當作『秩秩』，據戊本改，『袟』爲『秩』之借字。

〔五九二〕『智』，戊本作『知』。

〔五九三〕『子』，據戊本補。

〔五九四〕『德也』，戊本無，據文義係衍文，當删。

〔五九五〕『化』，戊本作『教』。

〔五九六〕『葭』，戊本無，據文義係衍文，當删。

〔五九七〕『也』，戊本無。

〔五九八〕『後』，底本原有一字空白，據戊本補。
〔五九九〕第二個『蒼』，戊本作『蒼然』；『强』，戊本作『彊盛』。
〔六〇〇〕『凝』，戊本作『凝戾』。
〔六〇一〕『服』，戊本無；第二個『之』，戊本無。
〔六〇二〕『至』，戊本無；『皆』，戊本無；『之也』，戊本無。
〔六〇三〕『方』，據戊本補。
〔六〇四〕『翳』，當作『繄』，據戊本改。
〔六〇五〕『翳』，當作『繄』，據戊本改。
〔六〇六〕『也』，戊本無。
〔六〇七〕『不』，戊本作『則不』；『也』，戊本無。
〔六〇八〕『苑』，當作『宛』，據戊本改。
〔六〇九〕『慎』，戊本作『順』，『順』爲『慎』之借字；『而』，戊本無；『未』，戊本作『求』。
〔六一〇〕『慎求』，戊本無；『則之也』，戊本無。
〔六一一〕『苑』，當作『宛』，據戊本改；『然』，戊本無。
〔六一二〕『言』，戊本無；『之』，戊本無。
〔六一三〕『淒淒』，當作『萋萋』，據戊本改，『淒』爲『萋』之借字，《敦煌經部文獻合集》認爲經、傳文『萋萋』皆應作『淒淒』，疑未當。
〔六一四〕『也』，戊本無。
〔六一五〕『言』，據戊本補；『也』，戊本無。

〔六一六〕『苑』，當作『宛』，據戊本改。
〔六一七〕『者』，當作『渚』，據戊本改，『者』爲『渚』之借字。
〔六一八〕『淒淒』，戊本作『萋萋』。
〔六一九〕『未』，據戊本補。戊本此字前有『猶』字，據文義係衍文，當删。
〔六二〇〕『涯』，戊本作『厓』。
〔六二一〕『右』，戊本作『右者』。
〔六二二〕『苑』，當作『宛』，據戊本改。
〔六二三〕『坻』，戊本作『渚』；『也』，戊本無。
〔六二四〕『而』，戊本作『故』；『也』，戊本無。
〔六二五〕『也』，戊本無。
〔六二六〕『有』，戊本作『有者』。
〔六二七〕『木』，戊本作『茂木』。
〔六二八〕『諭』，戊本作『喻』。
〔六二九〕『宜』，戊本作『乃宜』。
〔六三〇〕『也』，戊本無。
〔六三一〕『衣』，戊本作『色』。
〔六三二〕『也』，戊本無。
〔六三三〕『也』，戊本無。
〔六三四〕『淳』，戊本作『厚』。

〔六三五〕『淳』，戊本作『厚』。
〔六三六〕『之』，戊本作『也』。
〔六三七〕『高』，戊本作『亦高』。
〔六三八〕『已』，戊本無，《敦煌經部文獻合集》認爲係『也』之訛。
〔六三九〕『者也』，戊本無。
〔六四〇〕『忘』，戊本作『亡』，《敦煌經部文獻合集》釋作『亡』，誤。
〔六四一〕『菴』，當作『奄』，據戊本改，『菴』爲『奄』之借字。戊本此字前有『謂』字。
〔六四二〕『人』，當作『以』，據戊本改；『自』，戊本無，《敦煌經部文獻合集》釋作『白』，疑係爲雙行對齊而添寫；『者』，戊本無，疑係爲雙行對齊而添寫。
〔六四三〕『也』，戊本無。
〔六四四〕『所』，據戊本補。
〔六四五〕『也』，戊本無。
〔六四六〕第一個『論』，戊本作『喻』；第二個『論』，戊本無，據文義係衍文，當删，《敦煌經部文獻合集》失校。
〔六四七〕『也』，戊本無。
〔六四八〕『也』，戊本無。
〔六四九〕『誰』，戊本作『言誰』；『乎』，戊本無。
〔六五〇〕『也』，戊本無。
〔六五一〕『也』，戊本無。
〔六五二〕『雄』，戊本作『最雄』。

〔六五三〕『栗』，戊本作『慄』。
〔六五四〕『惴惴』，戊本作『慄慄』，誤。
〔六五五〕『冢』，戊本作『塚』；『壙』，戊本作『壙中』。
〔六五六〕『之也』，戊本無。
〔六五七〕『也』，戊本無。
〔六五八〕『遡』，戊本作『愬』；『也』，戊本無。
〔六五九〕『甚也』，戊本作『之甚』。
〔六六〇〕『此』，戊本作『言此』；『於』，戊本無；『也』，戊本無。
〔六六一〕『何』，當作『可』，據戊本改。
〔六六二〕『御』，戊本作『禦』。
〔六六三〕『御』，戊本作『禦』。
〔六六四〕『何』，當作『可』，據戊本改。
〔六六五〕『也』，戊本無。
〔六六六〕『使』，戊本作『駃』，誤；『林』，戊本作『北林』；『矣』，戊本無。
〔六六七〕『也』，戊本無。
〔六六八〕『中』，戊本作『心中』。
〔六六九〕『之而憂』，戊本作『而憂之』。
〔六七〇〕『也』，戊本作『矣』。
〔六七一〕『也』，戊本無。

〔六七二〕『汝』，戊本作『女』；『大』，戊本作『實』。
〔六七三〕『豹』，據戊本補。
〔六七四〕『國』，戊本作『國家』；『也』，戊本作『之』。
〔六七五〕『禰』，當作『禰』，據戊本改，《敦煌經部文獻合集》逕釋作『禰』。
〔六七六〕『性』，當作『姓』，據戊本改，『性』爲『姓』之借字；『能』，戊本作『樂』。
〔六七七〕『責』，戊本作『此責』；『公』，據戊本補。
〔六七八〕『當』，戊本作『嘗』。
〔六七九〕『汝』，戊本作『女』。
〔六八〇〕『汝』，戊本作『女』。
〔六八一〕『欲』，據戊本補。
〔六八二〕『疋』，戊本作『匹』，均可通。
〔六八三〕『於』，戊本作『於也』。
〔六八四〕『矛』，戊本作『我矛』。
〔六八五〕『子』，戊本作『子同』。
〔六八六〕『伐』，戊本作『往伐』。
〔六八七〕『戰』，戊本作『攻戰』；『也』，戊本無。
〔六八八〕『閏』，戊本作『潤』，『閏』通『潤』。
〔六八九〕『澤』，戊本作『襗』。
〔六九〇〕『者也』，戊本無。

〔六九一〕『皆』，戊本作『偕』。

〔六九二〕『戟』，據戊本補。

〔六九三〕『常』，戊本作『常也』。

〔六九四〕『皆』，戊本作『偕』。

〔六九五〕『及』，當作『反』，據戊本改。

〔六九六〕『太』，戊本作『大』。

〔六九七〕『及』，戊本作『及其』。

〔六九八〕『云』，當作『之』，據戊本改，《敦煌經部文獻合集》逕釋作『之』。

〔六九九〕『雍』，戊本作『雝』。

〔七〇〇〕『陽』，戊本作『陽者』。

〔七〇一〕『舅』，戊本作『舅氏』；『也』，戊本無。

〔七〇二〕『黄』，戊本無。

〔七〇三〕『石』，戊本作『石而』；『者也』，戊本無。

〔七〇四〕『興』，當作『輿』，據戊本改。

〔七〇五〕『人』，戊本作『者』。

〔七〇六〕第二個『渠』，據戊本補。

〔七〇七〕『言』，戊本作『言君』。

〔七〇八〕『也』，戊本無。

〔七〇九〕『裁』，戊本作『纔』。

〔七一〇〕『始』，戊本作『始也』。

〔七一一〕『梁』，戊本作『粱』，『梁』通『粱』。

〔七一二〕『二』，當作『五』，據戊本改。

〔七一三〕『七十七』，戊本作『八十一』。

〔七一四〕此句及其後『卷六』，戊本無。

〔七一五〕『苑』，當作『宛』，據戊本改，以下同，不另出校；『卷七』，戊本無。

〔七一六〕『卿』，戊本無。

〔七一七〕『也』，戊本無。

〔七一八〕『效』，戊本作『傚』。

參考文獻

《孔孟學報》一七期，一九六九年，一七二至一七三頁；《華岡學報》六期，一九七〇年，六至七頁；《敦煌詩經卷子研究論文集》，香港新亞研究所，一九七〇年，二八九至二九〇頁；《十三經注疏》，北京：中華書局，一九八〇年，二七八至三七六頁；《敦煌寶藏》三二册，臺北：新文豐出版公司，一九八二年，五二八至五二九頁（圖）；《敦煌寶藏》一一二册，臺北：新文豐出版公司，一九八五年，五一三至五二三頁（圖）；《敦煌研究》一九八六年三期，四一至四五頁；《人文學報》八期，一九九〇年，二七至二八頁；《英藏敦煌文獻》二卷，成都：四川人民出版社，一九九〇年，一六五至一六九頁（圖）；《英藏敦煌文獻》三卷，成都：四川人民出版社，一九九〇年，一二三至一二五頁（圖）；《英藏敦煌文獻》五卷，成都：四川人民出版社，一九九二年，二一六頁（圖）；《講座敦煌5 敦煌漢文文獻》，東京：大東出版社，一九九二年二六八頁；《法藏敦煌西域文獻》一五册，上海古籍出版社，二〇〇一年，一五四至一六四頁（圖）；《法藏敦煌西域文獻》一七册，上海古籍出版社，二〇〇一年，一五四至一六四頁（圖）；《俄藏敦煌文獻》一六册，上海古籍出版社，二〇〇一年，一五九頁（圖）；《俄藏敦煌文獻》一七册，上海古籍出版社，二〇〇一年，一六六至一七五頁（圖）；《姜亮夫全集》一三册，昆明：雲南人民出版社，二〇〇三年，四四頁；《英藏敦煌社會歷史文獻釋録》三卷，北京：社會科學文獻出版社，二〇〇三年，一〇一至一〇七頁；《姜亮夫、蔣禮鴻、郭在貽先生紀念文集（漢語史學報專輯總第三輯）》，上海教育出版社，二〇〇三年，三〇六頁；《南京師範大學文學院學報》二〇〇四年二期，四二至五〇頁；《敦煌研究》二〇〇四年四期，四一頁；《全敦煌詩》一册，北京：作家出版社，二〇〇六年，四至二五頁；《敦煌經籍叙録》，北京：中華書局，二〇〇六年，一四〇至一四三頁；《英藏敦煌社會歷史文獻釋録》四卷，北京：社會科學文獻出版社，二〇〇六年，一七六至二〇五頁；《敦煌經部文獻合集》二册，北京：中華書局，二〇〇八年，四二一至五四八頁（録）；《英藏敦煌社會歷史文獻釋録》七卷，北京：社會科學文獻出版社，二〇〇九年，四九九至五〇九頁。

伯二五二九背+斯三九五一背　一　雜寫

釋文

壺

之

哼

EJ

E

峩（？）色峩（？）色

説明

以上文字係時人隨手寫於伯二五二九背，筆跡不同，與騎縫處之『鋒』字筆跡亦不同，似非一人一時所書。

參考文獻

《敦煌寶藏》一二一册，臺北：新文豐出版公司，一九八五年，五二七頁（圖）；《法藏敦煌西域文獻》一五册，上海古籍出版社，二〇〇一年，一六五至一六九頁（圖）。

伯二五二九背+斯三九五一背　二　某乙與都虞候叔書抄

釋文

仲秋漸涼　伏惟
都虞候叔尊體動止萬福〔一〕，即日某蒙恩，限
以卑守，而且度日，勿睗遠優（憂）〔二〕。未審近日體如
何〔三〕？前件般次，累付書典〔四〕，計合達上。某乙日望陰書。

説明

此件首尾完整，似原未抄完，其内容爲『某乙與都虞候叔書抄』。

校記

〔一〕『叔』，《敦煌所出唐宋書牘整理與研究》釋作『婦』，誤。
〔二〕『睗』，《敦煌所出唐宋書牘整理與研究》釋作『晹』，誤；『優』，當作『憂』，據文義改，『優』爲『憂』之借字，

《敦煌所出唐宋書牘整理與研究》逕釋作「憂」。

〔三〕此句有脱文，《敦煌所出唐宋書牘整理與研究》在「體」後校補「氣」。

〔四〕「典」，《敦煌所出唐宋書牘整理與研究》校改作「曲」。

參考文獻

《敦煌寶藏》一二一册，臺北：新文豐出版公司，一九八五年，五二八頁（圖）；《法藏敦煌西域文獻》一五册，上海古籍出版社，二〇〇一年，一六九頁（圖）；《敦煌所出唐宋書牘整理與研究》，成都：西南交通大學出版社，二〇一六年，二六九頁（録）。

伯二五二九背+斯三九五一背　三　雜寫（年年亦向他學等）

釋文

錢留錢色

年年亦向他學□

説明

以上文字第一行書於伯二五二九背，第二行書於斯三九五一卷背，係時人隨手所寫，筆跡與前『雜寫』及『某乙與都虞候叔書抄』不同。

參考文獻

《敦煌寶藏》三三册，臺北：新文豐出版公司，一九八二年，五二九頁（圖）；《英藏敦煌文獻》五卷，成都：四川人民出版社，一九九二年，二一六頁（圖）。

斯三九五三　一　勘經題記

釋文

兑。兑。兑。兑。兑。兑。兑。兑。兑。兑。

説明

此件抄有《大寶積經》《大方等大雲經》《大薩遮尼乾子所説經》等多種經文。以上文字大字書寫於每紙經文正中，表示上述紙張佛經已經作廢。《英藏敦煌文獻》未收，現予增收。

參考文獻

《敦煌寶藏》三二册，臺北：新文豐出版公司，一九八二年，五三六至五四一頁（圖）。

斯三九五三　二　雜寫

釋文

若

若

立

立

立

處

説明

以上文字係時人隨手寫於經文行間及地脚，筆跡似與經文不同。《英藏敦煌文獻》未收，現予增收。

參考文獻

《敦煌寶藏》三三册，臺北：新文豐出版公司，一九八二年，五三八頁（圖）。

斯三九五三背　雜寫及習字

釋文

金光明最勝王經　金光明最勝王經 蓮 及及及及
金光明最勝　之之之之之之之之爲丿之
及及及及及　及是　之之之丿爲爲
之　定　之
之之之之之之之之之之之之之之定 及及及及
之之之之
（中空數行）
毉羅迷羅二龍王
（中空數行）
勑
（中空數行）

勑勑

説明

以上文字爲時人隨手寫於佛經卷背，《英藏敦煌文獻》未收，現予增收。

參考文獻

《敦煌寶藏》三二册，臺北：新文豐出版公司，一九八二年，五四二至五四三頁（圖）。

斯三九五六　放光般若經、大寶積經勘經題記

釋文

兑。

兑。

説明

以上文字大字書寫於《放光般若經》卷第五〇、《大寶積經》卷第七一經文中間，表示此紙佛經已經作廢。《英藏敦煌文獻》未收，現予增收。

參考文獻

《敦煌寶藏》三二册，臺北：新文豐出版公司，一九八二年，五五二至五五三頁（圖）。

斯三九五六背　雜寫（此是善住）

釋文

此是善住

是

説明

以上文字係時人隨手所寫於佛經兑廢紙的背面，原紙有烏絲欄，可能是準備抄寫某種文本，因故未及使用。

參考文獻

《敦煌寶藏》三二册，臺北：新文豐出版公司，一九八二年，五五三頁（圖）；《英藏敦煌文獻》五卷，成都：四川人民出版社，一九九二年，二一七頁（圖）。

斯三九五九　一　大寶積經勘經題記

釋文

兑。兑。兑。

説明

以上文字大字書寫於《放光般若經》和《大寶積經》兩種佛經經文中間，表示此紙佛經已經作廢。《英藏敦煌文獻》未收，現予增收。

參考文獻

《敦煌寶藏》三二册，臺北：新文豐出版公司，一九八二年，五六六至五六七頁（圖）。

斯三九五九　二　雜寫及習字

釋文

大
以
人
以以以以
以以
蜜
波波羅
之
之
近於　之
之

之

人之

乏　乏收

之定

是

南無東方不

五（？）衆世尊憨憨[一]

僧僧正存晟

之㓨㓨㓨之〃以　紀[二]

憨憨　伏以　伏伏存[三]

㓨㓨㓨㓨㓨㓨五（？）波羅

説明

以上文字書於經文地腳、天頭或經文空白處，字體大小不一。『存晟』見於伯三八四二背（『丙戌年六月十二日存晟』）和斯八六八八背（『己丑年七月十九日存晟記耳』），且斯八六八八背筆跡與此件相近。此件《英藏敦煌文獻》未收，現予增收。

校記

〔一〕『世尊』，此二字係倒書；『憨憨』，上有墨筆塗痕。

〔二〕第三個『勑』，係倒書。

〔三〕『憨憨』，上有墨筆塗痕。

參考文獻

《敦煌寶藏》三二册，臺北：新文豐出版公司，一九八二年，五六六至五六七頁（圖）。

斯三九五九背　雜寫

釋文

爲以敢（？）

説明

以上文字係時人隨手所寫。《英藏敦煌文獻》未收，現予增收。

參考文獻

《敦煌寶藏》三二册，臺北：新文豐出版公司，一九八二年，五六八頁（圖）。

Ch. 〇〇四一四+Ch. 〇〇二一二+斯三九六一　佛説十王經一卷

釋文

佛説閻羅王授記四衆/逆修生七齋往生淨土經/〔一〕

讚曰：　如來臨般涅/盤時/〔二〕，/廣召天靈（龍）及地祇/〔三〕。

用（因）爲琰魔王授/記/〔四〕，/乃傳生七預修儀/〔五〕。

如是我聞，一時/佛在鳩尸那城阿維跋河提邊/娑羅雙樹間〔六〕，/臨般涅槃時/〔七〕，/舉身放光/，/普照大/衆〔八〕，及諸菩薩摩/訶薩/〔九〕，/天龍神王/，/天主帝釋/，/四天大/王〔一〇〕，大梵天王，阿修/羅/〔一一〕，/諸大國王/，/閻羅天子/，/太山府/君，司命司録，五道大神/，/地獄官典/，/悉來集會/，敬禮世尊〔一二〕，合掌/而立/。

讚曰〔一三〕：　時/佛舒光滿大衆/〔一四〕，/普臻龍鬼會人天/。

釋/梵諸天冥密衆/，/咸來稽首世尊前/。

佛告閻羅天子/諸大臣/〔一五〕，/於未來世當得作佛/〔一六〕，/名曰/普賢王如來，/十號具足/，/國土嚴淨/，/百寶莊嚴/，國名花嚴/菩薩充滿/〔一七〕。

讚曰：世尊/此日記閻羅/〔一八〕，/不久當來證佛陀/。

　　莊嚴寶國常清淨，菩薩修行衆甚多。

爾時阿難白佛言：世尊，閻羅天子以何因縁處斷冥間？伏（復）於此會便得授於當來果記〔一九〕？佛言：於彼冥塗爲諸王者，有二因縁，一是住不可思議解説不動地菩薩〔二〇〕，爲欲攝化極苦衆生，是（示）現作琰摩天中等王〔二一〕，二爲多生習善犯戒故〔二二〕，退洛琰魔天中〔二三〕，作大魔王〔二四〕，管攝諸鬼，科斷十惡五逆一切罪〔二五〕，繫閉牢獄〔二六〕，日夜受苦，輪轉其中，隨業報身，定生（注）死〔二七〕。今琰魔天子因縁已熟〔二八〕，是故我記來世寶國〔二九〕，證大菩提，汝等人天，不應疑或〔三〇〕。

讚曰：悲增普化是威靈〔三一〕，六道輪迴不暫停。

　　教化猒苦思安樂，故現閻羅天子形〔三二〕。

若復有人造此經〔三三〕，授持讀誦〔三四〕，捨命之後，不生〔三〕塗〔三五〕，不入一切諸大地獄〔三六〕。

讚曰：若人信法不思儀（議）〔三七〕，書寫經文聽授持〔三八〕。

　　捨命頓超三惡道，此身長免入阿毗〔三九〕。

在生之日〔四〇〕，煞〔父〕害母〔四一〕，破齋破戒，煞豬、牛、羊、鷄、狗、毒蛇，一切重罪，應入地獄十劫〔四二〕。若造此經及諸尊像，記在業鏡〔四三〕，閻王歡喜，判放其人生富貴家，免其罪過。

讚曰：破齋毀戒煞鷄豬〔四四〕，業鏡照然報不虛。

若造此經兼書（畫）像〔四五〕，閻王判放罪消除。

若有善男子、善女人、比丘、比丘尼、優婆塞〔四六〕、優婆屬（夷）〔四七〕，預修生七齋者，每月二時，供養三寶，祝設十王修名納狀〔四八〕，奏上六曹，善惡童子奏上天曹〔四九〕，地府官典〔五〇〕，記在冥案〔五一〕，後身到之日〔五二〕，便得配生快樂之處〔五三〕，不住（中）陰四十九日〔五四〕，不待男女追救命，過十王，若闕一齋〔五五〕，滯在一王，留連受苦，不得出生，遲滯一年。是故勸汝作此要事〔五六〕，祈往生報〔五七〕。

讚曰：四衆修齋及有時，三旬兩供是常儀。

莫使闕緣功德少，始交中陰滯冥司〔五八〕。

爾時地藏菩薩、龍樹菩薩、救苦觀世音菩薩〔五九〕、常悲菩薩、陀羅尼菩薩、金剛藏菩薩，各各還從本道光中〔六〇〕，至如來所〔六一〕，異口同聲〔六二〕，讚歎世尊，哀愍凡夫，說此妙法，拔死救生，頂禮佛足。

讚曰：足膝臍胸口及眉〔六三〕，六光菩薩運深悲。
　　各各同聲咸讚歎，殷勤化物莫生疲〔六四〕。

爾時一十八重一切地獄主〔六五〕，閻羅天子，六道冥官，禮拜發願〔六六〕：若有四衆比丘〔六七〕、比丘尼、憂婆塞〔六八〕、優婆姨〔六九〕，若造此經，讚誦一偈〔七〇〕，我當免其一切苦楚〔七一〕，〔送〕〔出〕地獄〔七二〕，往生天道，不令稽滯，隔宿受苦。

讚曰：冥官注記及閻王，諸佛弘經禮讚揚。
　　四衆有能持一偈，我皆送出往天堂。

爾時閻羅天子説偈白佛：
南無阿羅訶〔七三〕，衆生罪苦多〔七四〕。輪迴無定相，猶如水上波。

讚曰：閻王白佛説伽陀，愍念衆生罪苦多。
　　六道輪迴無定相，生滅還同水上波。

願得智慧風〔七五〕，飄與法輪阿（河）〔七六〕。光明照世界，巡歷悉經過〔七七〕。
普救衆生苦，降鬼攝諸魔〔七八〕。四王行國界，傳佛修多羅。

讚曰：願佛興揚智慧風〔七九〕，飄歸法海洗塵蒙〔八〇〕。
　　護世四王同發願〔八一〕，當傳經典廣流通。

凡夫修善少，顛倒信邪多。持經免地獄〔八二〕，書寫過災痾。

超度三界難，永不見藥叉。生處登高位，富貴受（壽）延長〔八三〕。

讚曰：惡業凡夫善力微，信邪倒見入阿毗〔八四〕。

欲求富貴家長命，書寫經文聽受持〔八五〕。

至心誦此經，天王恆賜録〔八六〕。欲得無罪咎〔八七〕，無過廣作福。莫煞祀神靈，爲此入地獄。念佛把真經〔八八〕，應當自戒勖〔八九〕。手執金剛刀〔九〇〕，斷除魔種族。

讚曰：罪苦三塗業易成，都緣煞命祭神明〔九一〕。

願執金剛真惠劍，斬除魔族悟無生〔九二〕。

佛行平等心，衆生不具足。修福似微塵，造罪如山岳。欲得命延長〔九三〕，當修造此經。能除地獄苦〔九四〕，往生毫（豪）貴家〔九五〕。善神恆守護〔九六〕。

讚曰：罪如山岳等恆沙，福少微塵數未多。

猶得善神常守護，往生毫（豪）貴信心家〔九七〕。

造經讀誦人，忽爾無常至〔九八〕。天王恆引接，菩薩捧花迎〔九九〕。隨心往淨土〔一〇〇〕，八百億千生。修行滿證入，金剛三昧成。

讚曰：若人奉佛造持經〔一〇一〕，菩薩臨終自往迎。

　　淨國修行因滿以〔一〇二〕，當來正覺入金成（城）〔一〇三〕。

爾時佛造（告）阿難〔一〇四〕，一切龍神八部及諸大臣〔一〇五〕，閻羅天子，太山府君，司命司録，五道大臣（神）〔一〇六〕，地獄官典〔一〇七〕，行道天王〔一〇八〕，當起慈悲法，有毫（寬）縱可容一切罪人〔一〇九〕，慈孝男女修齋造福〔一一〇〕，薦拔亡人，報生養之恩，七七修齋造像，以報父母〔一一一〕，令得生天。

讚曰：佛造（告）閻羅諸大臣〔一一二〕，衆生罪業似微塵〔一一三〕。

　　應爲開恩容造福〔一一四〕，教蒙離苦出迷津〔一一五〕。

閻羅法王白佛言：世尊，我諸王皆當發使〔一一六〕，乘黑馬，把黑幡〔一一七〕，著黑衣，檢亡人造何功德〔一一八〕。准名放牒〔一一九〕，抽出罪人，不違誓願〔一二〇〕。

讚曰：諸王遣使檢亡人〔一二一〕，男女修何功德因。

　　依名放出三塗獄，免歷冥間遭苦辛〔一二二〕。

伏願世尊聽説檢齋十王名〔一二三〕：

讚曰：　閻王向佛再陳情〔一二四〕，　伏願慈悲作證明。

凡夫死後修功德，　檢齋聽説十王名〔一二五〕。

第一七日過秦廣王〔一二六〕

讚曰：　一七亡人中陰身，　驅將隨業數如塵〔一二七〕。

且向初王齊點檢〔一二八〕，　猶來未渡奈河津〔一二九〕。

Ch. 〇〇四一四＋Ch. 〇〇二一二＋斯三九六一

第二七日過初江王〔一三〇〕

讚曰：二七亡人渡柰河，千郡（群）萬隊涉洪波〔一三一〕。

引路牛頭肩使棒〔一三二〕，催行鬼卒手擎叉〔一三三〕。

第三〔七〕〔日〕過宋帝王〔一三四〕

讚曰：亡人三七轉恓惶，如（始）覺冥塗險路長〔一三五〕。

各各點名知所在，郡（群）郡（群）驅延五官王〔一三六〕。

第四七日過五官王〔一三七〕

讚曰：五官業鏡向空懸〔一三八〕，左右雙童業簿全〔一三九〕。
輕重起由情所願〔一四〇〕，低迎（昂）自任息（昔）因緣〔一四一〕。

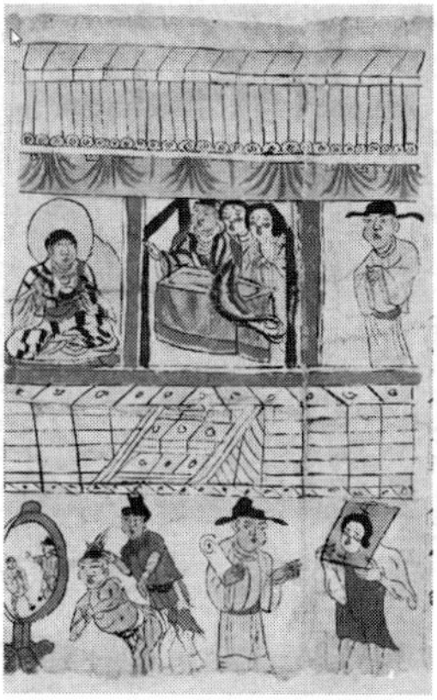

第五七日過閻羅王〔一四二〕

讚曰：五七閻羅王悉（息）諍聲〔一四三〕，罪人心恨未甘情〔一四四〕。
策髮往（仰）頭看業鏡〔一四五〕，始知先世罪分明〔一四六〕。

Ch. 〇〇四一四＋Ch. 〇〇二一二＋斯三九六一

第六七日過變成王〔一四七〕

讚曰：亡人六七滯冥塗〔一四八〕，切怕生人執意愚。
日日只看功德力，天堂地獄在須臾。

第七七日過太山王〔一四九〕

〔讚〕〔曰〕〔一五〇〕：七七冥塗中蔭身〔一五一〕，專求父母會情親。
福業此時仍未定，更看男女造河（何）因〔一五二〕。

第八百日過平正王〔一五三〕

讚曰：百日亡人更恓惶，身遭枷杻被鞭傷〔一五四〕。

男女努力造功德〔一五五〕，免落地獄苦處長。

第九一年過都市王

讚曰：一年過此轉苦辛，男女修何功德因〔一五六〕。

六道輪迴仍未定，造經造佛出迷津〔一五七〕。

Ch. 〇〇四一四+Ch. 〇〇二一二+斯三九六一

第十過三年過五道轉輪王〔一五八〕

讚曰〔一五九〕：後三所歷是關津〔一六〇〕，好惡唯憑福業因。
不善上憂千日内〔一六一〕，胎生産死拔亡人。
十齋具足，免十惡罪，放其生天。

讚曰：一身立（六）道苦忙忙〔一六二〕，十惡三塗不易當。
努力修齋功德具，恒沙諸罪自消亡。

我常使四藥叉王守護此經〔一六三〕，不令陷没〔一六四〕。

閻王奉法願弘揚〔一六五〕，普告人天衆道場。

我使藥叉王守護〔一六六〕，不令陷没永流行。

稽首世尊，獄中罪人，多是用三寶財物〔一六七〕，喧鬧受罪，識信之人，可自戒慎〔一六八〕，
物犯三寶〔一六九〕，業報難容〔一七〇〕，見此經者，應當修覺（學）〔一七一〕。

讚曰： 欲求安樂住人天〔一七二〕，必莫侵陵三寶錢〔一七三〕。
一落冥間諸地獄，喧喧受罪不知年〔一七四〕。

爾時琰魔法王歡喜踴躍〔一七五〕，頂禮佛足，退坐一面。佛言：此經名爲《閻羅王受記四衆預修生七淨土經》〔一七六〕，汝當流傳國界，依教奉行。

讚曰： 閻王退坐一心聽，佛更殷勤囑此經。
名曰預修生七教，汝兼四衆廣流行。

《佛説閻羅王授記四衆預修生七往生淨土經》〔一七七〕，普勸有緣，預修功德，發心歸佛，願悉（息）輪迴〔一七八〕。讚二首：

讚曰〔一七九〕： 一身危厄似風燈〔一八〇〕，二鼠侵期（欺）嚙井騰（藤）〔一八一〕。
苦海不修橋筏渡〔一八二〕，欲憑何物得超昇。

第二歸佛修心讚〔一八三〕：

讚曰〔一八四〕：船橋不造此人疑（癡）〔一八五〕，槽（遭）險恓惶君始知〔一八六〕。

若悟百年彈指過，修齋聽法莫交遲。

佛説十王經一卷〔一八七〕

説明

此件由Ch.〇〇四一四和Ch.〇〇二一二和斯三九六一綴合而成。其中Ch.〇〇四一四爲一片彩繪殘畫，主尊爲地藏菩薩，十王縱列圍坐兩旁，外側存兩個供養人形象；Ch.〇〇二一二右側爲彩繪殘畫，繪一抱卷供養人，榜題『善童子一心供養』，左側爲十多行文字，僅殘存上半截；斯三九六一首缺尾全，首部十六行殘存下半截，可與Ch.〇〇二一二的殘存文字相綴合。綴合後的文本仍是首缺尾全，存首題『佛説閻羅王授記四衆逆修生七齋□』，訖尾題『佛説十王經一卷』。

《佛説閻羅王授記四衆逆修生七往生淨土經》，簡稱《佛説十王經》或《閻羅王授記經》，是關於地藏菩薩和十王信仰的僞經，與中國中古時期地獄觀念的發展有密切關係，成書應不早於天寶十五載（公元七五六年），至晚唐五代時期較爲流行（參看杜斗城《敦煌本〈佛説十王經〉校録研究》，一四六頁）。現知敦煌文獻中保存相關文本約五十件，可分爲三類，即有文有圖的寫本、有文無圖的寫本和有圖無文的寫本。此件屬於有文有圖的寫本，與其同類的還有三件，即日本大阪和泉久保總美術館藏品、伯二〇〇三和伯二八七〇。這三件均首尾完整，內容包括經文、讚頌及十四幅插圖，卷首爲釋迦牟尼説法圖，其後相繼爲六菩薩、持幡使者、十王（每王一幅）、赦免解脱圖，每幅圖前均有『讚』。另有西夏文、回鶻文、古代突厥語的圖本摹本或殘片，分散藏於中、德、日、俄等國（參看張總《〈閻羅王授記經〉綴補研考》，《敦煌吐魯番研究》五卷，八三至九二頁；波波娃、劉屹主編《敦煌學：第二個百年的研究視角與問題》（*Dunhuang Studies: Prospects and Problems for the Coming Second Century of Research*），聖彼德堡，二〇九—二一六頁）。

以上釋文以Ch. 〇〇四一四+Ch. 〇〇二一二+斯三九六一爲底本，用伯二〇〇三（稱其爲甲本）、伯二八七〇（稱其爲乙本）、日本大阪和泉久保總美術館藏品（稱其爲丙本）參校。因Ch. 〇〇二一二+斯三九六一綴合處呈不規則形狀，爲便於區分，在釋録綴合處的文字時，以標點爲單位，用『/』表示保存在斯三九六一上的文字，即兩個『/』之間的文字，是保存在斯三九六一上的文字。

校記

〔一〕『往』，據殘筆劃及甲、乙、丙本補；『生淨土經』，據甲、乙、丙本補。

〔二〕『盤』，甲、乙、丙本作『槃』，《〈閻羅王授記經〉綴補研考》釋作『槃』，按寫本時代『涅槃』并未成爲固定搭配，或作『涅槃』，或作『涅盤』。

〔三〕『靈』，當作『龍』，據甲、乙、丙本改；『及地祇』，據甲、乙、丙本補。

〔四〕『用』，當作『因』，據甲、乙、丙本改；『魔』，甲、乙本同，丙本作『磨』，『磨』爲『魔』之借字。

〔五〕『預』，據殘筆劃及甲、乙、丙本補；『修儀』，據甲、乙、丙本補。

〔六〕『河』，據殘筆劃及丙本補，甲、乙本作『提』；『提』，據丙本補，甲、乙本作『河』；『邊』，據甲、乙、丙本補。
〔七〕『臨』，據殘筆劃及甲、乙、丙本補。
〔八〕『普照大』，據甲、乙、丙本補。
〔九〕『摩』，據殘筆劃及甲、乙本補，丙本作『磨』。
〔一〇〕『四天大』，據甲、乙、丙本補。
〔一一〕『羅』，甲、乙、丙本作『羅王』，《〈閻羅王授記經〉綴補研考》釋作『羅王』，按底本實無『王』字。
〔一二〕『敬禮』，甲、乙、丙本作『禮敬』。
〔一三〕此句至『國名花嚴菩薩充滿』，丙本無。
〔一四〕『衆』，甲、乙本作『千』。
〔一五〕『閻羅天子諸大臣』，甲、乙本作『諸大衆閻羅天子』。
〔一六〕『作』，甲、乙本同，《〈閻羅王授記經〉綴補研考》釋作『做』，誤。
〔一七〕『花』，甲、乙本作『華』。
〔一八〕Ch. 〇〇二一二止於此句之『世尊』二字。
〔一九〕『伏』，當作『復』，據甲、乙、丙本改，『伏』爲『復』之借字。
〔二〇〕『説』，丙本無，甲、乙本作『脱』。
〔二一〕『是』，當作『示』，據甲、乙、丙本改，『是』爲『示』之借字；『作』，甲、乙、丙本作『作彼』；『摩』，甲、乙、丙本作『魔』；『天中』，甲、乙、丙本無；『等王』，甲、乙、丙本作『王等』。
〔二二〕『犯』，甲、乙、丙本作『爲犯』。
〔二三〕『洛』，甲、乙、丙本作『落』，『洛』通『落』，《敦煌本〈佛説十王經〉校録研究》釋作『諾』，誤；『魔』，甲、乙本同，丙本作『磨』，『磨』爲『魔』之借字。

〔二四〕『魔』，甲、乙本同，丙本作『磨』，『磨』爲『魔』之借字。

〔二五〕『斷』，甲、乙本作『斷閻浮提内』，丙本作『斷閻浮提』；『罪』，甲、乙、丙本作『罪人』。

〔二六〕『閉』，甲、乙、丙本同，《敦煌本〈佛説十王經〉校録研究》釋作『關』，誤。

〔二七〕『注』，據甲、乙、丙本補。

〔二八〕『今』，甲、乙、丙本作『今此』；『已』，甲、乙、丙本作『以』，『以』通『已』。

〔二九〕『寶』，乙、丙本同，甲本作『尊』。

〔三〇〕『不應』，甲本同，乙、丙本作『應不』；『或』，丙本同，甲、乙本作『惑』，『或』有『惑』義。

〔三一〕『增』，丙本同，甲、乙本作『憎』，『增』通『憎』。

〔三二〕『形』，甲、乙、丙本同，底本原作『刑』，按寫本時代『刑』『形』形近易混，故據文義逕釋作『形』。

〔三三〕『造』，甲、乙、丙本作『修造』。

〔三四〕『授』，甲、乙、丙本作『受』，『授』通『受』。

〔三五〕『三』，據甲、乙、丙本補。

〔三六〕『諸』，甲、乙本同，丙本作『之』，『之』爲『諸』之借字。

〔三七〕『信』，甲、乙本同，丙本作『不信』，按『不』字應係衍文，當删；『儀』，當作『議』，據甲、丙、乙本改，『儀』爲『議』之借字。

〔三八〕『授』，甲、乙、丙本作『受』，『授』通『受』。

〔三九〕『毗』，甲、乙、丙本作『鼻』，均可通。

〔四〇〕自此句至『閻王判放罪消除』，丙本無。

〔四一〕『父』，據甲、乙本補；『害』，甲本同，乙本作『空』，誤。

〔四二〕『劫』，甲、乙本作『劫五劫』。

〔四三〕『業鏡』，甲、乙本作『冥案』。甲、乙本此句後尚有『身到之日』。

〔四四〕『鶏』，甲、乙本同，底本原寫作『猲』，係涉下文『猪』而成之類化俗字。

〔四五〕『書』，當作『晝』，據甲、乙本改。

〔四六〕『憂』，甲、丙本作『優』。此句乙本脱。

〔四七〕『憂』，甲、乙、丙本作『優』；『婆』，據殘筆劃及甲、乙、丙本補；『屬』，當作『夷』，據甲、乙、丙本改。

〔四八〕『祝』，甲、乙、丙本作『所』，《敦煌本〈佛説十王經〉校録研究》釋作『視』，均誤；『設』，據殘筆劃及甲、乙、丙本補；『十王』，據甲、乙、丙本補。

〔四九〕『曹』，甲、丙本同，乙本脱。

〔五〇〕『地』，據殘筆劃及甲、乙、丙本補；『府官』，據甲、乙、丙本補；『典』，甲、乙、丙本作『等』。

〔五一〕『冥』，甲、乙、丙本作『名』，『名』爲『冥』之借字。

〔五二〕『後』，甲、乙、丙本無。

〔五三〕『樂』，據殘筆劃及甲、乙、丙本補；『之處』，據甲、乙、丙本補。

〔五四〕『中』，據甲、乙、丙本補。

〔五五〕『若』，甲、乙本同，丙本作『名』。

〔五六〕『要』，甲、乙本同，丙本作『惡』，誤。

〔五七〕『祈』，甲、乙本同，丙本作『所』，誤。

〔五八〕『陰』，甲、乙、丙本作『蔭』。甲、乙、丙本此句後有六菩薩像。

〔五九〕『音』，甲、丙本同，乙本作『陰』，『陰』爲『音』之借字。

〔六〇〕『本』，甲、乙本同，丙本作『大』。

〔六一〕『來』，甲、乙本同，丙本脱。

〔六二〕『異』，甲、乙本同，丙本作『以』，『以』爲『異』之借字。

〔六三〕『臍』，甲、乙、丙本作『齊』，『齊』通『臍』；『胸』，甲、乙、丙本作『兇』，『兇』爲『胸』之借字。

〔六四〕『疲』，甲、乙、丙本同，《敦煌本〈佛説十王經〉校録研究》未能釋讀。

〔六五〕『重』，甲、乙本同，丙本作『童』，誤；『地』，甲、乙、丙本無。

〔六六〕『願』，甲、丙本同，乙本作『若』，誤。

〔六七〕『若』，甲、丙本同，乙本作『願』，誤。

〔六八〕『憂』，甲、乙、丙本作『優』。

〔六九〕『姨』，甲、乙、丙本作『夷』。

〔七〇〕『讚』，甲本同，乙、丙本作『讀』；『誦』，甲、乙、丙本同，《敦煌本〈佛説十王經〉校録研究》釋作『頌』，誤。

〔七一〕『當』，甲、乙、丙本作『皆』。

〔七二〕『送出』，據甲、乙、丙本補。

〔七三〕『羅』，甲、乙本同，丙本作『多』；『訶』，甲、乙、丙本作『河』，《敦煌本〈佛説十王經〉校録研究》釋作『河』，誤。

〔七四〕『罪苦』，甲、乙、丙本作『惡業』。

〔七五〕『智』，甲、丙本同，乙本作『知』。

〔七六〕『飄』，甲、乙、丙本作『漂』；『與』，甲、乙、丙本同，可通『於』；『阿』，當作『河』，據甲、乙、丙本改。
〔七七〕『歷』，甲、乙本同，丙本作『曆』；『悉』，甲、乙、丙本作『昔』。
〔七八〕『鬼』，甲、乙、丙本作『伏』。
〔七九〕『智』，甲、丙本同，乙本作『知』；『慧』，甲本同，乙、丙本作『惠』，『惠』通『慧』。
〔八〇〕『飄』，甲、乙、丙本作『漂』；『蒙』，甲、乙、丙本作『濛』。
〔八一〕『護』，甲、乙本同，丙本作『願』，誤。
〔八二〕『持』，甲、丙本同，乙本作『侍』，誤。
〔八三〕『受』，甲本同，當作『壽』，據乙、丙本改，『受』爲『壽』之借字。
〔八四〕『呲』，甲、乙、丙本作『鼻』。
〔八五〕『持』，甲、丙本同，乙本作『侍』，誤。
〔八六〕『賜』，甲、乙、丙本作『記』。
〔八七〕此句及下句，甲、乙、丙本無。
〔八八〕『把』，乙、丙本同，甲本作『犯』，誤。
〔八九〕『自』，甲、丙本同，乙本作『白』，誤；『戒』，甲、乙、丙本作『誡』；『勸』，甲、乙、丙本同，《敦煌本〈佛說十王經〉校録研究》釋作『罰』，誤。
〔九〇〕『執』，甲、乙、丙本同，《敦煌本〈佛説十王經〉校録研究》釋作『持』，誤；『刀』，甲、丙本同，乙本作『力』，誤。
〔九一〕『祭』，甲、丙本同，乙本作『癸』，誤。
〔九二〕『斬』，甲、乙本同，丙本作『斬斷』，按『斷』字應係衍文，當删。

〔九三〕此句甲、乙、丙本無。

〔九四〕『除』，乙、丙本同，甲本作『持』，誤。

〔九五〕『毫』，當作『豪』，據甲、乙、丙本改，『毫』爲『豪』之借字。

〔九六〕『恒』，甲、乙、丙本作『常』；『守』，甲、丙本同，乙本作『受』，『受』爲『守』之借字。

〔九七〕『毫』，當作『豪』，據甲、乙、丙本改，『毫』爲『豪』之借字；『貴』，丙本同，甲、乙本作『富』。

〔九八〕『爾』，甲、乙本同，丙本作『是』。

〔九九〕『捧』，甲、乙本同，丙本作『把』。

〔一〇〇〕『隨』，甲、乙、丙本作『願』。

〔一〇一〕『奉』，甲、丙本同，乙本作『造』；『造』，甲、丙本同，乙本作『奉』。

〔一〇二〕『以』，甲、乙、丙本作『已』，『以』通『已』。

〔一〇三〕『成』，當作『城』，據甲、乙、丙本改，『成』爲『城』之借字，《敦煌本〈佛説十王經〉校録研究》逕釋作『城』。

〔一〇四〕『佛』，甲、乙本同，丙本脱；『造』，當作『告』，據甲、乙、丙本改。

〔一〇五〕『神』，甲、乙、丙本作『天』；『臣』，甲、乙、丙本作『神』。

〔一〇六〕『臣』，當作『神』，據甲、乙、丙本改。

〔一〇七〕『典』，甲、乙、丙本作『等』。

〔一〇八〕『天』，甲、乙、丙本作『大』。

〔一〇九〕『毫』，當作『寬』，據甲、乙、丙本改。

〔一一〇〕『齋造』，甲、乙、丙本無。

〔一一一〕『母』，甲、乙、丙本作『母恩』。
〔一一二〕『造』，當作『告』，據甲、乙、丙本改；『臣』，甲、乙、丙本作『神』。
〔一一三〕『罪』，甲、乙、丙本作『造』；『似微塵』，甲、乙、丙本作『具難陳』。
〔一一四〕『造』，甲、丙本同，乙本作『告』，誤。
〔一一五〕甲、乙、丙本此句後有『持幡使者』圖。
〔一一六〕『我』，甲、乙、丙本作『我等』。
〔一一七〕『幡』，甲、乙本同，丙本作『播』，誤。
〔一一八〕『檢』，甲、丙本同，乙本作『憸』，誤，《敦煌本〈佛説十王經〉校録研究》釋作『撿』；『人』，甲、乙、丙本作『人家』；『何』，甲、乙本同，丙本作『河』，『河』爲『何』之借字。
〔一一九〕『名』，甲、乙本同，丙本作『名功德』。
〔一二〇〕『違』，甲、乙、丙本同，《敦煌本〈佛説十王經〉校録研究》釋作『逮』。
〔一二一〕『檢』，甲、丙本同，乙本作『憸』，誤。
〔一二二〕『歷』，甲、乙、丙本作『曆』。
〔一二三〕『説』，甲本同，乙、丙本作『説十王』，據文義『十王』係衍文，當删；『檢』，甲、丙本同，乙本作『憸』，誤，《敦煌本〈佛説十王經〉校録研究》釋作『撿』；『名』，甲、乙、丙本作『名字』。
〔一二四〕『王』，甲、乙本同，丙本作『羅』。
〔一二五〕『檢』，甲、丙本同，乙本作『憸』，誤，《敦煌本〈佛説十王經〉校録研究》釋作『撿』。
〔一二六〕『第』，底、甲、乙、丙本作『弟』，按寫本中『第』『弟』形近易混，故可據文義逕釋作『第』；『秦』，乙、丙本同，甲本作『泰』，誤。

〔一二七〕「將隨業」，甲、乙、丙本作「羊隊隊」。

〔一二八〕「檢」，甲、丙本同，乙本作「儉」，誤。

〔一二九〕「猶」，甲、乙、丙本作「由」；「渡」，甲、乙本同，丙本作「度」。

〔一三〇〕「第」，底、甲、乙、丙本作「弟」，按寫本中「第」「弟」形近易混，故可據文義逕釋作「第」。

〔一三一〕「郡」，當作「群」，據甲、乙、丙本改；「洪」，甲、乙、丙本作「江」。

〔一三二〕「肩」，甲、乙本同，丙本作「迷」；「使」，丙本同，甲本作「挾」，乙本作「悏」，誤，《敦煌本〈佛說十王經〉校録研究》釋作「俠」，誤。

〔一三三〕「鬼」，甲、乙本同，丙本作「獄」；「擎」，甲、丙本同，乙本作「敬」，誤。

〔一三四〕「第」，甲本同，底、乙、丙本作「弟」，按寫本中「第」「弟」形近易混，故可據文義逕釋作「第」；「七日」，據甲、乙、丙本補，《敦煌本〈佛說十王經〉校録研究》逕釋作「七日」；「過」，甲、乙、丙本同，《敦煌本〈佛說十王經〉校録研究》漏録。

〔一三五〕「如」，當作「始」，據甲、乙、丙本改；「險」，甲、乙、丙本作「嶮」。

〔一三六〕「郡郡」，當作「群群」，據甲、乙、丙本改；「延」，甲、乙、丙木作「送」。

〔一三七〕「第」，甲本同，底、乙、丙本作「弟」，按寫本中「第」「弟」形近易混，故可據文義逕釋作「第」。

〔一三八〕「鏡」，丙本同，甲、乙本作「秤」。

〔一三九〕「業」，甲、乙本同，丙本作「意」，誤。

〔一四〇〕「輕」，乙、丙本同，甲本作「轉」，誤；「起」，甲、乙、丙本作「豈」，「起」通「豈」，《敦煌本〈佛說十王經〉校録研究》釋作「超」，誤。

〔一四一〕「迎」，當作「昂」，據甲、乙、丙本改；「息」，當作「昔」，據甲、乙、丙本改，「息」爲「昔」之借字，《敦煌本《佛説十王經》校録研究》釋作「自」，誤。

〔一四二〕「第」，甲本同，底、乙、丙本作「弟」，按寫本中「第」「弟」形近易混，故可據文義逕釋作「第」；「過」，乙、丙本同，甲本脱。

〔一四三〕「王」，甲、乙、丙本無；「悉」，當作「息」，據甲、乙、丙本改，「悉」爲「息」之借字；「諍」，甲、乙、丙本同，《敦煌本〈佛説十王經〉校録研究》釋作「淨」，誤。

〔一四四〕「恨」，甲、乙本同，丙本作「佷」，誤。

〔一四五〕「往」，當作「仰」，據甲、乙、丙本改。

〔一四六〕「知」，甲、丙本同，乙本作「諸」，「諸」爲「知」之借字；「罪」，甲、乙、丙本作「事」。

〔一四七〕「第」，甲本同，底、乙、丙本作「弟」，按寫本中「第」「弟」形近易混，故可據文義逕釋作「第」；「六」，甲、乙本同，丙本作「五」，誤。

〔一四八〕「亡人」，甲、乙本同，丙本作「六七」；「六七」，甲、乙本同，丙本作「亡人」。

〔一四九〕「第」，底、甲、乙、丙本作「弟」，按寫本中「第」「弟」形近易混，故可據文義逕釋作「第」。以下同，不另出校。

〔一五〇〕「讚曰」，據甲、乙、丙本補。

〔一五一〕「蔭」，甲、丙本同，乙本作「陰」，《敦煌本〈佛説十王經〉校録研究》釋作「陰」，誤。

〔一五二〕「河」，當作「何」，據甲、乙、丙本改，「河」爲「何」之借字，《敦煌本〈佛説十王經〉校録研究》逕釋作「何」。

〔一五三〕「過」，甲、丙本同，乙本脱。

〔一五四〕「遭」，甲、乙、丙本同，底本作「槽」，係涉下文「枷杻」而成之類化俗字。

〔一五五〕『造』，甲、乙、丙本作『修』。

〔一五六〕『何』，甲、乙本同，丙本作『河』，『河』爲『何』之借字。

〔一五七〕『佛』，甲、乙、丙本作『像』。

〔一五八〕第一個『過』，甲、乙、丙本無，應係衍文，當删。

〔一五九〕『曰』，甲、丙本同，乙本無。

〔一六〇〕『後三所』，甲、丙本同，乙本作『所後三』；『歷』，甲、乙、丙本作『曆』。

〔一六一〕『上』，甲、乙本作『尚』，『上』通『尚』，丙本作『向』，『向』爲『尚』之借字。

〔一六二〕『立』，當作『六』，據甲、乙、丙本改。

〔一六三〕『常』，乙本同，甲、丙本作『當』。

〔一六四〕甲、乙、丙本此句後有『讚曰』二字。

〔一六五〕『願』，丙本同，甲、乙本作『讚』。

〔一六六〕『王』，甲、乙、丙本作『齊』。

〔一六七〕『是』，甲、乙本同，丙本作『使』。

〔一六八〕『戒』，甲、乙、丙本作『誡』。

〔一六九〕『物』，甲、乙、丙本作『勿』，『物』通『勿』。

〔一七〇〕『業報』，甲、乙、丙本作『報業』。

〔一七一〕『覺』，當作『學』，據甲、乙、丙本改。

〔一七二〕『住』，甲、乙本同，丙本作『往』。

〔一七三〕『必』，甲、乙、丙本作『輒』；『陵』，甲、乙、丙本作『凌』。

〔一七四〕『罪』，甲、乙、丙本作『苦』。

〔一七五〕『踴』，甲、乙本同，丙本作『誦』，誤。

〔一七六〕『受』，丙本同，甲、乙本作『授』；『七』，甲、乙、丙本作『七往生』。

〔一七七〕自此句至『修齋聽法莫交遲』，丙本脱。

〔一七八〕『願』，甲、乙本作『轉願』；『悉』，當作『息』，據甲、乙本改，『悉』爲『息』之借字。

〔一七九〕『讚曰』，甲、乙本作『第一讚』。

〔一八〇〕『厄』，甲本作『耶』，乙本作『肶』，均誤。

〔一八一〕『期』，當作『欺』，據文義改，甲、乙本作『淩』；『騰』，甲本同，乙本作『瞪』，當作『藤』，據文義改，『騰』爲『藤』之借字。

〔一八二〕『橋』，甲、乙本作『船』。

〔一八三〕『歸佛修心』，甲、乙本無。

〔一八四〕『讚曰』，甲、乙本脱。

〔一八五〕『疑』，當作『癡』，據甲、乙本改。

〔一八六〕『槽』，當作『遭』，據甲、乙本改；『險』，甲、乙本作『嶮』。

〔一八七〕『王』，甲、乙、丙本同，《敦煌本〈佛説十王經〉校録研究》釋作『五』，誤；『一』，甲本同，乙、丙本作『壹』。此句丙本後尚有題記『辛未年十二月畫畢。年六十八寫。弟子董文員供養』。

參考文獻

《敦煌寶藏》三二册，臺北：新文豐出版公司，一九八二年，五六九至五七六頁（圖）；《講座敦煌7敦煌と中國仏教》，東京：大東出版社，一九八四年，二三八頁；《世界宗教研究》一九八七年二期，四四至五三頁；《敦煌俗文學論叢》，臺北：臺灣商務印書館，一九八八年，一七五至二九二頁；《敦煌本〈佛説十王經〉校録研究》，蘭州：甘肅教育出版社，一九八九年，三五至四六頁（録）；《英藏敦煌文獻》五卷，成都：四川人民出版社，一九九二年，二一七至二二五頁（圖）；*The Scripture on the Ten Kings and the Making of Purgatory in Medieval Chinese Buddhism*, Honolulu：University of Hawai i Press, 1994；《法藏敦煌西域文獻》一册，上海古籍出版社，一九九五年，二六至三五頁（圖）；《唐研究》四卷，北京大學出版社，一九九八年，三九四頁；《敦煌吐魯番研究》五卷，北京大學出版社，二〇〇一年，八一至一一六頁；《法藏敦煌西域文獻》一九册，上海古籍出版社，二〇〇一年，二〇九至二一七頁（圖）；《地藏信仰研究》，北京：宗教文化出版社，二〇〇三年，二七二至二九三頁；《敦煌研究》二〇〇七年二期，一〇四至一〇九頁；《敦煌學：第二個百年的研究視角與問題》（*Dunhuang Studies*：*Prospects and Problems for the Coming Second Century of Research*），聖彼德堡，二〇一二年，二〇九—二一六頁；《西夏研究》二〇一四年四期，一〇八至一一六頁；《敦煌吐魯番研究》一五卷，上海古籍出版社，二〇一五年，五三至一〇九頁；《〈十王經〉與中國中世紀佛教冥界的形成》，上海古籍出版社，二〇一六年，一七八至一九八頁。

斯三九六二背　雜寫

釋文

勝

説明

以上文字大字書寫於《四分戒本》尾題後空白處，係時人隨手所寫。此件《英藏敦煌文獻》未收，現予增收。

參考文獻

《敦煌寶藏》三三册，臺北：新文豐出版公司，一九八二年，六〇一頁（圖）。

斯三九六六　大乘經纂要義一卷題記

釋文

壬寅年六月，大蕃國有讚普印信并此十善經本，傳流諸州，流行讀誦。後八月十六日寫畢記。

説明

此件《英藏敦煌文獻》未收，現予增收。壬寅年即唐穆宗長慶二年（公元八二二年）。

參考文獻

Descriptive Catalogue of the Chinese Manuscripts from Tunhuang in the British Museum, The Trustees of the British Museum, London 1957, p. 136（録）；《敦煌寶藏》三二册，臺北：新文豐出版公司，一九八二年，六一九頁（圖）；《敦煌遺書總目索引》，北京：中華書局，一九八三年，一八九至一九〇頁（録）；《中國古代寫本識語集録》，東京大學東洋文化研究所，一九九〇年，三三九頁（録）；《敦煌遺書總目索引新編》，北京：中華書局，二〇〇〇年，一二二頁（録）。

斯三九六七　瓜沙州大王印

釋文

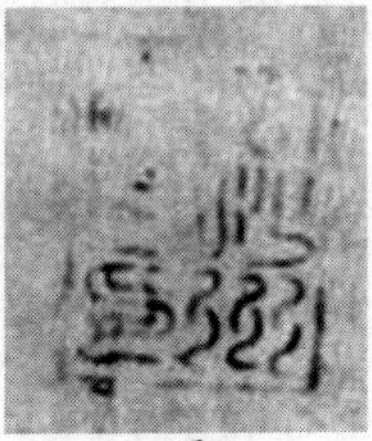

瓜沙州大王印。

説明

以上印文鈐於《優婆塞戒經》卷第十尾題之下。《英藏敦煌文獻》未收，現予增收。

參考文獻

《敦煌寶藏》三二册，臺北：新文豐出版公司，一九八二年，六二八頁（圖）。

斯三九六九＋伯三八八四　摩尼光佛教法儀略

釋文

摩尼光佛教法儀略一卷

開元十九年六月八日大德拂多誕奉詔集賢院譯

託化國土（主）名號宗教　第一〔一〕

佛夷瑟德烏盧詵者，（本國梵音也。）譯云光明使者，又號具智法王，亦謂摩尼光佛，即我光明大慧無上醫王應化法身之異號也。當欲出世，二耀降靈，分光三體；大慈愍故，應敵魔軍。親受明尊清淨教命，然後化誕，故云光明使者；精真洞慧，堅疑克辯，故曰具智法王；虚應靈聖，覺觀究竟，故號摩尼光佛。光明所以徹内外，大慧所以極人天，無上所以位高尊，醫王所以布法藥。則老君託孕，太陽流其晶；釋迦受胎，日輪叶其象。資靈本本，三聖亦何殊？成性存存，一貫皆悟道。

按彼波斯婆毗長曆，自開闢初有十二辰，掌分年代。至第十一辰，名訥，管代二百廿七年，釋迦出現。至第十二辰，名魔謝，管代五百廿七年，摩尼光佛誕蘇鄰國跋帝王宮，金薩健種夫人滿艷之所生也。婆毗長曆，當漢獻帝建安十三年二月八日而生，泯然懸合矣。至若資稟天符而受胎，齋戒嚴潔而懷孕者，本清淨也；自胸前化誕，卓世殊倫，神驗九徵，靈瑞五應者，生非凡也。又以三願、四寂、五真、八種無畏，衆德圓備，其可勝言？自天及人，拔苦與樂，諛德而論矣。若不然者，曷有身誕王宫，神凝道慧，明宗真本，智謀特正，體質孤秀，量包乾坤，識洞日月？開兩元大義，示自性各殊；演三際深文，辯因緣瓦合。誅邪祐正，激濁揚清，其詞簡，其理直，其行正，其證真。六十年内，開示方便，感四聖以爲威力，騰七部以作舟航，應三宫而建三尊，法五明而列五級。妙門殊特，福被存亡也。

按《摩訶摩耶經》云：『佛滅度後一千三百年，袈裟變白，不受染色。』《觀佛三昧海經》云：『摩尼光佛出現世時，常施光明，以作佛事。』《老子化胡經》云：『我乘自然光明道氣，飛入西那玉界蘇鄰國中，示爲太子，捨家入道，號曰摩尼，轉大法輪，説經、戒、律、定、慧等法，乃至三際及二宗門。上從明界，下及幽塗，所有衆生，皆由此度。摩尼之後，年垂五九，我法當盛者。』五九四十五，四百五十年，教合傳於中國。至晉太始二年正月四日，乃息化身，還歸真寂，教流諸國，接化蒼生。從晉太始至今開十九歲，計四百六十年。證記合同，聖跡照著。

教闡明宗，用除暗惑；法開兩性，分别爲門。故釋經云：『若人捨分别，是則滅諸法；如有修行人，不應共其住。』又云：『鳥歸虚空，獸歸林藪；義歸分别，道歸涅槃。』

不覈宗本，將何歸趣？行門真實，果證三宮。性離無明，名爲一相。今此教中，是稱解脫。略舉微分，以表進修。梵本頗具，此未繁載。

形相儀　第二

摩尼光佛頂圓十二光王勝相，體備大明，無量秘義，妙形特絶，人天無比。串以素帔，倣四淨法身；其居白座，像五金剛地。二界合離，初後旨趣，宛在真容，觀之可曉。諸有靈相，百千勝妙，寔難備陳。

經圖儀　第三　凡七部并圖一

第一，大應輪部，譯云《徹盡萬法根源智經》。

第二，尋提賀部，譯云《淨命寶藏經》。

第三，泥萬部，譯云《律藏經》，亦稱《藥藏經》。

第四，阿羅瓚部，譯云《秘密法藏經》。

第五，鉢迦摩帝夜部，譯云《證明過去教經》。

第六，俱緩部，譯云《大力士經》。

第七，阿拂胤部，譯云《讚願經》。

大門荷翼圖一，譯云《大二宗圖》。

右七部大經及圖，摩尼光佛當欲降代，衆聖贊助，出應有緣，置法之日，傳受五級。其餘六十年間，宣説正法，諸弟子等隨事記録，此不載列。

五級儀　第四

第一，十二慕闍，譯云承法教道者。

第二，七十二薩波塞，譯云侍法者，亦號拂多誕。

第三，三百六十默奚悉德，譯云法堂主。

第四，阿羅緩，譯云一切純善人。

第五，耨沙喭，譯云一切淨信聽者。

右阿羅緩已上，並素冠服；唯耨沙喭一位，聽仍舊服。如是五位，稟受相依，咸遵教命，堅持禁戒，名解脱路。若慕闍犯戒，即不得承其教命。假使精通七部，才辯卓然，爲有愆違，五位不攝。如樹滋茂，皆因其根。根若憊者，樹必乾枯。阿羅緩犯戒，視之如死，表白衆知，逐令出法。海雖至廣，不宿死屍〔二〕。若有覆藏，還同破戒。

寺宇儀　第五

經圖堂一，齋講堂一，禮懺堂一，教授堂一，病僧堂一。

右置五堂，法衆共居，精修善業。不得別立私室、廚庫。每日齋食，儼然待施；若無施者，乞丐以充。唯使聽人，勿畜奴婢及六畜等非法之具。

每寺尊首，詮簡三人〔三〕：

第一，阿拂胤薩，譯云讚願首，專知法事。
第二，呼嚧喚，譯云教道首，專知獎勸。
第三，遏換健塞波塞，譯云月直，專知供施。皆須依命，不得擅意。

出家儀　第六

初辯二宗：求出家者，須知明暗各宗，性情懸隔，若不辯識，何以修爲？
次明三際：一，初際；二，中際；三，後際。
初際者，未有天地，但殊明暗。明性智慧，暗性愚癡。諸所動靜，無不相背。
中際者，暗既侵明，恣情馳逐；明來入暗，委質推移。大患厭離於形體，火宅願求於出離。勞身救性，聖教固然。即妄爲真，孰敢聞命？事須辯折，求解脱緣。
後際者，教化事畢，真妄歸根。明既歸於大明，暗亦歸於積暗。二宗各復，兩者交歸。
次觀四寂法身：四法身者〔四〕

（後缺）

説明

此件由斯三九六九和伯三八八四綴合而成，兩件綴合後仍首全尾缺，起首題『摩尼光佛教法儀略一卷』，訖『次觀四寂法身，四法身者』之『法』字。存《摩尼光佛教法儀略》『託化國土（主）名號宗教』『形相儀』『經圖儀』『五級儀』『寺宇儀』五章及『出家儀』一部分。

《摩尼光佛教法儀略》是摩尼教重要的漢文經典之一，開元十九年（公元七三一年）拂多誕編撰。林悟殊認爲它是開元二十年（七三二年）唐玄宗禁斷摩尼教之前，讓摩尼傳教師編寫的介紹摩尼教總體情況的文件（參看《摩尼教及其東漸》，一八九至一九六頁）。

校記

〔一〕『土』，當作『主』，據文義改，《摩尼教及其東漸》《東方摩尼教研究》《林悟殊敦煌文書與夷教研究》《敦煌三夷教與中古社會》均逕釋作『主』。

〔二〕斯三九六九止於此句之『不』字，伯三八八四始於此句之『宿』字。

〔三〕此行下空白處有雜筆劃，似爲他人隨手所劃，與此件内容無涉。

〔四〕『身者』，據殘筆劃及文義補，《摩尼教及其東漸》《東方摩尼教研究》釋作『第七』。

參考文獻

《敦煌石室遺書》，誦芬室，一九〇九年（録）；《敦煌石室真跡録》，國粹堂，一九〇九年（録）；《敦煌石室祕寶》，上海：有正書局，一九一〇年（圖）；*Journal Asiatique*, 2 série, 1, 1913, pp. 129－140（録）；《鳴沙石室佚書續編》，上虞羅氏，一九一七年（圖）；《國學季刊》一卷三號，一九二三年，五四五至五四六頁；《白鳥博士還曆記念東洋史論叢》，東京：岩波書店，一九二五年，一五七至一七二頁；《大正新脩大藏經》五四册，東京：大正一切經刊行會，一九二七年，一二七九至一二八一頁（録）；*Asia Major* 3：2, 1953, pp. 184－212；《陳垣學術論文集》，北京：中華書局，一九八〇年，三三二至三四二頁；《敦煌寶藏》三二册，臺北：新文豐出版公司，一九八二年，六三四至六三五頁（圖）；《マニ教と東洋の諸宗教：比較宗教學論選》，東京：佼成出版社，一九八八年，一三四至一三八頁（録）；《英藏敦煌文獻》五卷，成都：四川人民出版社，一九九二年，二一三至二一五頁（圖）；《摩尼教及其東漸》，北京：中華書局，一九八七年，二三〇至二三三頁（録）；《摩尼教及其東漸》（增訂本），臺北：淑馨出版社，一九九七年，二八三至二八六頁（録）；《法藏敦煌西域文獻》二九册，上海古籍出版社，二〇〇二年，八六頁（圖）；《敦煌吐魯番研究》九卷，北京：中華書局，二〇〇六年，八五至一〇三頁；《東方摩尼教研究》，上海人民出版社，二〇〇九年，三七八至三八三頁（録）；《林悟殊敦煌文書與夷教研究》，上海古籍出版社，二〇一一年，四二九至四三三頁（録）；《敦煌三夷教與中古社會》，蘭州：甘肅教育出版社，二〇一三年，二二五至二二八頁（録）。

斯三九六九背 + 伯三八八四背　沙門道真點檢藏經記録

釋文

第五十九袟[一]。
第六十袟全。
都計欠經七十卷。
此經無垢淨光[二]。
塔，大般若一部。
沙門道真。

説明

以上文字書於《摩尼光佛教法儀略》卷背，内容爲『沙門道真點檢藏經記録』，係道真本人所書。

校記

〔一〕『第』，底本原寫作『弟』，按寫本中『第』『弟』形近易混，故可據文義逕釋作『第』，以下同，不另出校；『九秩』，據殘筆劃及文義補。

〔二〕『垢』，《敦煌遺書總目索引新編》未能釋讀。

參考文獻

《敦煌寶藏》一三一册，臺北：新文豐出版公司，一九八六年，四三一頁（圖）；《敦煌遺書總目索引新編》，北京：中華書局，二〇〇〇年，一二一頁（録）；《法藏敦煌西域文獻》二九册，上海古籍出版社，二〇〇三年，八七頁（圖）；《麥積山石窟藝術文化論文集（下）》，蘭州大學出版社，二〇〇四年，一〇四頁。

斯三九七六　摩訶般若波羅蜜放光經勘經題記

釋文

兑。兑。兑。

説明

以上三個『兑』字分别大字書寫於第一紙、第二紙和第三紙經文上，表示此佛經抄寫有誤，已經作廢。此件《英藏敦煌文獻》未收，現予增收。

參考文獻

《敦煌寶藏》三二册，臺北：新文豐出版公司，一九八二年，六六六至六六八頁（圖）。

斯三九七六背　摩訶般若波羅蜜經、大雲輪請雨經卷上勘經題記

釋文

兑。

兑。

兑。

兑。

説明

以上文字大字書寫於《摩訶般若波羅蜜放光經》空行品第十二、《大雲輪請雨經》卷上經文上，表示此四紙佛經抄寫有誤，已經作廢。此件《英藏敦煌文獻》未收，現予增收。

參考文獻

《敦煌寶藏》三二册，臺北：新文豐出版公司，一九八二年，六六八至六七〇頁（圖）。

斯三九七八　丙子年（公元九七六年）七月一日司空遷化納贈歷

釋文

丙子年七月一日司空　遷化納贈磨（歷）〔一〕

社官張

録事何并（餅）〔二〕　　索阿朵并（餅）粟

孔都知并（餅）粟　　索鐵子并（餅）粟

薛都頭粟　　索再升并（餅）粟

陰都頭并（餅）粟　　張不子并（餅）粟

薛幸昌并（餅）粟　　張丑子并（餅）粟

張友亥并（餅）粟　　裴員弁并（餅）粟

王員住并（餅）粟　　羅押牙并粟〔三〕

王再昌并（餅）粟　　孔王三并（餅）粟

王願成并（餅）粟　　陳保實并（餅）粟

孔富通并（餅）粟　　陳保富并（餅）粟
馬衍子并（餅）粟　　陳義友并（餅）粟
楊友員并（餅）粟　　陳喜昌
楊再定并（餅）粟　　王像友并（餅）粟〔四〕
楊定千并（餅）粟　　王定君并（餅）粟
楊丑奴并（餅）粟　　令狐小憨并（餅）粟
張丑兒并（餅）粟　　令狐子順
劉善子并（餅）粟　　令狐員松并（餅）粟
劉骨子并（餅）粟　　李繼晟并（餅）粟
索願通并（餅）粟　　李憨子并（餅）粟
索友定并（餅）粟〔五〕　押牙孔義典并（餅）粟〔六〕

（後缺）

說明

此件首全尾缺，起首題『丙子年七月一日司空　遷化納贈磨（歷）』，訖『押牙孔義典并（餅）粟』，其內容是敦煌地區統治者去世後，由官府通令一般的社邑營辦齋會或祭奠儀式時的納贈歷，本質上是一種攤派。此件納贈歷羅列有人名及其所繳納餅和粟等物品的名稱，但未列具體納贈的數量。在敦煌社邑文書中，社人如果按社司規定如數繳納粟、麥、麪、餅等，在納贈歷上一般不書寫具體數量，只書寫所納物品名稱（參看郝春文《唐後期五代宋初敦煌僧尼的社會生活》，三一〇頁）。

此件中之『丙子年』，寧可、郝春文考證當爲北宋開寶九年（公元九七六年）；此件中之『司空』，可能是曹延恭，但也不排除另有所指的可能性（參看《敦煌社邑文書輯校》，四三八至四三九頁）。

校記

〔一〕『磨』，當作『歷』，據文義改，《敦煌社會經濟文獻真蹟釋録》《敦煌社邑文書輯校》均逕釋作『歷』。
〔二〕『并』，當作『餅』，《敦煌社邑文書輯校》據文義校改，『并』爲『餅』之借字。以下同，不另出校。
〔三〕『并』，上有墨跡，似已塗抹。
〔四〕『友』，《敦煌氏族人名集成》釋作『支』，誤。
〔五〕『索』，《敦煌社會經濟文獻真蹟釋録》未能釋讀，《敦煌社邑文書輯校》釋作『張』，誤。
〔六〕『典』，似已被改寫爲『弘』字。

參考文獻

《甘肅師範大學學報》一九八〇年一期，八〇頁；《敦煌寶藏》三三册，臺北：新文豐出版公司，一九八二年，六七四頁（圖）；《敦煌莫高窟供養人題記》，北京：文物出版社，一九八六年，二三〇頁；《敦煌社會經濟文獻真蹟釋録》一輯，北京：書目文獻出版社，一九八六年，三六五頁（圖）（録）；《敦煌學輯刊》一九八七年一期，三七頁；《鄭州大學學報》一九八八年四期，二〇頁；《英藏敦煌文獻》五卷，成都：四川人民出版社，一九九二年，二三五頁（圖）；《敦煌學》一九輯，臺北：一九九二年，五一頁；《歸義軍史研究——唐宋時代敦煌歷史考索》，上海古籍出版社，一九九六年，一二四頁；《唐後期五代宋初敦煌僧尼的社會生活》，北京：中國社會科學出版社，一九九八年，三一〇頁；《敦煌社邑文書輯校》，南京：江蘇古籍出版社，一九九七年，四三六至四三九頁（録）；《敦煌氏族人名集成》，東京：汲古書院，二〇一五年，七七、八三、九一、九六頁。

斯三九八二　癸亥年（公元九六三年）至乙丑年（公元九六五年）月次當番人納役簿

釋文

（前缺）

八月(一)：　王員住，□進達。
十月(二)：　令狐神慶，吴盈潤，楊聰進司空破了，賈和子。
十二月：　令狐住子，趙義盈，曹保定。
潤（閏）十二月(三)：　令狐進子，吕章七，令狐住子。
甲子年正月：　陳王戎。
二月：　張留信，張友信。
三月：　王神德，米員義半收帖子，令狐友慶司空新宅納粟。
四月：　張友信。

六月：米員喜半，田王三取納。
七月：令狐安富絶，張通子，安清奴司空建福神奴，令狐進子。
九月：康富住，索粉子納，賈和子，康王仵。
十月：張再德生紙〔四〕，楊清奴，晝保德。
十一月：鄯曹久官收之。
十二月：楊通達打窟，張友定。
乙丑年正月：曹加盈。
二月：賈和子，米員義半收帖子。
三月：米員喜半。
四月：張友信取納，劉進盈小豬（？）羊蹄（？），付何（？）家（？）阿（？）耶（？）。斜褐兩段付張家阿耶。
五月：張清忽。
六月：令狐安富，張義全，王幸深納。
七月：翟阿朵，沙慶住。
八月：張留信，王神德。
九月：史留住，張再德。
十月：楊通達打窟〔五〕，吴鐵子取納，王像通，令狐願盈，何江通。

十一月：張再住，鄧祐住。

十二月：康王件，王祐通，康像子，張富通。

（後缺）

説明

此件首尾均缺，記載了三年的納役情況，明確載有『甲子年』和『乙丑年』，據干支順序可知『甲子年』前所存四個月的記録係癸亥年。此件年、月數均爲朱筆，部分人名上有墨筆勾勒符號。此件中有『司空』稱號，據榮新江考證，此時稱司空者是曹延恭（參看《歸義軍史研究》，一二三頁）。

校記

〔一〕『八月』，據殘筆劃及文義補。

〔二〕『十』，據殘筆劃及文義補；『月』，據文義補。

〔三〕『潤』，當作『閏』，據文義改，『潤』爲『閏』之借字。

〔四〕『生紙』，係朱筆所書，『紙』字有朱筆塗改。

〔五〕『通達』，《P. 4525（8）〈官布籍〉所見歸義軍政權的賦税免徵》釋作『達通』，誤。

參考文獻

《敦煌寶藏》三三册，臺北：新文豐出版公司，一九八二年，六八四頁（圖）；《英藏敦煌文獻》五卷，成都：四川人民出版社，一九九一年，二二六頁（圖）；《歸義軍史研究——唐宋時代敦煌歷史考索》，上海古籍出版社，一九九六年，一二三頁；《新世紀敦煌學論集》，成都：巴蜀書社，二〇〇三年，三〇七頁。

斯三九八三　某年十二月五日光璨催經書

釋文

報神建：先秘藏律師於龍藏知經所由談顯律師手下請舊藏本：

《五千五百佛名》八卷，《文殊師利問菩薩暑（署）經》一卷〔一〕，《佛説觀普賢菩薩經》一卷，《商主天子經》一卷，《濟諸方等學經》一卷，《月燈三昧經》一卷，《演道俗業經》一卷，《普門品經》一卷，《觀彌勒上〔生〕兜率天經》一卷〔二〕，《思（私）呵昧經》一卷〔三〕，《東方最勝燈王如來經》一卷，《大乘三聚懺悔經》一卷，《菩薩見實三昧經》一卷，《道行般若》第六〔四〕、第七兩卷，《能斷金剛經》一卷，《度世經》六卷，《無所有菩薩經》一卷，《放光般若經》叁卷。

已上在秘藏律師，請將未還本藏。切要打牒〔五〕，速發遣。

十二月五日　光璨

説明

此件首尾完整，起『報神建』，訖『光璨』。其内容是敦煌龍興寺負責管理藏經的僧人光璨，催促報恩寺神建將秘藏律師生前從龍興寺所借諸經歸還的信函。『光璨』又見於斯二四四七『壬子年知經藏所由僧光璨共伯明交割經論律手帖』，此『壬子年』爲公元八三二年，故此件之年代當在此後不久。

校記

〔一〕『暑』，當作『署』，《敦煌佛教經録輯校》據歷代經録校改，『暑』爲『署』之借字。

〔二〕『生』，《敦煌佛教經録輯校》據歷代經録校補。

〔三〕『思』，當作『私』，《敦煌佛教經録輯校》據歷代經録校改，『思』爲『私』之借字。

〔四〕『第』，底本原寫作『弟』，按寫本中『第』『弟』形近易混，故可據文義逕釋作『第』。以下同，不另出校。

〔五〕『牒』，《敦煌佛教經録輯校》未能釋讀。

參考文獻

《敦煌寶藏》三二册，臺北：新文豐出版公司，一九八二年，六八五頁（圖）；《英藏敦煌文獻》五卷，成都：四川人民出版社，一九九一年，二二六頁（圖）；《敦煌佛教經録輯校》，南京：江蘇古籍出版社，一九九七年，七〇七至七〇九頁（録）。

斯三九八四　丁酉年（公元九三七年）十一月三日報恩寺徒衆分付康富盈羊數契

釋文

丁酉年十一月三日立契〔一〕，報恩寺徒衆就大業寺齊座算會，牧羊人康富盈，除死抄外〔二〕，分付見行羊數〔三〕：

大白羊羯壹拾貳口，二止（齒）白羊羯肆口〔四〕，大白母羊壹拾柒口，二止（齒）白母羊叁口，白羊兒落悉無伍口，白女落悉無柒口，又白羯貳口，計白羊大小伍拾口。大羖羊羯壹拾陸口，二止（齒）羖羯壹口，大羖母羊壹拾肆口，二止（齒）羖母羊壹口，羖兒只無四口，女只無叁口，計羖羊大小叁拾玖口。一一詣實。

後算爲憑

牧羊人康富盈（押）

牧羊人兄康富德（押）

牧羊人男員興

説明

此件首尾完整，爲丁酉年十一月三日報恩寺僧人分付牧羊人康富盈羊數契。因第一行『立契』二字已殘破，黑白圖版基本無法辨認，故《英藏敦煌文獻》擬名『丁酉年十一月三日報恩寺僧人分付牧羊人康富盈羊抄』，後宋家鈺指出其性質是『契』而非『憑』（《英國收藏敦煌漢藏文獻研究》，一六九頁），現據 IDP 彩色圖版和原件，可以確定宋家鈺的説法是正確的。『丁酉年』，翟理斯認爲是後晋天福二年（公元九三七年）（*Descriptive Catalogue of the Chinese Manuscripts from Tunhuang in the British Museum*, p. 275）。

校記

〔一〕『立契』，《敦煌資料》（第一輯）未能釋讀，《敦煌社會經濟文獻真蹟釋録》《敦煌契約文書輯校》認爲底本脱，校補作『立契』，按此二字實不脱，可以辨識。

〔二〕『抄』，《敦煌社會經濟文獻真蹟釋録》釋作『損』。

〔三〕『分』，據殘筆劃及文義補，《敦煌資料》（第一輯）、《敦煌社會經濟文獻真蹟釋録》《敦煌契約文書輯校》均逕釋作『分』。

〔四〕『止』，當作『齒』，《敦煌契約文書輯校》據文義校改，『止』爲『齒』之借字，《敦煌資料》（第一輯）謂『止』爲『齒』的簡體，《敦煌社會經濟文獻真蹟釋録》逕釋作『齒』。以下同，不另出校。

參考文獻

Descriptive Catalogue of the Chinese Manuscripts from Tunhuang in the British Museum, The Trustees of the British Museum, London 1957, p. 275；《敦煌資料》一輯，北京：中華書局，一九六一年，四一二至四一三頁（録）；《大陸雜誌》六五卷四期，一九八二年，二七頁；《敦煌寶藏》三二册，臺北：新文豐出版公司，一九八二年，六八五頁（圖）；《蘭州學刊》一九八四年二期，五九至六〇頁；《敦煌學園零拾》上册，臺北：臺灣商務印書館，一九八六年，一七一至一七二頁；*Tunhuang and Turfan Documents concerning Social and Economic History* Ⅲ Legal Text,（A）Introduction & Texts, Tokyo：Toyo Bunko, 1987, p. 125；《唐五代敦煌寺户制度》，北京：中華書局，一九八七年，二七一頁（録）；《隋唐五代經濟史料彙編校注》一編下，北京：中華書局，一九八七年，九二三頁（録）；《敦煌社會經濟文獻真蹟釋録》三輯，北京：全國圖書館文獻縮微複製中心，一九九〇年，五七五頁（録）；《英藏敦煌文獻》五卷，成都：四川人民出版社，一九九一年，二二七頁（圖）；《中國歷代契約會編考釋》，北京大學出版社，一九九五年，五〇九至五一〇頁（録）；《敦煌契約文書輯校》，南京：江蘇古籍出版社，一九九八年，三七二至三七三頁（録）。

斯三九八四背　一　雜寫（見行）

釋文

見行

說明

以上文字係時人隨手書寫於『丁酉年（公元九三七年）十一月三日報恩寺徒衆分付康富盈羊數契』背面，倒書，字跡與正面不同。《敦煌寶藏》《英藏敦煌文獻》均未收，現予增收。

斯三九八四背　二　卷題（丁酉年羊案）

釋文

丁酉年羊案

説明

以上文字爲時人給正面文書書寫的卷題。《敦煌寶藏》《英藏敦煌文獻》均未收，現予增收。

斯三九八五　端拱二年（公元九八九年）具注曆日封題

釋文

端拱二年具注曆日　　壽昌

説明

此件係宋端拱二年（公元九八九年）具注曆日的封題，鄧文寬將其與伯二七〇五端拱二年殘曆綴合，但未説明依據（參看《敦煌天文曆法文獻輯校》，六六一頁）。

參考文獻

Descriptive Catalogue of the Chinese Manuscripts from Tunhuang in the British Museum, The Trustees of the British Museum, London 1957, p. 228（録）；《東方學報》（京都）四五册，一九七三年，四三一頁；《敦煌寶藏》三三册，臺北：新文豐出版公司，一九八二年，一頁（圖）；《中國古代寫本識語集録》，東京大學東洋文化研究所，一九九〇年，五三三頁（録）；《英藏敦煌文獻》五卷，成都：四川人民出版社，一九九二年，二二七頁（圖）；《敦煌天文曆法文獻輯校》，南京：江蘇古籍出版社，一九九六年，六六〇至六六一頁。

斯三九八六　華嚴經論勘經題記

釋文

兑。
兑。

説明

以上兩個『兑』字分别大字書寫於第二紙和第三紙經論上，表示此經論抄已經作廢。此件《英藏敦煌文獻》未收，現予增收。

參考文獻

《敦煌寶藏》三三册，臺北：新文豐出版公司，一九八二年，二頁（圖）。

斯三九八七　華嚴經論勘經題記

釋文

兑。

説明

以上『兑』字大字書寫於第七紙經論上，表示此紙佛經已經作廢。此件《英藏敦煌文獻》未收，現予增收。

參考文獻

《敦煌寶藏》三三册，臺北：新文豐出版公司，一九八二年，九頁（圖）。

斯三九八七背　略懺一卷

釋文

略懺一卷〔一〕

夫欲禮懺者〔二〕，必須先敬三寶〔三〕。所以然者〔四〕，三寶即是一切衆生良友福田。若能歸向者，則滅無量罪，長無量福，能令行者，離生死苦〔五〕，得解脱樂〔六〕。是故弟子某甲等，歸依十方盡虚空〔界〕一切諸佛〔七〕，歸依十方盡虚空界一切尊法〔八〕，歸依十方盡虚空界一切聖僧〔九〕。弟子今日所以懺悔者〔一〇〕，正言無始以來〔一一〕，在凡夫地，不問貴賤〔一二〕，罪自無量〔一三〕，或因三業而生罪〔一四〕，或從六根而起過〔一五〕，或以内心自邪思惟〔一六〕，或藉外境起於染著〔一七〕，如是乃至十惡增長八萬四千之塵勞門〔一八〕。然其罪相，雖復無量，大而爲語〔一九〕，不出有三〔二〇〕。何等爲三？一者煩惱，二者是業〔二一〕，三者是果保（報）〔二二〕。此三種法〔二三〕，能障聖道〔二四〕，及以天人勝妙好事〔二五〕。是故經中〔二六〕，目爲三種〔二七〕，所以諸佛菩薩，教作方便懺悔。除滅此三障者〔二八〕，則六根十惡乃至八萬四千諸塵勞門〔二九〕。

（以下原缺文）

説明

此件首尾完整，原未抄完，標題與正文間約有四行空白，起首題『略懺一卷』，訖『八萬四千諸塵勞門』，内容爲『略懺』的起首部分。『略懺』又名『大佛略懺』『大佛名略懺』『大佛名懺悔』『大佛名懺悔文』『大佛名要略出懺悔』『大佛名十六卷略出懺悔』『大佛名經内略出懺悔』等，其内容是從十六卷本《大佛名經》内抄出別行，是敦煌遺書中唯一具有整套儀式的懺悔文，也是佛名經典中最具代表性的懺悔文本，其中懺悔三障的理論框架和懺悔文本身，對於後世的佛教懺儀都有重要的影響（參看汪娟《唐宋古逸佛教懺儀研究》，三四九至三五〇頁）。

除此件外，現知敦煌文獻中的《大佛略懺》還有二十三件，與此件有重合的是斯三四五（首尾完整，原未抄完，起首題『大佛略懺一卷』，訖『如是等罪煩惱』）、斯二一四一（首尾完整，原未抄完，起首題『大佛名懺悔一本』，訖『開決溝渠，杻』）、斯二四七二（首全，尾部上下略殘，起『夫欲禮懺』，訖『齊道頭目隨』）、斯二六八二+伯三一二八（尾全，首部略殘，原未抄完，起『然者』，訖『彼次兩舌簡構』）、斯五四〇一（首尾均缺，起『懺，必須先敬三寶』，訖『覆是故』）、斯六六四〇（首尾完整，起『夫欲禮懺』，訖『持律行守護』）、斯六七八三背（首尾完整，原未抄完，起首題『大佛名懺悔一本』，訖『速速成律來』）、伯二三七六（首尾完整，原未抄完，起首題『人佛名要略懺悔文一卷』，訖『今此精神』）、伯二八三二（首全尾缺，起『夫欲禮懺』，訖『使茲漫』）、伯三七〇六（首全尾缺，起首題『大佛名懺悔文』，訖『斷常煩惱』）、BD 二二五七（首尾完整，原未抄完，起『夫欲禮懺』，訖『風吹雨露塵土汙』）和 BD 六八三四背（首尾完整，原未抄完，起首題『大佛名略懺一本』，訖『此三種法』）。

此件《英藏敦煌文獻》未收，現予增收。以上釋文以斯三九八七背爲底本，用斯三四五五（稱其爲甲本）、斯二一四一（稱其爲乙本）、斯二四七二（稱其爲丙本）、斯二六八二+伯三一二八（稱其爲丁本）、斯五四〇一（稱其爲戊本）、斯六六四〇（稱其爲己本）、斯六七八三背（稱其爲庚本）、伯二三七六（稱其爲辛本）、伯二八三二（稱其爲壬本）、伯三七〇六（稱其爲癸本）、BD一一三五七（稱其爲甲二本）和BD六八三四背（稱其爲乙二本）參校。

校記

〔一〕『略懺一卷』，甲本作『大佛略懺一卷』，乙本作『大佛名懺悔一本』，庚本作『大佛名懺悔一本』，辛本作『大佛名要略懺悔文一卷』，癸本作『大佛名懺悔文』，乙二本作『大佛名略懺一本』，丙、戊、己、壬、甲二本無。此句下底本有『夫欲禮』三字，乃篇首誤抄入標題下，不録。

〔二〕『者』，甲、乙、丙、戊、己、庚、辛、壬、癸、甲二、乙二本無。戊本始於此句之『懺』字。

〔三〕『先』，甲、乙、丙、戊、己、庚、辛、癸、甲二、乙二本同，壬本脱。

〔四〕『所以』，甲、乙、丙、己、庚、辛、壬、癸、甲二、乙二本同，戊本無；『然者』，甲、乙、丙、丁、己、庚、辛、壬、癸、甲二、乙二本同，戊本無。丁本始於此句之『然』字。

〔五〕『苦』，乙、丙、丁、戊、己、庚、辛、壬、癸、甲二、乙二本同，甲本作『故』。

〔六〕『得』，甲、乙、丙、丁、己、庚、壬、癸、乙二本同，戊本作『德』，『德』通『得』。

〔七〕『依』，甲、乙、丙、丁、己、庚、壬、癸、乙二本同，戊本作『於』，『於』爲『依』之借字；『界』，據甲、乙、丙、丁、戊、己、庚、壬、癸、乙二本補。此句辛、甲二本無。

〔八〕『歸』，甲、乙、丙、己、庚、癸、甲二、乙二本同，戊、辛、壬本無；『依』，乙、丙、己、庚、癸、甲二、乙二本同，戊、辛、壬本無，甲本作『衣』，『衣』爲『依』之借字；『十方盡虚空界一切尊法』，甲、乙、丙、己、庚、癸、甲二、乙二本同，戊、辛、壬本無。

〔九〕『依』，甲、乙、丙、丁、己、辛、壬、癸、甲二、乙二本同，庚本脱，戊本作『於』，『於』爲『依』之借字；『聖』，甲、乙、丙、戊、己、庚、辛、癸本同，甲二本作『賢』，丁、壬、乙二本作『菩薩聖』；『僧』，甲、乙、丙、丁、戊、己、庚、辛、壬、癸、乙二本同，甲二本作『聖』。

〔一〇〕『今日』，甲、乙、丙、丁、戊、己、辛、壬、癸、甲二、乙二本同，庚本脱。

〔一一〕『正言』，甲、乙、丙、丁、戊、己、庚、辛、壬、癸、乙二本同，甲二本作『從』；『以』，甲、乙、丙、丁、庚、壬、甲二本同，戊、己、辛、癸、乙二本作『已』。

〔一二〕『不』，甲、乙、丙、丁、戊、己、庚、辛、壬、癸、甲二、乙二本作『莫』。

〔一三〕『自』，乙、丙、丁、戊、己、庚、辛、壬、癸、乙二本同，甲本作『次』；『量』，甲、乙、丙、丁、戊、己、辛、壬、癸、乙二本同，庚本脱。此句後壬本有『或因三業如罪』六字。

〔一四〕『罪』，甲、乙、丙、丁、戊、己、庚、辛、壬、癸、乙二本同，甲二本脱。

〔一五〕『從』，乙、丙、丁、戊、己、庚、辛、壬、癸、甲二本同，甲、乙二本作『因』；『而起過』，甲、乙、丙、丁、戊、己、庚、辛、壬、癸、乙二本同，甲二本作『所作』。

〔一六〕『内心』，乙、丙、丁、戊、己、庚、辛、壬、癸、甲二、乙二本同，甲本脱。

〔一七〕『境』，甲、乙、丙、丁、戊、己、庚、辛、壬、甲二、乙二本同，癸本脱。

〔一八〕『是』，甲、乙、丙、丁、戊、己、庚、辛、壬、癸、乙二本同，甲二本作『是五逆』；『至』，乙、丙、丁、戊、己、庚、辛、壬、癸、甲二、乙二本同，甲本作『之』；『十惡』，甲、乙、丙、丁、戊、己、庚、壬、癸、甲二、乙二本同，辛本無；『增』，乙、丙、丁、己、庚、壬、癸、甲二、乙二本同，辛本無，甲本作『潧』，戊本作『曾』，『潧』『曾』爲『增』之借字；『長』，甲、乙、丙、丁、戊、己、庚、壬、癸、甲二、乙二本同，辛本無；『四』，乙、丙、丁、戊、己、庚、辛、壬、癸、甲二、乙二本同，甲本脱；『之』，甲、乙、丙、戊、己、庚、壬、癸、甲二、乙二本作『諸』，『之』爲『諸』之借字，丁本作『之諸』，辛本無；『勞門』，乙、丙、丁、戊、己、庚、辛、壬、癸、甲二、乙二本同，甲本作『門牢』，誤。

〔一九〕『大』，甲、乙、丙、丁、戊、己、庚、辛、壬、癸、乙二本同，甲二本作『而』；『而』，甲、乙、丙、戊、己、庚、辛、壬、癸、乙二本同，甲二本作『爲』；『爲語』，乙、丙、丁、戊、己、庚、辛、壬、癸、乙二本同，甲本作『語爲』，誤，甲二本作『意業』。

〔二〇〕『有』，甲、乙、丙、丁、己、庚、辛、壬、癸、乙二本同，甲二本作『遊』，『遊』爲『有』之借字。

〔二一〕『業』，甲、乙、丙、丁、戊、己、庚、辛、壬、癸、甲二本同，乙二本脱。

〔二二〕『者』，乙、丙、丁、戊、庚、辛、壬、癸、甲二、乙二本同，甲、己本無；『是』，甲、乙、丙、戊、己、辛、壬、癸、甲二、乙二本同，丁、庚本無；『保』，當作『報』，據甲、乙、丙、丁、戊、己、庚、辛、壬、癸、甲二、乙二本改，『保』爲『報』之借字。

〔二三〕乙二本止於此句。

〔二四〕『障』，甲、乙、丙、戊、己、庚、辛、壬、癸、甲二、乙二本同，丁本作『長』，『長』爲『障』之借字。

〔二五〕『天人』，甲、乙、丙、丁、戊、己、庚、辛、癸、甲二本作『人天』；『事』，甲、乙、丙、丁、戊、己、庚、辛、壬、癸本同，甲二本作『是』，『是』爲『事』之借字。

〔二六〕『中』，甲、乙、丙、丁、戊、己、壬、癸、甲二本同，庚、辛本作『言』。

〔二七〕『目』，甲、乙、丙、丁、戊、己、辛、壬、癸、甲二本同，庚本作『自』，誤；『種』，甲、乙、丙、戊、己、辛、壬、癸、甲二本作『障』，丁、庚本作『障者』。

〔二八〕『障』，己本作『業』，甲二本作『種障』，甲、乙、丙、丁、戊、庚、辛、壬、癸本作『滅』，誤；『者』，甲、乙、丙、丁、戊、己、庚、辛、壬、癸本同，甲二本無。

〔二九〕『塵』，甲、乙、丙、丁、戊、己、辛、壬、癸、甲二本同，庚本脱；『勞』，乙、丙、丁、戊、己、庚、辛、壬、癸本同，甲本作『牢』。

參考文獻

《東方學報》三五卷，一九六四年，三九七至四三七頁；《敦煌寶藏》三册，臺北：新文豐出版公司，一九八一年，一八八頁（圖）；《敦煌寶藏》四二册，臺北：新文豐出版公司，一九八二年，三八七頁（圖）；《敦煌寶藏》四九册，臺北：新文豐出版公司，一九八二年，五八五頁（圖）；《敦煌寶藏》五一册，臺北：新文豐出版公司，一九八三年，五三一頁（圖）；《敦煌文學論集》，成都：四川人民出版社，一九九七年，二八八至四〇二頁；《法藏敦煌西域文獻》一三册，上海古籍出版社，二〇〇〇年，六八頁（圖）；《法藏敦煌西域文獻》一九册，上海古籍出版社，二〇〇一年，三八頁（圖）；《法藏敦煌西域文獻》二七册，上海古籍出版社，二〇〇二年，一四頁（圖）；《國家圖書館藏敦煌遺書》三二册，北京圖書館出版社，二〇〇六年，二一頁（圖）；《國家圖書館藏敦煌遺書》九四册，北京圖書館出版社，二〇〇八年，二九頁（圖）；《唐宋古逸佛教懺儀研究》，臺北：文津出版社，二〇〇八年，三四九至三七〇頁；《英國國家圖書館藏敦煌遺書》五册，桂林：廣西師範大學出版社，二〇一一年，三六二頁（圖）；《英國國家圖書館藏敦煌遺書》三四册，桂林：廣西師範大學出版社，二〇一四年，三二五頁（圖）；《英國國家圖書館藏敦煌遺書》四二册，桂林：廣西師範大學出版社，二〇一七年，九三頁（圖）；《英國國家圖書館藏敦煌遺書》四七册，桂林：廣西師範大學出版社，二〇一七年，三一四頁（圖）。

斯三九九〇　大寶積經、大雲輪請雨經勘經題記

釋文

兑。兑。兑。兑。

説明

以上四個『兑』字分别大字書寫於第一紙、第二紙、第三紙和第四紙經文上，表示這幾紙已經作廢。此件《英藏敦煌文獻》未收，現予增收。

參考文獻

《敦煌寶藏》三三册，臺北：新文豐出版公司，一九八二年，三七至三八頁（圖）。

釋文

（前缺）

欲罷不能〔一〕。雖欲從之〔二〕，末由也已。』孔曰：『言夫子既以文章開博我〔三〕，使我欲罷而不能〔四〕。已竭我才矣〔五〕，其有所立則又卓然不可及〔六〕。言己雖蒙夫子之善誘，猶不能及夫子之所立也〔七〕。』

子疾病，鄭曰：「孔子當（嘗）爲大夫〔八〕，故子路欲使弟子行其臣之禮也〔九〕。」病間，曰：『久矣哉〔一〇〕，由之行也詐〔一一〕！無臣而爲有臣〔一二〕，吾誰欺？欺天乎？孔曰：「小差曰間〔一三〕。言子路有是心〔一四〕，非今日也。」且予與其死於臣之手也，無寧死於二三子之手乎！馬曰：「無寧，寧也；二三子，門人也。就使我有臣而死其手，我寧死弟子之手乎也〔一五〕！」且予縱不得大葬，孔曰：「君臣禮葬之也〔一六〕。」〔予〕死於道路乎〔一七〕？』馬曰：「就使我不得以君臣禮葬，有二三子在，寧當死棄於道路乎〔一八〕？」

子貢曰：『有美玉於斯，韞櫝而藏語（諸）〔一九〕？求善賈而沽諸？』馬曰：「韞，藏也；櫝〔二〇〕，遺（匵）

也〔二一〕。藏諸匱中沽賣也〔二二〕。得善賈，寧肯賣之耶也〔二三〕？」

子路（欲）居九夷〔二四〕，馬曰：「九夷，東方之夷，有九種也〔二五〕。」或曰：『陋，如之何？』子曰：『君子居之，何陋之有？』孔曰〔二六〕：「君子所居則化也〔二七〕。」

子曰：『吾自衛返於魯〔二八〕，然後樂正，《雅》《頌》各得其所。』鄭曰：「返魯〔二九〕，魯哀公十一年冬〔三〇〕，是時道衰樂廢〔三一〕，孔子來還，乃正之，故《雅》《頌》各得其所也〔三二〕。」

子曰：『出則事公卿，入則事父兄〔三三〕，喪事不敢不勉，不爲酒困，何有於我哉？』馬曰：「困，亂也〔三四〕。」

子在川上曰：『逝者如斯夫！不舍晝夜〔三五〕。』□往也〔三六〕。言凡□。

子曰：『吾未見好德如好色者〔三七〕。』疾時人薄於德厚於色〔三八〕，故發此言也〔三九〕。

子曰：『譬如爲山〔四〇〕，□，止〔四一〕，吾止也。包曰：「簣〔四二〕，土籠也。此勸人進於道德。爲山者，其功雖已多，未成一籠而中道止者，我不已其前功多而善之〔四三〕，□。」譬如平地，雖覆一簣，進，吾往也。』馬曰：「譬如平地者將進加功〔四四〕，□少□。」

子曰：『語之而不惰者〔四五〕，其回也與！』顏淵解，故語之而不惰〔四六〕。□

子謂顏淵曰〔四七〕：『惜乎！吾見其進也〔四八〕，未見其止也〔四九〕。』□益□也〔五〇〕。

子曰：『苗而不秀者有矣夫！秀而/不實者有矣夫〔五一〕/！』/孔曰/：「/言萬物有生而不育/成者〔五二〕，喻人亦然〔五三〕。」

子曰：『後生可畏〔五四〕，焉知來/者不如今也/〔五五〕？/後生謂少年也〔五六〕。/ 卌/五十而無聞焉〔五七〕，斯亦不足畏也已矣〔五八〕。』

/子曰/：『/法語之言/，/能無/從乎？改之爲貴。』孔曰：「言有（人）人（有）過〔五九〕，以正道告之，口無不順從之者〔六〇〕，能必自改之〔六一〕，/乃爲貴也〔六二〕。」/巽與之言/，能無説乎？繹之爲貴。馬曰：「巽，恭也。謂恭巽謹敬之言〔六三〕，聞之無不/説者/，/能尋繹行之/〔六四〕，/行乃爲貴也〔六五〕。」/説而不繹/〔六六〕，從而不改，吾末如之何也已矣。』

子曰：『/主忠信/，/無友不如已者/〔六七〕，過則勿憚改。』慎所主所友〔六八〕，有過也務改〔六九〕，皆所以爲益〔七〇〕。

子曰：『三/軍可奪師（帥）/〔七一〕，/匹夫不可/奪志〔七二〕。』孔曰〔七三〕：「三軍雖衆〔七四〕，人心不一〔七五〕，則其將帥可奪而取之〔七六〕。/匹夫雖微，/苟守其志，/不可得而奪也/〔七七〕。」

/子曰/：『/衣/弊緼袍〔七八〕，□/者/，/其由也與/？/孔曰/：「/愠（緼）/〔七九〕，/枲著也/〔八〇〕。」「/不忮/不求〔八一〕，□/』何用/爲不善〔八二〕？/疾貪惡忮害之詩也/〔八三〕。/子路終/身誦之〔八四〕。□/馬曰/：「/臧/，/善也。/尚復有美於是者/，/何足以爲善也/〔八五〕？」

/子/曰□〔八六〕

（後缺）

說明

此件由斯三九九二和伯四六四三綴合而成，綴合後仍首尾均缺，起經文『欲罷不能』，訖注文『何足以爲善也』，内容爲何晏《論語集解·子罕篇第九》。斯三九九二起『欲罷不能』，訖『不忮不求』之『不求』；伯四六四三起『秀而不實者有矣夫』之『有矣夫』，訖『何足以爲善也』。此件之年代，李方據書法判定爲唐寫本（參看《敦煌〈論語集解〉校證》，三三一頁）。

敦煌文獻中與此件相關的寫本還有伯三三〇五和伯三四六七。伯三三〇五尾全，首部略殘，起《子罕篇》首句『與命仁』，訖《鄉黨篇》篇末，有尾題『論語卷第五』；伯三四六七起《子罕篇》『入則事父兄』之『則』字，訖『豈不爾思』之『思』字。

以上釋文以斯三九九二+伯四六四三爲底本，用伯三三〇五（稱其爲甲本）、伯三四六七（稱其爲乙本）和流行較廣的《十三經注疏》（中華書局，一九八〇年）之《論語注疏》（稱其爲丙本）參校。因兩件綴合處成波紋型，爲便於區分，在釋録綴合處的文字時，以標點爲單位，用『/』表示保存在伯四六四三上的文字，即在兩個『/』之間的文字，是保存在伯四六四三上的文字。

校記

〔一〕『能』，據甲、丙本補。

〔二〕『雖欲』，據甲、丙本補。

〔三〕『以』，據殘筆劃及甲、丙本補；『文章開博我』，據甲、丙本補。

〔四〕『使我』，據甲、丙本補。

〔五〕『才矣』，據甲、丙本補。

〔六〕『其有所立則又卓然不』，據甲、丙本補。

〔七〕『也』，甲本同，丙本無。

〔八〕『當』，甲本同，當作『嘗』，據丙本改，《敦煌〈論語集解〉校證》《敦煌經部文獻合集》均逕釋作『嘗』。

〔九〕『弟』，丙本同，甲本作『第』，按寫本中『弟』『第』形近易混，故甲本可據文義視作『弟』；『也』，甲本同，丙本無。

〔一〇〕『哉』，據殘筆劃及甲、丙本補。

〔一一〕『由』，據殘筆劃及甲本補；『之』，據甲本補；『行』，據殘筆劃及甲本補；『也詐』，據殘筆劃及甲本補，丙本作『詐也』。

〔一二〕『無』，據殘筆劃及甲、丙本補；『臣而』，據甲、丙本補；『爲』，據殘筆劃及甲、丙本補。

〔一三〕『小』，甲本同，丙本作『少』。

〔一四〕『有』，甲本同，丙本作『久有』。

〔一五〕『弟』，丙本同，底本和甲本原寫作『第』，按寫本中『弟』『第』形近易混，可據文義逕釋作『弟』；『也』，甲本同，丙本無。

〔一六〕『之也』，甲本同，丙本無。

〔一七〕『予』，據甲、丙本補。

〔一八〕『寧』，甲本同，丙本作『我寧』；『死』，甲本同，丙本作『憂』。
〔一九〕『櫝』，甲本同，丙本作『匵』；『語』，當作『諸』，據甲、丙本改。
〔二〇〕『櫝』，甲本同，丙本作『匵』。
〔二一〕『遺』，甲本同，當作『匵』，據丙本改。
〔二二〕『藏』，甲本同，丙本作『謂藏』。
〔二三〕『耶』，甲本同，丙本作『邪』；『也』，甲本同，丙本無。此句後，甲本有『子曰：「沽之哉！沽之哉！我待賈者也。」包曰：「沽之哉，不衒賈之辭。我居而待賈。」』丙本有『子曰：「沽之哉！沽之哉！我待賈者也。」包曰：「沽之哉，沽之哉者，不衒賈之辭。我居而待賈也。」』
〔二四〕『路』，當作『欲』，據甲、丙本改。
〔二五〕『也』，甲本同，丙本無。
〔二六〕『孔』，甲本同，丙本作『馬』。
〔二七〕『居』，丙本同，甲本作『居者』；『也』，甲本同，丙本無。
〔二八〕『返』，甲本同，丙本作『反』，均可通；『於』，甲本同，丙本無。
〔二九〕『返』，甲本同，丙本作『反』，均可通。
〔三〇〕『魯』，甲本同，丙本無。
〔三一〕『時道』，丙本同，甲本脱。
〔三二〕『也』，甲本同，丙本無。
〔三三〕乙本始於此句之『則』字。
〔三四〕『也』，甲、丙本同，乙本無。
〔三五〕『舍』，甲、丙本同，乙本作『捨』。

〔三六〕『往』，據殘筆劃及甲、乙、丙本補。

〔三七〕『者』，甲、乙本同，丙本作『者也』。

〔三八〕『厚』，甲、乙本同，丙本作『而厚』。

〔三九〕『也』，甲本同，乙、丙本無。

〔四〇〕『如爲山』，據甲、乙、丙本補。

〔四一〕『止』，乙、丙本同，甲本作『正』，誤。

〔四二〕『籄』，甲、乙、丙本作『簣』，均可通。

〔四三〕『已』，甲本同，乙、丙本作『以』，均可通；『其』，據甲、乙、丙本補；『前』，據乙、丙本補；『功多而善之』，據甲、乙、丙本補。

〔四四〕『譬』，甲本同，乙、丙本無；『如』，甲、乙、丙本無；『加功』，據甲、乙、丙本補。

〔四五〕『者』，乙、丙本同，甲本無。

〔四六〕『故』，甲、丙本同，乙本無；『語之而不』，據甲、乙、丙本補；『惰』，據甲、丙本補，乙本作『墮』。

〔四七〕『子』，據殘筆劃及甲、乙、丙本補。

〔四八〕『也』，丙本同，甲、乙本無。

〔四九〕『止』，據甲、乙、丙本補；『也』，據乙、丙本補。

〔五〇〕『也』，甲、乙本同，丙本無。

〔五一〕『不』，據乙、丙本補；『實者』，據甲、乙、丙本補。伯四六四三始於此句之『有』字。

〔五二〕『萬』，甲本此字上似有一墨點。

〔五三〕『然』，乙、丙本同，甲本作『然也』。

〔五四〕『畏』，據甲、乙、丙本補。
〔五五〕『不』，甲本同，乙、丙本作『之不』；『也』，甲、丙本同，乙本無。
〔五六〕『少』，甲、乙本同，丙本作『年』；『年』，甲、乙本同，丙本作『少』；『也』，甲本同，乙、丙本無。
〔五七〕『卌』，乙本同，丙本作『四十』。
〔五八〕『足』，甲、丙本同，乙本脱；『矣』，甲、乙本同，丙本無。
〔五九〕『言』，乙、丙本無；『有人』，甲本同，當作『人有』，據乙、丙本改。
〔六〇〕『之』，乙、丙本同，甲本作『棄』；『者』，甲本同，乙、丙本無。
〔六一〕『自』，甲、丙本同，乙本無。
〔六二〕『也』，甲、乙本同，丙本無，《敦煌經部文獻合集》謂底本無『也』字，誤。
〔六三〕『巽』，甲本同，乙本作『順』，丙本作『孫』。
〔六四〕『行』，乙、丙本同，甲本脱。
〔六五〕『行』，甲本同，據乙、丙本係衍文，當删；『也』，甲本同，乙、丙本無。
〔六六〕『説』，乙、丙本同，甲本此處原有一字，後濃墨塗去。
〔六七〕『無』，甲本同，乙、丙本作『毋』。
〔六八〕『所友』，甲、乙本同，丙本作『友』。
〔六九〕『也』，甲、乙、丙本無。
〔七〇〕『益』，甲、丙本同，乙本作『益也』。
〔七一〕『師』，甲本同，當作『帥』，據乙、丙本改。此句後丙本有『也』字。
〔七二〕『志』，甲、乙本同，丙本作『志也』。

〔七三〕此句及下句，底本和甲本原作單行大字，據乙、丙本係注文，故改爲雙行小字。
〔七四〕『衆』，據殘筆劃及甲、乙、丙本補。
〔七五〕『人』，據殘筆劃及甲、乙、丙本補。此字底本和甲本原作單行大字，據乙、丙本係注文，故改爲雙行小字。
〔七六〕『帥可奪而取』，據甲、乙、丙本補；『之』，據乙、丙本補，甲本脱。
〔七七〕『而』，甲、丙本同，乙本無；『也』，甲、丙本同，乙本無。
〔七八〕『弊』，甲、乙本同，丙本作『敝』，均可通。
〔七九〕『愠』，甲本同，當作『緼』，據乙、丙本改，『愠』爲『緼』之借字。
〔八〇〕『也』，甲本同，乙、丙本無。
〔八一〕斯三九九二止於此句之『求』字。
〔八二〕『何用』，據甲、乙、丙本補。
〔八三〕『也』，甲本同，乙、丙本無。
〔八四〕『終』，據殘筆劃及甲、乙、丙本補；『身誦之』，據甲、乙、丙本補。
〔八五〕『以』，甲、丙本同，乙本作『以此』；『也』，甲、乙本同，丙本無。
〔八六〕『子曰』，據殘筆劃及甲、乙、丙本補。

參考文獻

《孔孟學報》一期，一九六一年，一四八至一五八頁（録）；《十三經注疏》，北京：中華書局，一九八〇年，二四八九至二四九二頁；《敦煌寶藏》三三册，臺北：新文豐出版公司，一九八二年，四三頁（圖）；《英藏敦煌文獻》五卷，成都：四川人民出版社，一九九二年，二二八頁（圖）；《敦煌〈論語集解〉校證》，南京：江蘇古籍出版社，一九九八年，三三一頁（録）；《敦煌吐魯番研究》五卷，北京大學出版社，二〇〇一年，三四二頁；《法藏敦煌西域文獻》二三册，上海古籍出版社，二〇〇二年，一三五頁（圖）；《法藏敦煌西域文獻》二四册，上海古籍出版社，二〇〇二年，二八三頁（圖）；《法藏敦煌西域文獻》三二册，上海古籍出版社，二〇〇五年，二六九頁（圖）；《敦煌經籍叙録》，北京：中華書局，二〇〇六年，三四一至三四三頁；《敦煌經部文獻合集》四册，北京：中華書局，二〇〇八年，一六三九至一六四六頁。

伯四六四三背＋斯三九九二背　雜寫（三山九也等）

釋文

（前缺）

蘭〔一〕

三山九也

三

蘭天下大自不過共

三山九也

九

説明

以上文字係時人隨手書寫於《論語集解》（子罕篇）背面。斯三九九二背粘有兩張裱補紙，一張較大，長方形，除寫有『大自不過共』外，另有一些文字殘跡，似爲人名，無法辨識；另一張較小，長條形，有胡語文字殘跡。此件《敦煌寶藏》《英藏敦煌文獻》均未收，現予增收。

校記

〔一〕『蘭』，據殘筆劃及此件第四行文字補。

釋文

（前缺）

五刑者有劓〔一〕、宮割、臏、大辟〔二〕，割，俞（逾）人垣牆〔三〕、□各以其所犯屬（罪）科（之）〔四〕。條有三千者〔五〕。□□□□之罪〔六〕，莫大於不孝〔七〕，聖人所惡〔八〕，故不書（書）在三千條中〔九〕。□非聖人者無法〔一〇〕，□非孝者無親〔一一〕，又非他人爲孝〔一二〕，不可親〔一三〕。此大亂之道〔一四〕。』此則大亂之道〔一五〕。

廣要道章　第十二

子曰：『教民親愛〔一六〕，莫善於孝；孝者，德之本，又何加焉〔一七〕。教民禮順，莫善於悌；先孝後悌〔一八〕，人行之次。移風易俗，莫善於樂；夫樂者，感人情〔一九〕。樂正則心正，樂淫則心淫，孔子曰：「惡鄭聲之亂樂。」安上治民，莫善於禮。上好禮，則人易使〔二〇〕。禮者，敬而已矣。敬者，禮之本，又何加焉。故敬其父則子悦，義可知也。敬其兄則弟悦〔二一〕，敬其君則臣悦，敬一人則千萬人悦〔二二〕。盡禮以事，故皆喜悦。所敬者寡而悦者衆，所敬三人〔二三〕，是其少；千萬人悦〔二四〕，是其衆。此之謂要道〔二五〕。』孝悌以教之，禮樂以化之〔二六〕，此之謂要道〔二七〕。

廣至德章　第十三

子曰：『君子之教以孝〔二八〕，非家至而日見之〔二九〕。非門到户至而見語之，但行孝於内，流化於外。教以孝，所以敬天下之爲人父者〔三〇〕；天子無父，事三老，所以教天下孝〔三一〕。教以悌〔三二〕，所以敬天下之爲人兄者〔三三〕；天子無兄，事五更，所以敬（教）天下悌〔三四〕。教以臣〔三五〕，所以敬/天下之爲人/君者〔三六〕。天子郊則君（事）（天）〔三七〕，廟則君/天下臣/。□民之父母。」以上三者，教於天下，真人之父母也〔三八〕。非至德，其熟能順民如此其大者乎〔三九〕！』至德之君〔四〇〕，能行此三〔者〕〔四一〕，教於天下，非至德則不能〔四二〕。

廣揚名章　第十四〔四三〕

子曰：『君子之事親孝，故忠可移於君；欲求忠臣〔四四〕，必出孝子之門，故言可移於君〔四五〕。事兄悌，故順可移於長；以敬事長則順〔四六〕，故可移於長〔四七〕。居家理〔四八〕，治可移於官〔四九〕。君子所居則化，所在則治〔五〇〕，故可移於官。□而名立於後世〔五一〕。』孝於親者〔五二〕，可移於君〔五三〕；弟於兄者〔五四〕，可移於長〔五五〕；理於家者〔五六〕，三德並備〔五七〕，（而）（名）（立）於後世矣〔五八〕。後人奉而行之〔五九〕。

諫諍章　第十五

若夫慈愛恭敬〔六〇〕，安親揚名，則聞命矣。敢可謂孝乎〔六一〕？』曾子專心於孝，以爲臣子當委曲從君父之令〔六二〕，故問之也〔六三〕。

[是]何其（言）與〔六四〕？孔子欲見諫諍[之]端〔六五〕，[以]開曾子之心〔六六〕，故[發此言也]〔六七〕。[雖][無]道〔六八〕，不失其天下。□

（後缺）

說明

此件由斯三九九三和斯九二一三綴合而成，綴合後仍首尾均缺，起注文『[五]刑者』，訖經文『不失其天下』，其內容爲《孝經》鄭氏注，存《五刑章》至《諫諍章》共五章（參看林秀一《敦煌遺書孝經鄭注復原に関する研究》，《孝經學論集》，八五頁；榮新江《英國圖書館藏敦煌漢文非佛教文獻殘卷目録》，一二〇頁）。其中斯三九九三起《五刑章》注文『[五]刑者』，訖《廣至德章》『君者天子』；斯九二一三起《廣至德章》經文『天下之爲人』，訖《諫諍章》經文『不失其天下』。

敦煌文獻中與此件相關的還有伯三四二八+伯二六七四和Дх三八六七。伯三四二八+伯二六七四首缺，尾部上半部略殘，下半部缺，起《開宗明義章》注文『十，耳』，訖卷末尾題『孝經一卷』；Дх三八六七首尾均缺，起《紀孝行章》經文『致其哀』，訖《五刑章》注文『人爲孝，不』。

以上釋文以斯三九九三+斯九二一三爲底本，用伯三四二八+伯二六七四（稱其爲甲本）、Дх三八六七（稱其爲乙本）和流行較廣的《十三經注疏》（北京：中華書局，一九八〇年）中《孝經注疏》之經文（稱其爲丙本）參校。因兩件綴合處成波紋型，爲便於區分，在釋録綴合處的文字時，以標點爲單位，用

『/』表示保存在斯九二一三上的文字，即在兩個『/』之間的文字，是保存在斯九二一三上的文字。

校記

〔一〕『五』，據殘筆劃及甲本補；『刑』，甲本同，底本原寫作『形』，按寫本中『形』『刑』形近易混，故可據文義逕釋作『刑』；『劓』，據甲本補。

〔二〕『辟』，據《群書治要》卷九《孝經》引鄭注補，甲本作『擗』，『擗』爲『辟』之借字。

〔三〕『俞』，當作『逾』，據甲本改，『俞』爲『逾』之借字；『垣』，據殘筆劃及甲本補；『牆』，據甲本補。

〔四〕『各以其』，據甲、乙本補；『所』，乙本脱，據甲本補；『犯』，據甲、乙本補；『屬』，當作『罪』，據甲、乙本改；『之』，據甲、乙本補。

〔五〕『有』，據殘筆劃及甲、乙本補；『三千者』，據甲、乙本補。

〔六〕『之』，乙本作『中』。

〔七〕『不』，據殘筆劃及乙本補；『孝』，據乙本補。

〔八〕『聖』，據甲、乙本補；『所』，甲本作『所以』；『惡』，甲、乙本作『惡之』。

〔九〕『故』，甲本同，乙本無；『晝』，當作『書』，據甲、乙本改；『在』，據殘筆劃及甲、乙本補；『三千條中』，據甲、乙本補，此句後乙本有『也』字。

〔一〇〕『法』，據殘筆劃及甲、丙本補。

〔一一〕『非』，據乙、丙本補；『孝』，據甲、乙、丙本補；『者』，據殘筆劃及甲、乙、丙本補；『無親』，據甲、乙、丙本補。

〔一二〕『又』，據甲本補；『爲孝』，據甲、乙本補。

〔一三〕『不』，據殘筆劃及甲、乙本補；『親』，甲本作『親也』。乙本止於此句之『不』字。
〔一四〕『之道』，據甲、丙本補。此句後丙本有『也』字。
〔一五〕『此則』，據甲本補。
〔一六〕『民』，丙本同，甲本作『人』，係避唐太宗諱改。以下同，不另出校。
〔一七〕『加』，甲本作『加於』，據文義『於』係衍文，當刪。
〔一八〕『後』，據殘筆劃及甲本補；『悌』，據甲本補。
〔一九〕『感』，甲本作『咸』，均可通。
〔二〇〕『使』，甲本作『使之』。
〔二一〕『弟』，甲、丙本同，底本原寫作『第』，按寫本中『弟』『第』形近易混，故可據文義逕釋作『弟』。
〔二二〕『則』，甲本同，丙本作『而』。
〔二三〕『敬』，甲本同，《敦煌經部文獻合集》釋作『敬者』，按底本『者』旁有卜煞符，已刪去。
〔二四〕『人』，甲本脱。
〔二五〕『道』，甲本同，丙本作『道也』。
〔二六〕『禮』，甲本作『教之禮』，據文義『教之』係衍文，當刪；『樂』，甲本作『無』，誤。
〔二七〕『此之謂』，甲本作『則爲』；『道』，甲本作『道也』。
〔二八〕『孝』，甲本同，丙本作『孝也』。
〔二九〕『之』，甲本同，丙本作『之也』。
〔三〇〕『者』，甲本同，丙本作『者也』。
〔三一〕『孝』，甲本作『之爲孝』。

〔三二〕『悌』，丙本同，甲本作『第』，『第』爲『悌』之借字。
〔三三〕『者』，甲本同，丙本作『者也』。
〔三四〕『敬』，當作『教』，據《群書治要》卷九《孝經》引鄭注改，甲本脱；『悌』，據殘筆劃及《群書治要》卷九《孝經》引鄭注補，甲本作『弟』，『弟』通『悌』。此句後甲本有『也』字。
〔三五〕『教』，據殘筆劃及甲、丙本補；『臣』，據殘筆劃及甲、丙本補。
〔三六〕『所以』，據殘筆劃及甲、丙本補；『敬』，據甲、丙本補；『天下』，據殘筆劃及甲、丙本補；『者』，甲本同，丙本作『者也』。斯九二一三始於此句之『天』字。
〔三七〕『郊』，據《群書治要》卷九《孝經》引鄭注補；『事天』，據《群書治要》卷九《孝經》引鄭注補。
〔三八〕『真』，甲本作『真是』；『也』，甲本無。
〔三九〕『熟』，丙本作『孰』，『熟』通『孰』。
〔四〇〕『君』，甲本作『君子』。
〔四一〕『者』，據甲本補。
〔四二〕『能』，甲本作『能如此』。
〔四三〕『第』，據殘筆劃及甲本補。
〔四四〕『臣』，據甲本補。
〔四五〕『言』，據甲本補；『可』，據殘筆劃及甲本補。
〔四六〕『事』，據甲本補；『長』，據殘筆劃及甲本補。
〔四七〕『可移於長』，據甲本補。
〔四八〕『家』，據殘筆劃及甲、丙本補。

〔四九〕『治』，甲本同，丙本作『故治』。

〔五〇〕『治』，甲本作『理』。

〔五一〕『世』，甲、丙本作『世矣』。

〔五二〕『孝』，甲本作『行』，誤；『者』，據甲本補。

〔五三〕『可』，據甲本補；『移』，據殘筆劃及甲本補。

〔五四〕『弟』，甲本同，底本原寫作『第』，按寫本中『弟』『第』形近易混，故可據文義逕釋作『弟』。

〔五五〕『可移於』，據殘筆劃及甲本補。

〔五六〕『理』，甲本作『治』；『者』，據甲本補。

〔五七〕『三』，據甲本補；『德』，據殘筆劃及甲本補；『備』，甲本作『備於内』。

〔五八〕『而名立』，據甲本補。

〔五九〕『後』，據甲本補；『之』，甲本作『之也』。

〔六〇〕『若夫慈愛』，據甲、丙本補。

〔六一〕『敢』，據殘筆劃及丙本補；『可』，據甲、丙本補；『謂孝』，據殘筆劃及甲、丙本補。

〔六二〕『臣子當委曲』，據甲本補；『從』，甲本脱。

〔六三〕『之』，據殘筆劃及甲本補；『也』，據甲本補。

〔六四〕『是』，據殘筆劃及甲、丙本補；『其』，當作『言』，據甲、丙本改。

〔六五〕『之端』，據甲本補。

〔六六〕『以』，據甲本補；『之』，甲本無。

〔六七〕『發此言也』，據甲本補。

〔六八〕『雖』，據甲、丙本補；『無』，據殘筆劃及甲、丙本補。

參考文獻

《孝經學論集》，東京：明治書院，一九七六年，八五頁；《敦煌本孝經類纂》，臺北：燕京文化事業，一九七七年，一一五至一一六頁；《東海學報》一九七八年一九期，九頁；《十三經注疏》下册，北京：中華書局，一九八〇年，二五五六至二五五八頁；《敦煌寶藏》三三册，臺北：新文豐出版公司，一九八二年，四四頁（圖）；《孝經鄭注校證》，臺北編譯館，一九八七年，一六一至一八五頁；《第二屆敦煌學國際研討會論文集》，臺北：漢學研究中心編印，一九九一年，一一五頁；《英藏敦煌文獻》五卷，成都：四川人民出版社，一九九二年，二二九頁（圖）；《英國圖書館藏敦煌漢文非佛教文獻殘卷目録》，臺北：新文豐出版公司，一九九四年，二二〇頁；《英藏敦煌文獻》一二卷，成都：四川人民出版社，一九九五年，二二二頁（圖）；《俄藏敦煌文獻》一一卷，上海古籍出版社，一九九九年，七七頁（圖）；《文史》二〇〇〇年三輯，一二一頁；《法藏敦煌西域文獻》一七册，上海古籍出版社，二〇〇一年，一八五至一八六頁（圖）；《敦煌經部文獻合集》四册，北京：中華書局，二〇〇八年，一九三二至一九五三頁；《中國典籍與文化論叢》第一五輯，二〇一三年，八七至一一五頁。

斯四〇〇〇　佛説智慧海藏經卷下題記

釋文

大唐寶應元年六月廿九日，中京延興寺沙門常會，因受請往此敦煌城西塞亭供養。忽遇此經，無頭，名目不全。遂將至宋渠東支白佛圖，别得上卷，合成一部。恐後人不曉，故於尾末書記，示不思議之事合。會願以此功德，普及於一切，我等與衆生，皆共〔成〕佛道〔一〕。

説明

此件起首至『示不思議之事合。會』爲隸書，之後隸意漸淡，筆跡明顯不同，疑係後人補寫。此件《英藏敦煌文獻》未收，現予增收。寶應元年，即公元七六二年。

校記

〔一〕『成』，據文義補。

參考文獻

Descriptive Catalogue of the Chinese Manuscripts from Tunhuang in the British Museum, The Trustees of the British Museum, London 1957, p. 154（録）；《敦煌寶藏》三三册，臺北：新文豐出版公司，一九八二年，一〇一頁（圖）；《敦煌遺書總目索引》，北京：中華書局，一九八三年，一九〇頁（録）；《中國古代寫本識語集録》，東京大學東洋文化研究所，一九九〇年，三〇六頁（録）；《敦煌遺書總目索引新編》，北京：中華書局，二〇〇〇年，一二三頁（録）。

斯四〇〇六　習字

釋文

惡　然　大大大大大大

大智度論卷第大　足足足

第第足足大智　足足足足

説明

以上文字係時人隨手書寫於《大智度論》行間空白處，除『惡』『然』外，其餘文字均係倒書。《英藏敦煌文獻》未收，現予增收。

參考文獻

《敦煌寶藏》三三册，臺北：新文豐出版公司，一九八二年，一二九頁（圖）。

斯四〇〇六背　雜寫（佛經卷數等）

釋文

其是彼之之之大大大方至

第一卷今不同有者乞乞之

第二卷

第三卷

第六卷

第七卷

説明

以上文字係時人隨手書寫於《摩訶般若波羅蜜經》卷第二四背面，其中『大大大方』四字爲倒書，佛經卷數均爲大字書寫。《英藏敦煌文獻》未收，現予增收。

參考文獻

《敦煌寶藏》三三册，臺北：新文豐出版公司，一九八二年，一三一頁（圖）。

斯四〇一〇　增一阿含經卷第七題記

釋文

沙門釋惠朗經供養〔一〕。

第七，廿二紙，校已。

説明

此件《英藏敦煌文獻》未收，現予增收。池田温認爲此寫本的年代大約在公元五世紀（參看《中國古代寫本識語集録》，九四頁）。此件尾題與經文筆跡相同。

校記

〔一〕『惠』，《敦煌遺書總目索引新編》釋作『慧』，誤。

參考文獻

Descriptive Catalogue of the Chinese Manuscripts from Tunhuang in the British Museum, The Trustees of the British Museum,

London 1957, p. 113（録）；《敦煌學要籥》，臺北：新文豐出版公司，一九八二年，一三八頁（録）；《敦煌寶藏》三三册，臺北：新文豐出版公司，一九八二年，一六七頁（圖）；《敦煌遺書總目索引》，北京：中華書局，一九八三年，一九〇頁（録）；《中國古代寫本識語集録》，東京大學東洋文化研究所，一九九〇年，九四頁（録）；《敦煌遺書總目索引新編》，北京：中華書局，二〇〇〇年，一二二頁（録）。

斯四〇一一　一　瑜伽師地論卷第卌一至卌四手記題記

釋文

談迅　福慧。

談迅　福慧隨聽。

談迅　福慧隨聽。

談迅　福慧。

説明

以上文字分别書寫於《瑜伽師地論手記》卷第卌一至卌四各卷首題之下。『談迅』『福慧』又見於斯二五五二、斯二六一三等寫經題記。唐宣宗大中九年（公元八五五年），法成在沙州開元寺始講《瑜伽師地論》。根據BD一四〇三二（新一二三二）、BD二〇七二（冬七二）、Дх一六一〇等可知，此件涉及的卷卌一至卌四當抄寫和講述於大中十一年（公元八五七年）七月至九月左右。此件《英藏敦煌文獻》未收，現予增收。

參考文獻

Descriptive Catalogue of the Chinese Manuscripts from Tunhuang in the British Museum, The Trustees of the British Museum, London 1957, p. 181（録）；《敦煌寶藏》三三册，臺北：新文豐出版公司，一九八二年，一六七至一七三頁（圖）；《敦煌遺書總目索引》，北京：中華書局，一九八三年，一九〇頁（録）；《中國古代寫本識語集録》，東京大學東洋文化研究所，一九九〇年，四一九頁（録）；《敦煌佛教の研究》，東京：法藏館，一九九〇年，二四四至二四五頁；《敦煌遺書總目索引新編》，北京：中華書局，二〇〇〇年，一二二頁（録）；《歸義軍史研究——唐宋時代敦煌歷史考索》，上海古籍出版社，二〇一五年，三頁。

斯四〇一一　二　勘經題記

釋文

兑。

兑。

説明

以上文字朱筆書寫於《瑜伽師地論手記》第卅三卷行間，表示此四行文字已經作廢。《英藏敦煌文獻》未收，現予增收。

參考文獻

《敦煌寶藏》三三册，臺北：新文豐出版公司，一九八二年，一七一頁（圖）。

斯四〇一一背　題名

釋文

福慧。

説明

以上文字朱筆倒書於《大乘百法明門論疏釋》兩紙騎縫處。『福慧』爲正面《瑜伽師地論手記》卷卅一至卅四抄寫者之一。此件《英藏敦煌文獻》未收，現予增收。

參考文獻

《敦煌寶藏》三三册，臺北：新文豐出版公司，一九八二年，一七九頁（圖）。

斯二〇八〇＋斯四〇一二　一　五臺山曲子抄（見本書第十卷斯二〇八〇）

斯二〇八〇+斯四〇一二

二　北五臺及南臺寺名（見本書第十卷斯二〇八〇）

斯四〇一六背　雜寫（僧人題名？）

釋文

道洪　首

説明

以上文字倒書於《四分僧戒本》卷背，《英藏敦煌文獻》未收，現予增收。

參考文獻

《敦煌寶藏》三三册，臺北：新文豐出版公司，一九八二年，二一二頁（圖）。

斯四〇一八　付宋法達經歷

釋文

第三百七十二、第三百八十四、第五百四十四、第三百七十九、第五百四十二、第六十四、第六十五、第六十二、第六十七、第六十九、第六十八、第六十一、第六十六、第六十三、第五百四十三〔一〕。法達。十二月十五日，經本十五卷分付宋法達，与了。見人賀再金〔二〕、周沙沙〔三〕。法達。

説明

此件首尾完整，倒書於《大般若波羅蜜多經》卷一百八十末尾空白處，是交付宋法達十五卷佛經的記録，有些卷數上有墨筆點勘符號。文中兩處題名『法達』均爲另筆書寫，當是法達本人的簽名。從交付經卷卷數來看，這些佛經當都是《大般若經》。

校記

〔一〕『五』，《敦煌佛教經録輯校》釋作『一』，誤。

〔二〕『人』，《敦煌佛教經録輯校》漏録。

〔三〕第一個『沙』，《敦煌佛教經録輯校》釋作『抄』，疑當作『沙』；第二個『沙』，《敦煌佛教經録輯校》釋作『了』，誤。

參考文獻

《敦煌寶藏》三三册，臺北：新文豐出版公司，一九八二年，二一四頁（圖）；《英藏敦煌文獻》五卷，成都：四川人民出版社，一九九二年，二三〇頁（圖）；《敦煌佛教經録輯校》，南京：江蘇古籍出版社，一九九七年，六九七至六九八頁（録）。

斯四〇一九背　殘片（治病解）

釋文

治病解陰（？）

□□□□

（後缺）

説明

此件被裁成小條，用於裱補《文殊師利所説摩訶般若波羅蜜經》，粘貼於該經卷背。《英藏敦煌文獻》未收，現予增收。

參考文獻

《敦煌寶藏》三三册，臺北：新文豐出版公司，一九八二年，二一五頁（圖）。

斯四〇二〇　思益經卷第四題記

釋文

大隋開皇八年歲次戊申四月八日，秦王妃崔爲法界衆生敬造《雜阿含》等經五百卷，流通供養。

員外散騎常侍吴國華監。

襄州政定沙門慧曠校〔一〕。

説明

此件《英藏敦煌文獻》未收，現予增收。開皇八年即公元五八八年。

校記

〔一〕『慧』，《敦煌遺書總目索引》《敦煌遺書總目索引新編》釋作『惠』，誤。

參考文獻

Descriptive Catalogue of the Chinese Manuscripts from Tunhuang in the British Museum, The Trustees of the British Museum, London 1957, p. 101（録）；《敦煌寶藏》三三册，臺北：新文豐出版公司，一九八二年，二二六頁（圖）；《敦煌遺書總目索引》，北京：中華書局，一九八三年，一九一頁（録）；《中國古代寫本識語集録》，東京大學東洋文化研究所，一九九〇年，一四一至一四二頁（録）；《敦煌遺書總目索引新編》，北京：中華書局，二〇〇〇年，一二二頁（録）。

斯四〇二二背　雜寫（敕歸義軍節度使牒）

釋文

敕歸義軍節度使　牒

説明

以上文字係時人隨手寫於《大乘無量壽宗要經》卷背，《英藏敦煌文獻》未收，現予增收。

參考文獻

《敦煌寶藏》三三册，臺北：新文豐出版公司，一九八二年，二四四頁（圖）。

斯四〇二五　佛說無量壽宗要經題記

釋文

孟郎子。

說明

此件《敦煌寶藏》《英藏敦煌文獻》均未收，現予增收。

參考文獻

Descriptive Catalogue of the Chinese Manuscripts from Tunhuang in the British Museum, The Trustees of the British Museum, London 1957, p. 147（録）；《中國古代寫本識語集録》，東京大學東洋文化研究所，一九九〇年，三九三頁（録）；《敦煌遺書總目索引新編》，北京：中華書局，二〇〇〇年，一二二頁（録）。

斯四〇二六　佛説無量壽宗要經題記

釋文

張曜曜寫了。

説明

此件《英藏敦煌文獻》未收，現予增收。

參考文獻

Descriptive Catalogue of the Chinese Manuscripts from Tunhuang in the British Museum, The Trustees of the British Museum, London 1957, p. 150（録）；《敦煌寶藏》三三册，臺北：新文豐出版公司，一九八二年，二五二頁（圖）；《中國古代寫本識語集録》，東京大學東洋文化研究所，一九九〇年，三八九頁（録）；《敦煌遺書總目索引新編》，北京：中華書局，二〇〇〇年，一二二頁（録）。

斯四〇三三　摩訶般若波羅蜜經卷第十四題記

釋文

一校竟，哲〔一〕。

高弼爲亡妻元聖威所寫經〔二〕。

説明

此件《英藏敦煌文獻》未收，現予增收。『高弼爲亡妻元聖威所寫經』題記可見於多件敦煌寫經，池田温認爲此寫本年代大約在公元六世紀中葉（參見《中國古代寫本識語集録》，一三一頁）。

校記

〔一〕『哲』，《敦煌遺書總目索引新編》漏録。

〔二〕『威』，《敦煌遺書總目索引新編》釋作『成』，誤；『經』，《敦煌遺書總目索引新編》釋作『訖』，誤。

參考文獻

Descriptive Catalogue of the Chinese Manuscripts from Tunhuang in the British Museum, The Trustees of the British Museum, London 1957, pp. 17－18（録）；《敦煌寶藏》三三册，臺北：新文豐出版公司，一九八二年，二八八頁（圖）；《敦煌遺書總目索引》，北京：中華書局，一九八三年，一九一頁（録）；《中國古代寫本識語集録》，東京大學東洋文化研究所，一九九〇年，一三一頁（録）；《敦煌遺書總目索引新編》，北京：中華書局，二〇〇〇年，一二三頁（録）。

斯四〇三五　大乘無量壽經題記

釋文

張略没藏寫〔一〕。

説明

此件《英藏敦煌文獻》未收，現予增收。

校記

〔一〕『張略没藏』，《敦煌遺書總目索引新編》未能釋讀。

參考文獻

Descriptive Catalogue of the Chinese Manuscripts from Tunhuang in the British Museum, The Trustees of the British Museum, London 1957, p. 147（録）；《敦煌寶藏》三三册，臺北：新文豐出版公司，一九八二年，二九五頁（圖）；《敦煌遺書總目索引》，北京：中華書局，一九八三年，九一頁（録）；《中國古代寫本識語集録》，東京大學東洋文化研究所，一九九〇年，三八八頁（録）；《敦煌遺書總目索引新編》，北京：中華書局，二〇〇〇年，一二三頁（録）。

斯四〇三七　一　禪門秘要決

釋文

禪門秘要決〔一〕

若（君）不見〔二〕，絶學無爲閑道人〔三〕，不除妄想不求真〔四〕，無明實性即佛性〔五〕，幻化空身（即）法身〔六〕。覺即了，無一物〔七〕，本元自性天真佛。五蔭浮雲空去來，三毒水泡虚出没。證實相，無人法，刹那滅卻阿鼻業。若將妄語誑衆生〔八〕，自招拔舌塵沙劫。頓覺了，如來禪，六度萬行體中圓。夢裏明明有六趣，覺後空空無大千。

又：志道無難，准（唯）嫌簡擇〔九〕。但莫憎愛〔一〇〕，洞洞然明明白〔一一〕。毫氂有差，天地玄隔〔一二〕。欲得現前，莫存順逆。違順相諍，是爲心病〔一三〕。不識玄旨，徒勞念静〔一四〕。元同太虚〔一五〕，無欠無餘。自由取捨〔一六〕，所以不如。遣有没有，從空背空。多疑多慮〔一七〕，轉不相應。絶言絶慮，無處不通。言語道斷，非去來今。

又一偈〔一八〕：見道妨（方）修道〔一九〕，不見復何修？道性如虚空，虚空何所修？遍觀修道者，撥火覓浮漚。但看弄傀儡，線斷一時休。

在夢那知夢是虚，覺來方覺夢中無。迷時恰似夢中事，悟了還同睡起夫。

又偈〔二〇〕：成佛人希念佛多，念來年久卻成魔。君今欲得自成佛〔二一〕，無念之心不教多。

説明

此卷由四紙粘貼而成，正面首全尾缺，抄寫有《禪門秘要決》《轉經後迴向文》《禪月大師讚念〈法華經〉僧》《座禪銘》、僧詩及各種佛教咒語，部分佛教咒語間用朱筆、黄筆點勘符號區隔。三處紙縫背面頂部從右至左依次寫有『第三』『第二』『第一』字樣，當係標注正面的紙張順序。所有文本筆跡相同，係同一人所抄。此卷中的『禪月大師』即晚唐五代著名詩僧貫休，徐俊考證其獲得『禪月大師』的稱號在天復三年（公元九〇三年）之後（參見《敦煌詩集殘卷輯考》，二至三頁），故此卷的抄寫年代亦當在其後。按照本書體例，正面僅收録前五種文獻，不收録佛教咒語。背面抄寫有偈子、春座局席轉帖、金剛經靈驗記、要略、雜寫等，字跡不同，非一人一時所抄。

此件首尾完整，起首題『禪門秘要決』，訖『無念之心不教多』。内容包含四部分：第一部分是唐釋玄覺的《永嘉證道歌》，但僅抄寫起首的『若（君）不見』至『覺後空空無大千』一段；第二部分節抄隋朝僧璨的《信心銘》；第三部分是唐朝釋本淨的《無修無作偈》；第四部分是唐末五代釋居遁《龍牙頌》中的兩首禪詩。張子開認爲『禪門秘要決』是習禪資料摘編，内容並不固定，更非某人的獨立著作（參見《永嘉玄覺及其〈證道歌〉考辨》，《宗教學研究》一九九四年一期，五六頁）。徐俊認爲《禪門秘要決》是敦煌地區對《證道歌》和《信心銘》之類文獻的一種概稱（參見《敦煌詩集殘卷輯考》，七頁）。

現知敦煌文獻中保存的《禪門秘要決》尚有伯二一〇四背、伯二一〇五、伯三二八九和斯五六九二。前三件均首尾完整，起首題『禪門秘要決』，訖『無念之心不教多』，其中伯二一〇四背所抄《永嘉證道歌》部分是全本，抄寫完整，不過與其他本差異甚多。斯五六九二爲册子本，首尾完整，起首題『禪門秘決』，訖『多疑多慮』，僅節抄了《信心銘》五行十九句。

此外，伯三三六〇、斯二一六五背和斯六〇〇〇也都抄有《永嘉證道歌》，但内容與此件不重複。伯四六三八抄寫有《信心銘》的全文，但與此件中的節抄本《信心銘》有別，故不列爲校本。

以上釋文以斯四〇三七爲底本，用伯二一〇五（稱其爲甲本）、伯三二八九（稱其爲乙本）、斯五六九二（稱其爲丙本）參校。

校記

〔一〕『要』，甲、乙本同，丙本無。

〔二〕『若』，甲、乙本同，當作『君』，據《景德傳燈録》改。此句至『覺後空空無大千。又』，丙本無。

〔三〕『學』，乙本同，甲本作『覺』，誤。

〔四〕『妄』，乙本同，甲本作『忘』，『忘』爲『妄』之借字。

〔五〕『明』，甲、乙本作『門』，誤。

〔六〕『即』，甲、乙本無，據伯二一〇四背《禪門秘要決》補。

〔七〕「一」，甲、乙本無。

〔八〕「若」，乙本同，甲本脱。

〔九〕「准」，甲、乙本同，當作「唯」，據丙本改。

〔一〇〕「憎」，丙本同，甲、乙本作「增」，「增」爲「憎」之借字。

〔一一〕第二個「洞」，甲、乙本同，據丙本係衍文，當删；第二個「明」，甲、乙本同，據丙本係衍文，當删。

〔一二〕「玄」，通「懸」。

〔一三〕「是」，據殘筆劃及甲、乙、丙本補。

〔一四〕「静」，甲、乙本同，丙本作「淨」，「淨」爲「静」之借字。

〔一五〕「元」，甲、乙本同，丙本作「圓」。

〔一六〕「自」，甲、乙本同，丙本作「良」。

〔一七〕丙本止於此句。

〔一八〕「又一偈」，乙本同，甲本無。

〔一九〕「妨」，甲、乙本同，當作「方」，據文義改，「妨」爲「方」之借字。

〔二〇〕「偈」，乙本同，甲本作「一偈」。

〔二一〕「君」，甲、乙本同，底本原寫作「居」形，按寫本中「居」「君」形近易混，故可據文義逕釋作「君」。

參考文獻

《大正新脩大藏經》五一册，東京：大正一切經刊行會，一九二七年，二四三、四五二至四五三、四五七、四六〇頁；《敦煌韻文集》，高雄：佛教文化服務處，一九六五年，一七〇至一七一頁；《敦煌寶藏》三三册，臺北：新文豐出版公司，一九八二年，三一三頁（圖）；《敦煌禅宗文献の研究》，東京：大東出版社，一九八三年，三〇二至三一〇、三四二頁；《全唐詩補編》下册，北京：中華書局，一九九二年，八五九、一四七六頁；《英藏敦煌文獻》五卷，成都：四川人民出版社，一九九二年，二三一頁（圖）；《英藏敦煌文獻》九卷，成都：四川人民出版社，一九九四年，七七頁（圖）；《敦煌研究》一九九四年一期，一一三頁；《宗教學研究》一九九四年一期，五三至五七頁；《法藏敦煌西域文獻》五册，上海古籍出版社，一九九七年，二四三頁（圖）；《敦煌詩集殘卷輯考》，北京：中華書局，二〇〇〇年，一至一七、六四一頁；《法藏敦煌西域文獻》二三册，上海古籍出版社，二〇〇二年，八五頁（圖）；《敦煌研究》二〇〇二年二期，九九至一〇二頁；《敦煌石窟僧詩校釋》，香港和平圖書出版社，二〇〇二年，一二〇至一二一頁；《全敦煌詩》一三册，北京：作家出版社，二〇〇六年，五八二六至五八三四、五九三三至五九四〇、五九六一至五九六二、六一〇七至六一一〇頁；《敦煌學輯刊》二〇〇六年一期，一三三至一三八頁；《敦煌學輯刊》二〇〇九年一期，二三至三三頁。

斯四〇三七　二　轉經後迴向文

釋文

轉經後迴向文〔一〕：伏願戈鋋永息，風雨不愆，四人樂業於康時，三寶安和於稔歲。煙炎飢羸之衆〔二〕，憂苦咸往（祛）〔三〕；飛空水陸之生〔四〕，毛鱗頓捨。盡安忍界〔五〕，遍贍部洲。順生居慈仗（氏）四天〔六〕，後果預龍花三會。

説明

此件首尾完整，接抄於『禪門秘要決』後，起首題『轉經後迴向文』，訖『後果預龍花三會』。現知敦煌文獻中保存的《轉經後迴向文》尚有伯二一〇四背、伯二一〇五和伯三一八九，均首尾完整。以上釋文以斯四〇三七爲底本，用伯二一〇四背（稱其爲甲本）、伯二一〇五（稱其爲乙本）和伯三一八九（稱其爲丙本）參校。

校記

〔一〕『文』，甲、乙本同，丙本作『聞』，『聞』爲『文』之借字。

〔二〕『飢羸』，乙、丙本同，甲本作『羸飢』。
〔三〕『往』，當作『祛』，據甲、乙、丙本改。
〔四〕『陸』，甲、乙本同，丙本作『六』，『六』爲『陸』之借字。
〔五〕『界』，甲、丙本同，乙本脱。
〔六〕『仗』，當作『氏』，據甲、乙、丙本改。

參考文獻

《敦煌寶藏》三三册，臺北：新文豐出版公司，一九八二年，三一三頁（圖）；《英藏敦煌文獻》五卷，成都：四川人民出版社，一九九二年，二三一頁（圖）；《法藏敦煌西域文獻》五册，上海古籍出版社，一九九七年，二四五、二五二頁（圖）；《法藏敦煌西域文獻》二三册，上海古籍出版社，二〇〇二年，八五頁（圖）。

斯四〇三七　三　禪月大師讚念《法華經》僧

釋文

禪月大師讚念《法華經》僧：

空王門下有真子，堪以空王爲了使。常持菡萏白蓮經〔一〕，屈指無人得相似。長松下，深窗裏，歷歷清音韻宫徵。短偈長行主客分，不使閑聲掛牙齒。外人聞，聳雙耳，香風襲鼻寒毛起〔二〕。只見天花落座前，空中必定有神鬼。吾師吾師須努力〔三〕，年深已是成功積〔四〕。桑田變海骨爲塵，〔舌〕相長似紅蓮色〔五〕。

説明

此件首尾完整，接抄於『轉經後迴向文』之後，起首題『禪月大師讚念《法華經》僧』，訖『相長似紅蓮色』。禪月大師即晚唐詩僧貫休，入蜀後，蜀主王建賜號『禪月大師』。

現知敦煌文獻中保留的『禪月大師讚念法華經僧』尚有伯二一〇四背，首尾完整，起首題『禪月大師讚念《法華經》僧』，訖『根似紅蓮色』。

以上釋文以斯四〇三七爲底本，用伯二一〇四背（稱其爲甲本）參校。

校記

〔一〕『萏』，甲本作『蔺』；『蓮』，甲本作『連』，『連』通『蓮』。
〔二〕『襲』，甲本作『龍水』，誤。
〔三〕第一個『吾師』，甲本脱；第二個『吾』，甲本作『五』，『五』爲『吾』之借字。
〔四〕『成』，甲本同，《敦煌詩歌導論》校改作『戒』。
〔五〕『舌』，甲本無，《禪月集補遺》據文義校補；『相長』，甲本作『根』。

參考文獻

Journal Asiatique, Paris 1959, pp. 349 – 379（圖）；《福井博士頌壽記念東洋文化論集》，東京：早稻田大學出版部，一九六〇年，一一八五至一一八六頁（録）；《敦煌韻文集》，高雄：佛教文化服務處，一九六五年，一一九至一二〇頁（録）；《敦煌學海探珠》上册，臺北：臺灣商務印書館，一九七九年，一八七頁（録）；《敦煌寶藏》三三册，臺北：新文豐出版公司，一九八二年，三一三頁（圖）；《敦煌遺書總目索引》，北京：中華書局，一九八三年，一九一頁；《敦煌簡策訂存》，臺北：臺灣商務印書館，一九八三年，一九六至一九七頁；《敦煌歌辭總編》中册，上海古籍出版社，一九八七年，九五四至九五六頁（録）；《敦煌研究》一九九〇年二期，九六至九七頁；《英藏敦煌文獻》五卷，成都：四川人民出版社，一九九二年，二三一頁（圖）；《全唐詩補編》下册，北京：中華書局，一九九二年，一五三八至一五三九頁（録）；《敦煌詩歌導論》，成都：巴蜀書社，一九九三年，一五一至一五三頁（録）；《法藏敦煌西域文獻》五

册，上海古籍出版社，一九九七年，二四五頁（圖）；《敦煌石窟僧詩校釋》，香港和平圖書出版社，二〇〇二年，二〇六頁（録）；《全敦煌詩》七册，北京：作家出版社，二〇〇六年，二七九六至二八〇〇頁（録）。

斯四〇三七　四　座禪銘

釋文

座禪銘[一]：

的思忍，秘口言。除内結，息外緣。心欲舉[二]，口莫語。意欲詮，口莫言。除秤去斗[三]，蜜室靜坐[四]，成佛不久。

説明

此件首尾完整，接抄在《除一切怖畏説如是咒》之後，起首題『座禪銘』，訖『成佛不久』。此件之作者，徐俊據斯二一六五背首題『思大和上坐禪銘』，疑爲慧能弟子青原行思（參見《敦煌詩集殘卷輯考》，一九、五四三頁）。

現知敦煌文獻中保留的《座禪銘》尚有伯二一〇四背、伯二一〇五、伯三二八九和斯二一六五背。前三件均首尾完整，起首題『座禪鋸（銘）』，訖『成佛不久』；斯二一六五背首尾完整，起首題『思大和上坐禪銘』，訖『成佛不久』。

以上釋文以斯四〇三七爲底本，用伯二一〇四背（稱其爲甲本）、伯二一〇五（稱其爲乙本）、伯三二八九（稱其爲丙本）和斯二一六五背（稱其爲丁本）參校。

校記

〔一〕「座」，甲、乙、丙本同，丁本作「思大和上坐」；「銘」，丁本同，甲、乙、丙本作「鋸」，均誤。

〔二〕「舉」，甲、乙、丙本同，丁本作「攀」。

〔三〕「去」，甲、乙、丙本同，丁本作「棄」。

〔四〕「蜜」，甲、乙、丙本同，丁本作「密」，「蜜」可用同「密」；「静」，甲、乙、丙本同，丁本作「淨」，「淨」爲「静」之借字。

參考文獻

《敦煌寶藏》三三册，臺北：新文豐出版公司，一九八二年，三一三頁（圖）；《英藏敦煌文獻》四卷，成都：四川人民出版社，一九九二年，三四頁（圖）；《英藏敦煌文獻》五卷，成都：四川人民出版社，一九九二年，二三一至二三二頁（圖）；《法藏敦煌西域文獻》五册，上海古籍出版社，一九九七年，二四六、二五二頁（圖）；《敦煌詩集殘卷輯考》，北京：中華書局，二〇〇〇年，一九至二〇、五四三頁；《法藏敦煌西域文獻》二三册，上海古籍出版社，二〇〇二年，八五至八六頁（圖）；《全唐文補編》，北京：中華書局，二〇〇五年，一五〇六頁（録）；《全敦煌詩》一三册，北京：作家出版社，二〇〇六年，五九六九至五九七〇頁（録）。

斯四〇三七　五　亂罹何處没刀槍詩二首

釋文

虱（亂）罹何處没刀慆（槍）[一]，煞戮無辜可愍傷。似玉顔容刀下死，如花美白（貌）箭頭亡[二]。魂靈冥寞居泉壤[三]，骸骨東西掉路傍。好是同修菩薩行[四]，資勳念佛往天堂。

僧家俗舍有先魄，總得魂靈入道場。法雨灑時消熱惱，慈風扇處息交（災）殃[五]。威（滅）靈永劫消塗炭[六]，盡遣長年往淨方[七]。九品花生花裏坐，一時同見法輪王。

説明

此件首尾完整，無題，其内容應爲僧詩，其前爲《座禪銘》，其後爲禪門咒語集抄。敦煌文獻中保存有相同僧詩的卷號尚有伯二一〇四背、伯二一〇五和伯三二八九，這三件之僧詩亦均接抄在《座禪銘》之後。

以上釋文以斯四〇三七爲底本，用伯二一〇四背（稱其爲甲本）、伯二一〇五（稱其爲乙本）、伯三二八九（稱其爲丙本）參校。

校記

〔一〕『虱』，甲、乙、丙本同，當作『亂』，據文義改，《敦煌詩集殘卷輯考》逕釋作『亂』；『罹』，乙、丙本同，甲本作『羅』，誤；『刀』，甲、丙本同，乙本作『刃』，誤；『愴』，乙本同，當作『槍』，據甲、丙本改，『愴』爲『槍』之借字。

〔二〕『白』，乙、丙本同，甲本脱，當作『貌』，《敦煌詩集殘卷輯考》據文義校改；『亡』，甲本同，乙、丙本作『上』，誤。

〔三〕『壞』，乙本同，甲、丙本作『懷』，『懷』爲『壞』之借字。

〔四〕『好』，甲、乙、丙本作『如』；『是』，乙、丙本同，甲本作『好』，誤。

〔五〕『交』，乙、丙本同，當作『災』，據甲本改。

〔六〕『威』，甲本同，當作『滅』，據乙、丙本改。

〔七〕『淨』，甲、丙本同，乙本作『西』。

參考文獻

《敦煌韻文集》，高雄：佛教文化服務處，一九六五年，一七一頁（録）；《敦煌寶藏》三三册，臺北：新文豐出版公司，一九八二年，三一三頁（圖）；《敦煌簡策訂存》，臺北：臺灣商務印書館，一九八三年，一九六至一九七頁（録）；《英藏敦煌文獻》四卷，成都：四川人民出版社，一九九二年，三四頁（圖）；《英藏敦煌文獻》五卷，成都：四川人民出版社，一九九二年，二三一至二三二頁（圖）；《法藏敦煌西域文獻》五册，上海古籍出版社，一九九七年，二四六、二五二頁（圖）；《敦煌詩集殘卷輯考》，北京：中華書局，二〇〇〇年，一九至二〇頁（録）；《法藏敦煌西域文獻》二三册，上海古籍出版社，二〇〇二年，八五至八六頁（圖）；《敦煌研究》二〇〇二年二期，一〇二頁；《全敦煌詩》八册，北京：作家出版社，二〇〇六年，三三三〇至三三三三頁（録）。

斯四〇三七背　一　往日修行時偈抄

釋文

往日修行時，忙忙爲生死。今日見真是，生死尋常事。見他生，見他死〔一〕，返觀自身亦如此。

説明

此卷背面之内容均係抄件或雜寫，各件筆跡不同，非一人所抄，亦非一時所抄。

此件首尾完整，原未抄完，起『往日修行時』，訖『返觀自身亦如此』，内容爲佛教偈語，其中『日』爲武周新字。

校記

〔一〕『他』，《敦煌歌辭總編》釋作『你』，誤。

參考文獻

《敦煌寶藏》三三册，臺北：新文豐出版公司，一九八二年，三一五頁（圖）；《敦煌遺書總目索引》，北京：中華書局，一九八三年，一九一頁（録）；《敦煌歌辭總編》上册，上海古籍出版社，一九八七年，五一〇至五一一頁（録）；《英藏敦煌文獻》五卷，成都：四川人民出版社，一九九二年，二三三頁（圖）；《敦煌遺書總目索引新編》，北京：中華書局，二〇〇〇年，一二三頁（録）；《法藏敦煌西域文獻》二〇册，上海古籍出版社，二〇〇二年，二一三頁（圖）；《全敦煌詩》一〇册，北京：作家出版社，二〇〇六年，四三五一至四三五二頁（録）。

斯四〇三七背　二　雜寫（身亦如此）

釋文

身亦如此。

説明

以上文字係時人隨手所寫，筆跡與『往日修行時偈抄』相同。

參考文獻

《敦煌寶藏》三三册，臺北：新文豐出版公司，一九八二年，三一五頁（圖）；《英藏敦煌文獻》五卷，成都：四川人民出版社，一九九二年，一三三頁（圖）。

斯四〇三七背　三　乙亥年正月十日春座局席轉帖抄

釋文

社司　轉帖

右緣年支春座局席，人各麵一斤，油一合，粟一斗。幸請諸公等。帖至，〔限〕今〔月〕〔十〕〔一〕〔日〕卯時於主人樊佛奴家送内[一]。捉二人後到，罰酒一角；全不來，罰酒半瓮。其帖速相分付，不得亭滯[二]；如滯帖者，准條利（科）罰[三]。帖周卻付本司，用憑告罰。

乙亥年正月十日録事帖

説明

此件首尾完整，乃春座局席轉帖的抄件。其中的『乙亥年』，寧可、郝春文疑爲公元九七五年（參見《敦煌社邑文書輯校》，一八五頁）。

校記

〔一〕『限』，《敦煌社邑文書輯校》據文義及其他社司轉帖例校補；『月十一日』，《敦煌社邑文書輯校》據文義及其他社司轉帖例校補；『内』，《敦煌社邑文書輯校》校改作『納』，按『内』爲『納』之古字，不煩校改。

〔二〕『亭』，《敦煌社邑文書輯校》據文義及其他社司轉帖例校改作『停』，按『亭』通『停』，不煩校改。

〔三〕『利』，當作『科』，據文義及其他社司轉帖例改，《敦煌社邑文書輯校》逕釋作『科』。

參考文獻

《敦煌寶藏》三三册，臺北：新文豐出版公司，一九八二年，三一五頁（圖）；《敦煌社會經濟文獻真蹟釋録》一輯，北京：全國圖書館文獻縮微複製中心，一九八六年，三三六頁（録）；《英藏敦煌文獻》五卷，成都：四川人民出版社，一九九二年，二三三頁（圖）；《敦煌社邑文書輯校》，南京：江蘇古籍出版社，一九九七年，一八四至一八六頁（録）。

斯四〇三七背　四　苟居士寫《金剛經》靈驗記

釋文

苟居士樂善〔一〕，專誦《金剛經》〔二〕，乃發心於雜（新）繁縣西北村東〔三〕，以筆書空，爲天寫《金剛經》。其處每有雨下〔不〕濕〔四〕。人初不知〔五〕，村人放牛少兒往來〔六〕，常取於此處避雨〔七〕。後有一胡僧從此過，見，乃告村人曰：『此是經壇，空中有經〔八〕，齋日有化（華）寶蓋往往出現爾〔九〕。』此經壇去縣城西北三十里〔一〇〕，今現在〔一一〕。

說明

此件首尾完整，起『苟居士樂善』，訖『今現在』，内容爲苟居士寫《金剛經》的靈驗故事。這個故事又見於《集神州三寶感通録》《法苑珠林》以及《太平廣記》，文字差異較大。另，吐魯番也曾出土過一件回鶻文的《苟居士寫金剛經靈驗記》（楊富學《回鶻文〈苟居士抄金剛經靈驗記〉研究》，《吐魯番學研究》二〇〇四年二期，五六至六一頁）。

敦煌文獻中保存的『金剛經靈驗記』尚有四件，與此件有重合的是伯二〇九四，起首題『持誦《金剛經》靈驗功德記』，訖『不可思議』，此件之内容是伯二〇九四的第十一則故事。

以上釋文以斯四〇三七背爲底本，用伯二〇九四（稱其爲甲本）參校。

校記

〔一〕此行前有一『苟』字，抄寫者發現錯誤後另行重抄，此字不録。

〔二〕『誦』，甲本作『誦持』。

〔三〕『雜』，當作『新』，據甲本改；『東』，甲本作『中』。

〔四〕『不』，據甲本補。

〔五〕『人』，甲本無。

〔六〕『放』，甲本作『在彼放』；『少』，甲本無，《英國收藏敦煌漢藏文獻研究》釋作『小』，誤。

〔七〕『常取』，甲本作『復』；『此』，甲本作『彼』。

〔八〕『有』，底本原有兩個『有』字，一在行末，一在次行行首，此爲當時的一種抄寫習慣，可以稱作『提行添字例』，第二個『有』應不讀，故未録。

〔九〕『化』，甲本同，當作『華』，《斯〇三七：佛家靈驗記校議》據文義校改。

〔一〇〕『經』，甲本無。

〔一一〕『今』，甲本作『至今』；『現』，甲本作『見』。

參考文獻

《敦煌寶藏》三三册，臺北：新文豐出版公司，一九八二年，三一五頁（圖）；《英藏敦煌文獻》五卷，成都：四川人民出版社，一九九二年，二三三頁（圖）；《法藏敦煌西域文獻》五册，上海古籍出版社，一九九七年，一四一頁（圖）；《英國收藏敦煌漢藏文獻研究》，北京：中國社會科學出版社，二〇〇〇年，一六二頁（録）；《吐魯番學研究》二〇〇四年二期，五六至六一頁；《佛教靈驗記研究》，成都：巴蜀書社，二〇〇六年，二三九至二四三頁；《敦煌本佛教靈驗記校注並研究》，蘭州：甘肅人民出版社，二〇〇九年，二五四至二五五頁。

斯四〇三七背　五　雜寫（渠人轉帖）

釋文

巾

渠人轉帖。已上渠帖。次著

説明

以上文字係時人隨手所寫，筆跡與『乙亥年正月十日春座局席轉帖抄』相同。

參考文獻

《敦煌寶藏》三三册，臺北：新文豐出版公司，一九八二年，三一五頁（圖）；《英藏敦煌文獻》五卷，成都：四川人民出版社，一九九二年，二三三頁（圖）。

斯四〇三七背　六　要略抄

釋文

要略　凡正經五千卅五言，三十二分，二百五十七字，都合五千二百九十二字。『佛』七十四，『世尊』五十一，『如來』八十四，『菩薩』卅四，『何以故』卅七，『阿耨多羅三藐三菩提』廿九，『於意云何』卅，『須菩提』一百卅三，『三千大千世界』七，『卅二相』十二，『一合相』五，『善男子』『善女人』十三，『具足諸相』十二，『微塵』十一，『莊嚴』九，『衆生』廿，『恒河』十四，『布施』廿，『功德』九，『福德』十八，『我』『人』『衆生』『壽者』五，『我見』『人見』『衆生見』『壽者見』五，『無我見』『無人見』『無衆生見』『無壽者見』二，『白佛言』六，『佛告』六，『甚多』九。

說明

此件首尾完整，起首題『要略』，訖『甚多九』，內容是《金剛經》常用詞語出現次數的統計。此件筆跡與『苟居士寫《金剛經》靈驗記』相同。

參考文獻

《敦煌寶藏》三三册，臺北：新文豐出版公司，一九八二年，三一五頁（圖）；《敦煌遺書總目索引》，北京：中華書局，一九八三年，一九一頁；《英藏敦煌文獻》五卷，成都：四川人民出版社，一九九二年，二三三頁（圖）；《敦煌遺書總目索引新編》，北京：中華書局，二〇〇〇年，一二三頁。

斯四〇三七背　七　李慶持誦《金剛經》靈驗記

釋文

李慶者，唐州人也，好田獵，煞害無數。忽會客事，煞猪、鷄、羊數頭，客散後卒亡，經三日再生，具説云：初到冥間，見平等王，王曰：『汝煞生命甚多〔一〕，有何功德？』慶答：『解持《金剛經》。』王即合掌：『舉經題目，怨家便得生天。』王即遣人送歸，至門時復〔二〕。至八十歲而終〔三〕。

説明

此件首尾完整，内容爲李慶持誦《金剛經》的靈驗故事。

校記

〔一〕『命』，《斯〇三七：佛家靈驗記校議》釋作『何』。

〔二〕『復』，《敦煌遺書總目索引新編》釋作『復生』，《斯〇三七：佛家靈驗記校議》疑作『蘇』，均誤。

〔三〕『至』，《敦煌遺書總目索引新編》釋作『年』，誤。

參考文獻

《敦煌學海探珠》下册，臺北：臺灣商務印書館，一九七九年，三四二頁（録）；《敦煌寶藏》三三册，臺北：新文豐出版公司，一九八二年，三一五至三一六頁（圖）；《敦煌遺書總目索引》，北京：中華書局，一九八三年，一九一頁（録）；《英藏敦煌文獻》五卷，成都：四川人民出版社，一九九二年，一三三頁（圖）；《英國收藏敦煌漢藏文獻研究》，北京：中國社會科學出版社，二〇〇〇年，一六二至一六三頁（録）；《敦煌遺書總目索引新編》，北京：中華書局，二〇〇〇年，一二三頁（録）；《敦煌本佛教靈驗記校注並研究》，蘭州：甘肅人民出版社，二〇〇九年，三四八頁（録）。

斯四〇三七背　　八　雜寫（春奉等）

釋文

南無

春奉北（？）本

佛　我

説明

以上文字係時人隨手所寫，筆跡不一，有正書，有倒書，非一時一人所寫。此件《英藏敦煌文獻》未收，現予增收。

參考文獻

《敦煌寶藏》三三册，臺北：新文豐出版公司，一九八二年，三一五頁（圖）。

斯四〇三九　一　十空讚一本

釋文

十空讚一本〔一〕

　難思努力現真宗〔二〕，色聲香味染塵蒙〔三〕。大不（般）若廣言六百眷（卷）〔四〕，講勸人
間多少空〔五〕。

　上論色界諸天子〔六〕，下至輪王福最雄〔七〕。七寶鎮隨千子遶〔八〕，福盡然知也是空〔九〕。

　三皇五帝立禪（先）宗〔一〇〕，伏義（羲）太號（昊）與神農〔一一〕。造化世間多少
是〔一二〕，故（古）往今來也是空〔一三〕。

　義（羲）芝（之）善寫筆補（神）蹤〔一四〕，善才童子世間聽（聰）〔一五〕。多留草創人
傳說〔一六〕，世界尋論也是空〔一七〕。

　宋玉每每誇端正〔一八〕，西施一喚（笑）直千金〔一九〕。潘安尚總歸於土〔二〇〕，美貌尋思也
是空〔二一〕。

　無鹽貌陋心賢女〔二二〕，說盡譖（潛）臺萬萬功〔二三〕。宣王遂納爲皇后〔二四〕，豹變多榮也

是空〔二五〕。

項王漢主爭天下〔二六〕，樓煩一唱世龍種（鍾）〔二七〕。一朝自別（到）烏江死〔二八〕，蓋大（代）雄名也是空〔二九〕。

日從東出還西没〔三〇〕，月往西生漸向東〔三一〕。旦夜闇崔人自老〔三二〕，不〔免〕無常也是空〔三三〕。

澄澄四海心（深）無底〔三四〕，矻（屹）〔屹〕須彌不見峰〔三五〕。一朝卻（劫）火三災地（至）〔三六〕，海納彌（須）須（彌）也是空〔三七〕。

唯言般若波羅蜜〔三八〕，衆生與佛體異同〔三九〕。願逢法教開心地〔四〇〕，成佛因緣不是空〔四一〕。

萬是從來本是空〔四二〕，如何脩道出煩龍（籠）〔四三〕？若戀娑婆獨（濁）惡世〔四四〕，遊（猶）如花在於（淤）泥中〔四五〕。

說明

此卷首尾完整，依次抄寫『十空讚』和『五臺山讚』，背面接續正面抄寫。

此件首尾完整，起首題『十空讚一本』，訖『遊（猶）如花在於（淤）泥中』。

現知敦煌文獻中保存的『十空讚』尚有十件：伯三八二四，册子本，首尾完整，起首題『十空讚文一本』，訖尾題『十空讚文一卷』；伯四六〇八，首尾完整，起首題『十空讚』，訖『猶如花在淤泥中』；斯五五三九A，册子本，首尾完整，起首題『十空讚文一卷』，訖『猶如化（花）在於（淤）泥中』；斯五五三九B，册子本，首尾完整，起首題『十空讚一本』，訖『猶如花在伊（淤）泥中』；斯五五六九，首尾完整，起首題『十空讚一本』，訖『猶如花在意（淤）泥中』；Дх九二一+Дх二一三七，首尾完整，起首題『十空讚』，訖『猶如花在於（淤）泥中』；Дх一三五八，册子本，起首題『十空讚壹本』，訖『猶如花（在）於（淤）泥中』；斯六九二三背，首尾完整，原未抄完，起首題『十空讚』，訖『豹變多榮也是空』；羽一五五，首尾完整，起首題『十空讚』，訖『猶如花在淤泥中』；羽四二五，首尾完整，起首題『十空讚』，訖『猶如化（花）在於（淤）泥中』。

以上釋文以斯四〇三九爲底本，用伯三八二四（稱其爲甲本）、伯四六〇八（稱其爲乙本）、斯五五三九A（稱其爲丙本）、斯五五三九B（稱其爲丁本）、斯五五六九（稱其爲戊本）、Дх九二一+Дх二一三七（稱其爲己本）、Дх一三五八（稱其爲庚本）、斯六九二三背（稱其爲辛本）、羽一五五（稱其壬本）、羽四二五（稱其爲癸本）參校。

校記

〔一〕『讚』，乙、丁、戊、己、庚、辛、壬、癸本同，甲、丙本作『讚文』；『一』，甲、丙、丁、戊本同，乙、己、辛、壬、癸本無，庚本作『壹』；『本』，甲、丁、戊、庚本同，乙、己、辛、壬、癸本無，丙本作『卷』。此題後戊本有『難識努力』四個小字。

〔二〕『努』，甲、乙、丁、戊、己、庚、辛、壬、癸本同，丙本作『怒』，均可通；『力』，乙、丙、丁、戊、己、庚、辛、壬、癸本同，甲本脱。

〔三〕『香』，乙、丙、丁、戊、己、庚、辛、壬、癸本同，甲本作『希』，誤。

〔四〕『不』，當作『般』，據甲、乙、丁、戊、己、辛、壬、癸本改，丙本作『不般』，據文義『不』係衍文，當刪；『若』，乙、丁、戊、己、庚、辛、壬本同，甲、丙、癸本脱；『眷』，當作『卷』，據甲、乙、丙、丁、戊、己、庚、辛、壬、癸本改，『眷』爲『卷』之借字，《敦煌遺書總目索引新編》釋作『春』，誤。

〔五〕『少』，甲、乙、戊、庚、辛、壬、癸本同，丙、丁本脱，己本作『大』，誤；『空』，甲、乙、丙、戊、己、庚、辛、壬、癸本同，丁本作『事』，誤。

〔六〕『論』，甲、乙、丙、戊、己、庚、辛、壬、癸本同，丁本作『輪』，『輪』爲『論』之借字；『諸』，甲、乙、丙、丁、壬、癸本同，戊本作『之』，庚、辛本作『至』，『之』『至』均爲『諸』之借字。

〔七〕『至』，甲、乙、丙、丁、戊、己、庚、壬、癸本同，辛本作『諸』，『諸』爲『至』之借字；『輪』，乙、丁、戊、己、辛、癸本同，甲、丙、庚、壬本作『論』，『論』爲『輪』之借字；『雄』，甲、乙、丙、丁、戊、己、庚、辛、壬、癸本同，《敦煌遺書總目索引新編》釋作『難』，誤。

〔八〕『遶』，甲、丙、丁、戊、己、庚、辛、壬、癸本同，乙本作『達』，誤，《敦煌遺書總目索引新編》釋作『繞』，雖義可通而字誤。

〔九〕『知』，甲、丙、戊、庚、辛本同，乙、丁、壬本作『諸』，己、癸本作『之』，『諸』『之』均爲『知』之借字。

〔一〇〕『禪』，癸本同，當作『先』，據甲、乙、丙、丁、戊、己、辛、壬本改。

〔一一〕『義』，庚本同，當作『羲』，據甲、乙、丙、丁、戊、己、辛、壬、癸本改，《敦煌遺書總目索引新編》逕釋作『羲』；『太』，甲、乙、丙、丁、戊、己、庚、辛、壬、癸本同，《敦煌歌辭總編》校改作『少』，不必；『號』，甲、乙、丙、丁、戊、己、辛、壬、癸本同，庚本作『子』，當作『昊』，據文義改，『號』爲『昊』之借字，《敦煌歌辭總編》逕釋作「昊」；「與」，甲、丙、戊、己、庚、辛、癸本同，乙、丁、壬本作「以」，「以」爲「與」之借字。

〔一二〕「少」，甲、乙、丙、戊、辛、壬、癸本同，丁本脱，己本作「小」，「小」通「少」；「是」，甲、乙、丙、丁、戊、己、庚、壬本同，癸本作「事」，辛本作「也是空」，據文義「也」「空」係衍文，當删，《敦煌遺書總目索引新編》校改作「是」，按「是」可用同「事」，不煩校改。

〔一三〕「故」，戊、庚、辛本同，當作「古」，據甲、乙、丙、丁、己、壬、癸本改，「故」爲「古」之借字；「今」，甲、乙、丙、戊、己、庚、辛、壬、癸本同，丁本作「金」，「金」爲「今」之借字。

〔一四〕「義」，壬本同，當作「羲」，據甲、乙、丙、丁、戊、己、辛、癸本改，《敦煌遺書總目索引新編》逕釋作「羲」；「芝」，乙、壬本同，當作「之」，據甲、丙、丁、戊、己、辛、癸本改，「芝」爲「之」之借字；「寫」，甲、乙、丙、丁、戊、己、庚、辛、壬本同，癸本作「舍」，「舍」爲「寫」之借字；「筆」，甲、乙、丙、丁、戊、庚、辛、壬、癸本同，己本作「畢」，「畢」爲「筆」之借字；「補」，丙本脱，當作「神」，據甲、乙、丁、戊、己、庚、辛、壬、癸本改；「蹤」，乙、丁、己、壬本同，甲、丙、癸本作「宗」，戊、庚、辛本作「中」，「宗」「中」均爲「蹤」之借字。

〔一五〕「才」，甲、乙、丙、己、庚、辛、壬本同，丁、戊、癸本作「哉」，「哉」爲「才」之借字，《敦煌遺書總目索引新編》釋作「財」，《敦煌歌辭總編》校改作「財」，按「才」可用同「財」，不煩校改；「聽」，丙本作「出」，當作「聰」，據甲、乙、丁、戊、己、庚、辛、壬、癸本改。

〔一六〕「留」，乙、丁、戊、庚、辛、壬本同，甲、丙、己、癸本作「流」，「流」爲「留」之借字，《敦煌遺書總目索引新編》釋作「苗」，誤；「傳」，甲、乙、丙、丁、戊、庚、辛、壬、癸本同，己本作「全」，誤。

〔一七〕「論」，甲、乙、丙、戊、己、庚、辛、壬、癸本同，丁本作「思」。

〔一八〕『玉』，甲、乙、丙、丁、己、庚、辛、壬、癸本同，《敦煌遺書總目索引新編》釋作『王』，校改作『玉』；『每每』，庚、辛本同，甲、乙、丙、己、壬、癸本作『妹妹』，丁本作『味味』，『妹』『味』均爲『每』之借字。此句戊本無。

〔一九〕『唤』，當作『笑』，據甲、乙、丙、丁、己、庚、辛、壬、癸本改；『直』，甲、乙、丁、己、庚、辛、壬、癸本同，丙本作『真』，誤，《敦煌遺書總目索引新編》校改作『值』，按『直』有『值』義，不煩校改；『金』，乙、己、庚、辛、壬、癸本同，甲、丙、丁本作『今』，『今』爲『金』之借字。此句戊本無。

〔二〇〕『尚』，甲、乙、丙、丁、戊、己、辛、壬、癸本作『上』，庚本作『止』，誤；『於』，乙、己、庚、辛、壬本同，甲、丙、丁本作『衣』，戊本作『依』，『衣』『依』均爲『於』之借字；『土』，甲、乙、丙、丁、戊、己、辛、壬本同，庚本作『主』，誤。此句戊本抄於『説盡潛臺萬萬功』之後。

〔二一〕『美』，甲、乙、戊、己、庚、辛、壬、癸本同，丙本作『善』，誤。此句丁本無，戊本抄於『説盡潛臺萬萬功』之後。

〔二二〕『鹽』，甲、乙、丙、丁、己、庚、辛、壬、癸本同，戊本作『焰』，『焰』爲『鹽』之借字，《敦煌遺書總目索引新編》釋作『燕』，校改作『鹽』；『貌』，甲、乙、丙、戊、己、庚、壬本同，丁本作『面』，癸本作『卯貌』，『卯』據文義係衍文，當删，辛本脱；『陋』，乙、戊、己、庚、辛、壬、癸本同，甲、丙本作『隨』，丁本作『貌』，均誤。

〔二三〕『潛』，當作『潛』，據甲、乙、丙、丁、戊、己、庚、辛、壬、癸本改，《敦煌歌辭總編》據文義校改作『漸』，按『潛』通『漸』，不煩校改；『臺』，甲、乙、丙、戊、己、庚、辛、壬、癸本同，丁本脱。

〔二四〕『宣』，己、辛本同，甲本作『皇』，乙、丁、壬、癸本作『室』，誤，丙本作『帝』；『皇』，甲、乙、丙、己、庚、辛、壬、癸本同，丁本作『隍』，『隍』爲『皇』之借字；『后』，甲、乙、丙、己、庚、辛、壬、癸本同，丁本作「垢」，「垢」爲「后」之借字。此句戊本脱。

〔二五〕「榮」，甲、乙、丙、己、庚、辛、壬本同，癸本作「勢」，誤。此句丁、戊本脱。辛本止於此句。

〔二六〕「項」，甲、乙、丁、戊、庚、壬、癸本同，己本作「漢」；「漢」，甲、乙、丁、戊、庚、壬、癸本同，己本作「項」；「下」，甲、乙、丙、丁、戊、己、壬、癸本同，庚本作「子」。此句至「屹屹須彌不見峰」，丙本脱。

〔二七〕「唱」，乙、丁、戊、庚、壬、癸本同，甲本作「歇」，己本作「曷」，均誤，《敦煌歌辭總編》校改作「喝」；「世」，甲、乙、丁、戊、己、庚、壬、癸本同，《敦煌歌辭總編》校改作「勢」，不必；「種」，戊本同，乙、丁、壬本作「中」，當作「鍾」，據甲、己、庚、癸本改，「種」「中」均爲「鍾」之借字。

〔二八〕「别」，當作「到」，據甲、乙、丁、戊、己、庚、壬、癸本改，《敦煌歌辭總編》校改作「刎」，不必。底本此句與下句抄於「一朝卻（劫）火三災地（至）」後，今改正。

〔二九〕「大」，乙、丁、戊、己、庚、壬本同，當作「代」，據甲、癸本改，「大」爲「代」之借字，《敦煌遺書總目索引新編》校改作「天」；「雄」，甲、乙、丙、丁、戊、己、壬、癸本同，庚本作「爲」，誤。

〔三〇〕「出」，甲、乙、戊、己、庚、壬、癸本同，丁本作「邊」，誤；「没」，乙、丁、戊、己、庚、壬、癸本同，甲本作「設」，誤。

〔三一〕「月」，甲、乙、丁、己、庚、壬、癸本同，戊本作「日」，誤；「往」，甲、乙、丁、戊、己、庚、壬、癸本同，《敦煌歌辭總編》校改作「復」，不必。

〔三二〕「闇」，甲、乙、戊、己、庚、壬、癸本同，丁本作「聞」，誤；「崔」，甲、戊、己同，乙、丁、壬本作「推」，癸本作「催」，均可通。

〔三三〕「免」，底本有一字空白，據甲、乙、丁、戊、己、庚、壬、癸本補。

〔三四〕「四海」，甲、乙、己、庚、壬、癸本同，丁、戊本作「海水」；「心」，甲本同，當作「深」，據乙、丁、戊、己、庚、壬、癸本改，「心」爲「深」之借字；「底」，甲、乙、丁、戊、己、庚、壬本同，癸本作「帝」，「帝」爲「底」之借字。

〔三五〕「矻」，甲、乙、丙、丁、戊、己、壬、癸本同，庚本作「訖」，誤，當作「屹」，《敦煌歌辭總編》據文義校改，《敦煌遺書總目索引新編》未能釋讀；「屹」，甲、乙、丙、丁、戊、己、壬、癸本作「矻」，庚本作「訖」，據文義補；「峰」，甲、乙、戊、己、庚、壬本同，丁、癸本作「逢」，「逢」爲「峰」之借字，《敦煌遺書總目索引新編》釋作「逢」，誤。

〔三六〕「卻」，當作「劫」，據甲、乙、丙、丁、戊、己、庚、壬、癸本改；「地」，當作「至」，據甲、乙、丙、丁、戊、己、庚、壬、癸本改。底本此句與下句次序顛倒，今改正。

〔三七〕「彌須」，當作「須彌」，據甲、乙、丙、丁、戊、己、庚、壬、癸本改，《敦煌遺書總目索引新編》逕釋作「須彌」。

〔三八〕「唯」，甲、丁、己、癸本同，乙、壬本作「惟」，均可通，丙本作「誰」，誤，戊本作「爲」，「爲」爲「唯」之借字；「若」，甲、乙、丁、戊、己、壬、癸本同，丙本脱；「蜜」，甲、乙、丙、丁、戊、己、壬、癸本同，庚本作「密」。

〔三九〕「與」，甲、丙、戊、己、庚、癸本同，乙、丁、壬本作「以」，「以」爲「與」之借字；「異」，甲、乙、丙、丁、戊、己、庚、壬、癸本同，《敦煌歌辭總編》校改作「性」。

〔四〇〕「逢」，甲、乙、丙、丁、戊、庚、壬、癸本同，己本作「成」，誤。

〔四一〕「成」，甲、乙、丙、戊、庚、壬、癸本同，己本作「城」，「城」爲「成」之借字。此句丁本脱。

〔四二〕第一個「是」，甲、乙、丙、丁、己、壬、癸本同，戊本作「事」，《敦煌遺書總目索引新編》校改作「事」，按「是」可用同「事」，不煩校改；「本」，戊、庚本同，甲本作「物」，誤，乙、丙、己、壬、癸本作「總」，丁本作「也」。

〔四三〕「煩」，戊、庚本同，甲、乙、丙、丁、己、壬、癸本作「凡」，均可通，《敦煌遺書總目索引新編》校改作「樊」，不必；「龍」，丁、戊、庚本同，己本作「聾」，當作「籠」，據甲、乙、丙、壬、癸本改，「龍」「聾」均爲「籠」之借字，《敦煌遺書總目索引新編》逕釋作「籠」。

〔四四〕「戀」，甲、丙、丁、己、庚、壬、癸本同，乙、戊本作「變」，誤；「娑」，甲、乙、丁、戊、己、庚、壬、癸本同，丙本作「波」，誤；「婆」，甲、乙、丁、戊、己、庚、壬、癸本同，丙本作「娑」，誤；「獨」，甲本作「燭」，當作「濁」，據乙、丙、丁、己、庚、壬、癸本改，「獨」「燭」均爲「濁」之借字，乙本作「惱」，《敦煌遺書總目索引新編》逕釋作「濁」；「惡」，甲、乙、丙、己、庚、壬、癸本同，丁本脱，戊本作「世」；「世」，甲、乙、丙、丁、己、壬、癸本同，戊本作「界」，庚本作「性」。

〔四五〕「遊」，當作「猶」，據甲、乙、丙、丁、戊、己、庚、壬、癸本改，「遊」爲「猶」之借字；「花」，乙、丁、戊、己、庚、壬、癸本同，甲本脱，丙本作「化」，「化」爲「花」之借字；「在」，甲、乙、丙、丁、戊、己、壬、癸本同，庚本脱；「於」，甲、丙、己、庚、癸本同，丁本原寫作「泋」，係「伊」涉下文「泥」而成之類化俗字，戊本作「意」，當作「淤」，據乙、壬本改，「於」「伊」「意」均爲「淤」之借字，《敦煌遺書總目索引新編》逕釋作「淤」。此句後，甲本有「十空讚文一卷」。

參考文獻

《敦煌韻文集》，高雄：佛教文化服務處，一九六五年，一一四至一一五頁（録）；《福井博士頌壽記念東洋文化論集》，早稻田大學出版部，一九六九年，一二一頁（録）；《敦煌寶藏》三三册，臺北：新文豐出版公司，一九八二年，三一八頁（圖）；《敦煌遺書總目索引》，北京：中華書局，一九八三年，一九一頁（録）；《敦煌歌辭總編》中册，上海古籍出版社，一九八七年，一一三二至一一四六頁（録）；《英藏敦煌文獻》五卷，成都：四川人民出版社，一九九二年，二三四頁（圖）；《英藏敦煌文獻》七卷，成都：四川人民出版社，一九九二年，二二九至二三〇頁（圖）；《英藏敦煌文獻》八卷，成都：四川人民出版社，一九九二年，三九頁（圖）；《俄藏敦煌文獻》七册，上海古籍出版社，一九九六年，二〇〇頁（圖）；《俄藏敦煌文獻》八册，上海古籍出版社，一九九七年，一一四頁（圖）；《敦煌遺書總目索引新編》，北京：中華書局，二〇〇〇年，一二三頁（録）；《敦煌石窟僧詩校釋》，香港和平圖書有限公司，二〇〇二年，二〇二至二〇三頁（録）；《法藏敦煌西域文獻》二八册，上海古籍出版社，二〇〇四年，二四二至二四三頁（圖）；《法藏敦煌西域文獻》三二册，上海古籍出版社，二〇〇五年，一七〇頁（圖）。

斯四〇三九　二　五臺山讃一本

釋文

五臺山讃一本〔一〕

道場屈請暫時間〔二〕，至心聽讃五臺山〔三〕。毒龍猶（雨）江（降）如（爲）大海〔四〕，文殊進（鎮）押不能返（翻）〔五〕。佛子〔六〕。

大（代）同（州）東北有五臺山〔七〕，其山高貴（廣）共天蓮（連）〔八〕。東臺望見瑠璃國〔九〕，西臺還見給孤園〔一〇〕。佛子〔一一〕。

大聖文殊鎮五臺〔一二〕，真（盡）是龍宫（種）想（上）如來〔一三〕。師子一吼三千界〔一四〕，五百個毒龍心暫（膽）摧〔一五〕。佛子〔一六〕。

東臺（岌）岌最清高〔一七〕，四方巡禮莫思（辭）勞〔一八〕。東望海水如灌（涫）長（漲）〔一九〕，風波泛浪水叨（滔）叨（滔）〔二〇〕。佛子〔二一〕。

叨（滔）叨（滔）海水無邊滿（畔）〔二二〕，辛（新）羅王子梵（泛）州（舟）來〔二三〕。不思（辭）白骨離鄉遠〔二四〕，萬理（里）將身禮五臺〔二五〕。佛子〔二六〕。

佛光寺裏不思議〔二七〕，瑪瑙珍珠青（砌）殿巷（基）〔二八〕。解脱和尚滅度後〔二九〕，結跏趺座喚（笑）儀（微）儀（微）〔三〇〕。佛子〔三一〕。

南臺窟裏甚可憎（增）〔三二〕，裏畔多少羅漢僧〔三三〕。吉祥聖鳥時時現〔三四〕，夜夜飛來點聖燈〔三五〕。佛子〔三六〕。

聖燈炎炎向前行〔三七〕，照曉靈山變（遍）地名（明）〔三八〕。此山多少靈尾（異）鳥〔三九〕，五臺十寺樂轟轟〔四〇〕。佛子〔四一〕。

南臺南劫（腳）靈境寺〔四二〕，靈境寺裏聖金剛〔四三〕。一萬菩薩聲讚歎〔四四〕，聖鍾不擊自然明（鳴）〔四五〕。佛子〔四六〕。

青（清）涼寺主（住）半山崖〔四七〕，千利（重）樓閣萬里（重）開〔四八〕。文殊菩薩聲〔讚〕歎〔四九〕，汝（如）若緣（雲）中花（化）出來〔五〇〕。佛子〔五一〕。

西臺嶮峻甚嵯峨〔五二〕，一萬菩薩變（遍）山頗（坡）〔五三〕。文殊長説維摩論〔五四〕，教花（化）衆生出奈何（河）〔五五〕。佛子〔五六〕。

北臺頂上有龍宮〔五七〕，雷聲極制（震）烈山林〔五八〕。娑竭羅龍王宮裏座〔五九〕，少龍王護法〔使〕風來〔六〇〕。佛子〔六一〕。

中臺頂上玉花池〔六二〕，寶殿行廓（廊）園（迨）迨（帀）帀（圍）〔六三〕。四面香〔花〕如金色〔六四〕，巡力（禮）諸（之）人皆願成〔六五〕。佛子〔六六〕。

大（代）州督（都）都（督）不信有文殊〔六七〕，（以下原缺文）

説明

此件首尾完整，背面接續正面抄寫，原未抄完，起首題『五臺山讚一本』，訖『大（代）州督（都）都（督）不信有文殊』。『五臺山讚』原有十八首詩，此件正面抄寫三首，其餘的接抄在背面，共抄寫了前十三首和『代州都督不信有文殊』一首的第一句。關於『五臺山讚』的創作年代，任半塘認爲是武周時期（參《敦煌歌辭總編》中册，八三一頁），杜斗城認爲在中晚唐以後（參《關於敦煌本〈五臺山讚〉與〈五臺山曲子〉的創作年代問題》，《敦煌學輯刊》一九八七年一期，五四頁）。

現知敦煌文獻中保存的『五臺山讚』共有三十件，杜斗城將其分爲四類，此件屬於甲類，是在道場講演的底本（參《敦煌五臺山文獻校録研究》，九五頁）。除此件外，現知此類《五臺山讚》還有二十一件，其中斯五五七三爲册子本，首尾完整，起首題『五臺山讚』，訖『無緣佛子逆風飄。佛子』；BD 六三一八（鹹十八）首尾完整，起首題『五臺山讚文』，訖『無緣佛子葦（逆）風顥（飄）。佛子』；BD 四五三五背（岡三十五）首尾完整，起『道場屈請暫時間』，訖『無緣佛子逆風飄』，但中間缺『中臺頂上玉花池』一首；伯四六二五首尾完整，起首題『五臺山讚』，訖『無緣佛子逆風漂（飄）。佛子』；斯四四二九首尾完整，起『道場屈請暫時間』，訖尾題『戊辰年六月四日蓮寺僧應祥、智得、智滿、智住持（？）』；斯五四八七首尾完整，起『佛子。道場屈請暫時間』，訖『無緣佛子逆風標（飄）』，但中間缺『佛光寺裏不思議』『中臺頂上玉花池』兩首；伯三五六三首缺尾全，起『至心聽讚五臺山』，訖

『無緣佛子逆風飄。佛子』；伯四五六〇爲册子本，首全尾缺，起『佛子。道場屈請暫時間』，訖『娑伽羅龍王宮裏坐小』；伯三八四三爲册子本，首全尾缺，起首題『五臺山讚文卷』，訖『不思白骨』；斯五四五六爲册子本，首全尾缺，起首題『五臺山讚文』，訖『風波泛浪水滔滔』；伯四六〇八背首尾均缺，起『南劫（腳）靈應寺』，訖『五色雲裏化金橋』；伯四六四七爲册子本，首缺尾全，起『龍護法助風來』，訖『無緣佛子逆風飄』；斯五四七三爲册子本，首尾均缺，起『燈聖燈焰焰向前行』，訖『化出地獄』；Дх 一二三三三 A 爲册子本，首全尾缺，中間殘缺亦甚，起『佛子。道場屈請暫時間』，訖『靈鏡寺』；Дх 一〇〇九爲册子本，首全尾缺，起首題『五臺山讚文』，訖『照了靈山』；Дх 二七八背爲經折裝，首全尾缺，起首題『伍（五）臺山讚文』，訖『西臺還見級抓國。佛子，大聖文殊師利菩薩』；斯一四五三背首全尾缺，起『佛子。道場屈請暫時間』，訖『文殊震壓不能』；伯四六二七背+伯四六四五背+伯五五四八背綴合後首全尾缺，起首題『五臺山讚文』，訖『無緣佛子逆風』；伯三八九七首缺尾全，原未抄完，存上下兩端殘片，法國國家圖書館已將其綴合於一處，但綴合有誤，起『吉祥聖鳥時時現』，訖『清涼寺主（住）半山崖』。伯四八〇五背起『離鄉遠』，訖『結伽夫坐笑』；BD 九〇九五背（二）起『道場屈請暫時間』，訖『西臺還見給故（孤）員（園）。佛子，大聖文殊師利菩薩』。

本書第六卷在對斯一四五三進行釋録時，曾以此件爲校本，但因該件僅抄録兩行，且只參校了三個文本，故此次釋録用全部同類文本參校。以上釋文以斯四〇三九爲底本，用斯五五七三（稱其爲甲本）、BD 六三一八（稱其爲乙本）、BD 四五三五背（稱其爲丙本）、伯四六二五（稱其爲丁本）、斯四四二九（稱其爲戊本）、斯五四八七（稱其爲己本）、伯三五六三（稱其爲庚本）、伯四五六〇（稱其爲辛本）、伯三八四三（稱其爲壬本）、斯五四五六（稱其爲癸本）、伯四六〇八背（稱其爲甲二本）、伯四六四七（稱其爲乙二本）、斯五四七三（稱其爲丙二本）、Дх二三三三A（稱其爲丁二本）、Дх一〇〇九（稱其爲戊二本）、Дх二七八背（稱其爲己二本）、斯一四五三背（稱其爲庚二本）、伯四六二七背+伯四六四五背+伯五五四八背（稱其爲辛二本）、伯三八九七（稱其爲壬二本）、伯四八〇五背（稱其爲癸二本）及BD九〇九五背（二）（稱其爲甲三本）參校。

校記

〔一〕『五』，甲、乙、丁、壬、癸、戊二本同，己二本作『伍』；『讚』，甲、丁本同，乙、壬、癸、戊二、己二、辛二本作『讚文』；『一本』，甲、乙、丁、癸、戊二、己二、辛二本無，壬本作『卷』。

〔二〕『屈』，甲、乙、丙、戊、己、辛、壬、癸、丁二、戊二、己二、庚二本同，丁、辛二本作『乞』；『暫』，甲、乙、丙、戊、己、辛、壬、癸、丁二、己二、庚二本同，丁本作『斬』，甲三本作『讚』，『斬』『讚』均爲『暫』之借字。此句前底本另有『道場屈請暫時間志』八字，筆跡一致，抄手發現『志』有誤後另起行重抄，不録；甲、乙、己、辛、壬、丁二、庚二、己二、辛二本前有『佛子』二字；丙本前有『道場屈請暫時間，至心聽讚伍臺山，其山高廣共天蓮，東臺望見瑠璃國』四句，應爲抄手抄誤後另起行重抄，故不視作該文本的組成部分。丙、戊、己、辛、丁二、庚二、甲三本始於此句。

〔三〕『至』，乙、丁、戊、己、辛、壬、癸、丁二、戊二、己二、庚二、辛二本同，甲、丙本作『志』；『山』，甲、乙、丙、丁、戊、己、庚、辛、壬、癸、丁二、戊二、己二本同，庚二本脱。庚本始於此句。

〔四〕『毒』，甲、丙、丁、戊、己、庚、辛、辛二本同，乙、壬、癸、戊二、己二、庚二本作『獨』，甲三本作『瀆』，

『獨』『瀆』均爲『毒』之借字；『龍』，甲、乙、丁、戊、己、辛、壬、癸、丁二、庚二、辛二本同，丙本作『隴』，『隴』爲『龍』之借字；『猶』，甲三本同，乙、壬、庚二本作『有』，己本作『遊』，癸、戊二、辛二本作『爲』，己二本作『已』，當作『雨』，據甲、丙、丁、戊、辛、丁二本改；『江』，己、甲三本同，丙、丁、辛二本作『講』，當作『降』，據甲、乙、戊、辛、壬、癸、丁二、戊二、己二、庚二本改，『江』『講』均爲『降』之借字；『如』，丙、戊、己、癸、辛二本同，辛本作『澍』，當作『爲』，據甲、乙、丁、壬、丁二、己二、庚二本改。

〔五〕『文』，甲、乙、丙、丁、戊、己、辛、壬、癸、戊二、己二、庚二、辛二本同，甲三本作『聞』，『聞』爲『文』之借字；『殊』，甲、丙、丁、戊、己、辛、壬、癸、戊二、己二、庚二、辛二本同，乙本作『珠』，『珠』爲『殊』之借字，甲三本作『飾』，誤；『進』，甲三本同，壬本脱，己二本作『振』，庚二本作『震』，當作『鎮』，據甲、乙、丙、丁、戊、己、辛、丁二、戊二本改，『振』『震』均爲『鎮』之借字；『押』，丙、丁、辛、壬、丁二、己二本同，甲、戊、癸、戊二、庚二本作『壓』，戊本作『厭』，乙、甲三本作『憑（？）』；『返』，丙本作『幡』，當作『翻』，據甲、乙、丁、戊、己、辛、壬、癸、丁二、戊二、己二、甲三本改，『返』『幡』均爲『翻』之借字，《敦煌五臺山文獻校録研究》釋作『迻』，誤。

〔六〕此句後丙、庚本有『大世文殊師利菩薩』，丁、戊、戊二、己二本有『大聖文殊師利菩薩，佛子』，癸本有『大聖文殊師利菩薩』，甲三本有『大姓須聞離菩薩』。

〔七〕『大』，乙、丙、丁、戊、己、庚、辛、壬、癸、丁二、戊二、己二、甲三本同，當作『代』，據甲本改，『大』爲『代』之借字；『同』，乙、丙、辛、壬、丁二、甲三本作『周』，當作『州』，據甲、丁、戊、己、庚、癸、戊二本改，『周』爲『州』之借字，《敦煌五臺山文獻校録研究》釋作『周』，誤；『有』，甲、乙、丁、戊、己、辛、壬、癸、己二、甲三本同，丙、庚、戊二本無；『山』，甲、乙、丙、丁、戊、己、庚、辛、壬、癸、丁二、戊二、己二、甲三本同，辛二本作『仙』，誤。

〔八〕『山』，甲、乙、丙、丁、己、辛、壬、癸、丁二、戊二、己二、甲三本同，戊本脱；『貴』，甲三本作『具（？）』，當作『廣』，據甲、乙、丙、丁、戊、己、辛、壬、癸、丁二、戊二、己二本改；『共』，甲、乙、丙、戊、己、辛、壬、丁二、甲三本同，丁本作『與』，癸、戊二本作『供』，『供』爲『共』之借字，己二本作『已』，『已』爲『與』之借字；『天』，甲、乙、丙、丁、戊、己、辛、癸、丁二、己二本同，壬本作『雲』；『蓮』，丙、甲三本同，當作『連』，據甲、乙、丁、戊、己、辛、癸、戊二、己二本改，『蓮』爲『連』之借字，《敦煌五臺山文獻校録研究》逕釋作『連』。

〔九〕『東』，甲、乙、丙、丁、戊、己、辛、丁二、戊二、己二本同，壬本作『東東』，第二個『東』係衍文，當删，甲三本脱；『臺』，甲、乙、丙、丁、戊、己、辛、壬、丁二、戊二、己二本同，癸本脱，甲三本作『大』，誤；『望』，甲、乙、丙、戊、己、辛、壬、癸、丁二、戊二、己二本同，丁本作『往』，『往』爲『望』之借字，甲三本作『授』，誤；『瑠』，甲、乙、丙、丁、庚、壬、癸、戊二、己二、甲三本同，戊、己、辛、丁二本作『琉』；『璃』，甲、丙、丁、己、庚、壬、癸、戊二、己二本同，乙、戊、辛、丁二、甲三本作『離』，均可通。

〔一〇〕『給』，甲、乙、丙、丁、戊、庚、壬、癸、丁二、戊二、辛二本同，己本作『及』，己二本作『級』，辛本作『絡』，均誤；『孤』，甲、乙、丙、丁、戊、己、庚、辛、壬、癸、丁二、戊二、己二、辛二本同，甲三本作『故』，『故』爲『孤』之借字；『園』，甲、丙、丁、戊、辛、癸、丁二、戊二本同，乙、壬本作『圓』，甲三本作『員』，『圓』『員』均爲『園』之借字，己二本作『國』，誤。

〔一一〕此句後丁、戊、戊二本有『大聖文殊師利菩薩，佛子』，己二本有『大聖文殊師利菩薩』，甲三本有『大姓須聞離菩薩』。甲三本止於此句。

〔一二〕『殊』，甲、丙、丁、戊、己、辛、壬、癸、戊二本同，乙本作『珠』，『珠』爲『殊』之借字。

〔一三〕『真』，己本同，當作『盡』，據甲、乙、丙、丁、戊、辛、壬、癸、丁二、戊二本改；『宫』，丙、己、癸、戊二本同，乙、壬本作『重』，丁、庚、辛、丁二本作『衆』，當作『種』，據甲、戊本改，『重』『衆』均爲『種』之借字；『想』，丙本同，丁本作『尚』，己本作『相』，當作『上』，據甲、乙、戊、庚、辛、壬、癸、丁二、戊二本改，『尚』通『上』。

〔一四〕『一』，甲、丙、丁、戊、己、庚、辛、癸、丁二本同，乙、壬、戊二、辛二本作『壹』；『吼』，甲、乙、丙、丁、戊、己、庚、辛、壬、癸、丁二、戊二、辛二本同，《敦煌五臺山文獻校録研究》釋作『孔』，誤。

〔一五〕『個』，乙、丙、己、戊二本同，甲、丁、戊、庚、辛、壬、癸、丁二本無；『毒』，甲、丙、丁、戊、己、辛本同，乙、壬、癸、戊二本作『獨』，『獨』爲『毒』之借字；『暫』，丁本作『擔』，當作『贍』，據甲、乙、丙、戊、己、庚、辛、壬、癸、戊二、辛二本改，『暫』『擔』均爲『贍』之借字；『摧』，甲、乙、丙、戊、己、庚、辛、壬、癸、丁二、戊二、辛二本同，丁本作『催』，『催』爲『摧』之借字。

〔一六〕『佛子』，甲、乙、丁、戊、己、辛、壬、癸、丁二、辛二本同，丙、戊二本無。此句後丁、戊本有『大聖文殊師利菩薩，佛子』。

〔一七〕第一個『岌』，底本有一字空白，據乙、丁、己、庚、辛、壬、癸、戊二本補，甲、戊本作『豔』，丙本作『[口岌]』；第二個『岌』，乙、丁、己、庚、辛、癸本同，甲、戊本作『豔』，丙本作『[口岌]』，爲『岌』之借字，壬本脱，《敦煌五臺山文獻校録研究》未能釋讀；『清』，甲、乙、丙、丁、戊、庚、壬、癸、戊二本同，己、丁二本作『青』，『青』爲『清』之借字，辛本作『責』，誤。

〔一八〕『禮』，己、辛、丁二本同，甲、丁、戊、庚本作『歷』，乙、丙、壬、癸、戊二本作『力』，『歷』『力』均爲『禮』之借字；『思』，乙、己本同，丙、壬、癸、戊二本作『司』，當作『辭』，據甲、丁、戊、庚、辛、丁二本改，『思』『司』均爲『辭』之借字。

〔一九〕『望』，甲、乙、丙、戊、己、庚、辛、壬、癸、丁二本同，丁本作『往』，『往』爲『望』之借字，辛二本作

『邊』，誤；『灌』，丙本同，乙、丁、己、辛、壬、癸、丁二、戊二、辛二本作『觀』，當作『涫』，據甲、戊、庚本改，『灌』『觀』均爲『涫』之借字；『長』，乙、壬、戊二本同，丙本作『障』，丁、辛、丁二本作『掌』，己本作『漿』，當作『漲』，據甲、戊、庚本改，『長』『障』『掌』均爲『漲』之借字。

〔二〇〕『波』，甲、乙、丁、戊、己、庚、辛、壬、丁二、戊二本同，丙本作『被』；『泛』，甲、丙、丁、戊、庚、辛、丁二本同，乙、壬、戊二本作『飯』，己本作『返』，『飯』『返』均爲『泛』之借字；『浪』，甲、丙、丁、戊、己、庚、壬本同，乙本作『朖』，戊二本作『朗』，『朖』『朗』均爲『浪』之借字；『水』，甲、乙、丙、丁、戊、己、庚、辛、壬、癸本同，丙本原寫作『氷』，係涉下文『滔』而成之類化俗字，丁二本脱；『叨叨』，乙、壬本作『翹翹』，當作『滔滔』，據甲、丙、戊、己、庚、辛、癸、丁二本改，『叨』爲『滔』之借字，丁本作『濤濤』，亦可通。癸本止於此句。

〔二一〕『佛子』，甲、乙、丁、戊、己、庚、辛、壬、丁二本同，丙本無。此句後丁本有『大聖文殊師利菩薩，佛子』，戊本有『大聖文殊師利菩薩，佛』。

〔二二〕『叨叨』，乙、壬、戊二本作『翹翹』，當作『滔滔』，據甲、丙、己、庚、辛、丁二本改，『叨』爲『滔』之借字，丁、戊本作『濤濤』，亦可通；『滿』，己本同，丙本作『半』，辛二本作『伴』，當作『畔』，據甲、乙、丁、戊、庚、辛、壬、丁二、戊二本改，『半』『伴』均爲『畔』之借字。

〔二三〕『辛』，丙、己本作『身』，當作『新』，據甲、乙、丁、戊、庚、辛、壬、丁二、戊二本改，『身』『辛』均爲『新』之借字；『子』，甲、乙、丙、丁、己、庚、辛、壬本同，戊本脱；『梵』，乙、壬本同，辛、丁二本作『范』，當作『泛』，據甲、丙、丁、戊、己、庚本改，『梵』『范』均爲『泛』之借字；『州』，丁、己、辛、丁二本同，當作『舟』，據甲、丙、戊、庚本改，『州』爲『舟』之借字，乙、壬、戊二本作『周』，『周』通『舟』。

〔二四〕『思』，乙、丙、己、壬、戊二本同，當作『辭』，據甲、丁、戊、庚、辛、丁二本改，『思』爲『辭』之借字；

『離』，甲、乙、丁、戊、己、庚、辛、丁二、戊二本同，丙本作『里』，『里』爲『離』之借字；『鄉』，甲、乙、戊、己、庚、辛、丁二、戊二、癸二本同，丙、丁本作『香』，『香』爲『鄉』之借字；『遠』，甲、乙、丁、戊、己、庚、辛、丁二、戊二、癸二本同，丙本作『園』，『園』爲『遠』之借字。壬本止於此句之『骨』字。癸二本始於此句。

〔二五〕『理』，戊、己本同，當作『里』，據甲、乙、丙、丁、庚、辛、丁二、癸二本改，『理』爲『里』之借字，《敦煌五臺山文獻校録研究》逕釋作『里』；『身』，甲、丙、戊、己、庚、戊二、癸二本同，乙、丁、辛、丁二本作『心』。

〔二六〕『佛子』，甲、乙、丙、丁、戊、己、辛、丁二本同，庚、戊二本無。此句後丁、戊本有『大聖文殊師利菩薩，佛子』，癸二本有『菩薩，佛子』。

〔二七〕『裏』，甲、乙、丙、丁、戊、庚、辛、甲二、丙二、丁二本同，癸二本作『利』，『利』爲『裏』之借字；『思』，甲、乙、丁、戊、庚、辛、甲二、丙二、丁二本同，丙本作『司』，『司』爲『思』之借字；『議』，甲、戊、庚、辛、甲二、丙二、丁二本同，丙本作『疑』，乙、丁本作『儀』，『疑』『儀』均爲『議』之借字。此首讚詩，己本無，在甲、丙、戊、庚、甲二、丙二本中位於『西臺嶮峻甚嵯峨』讚詩之後，在乙、丁、辛、丁二、癸二本中位於『南臺南腳靈境寺』讚詩之後。

〔二八〕『瑪』，辛、丙二、丁二本同，甲、乙、丙、丁、戊、庚、甲二本作『馬』，均可通；『瑙』，丁、辛、甲二、丙二、丁二本同，甲、庚本作『腦』，乙、丙、戊本作『惱』，均可通；『珍』，丙、戊、辛、甲二、丙二、丁二本同，甲、乙、丁、庚本作『真』，均可通；『青』，甲、戊、庚、甲二、丙二本同，乙、丙、丁本作『清』，當作『砌』，據辛、丁二本改；『殿』，甲、丙、丁、戊、庚、辛、甲二、丙二、丁二本同，乙本作『電』，『電』爲『殿』之借字；『巷』，乙本作『羈』，丙、丁本作『其』，當作『基』，據甲、戊、庚、辛、甲二、丙二、丁二本改，『羈』『其』均爲『基』之借字，《敦煌五臺山文獻校録研究》逕釋作『基』。

〔二九〕『尚』，甲、乙、丙、丁、戊、己、庚、甲二、丙二、丁二本同，辛本作『上』，均可通；『度』，甲、丙、丁、戊、己、庚、辛、甲二、丙二、丁二、癸二本同，乙本作『慶』，誤。

〔三〇〕『結』，甲、乙、丙、丁、戊、己、庚、甲二、丙二、癸二本同，辛、丁二本作『洁』，『洁』爲『結』之借字；『跏』，底本原寫作『[糹加]』，係涉上文『結』而成之類化俗字，甲、丙、丁、戊、庚、辛、丙二本同，乙本作『家』，癸二本作『伽』，『家』『伽』均爲『跏』之借字；『趺』，甲、乙、丙、戊、庚、辛、甲二、丙二、丁二本同，丁、癸二本作『夫』，『夫』爲『趺』之借字；『座』，甲、丁、庚、甲二、丙二本同，乙、丙、戊、辛、癸二本作『坐』，『座』有『坐』義；『唤』，乙、丁本作『小』，當作『笑』，據甲、丙、戊、庚、辛、甲二、丙二、丁二本改，『小』爲『笑』之借字；『儀儀』，甲、丙、庚、甲二本作『疑疑』，乙本作『宜宜』，丁本作『爲爲』，戊本作『疑』，丙二本作『議議』，當作『微微』，據辛、丁二本改。

〔三一〕『佛子』，甲、乙、丙、丁、戊、己、庚、辛本同，丙二本無。此句後丁、戊本有『大聖文殊師利菩薩，佛子』，甲二本有『大聖文殊師利菩薩』。

〔三二〕『裏』，甲、乙、丁、戊、庚、辛、戊二本同，丙本作『灑』，己本作『令』，『令』爲『裏』之借字，癸二本脱；『僧』，丁、己本同，丙本作『尊』，當作『增』，據甲、乙、庚、辛、丁二、戊二本改，『僧』爲『增』之借字，戊本脱。

〔三三〕『裏』，乙、丙、丁、己、辛本同，甲、戊、庚本作『迺』，誤，戊二本作『理』，『理』爲『裏』之借字；『畔』，辛本同，甲、戊、庚本作『池』，乙本作『以』，均誤，丙、己本作『伴』，『伴』爲『畔』之借字，丁本作『許』，誤，戊二本作『有』；『少』，乙、丙、戊、己、戊二本同，甲、丁、庚本作『饒』，『饒』爲『少』之借字，辛、丁二本作『有』。

〔三四〕『祥』，甲、乙、戊、己、庚、辛、丁二、戊二、壬二本同，丙本作『相』，丁本作『詳』，『相』『詳』均爲『祥』之借字；『聖』，甲、乙、丁、戊、己、庚、辛、丁二、戊二、壬二本同，丙本作『世』，『世』爲『聖』之借字；『鳥』，甲、乙、丁、戊、己、辛、丁二、戊二、癸二本同，丙本作『鳥果』；『現』，乙、丙、丁、戊、己、庚、辛、戊二、癸二本同，甲本作『見』。

〔三五〕第二個『夜』，甲、乙、丙、丁、己、庚、辛、戊二、癸二本同，戊本脱；『飛』，甲、乙、丙、丁、戊、己、庚、辛、戊二本同，丁二、癸二本作『非』，『非』爲『飛』之借字；『聖』，甲、乙、丁、戊、己、庚、辛、戊二、丁二本同，丙本作『世』，『世』爲『聖』之借字；『燈』，甲、乙、丙、丁、戊、己、庚、辛、丙二、戊二本同，丁二本作『登』，『登』爲『燈』之借字。丙二本始於此句之『燈』字。

〔三六〕『佛子』，甲、乙、丁、戊、己、庚、辛、丁二本同，丙、丙二、戊二本無。此句後丁、戊本有『大聖文殊師利菩薩，佛子』。

〔三七〕『聖』，甲、乙、丁、戊、辛、丙二、丁二、戊二本同，丙本作『世』，『世』爲『聖』之借字，己本脱；『炎炎』，乙、丙、辛、丁二、戊二本同，甲、丁、戊、己、庚、丙二本作『焰焰』；『向』，甲、丙、丁、戊、己、辛、丙二、丁二、癸二本同，乙、戊二本作『響』，『響』可用同『嚮』。

〔三八〕『曉』，甲、丙、戊本作『耀』，乙、己、戊二本作『了』，丁、庚、辛、丙二、丁二、壬二、癸二本作『曜』；『靈』，甲、乙、丙、丁、戊、己、庚、辛、丙二、丁二、戊二本同，壬二、癸二本作『令』，『令』爲『靈』之借字；『變』，丙本同，當作『遍』，據甲、乙、丁、戊、庚、辛、丙二、丁二、癸二本改，『變』爲『遍』之借字；『名』，丙本同，丁本脱，當作『明』，據甲、乙、戊、庚、辛、丙二、丁二本改，『名』爲『明』之借字。『靈山邊地明。此山多少』九字，己本無。戊二本止於此句之『山』字。

〔三九〕『此』，乙、丁、辛、丙二、丁二本同，甲、丙、戊、庚本作『四』，『四』爲『此』之借字，《敦煌五臺山文獻校録研究》釋作『北』，誤；『少』，丙本同，甲、丁、庚、辛、丁二本作『饒』，乙本作『繞』，『饒』『繞』均爲『少』之借字，戊本作『少饒』，『饒』係衍文，當删，丙二本作『山饒』，『山』係衍文，當删；『靈』，乙、丁、己、辛、丙二、丁二本同，甲、丙、戊、庚本作『吉』；『尾』，乙本同，己本作『理』，當作『異』，據丁、辛、丙二、丁二本改，甲、丙、戊、庚本作『祥』。

〔四〇〕『十』，甲、丙、丁、戊、己、庚、辛、丙二、丁二本同，乙本作『什』，『什』同『十』；『寺』，丙、丁、戊、庚、辛、丙二、丁二本同，甲、乙本作『四』，己本作『字』，『四』『字』均爲『寺』之借字；『樂』，甲、乙、丁、戊、己、庚、辛、丙二、丁二、壬二本同，丙本作『落』，『落』爲『樂』之借字；『轟轟』，甲、乙、丁、戊、己、庚、辛、丙二、丁二、壬二本同，丙本作『横横』，『横』爲『轟』之借字。

〔四一〕『佛子』，甲、乙、丙、丁、戊、己、庚、辛、丁二、壬二本同，丙二本無。此句後丁、戊本有『大聖文殊師利菩薩，佛子』，癸二本有『大聖文殊善（師）利』。

〔四二〕『臺』，甲、乙、丁、戊、己、庚、辛、丙二、丁二、壬二本同，丙本作『臺南臺』；第二個『南』，甲、乙、丙、丁、戊、己、庚、辛、丙二、丁二、壬二本同，《敦煌五臺山文獻校録研究》釋作『山』，誤；『刼』，乙、丙、甲二本同，甲、戊、庚、丙二、壬二本作『級』，己本脱，辛本作『煩』，當作『脚』，據丁、丁二本改；『境』，甲、丙、戊、庚、甲二、丙二本作『應』，乙、辛本作『鏡』，丁、己本作『敬』，壬二本作『竟』，『鏡』『敬』『竟』均爲『境』之借字。甲二本始於此句之『南刼（脚）』之『南』字。此首讚詩己本位於『清涼寺住半山崖』讚詩之後。

〔四三〕『境』，甲、丙、戊、庚、甲二、丙二本作『應』，乙、辛、丁二本作『鏡』，丁、己本作『敬』，壬二本作『竟』，『鏡』『敬』『竟』均爲『境』之借字；『裏』，甲、乙、丙、丁、戊、庚、辛、甲二、丙二、壬二本同，己本作『令』，『令』爲『裏』之借字；『剛』，甲、乙、丁、戊、己、庚、辛、甲二、丙二、壬二本同，丙、丁二、癸二本作『光』。

〔四四〕『一萬』，甲、乙、丁、戊、己、庚、辛、甲二、丙二、丁二、壬二本同，丙本作『文殊』；『聲』，甲、乙、丙、丁、戊、己、庚、甲二、丙二、壬二本同，辛、丁二本作『誠』。

〔四五〕『鍾』，甲、丙、己、庚、辛、甲二、丙二、丁二本同，乙本作『忠』，丁本作『中』，戊、壬二本作『種』，『忠』『中』『種』均爲『鐘』之借字；『擊』，甲、乙、丙、丁、戊、己、庚、甲二、丙二、壬二本同，辛、丁二本作『揵』；『明』，丙、戊本同，乙、壬二本作『名』，丙二本脱，當作『鳴』，據甲、丁、己、庚、辛、甲二、丁二本改，『明』『名』均爲『鳴』之借字。

〔四六〕『佛子』，甲、乙、丙、丁、戊、己、庚、辛、甲二、壬二本同，丙二本無。此句後丁本有『大聖文殊師利菩薩，佛子』，戊本作『大聖文殊師利菩薩，佛』，甲二本作『大聖文殊師利菩薩』；己本有『金剛窟令（裏）蜜（密）流泉』讚詩。

〔四七〕『青』，當作『清』，據甲、乙、丙、丁、戊、己、庚、辛、甲二、丙二、丁二、壬二本改，『青』爲『清』之借字，《敦煌五臺山文獻校録研究》逕釋作『清』；『涼』，甲、乙、丁、戊、己、庚、辛、甲二、丙二、丁二、壬二本同，丙本作『梁』，『梁』爲『涼』之借字；『主』，乙、丙、己、甲二、丙二、壬二本同，甲、戊本作『裏』，庚本脱，當作『住』，據丁、辛、丁二本改；『半』，乙、丁、辛本同，甲、庚、甲二、丙二本作『遍』，『遍』爲『半』之借字，丙本作『讚歎變』、己本作『慱』，均誤，戊本脱；『崖』，甲、乙、丙、丁、己、庚、辛、丙二本同，戊本作『摧』，甲二、丁二本作『催』，均誤。此首讚詩，在己本中位於『西臺嶮峻甚嵯峨』讚詩之後，在辛、丁二本中位於『佛光寺裏不思議』讚詩之後。

〔四八〕『利』，戊本作『種』，當作『重』，據甲、乙、丙、丁、己、庚、辛、甲二、丙二、丁二本改，『種』爲『重』之借字；『樓』，甲、乙、丙、戊、己、庚、辛、甲二、丙二、丁二本同，丁本作『數』，《敦煌五臺山文獻校録研究》釋作『閣』，均誤；『閣』，甲、乙、丙、丁、己、庚、辛、甲二、丙一、丁二本同，戊本作『各』，『各』爲『閣』之借字，《敦煌五臺山文獻校録研究》釋作『樓』，誤；『里』，丁本作『衆』，辛本作『種』，當作『重』，據甲、乙、丙、戊、己、庚、甲二、丙二、丁二本改，『衆』『種』均爲『重』之借字，《敦煌五臺山文獻校録研究》釋作『里里』，按底本原寫作『黑里』，『黑』已卜煞。

〔四九〕『文』，甲、乙、丙、戊、庚、辛、甲二、丙二、丁二本同，丁、己本作『　』；『殊』，甲、乙、丙、戊、辛、甲二、丙二、丁二本同，丁、己本作『萬』，庚本作『雍』，誤；『聲』，甲、乙、丙、丁、戊、己、庚、甲二、丙二本同，辛、丁二本作『誠』；『讚』，甲二本亦脱，據甲、乙、丙、丁、戊、己、庚、辛、丙二本補。

〔五〇〕『汝』，甲、丙、戊、甲二、丙二本作『恰』，乙本作『耳』，己本作『合』，庚本作『伶』，當作『如』，據丁、辛、丁二本改，『汝』爲『如』之借字；『若』，乙、丁、辛本同，甲、戊、己、庚、甲二、丙二本作『似』，丙本作『寺』，『寺』爲『似』之借字；『緣』，當作『雲』，據甲、乙、丙、丁、戊、己、庚、辛、甲二、丙二、丁二本改；『中』，甲、乙、丁、戊、己、庚、辛、甲二、丙二、丁二本同，丙本作『忠』，『忠』爲『中』之借字；『花』，當作『化』，據甲、乙、丙、丁、戊、己、庚、辛、甲二、丙二、丁二本改，『花』爲『化』之借字；『出』，甲、乙、丙、丁、庚、辛、甲二、丙二、丁二本同，己本作『生』，戊本脱。

〔五一〕『佛子』，甲、乙、丙、丁、戊、辛、甲二、丁二本同，庚、丙二本無。此句後丁、戊本有『大聖文殊師利菩薩，佛子』，甲二本有『文殊師利菩薩』。

〔五二〕『西』，甲、丙、丁、戊、己、庚、辛、甲二、丙二、丁二本同，乙本作『東』，誤；『嶮』，甲、乙、丙、丁、戊、庚、辛、甲二、丙二本同，己本作『嶝』，《敦煌五臺山文獻校録研究》釋作『險』，均誤；『嵯』，甲、丁、戊、己、庚、辛、甲二、丙二、丁二本同，乙本作『蹉』，『蹉』爲『嵯』之借字，丙本作『左』，誤；『峨』，甲、丁、戊、己、庚、辛、甲二、丙二、丁二本同，乙本作『䟢』，丙木作『俄』，『䟢』『俄』均爲『峨』之借字。

〔五三〕『變』，丙、丁本同，當作『遍』，據甲、乙、戊、己、庚、辛、甲二、丙二本改，『變』爲『遍』之借字；『頗』，乙本作『泊』，丙本作『波波，佛子』，辛、丙二本作『波』，當作『坡』，據甲、丁、戊、己、庚、甲二本改，『泊』『波』均爲『坡』之借字。

〔五四〕『文』，甲、乙、丙、丁、戊、庚、辛、甲二、丙二本同，己本作『大』；『殊』，甲、乙、丙、丁、戊、辛、甲二、丙二本同，己本作『聖』，庚本作『雅』，誤；『長』，甲、乙、丁、戊、己、庚、辛、甲二、丙二本同，丙本作『場』，『場』爲『長』之借字；『説』，甲、乙、丙二本同，丁、辛本作『講』，戊本作『與』，己本作『養』，戊、己本誤，丙、庚、甲二本作『有』，亦誤；『維』，甲、丁、戊、己、辛、甲二、丙二本同，乙、丙本作『唯』，『唯』爲『維』之借字；『摩』，甲、丁、戊、甲二、丙二本同，乙、庚、辛本作『磨』，『磨』爲『摩』之借字，丙本作『麾』，己本作『伽』，誤；『論』，甲、乙、丁、己、辛、丙二本同，丙本作『吉』，戊、庚本作『詰』，甲二本作『結』，『吉』『結』均爲『詰』之借字。

〔五五〕『教』，甲、乙、丙、丁、戊、庚、辛、甲二、丙二本同，己本作『勸』；『花』，當作『化』，據甲、乙、丙、丁、戊、己、庚、辛、甲二、丙二本改，『花』爲『化』之借字；『衆』，甲、乙、丁、戊、己、庚、辛、甲二、丙二本同，丙本作『種』，『種』爲『衆』之借字；『奈』，甲、丙、戊、己、庚、辛、甲二、丙二本同，乙、丁本作『乃』，『乃』爲『奈』之借字；『何』，甲、乙本同，當作『河』，據丙、丁、戊、己、庚、辛、甲二、丙二本改，『何』爲『河』之借字。

〔五六〕『佛子』，甲、乙、丙、丁、戊、己、辛、甲二、丁二本同，庚、丙二本無。此句後丁、戊本有『大聖文殊師利菩薩，佛子』，甲二本有『大聖文殊師利菩薩』。

〔五七〕『頂』，甲、乙、丁、戊、己、庚、辛、甲二本同，丙本作『帝』，『帝』爲『頂』之借字；『宮』，甲、丙、丁、戊、己、庚、辛、甲二本同，乙本作『弓』，『弓』爲『宫』之借字。此首讚詩與下首『中臺頂上玉花池』讚詩的順序，在甲、丁、戊、庚、甲二本中正好顛倒；此首讚詩在丙、己本中位於『大（代）州都督不信敬有文殊』讚詩之後。

〔五八〕『聲』，甲、乙、丙、丁、戊、庚、辛、甲二本同，己本作『鳴』；『極』，丁、己本同，甲、戊、庚、甲二本作『曲』，乙本作『及』，『及』爲『極』之借字，丙本作『出』，辛本作『擊』；『制』，乙本作『濟』，己本作『大』，當作『震』，據甲、丁、戊、庚、辛、甲二本改，丙本作『鎮』；『烈』，甲、丙、庚、甲二本同，乙、丁本作『列』，己、辛本作『裂』，『烈』通『裂』，『列』有『裂』義，戊本脱。

〔五九〕『竭』，甲、丙、戊、庚、甲二本同，乙本作『楬』，丁、辛本作『伽』，己本作『結』，『楬』『結』均爲『竭』之借字；『羅』，甲、乙、丙、丁、戊、庚、辛、甲二本同，己本作『陀』；『宫』，甲、丙、丁、己、庚、辛、甲二本同，乙本作『弓』，『弓』爲『宫』之借字；『裏』，甲、乙、丙、庚、辛、甲二本同，己本作『令』，丁本脱；『座』，己本同，甲、乙、丙、丁、戊、庚、辛、甲二、辛二本作『坐』，『座』通『坐』。

〔六〇〕『少』，甲、乙、丙、丁、戊、己、甲二、乙二、辛二本同，庚、辛、甲二本作『小』，『小』通『少』；『王』，甲、丙、己、甲二本同，乙、丁、戊、庚、乙二、辛二本脱；『護』，乙、丁、戊、己、甲二、乙二、辛二本同，丙、庚本作『悟』，甲本脱；『使』，據甲、丁、戊、庚、甲二、辛二本補，乙、丙本作『所』，己本作『是』，『所』『是』均爲『使』之借字，乙二本作『助』；『風』，乙、丙、丁、庚、甲二、乙二本同，甲、戊、己本作『雷』；『來』，乙、乙二本同，甲、戊、己本作『風』，丙、庚、甲二本作『雷』，丁本作『雪』，誤。乙二本始於此句之『龍』字。辛本止於此句之『少』字。

〔六一〕此句後丁本有『大聖文殊師利菩薩，佛子』，戊本作『大聖文殊師利菩薩』，甲二本有『大聖文殊師利菩薩』。

〔六二〕此首讚詩丙、己本無。

〔六三〕『殿』，甲、丁、戊、庚、甲二、乙二本同，乙本作『電』，『電』爲『殿』之借字；『行』，甲、乙、丙、丁、庚、甲二、乙二本同，戊本脱；『廓』，甲二本同，乙本作『郎』，丁本作『良』，當作『廊』，據甲、戊、庚本改，『郎』『良』均爲『廊』之借字；『園』，乙本作『檻』，丁本作『合』，乙二本作『礚』，當作『迨』，據甲、戊、庚本改，『合』爲『迨』之借字；『迨』，甲二本同，當作『匝』，據甲、乙、丁、戊、庚、乙二本改；『匝』，甲本作『違』，乙、丁、戊本作『爲』，當作『圍』，據庚、甲二、乙二本改，『爲』『違』均爲『圍』之借字。

〔六四〕『四』，甲、乙、丁、戊、庚、甲二、乙二本同，《敦煌五臺山文獻校録研究》未能釋讀；『花』，據甲、乙、丁、庚、甲二、乙二本補，戊本作『化』，『化』爲『花』之借字；『金』，甲、乙、丁、戊、庚、乙二本同，甲二本作『遍』，誤。

〔六五〕『力』，乙、丁、戊、庚本同，甲二、乙二本作『歷』，當作『禮』，據甲本改，『力』『歷』均爲『禮』之借字；『諸』，戊本同，當作『之』，據甲、乙、丁、庚、甲二、乙二本改，『諸』爲『之』之借字；『願成』，乙、戊本同，甲、丁、庚、甲二、乙二本作『發心』。

〔六六〕此句後丁本有『大聖文殊師利菩薩，佛子』，戊本有『大聖文殊師利菩薩』，甲二本有『大聖文殊師利菩薩』。

〔六七〕『大』，乙、丙、丁、戊、己、甲二、丙二本同，當作『代』，據甲、庚、乙二本改，『大』爲『代』之借字；『督』，當作『都』，據甲、乙、丙、丁、戊、己、庚、甲二、乙二、内二本改，『督』爲『都』之借字，《敦煌五臺山文獻校録研究》未能釋讀；『都』，乙本作『篤』，戊、丙二本作『頻』，當作『督』，據甲、丙、丁、己、庚、甲二、乙二本改，『都』『篤』均爲『督』之借字；『信』，甲、乙、丙、丁、戊、庚、甲二、乙二、丙二本同，己本作『信敬』；『殊』，甲、乙、丙、丁、戊、己、庚、甲二本同，乙二本脱，丙二本作『珠』，『珠』爲『殊』之借字。此首讚詩在甲、丙、戊、庚、甲二、丙二本中位於『佛光寺裏不思議』讚詩之後，在己本中位於『金剛窟令（裏）蜜（密）流泉』讚詩之後。

參考文獻

《敦煌韻文集》，高雄：佛教文化服務處，一九六五年，一一六至一一八頁（録）；《敦煌寳藏》三三册，臺北：新文豐出版公司，一九八二年，三一九頁（圖）；《敦煌學輯刊》一九八七年一期，五四頁；《敦煌歌辭總編》中册，上海古籍出版社，一九八七年，八二九至八六九頁（録）；《英藏敦煌文獻》三卷，成都：四川人民出版社，一九九〇年，六二頁（圖）；《敦煌五臺山文獻校録研究》，太原：山西人民出版社，一九九一年，一七至二〇頁（録）；《英藏敦煌文獻》五卷，成都：四川人民出版社，一九九二年，二三四頁（圖）；《英藏敦煌文獻》六卷，成都：四川人民出版社，一九九二年，六五頁（圖）；《英藏敦煌文獻》七卷，成都：四川人民出版社，一九九二年，一四六至一四七、一九六至一九七頁（圖）；《英藏敦煌文獻》八卷，成都：四川人民出版社，一九九二年，五四至五五頁（圖）；《敦煌佛學·佛事篇》，蘭州：甘肅民族出版社，一九九五年，二二四至二三五頁；《俄藏敦煌文獻》六卷，上海古籍出版社，一九九六年，一七四頁（圖）；《俄藏敦煌文獻》七卷，上海古籍出版社，一九九六年，一六五至二六六頁（圖）；《俄藏敦煌文獻》九卷，上海古籍出版社，一九九八年，一四九至一五二頁（圖）；《敦煌石窟僧詩校釋》，香港和平圖書出版有限公司，二〇〇二年，二一二至二二二頁（録）；《法藏敦煌西域文獻》二五册，上海古籍出版社，二〇〇二年，三三一頁（圖）；《法藏敦煌西域文獻》二八册，上海古籍出版社，二〇〇四年，三四四至三四五頁（圖）；《法藏敦煌西域文獻》三三册，上海古籍出版社，二〇〇五年，六八至七〇、一七一、一九九至二〇〇頁（圖）；《法藏敦煌西域文獻》三三册，上海古籍出版社，二〇〇五年，一、一九〇頁（圖）；《全敦煌詩》一四册，北京：作家出版社，二〇〇六年，六五八〇至六五九七頁；《國家圖書館藏敦煌遺書》六二册，北京圖書館出版社，二〇〇七年，八九至九〇頁（圖）；《國家圖書館藏敦煌遺書》八六册，北京圖書館出版社，二〇〇八年，一六二至一六三頁（圖）；《國家圖書館藏敦煌遺書》一〇五册，北京圖書館出版社，二〇〇八年，四頁（圖）。

斯四〇四〇背　　雜寫（使檢校吏部尚書兼御史大夫等）

釋文

東壁
（中空數行）
舍利
復有衆生　何生没
勑歸義軍節度使
使檢校吏部尚書兼御史大夫
（中空數行）
復
位佐輔弼

説明

以上文字爲時人隨手寫於佛經卷背，筆跡不一，非一時一人所寫。後四行爲倒書。《英藏敦煌文獻》所收圖版不全，現予增收。

參考文獻

《敦煌寶藏》三三册，臺北：新文豐出版公司，一九八二年，三二三至三二四頁（圖）；《英藏敦煌文獻》五卷，成都：四川人民出版社，一九九二年，二三五頁（圖）。

斯四〇四七背　雜寫（社司轉帖等）

釋文

社司轉帖：右緣常年春座局

社司　轉帖：右緣

我如來大師

説明

以上三行文字被分別裁成小條，用於裱補《佛名經》，粘貼於該經卷背。《英藏敦煌文獻》所收圖版不全，現予增收。

參考文獻

《敦煌寶藏》三三册，臺北：新文豐出版公司，一九八二年，三六二頁（圖）；《英藏敦煌文獻》五卷，成都：四川人民出版社，一九九二年，二三五頁（圖）。

斯四〇四八　佛説無量壽宗要經題記

釋文

氾子昇〔一〕。

説明

此件《英藏敦煌文獻》未收，現予增收。

校記

〔一〕『氾』，《敦煌遺書總目索引新編》漏録。

參考文獻

Descriptive Catalogue of the Chinese Manuscripts from Tunhuang in the British Museum, The Trustees of the British Museum, London 1957, p. 147（録）；《敦煌寶藏》三三册，臺北：新文豐出版公司，一九八二年，三六五頁（圖）；《中國古代寫本識語集録》，東京大學東洋文化研究所，一九九〇年，三九〇至三九一頁（録）；《敦煌遺書總目索引新編》，北京：中華書局，二〇〇〇年，一二三頁（録）。

斯四〇五〇　龍興大會榜題

釋文

龍興大會〔一〕

說明

此件爲龍興寺舉行法會時用的大字榜題。

校記

〔一〕『大』，《敦煌遺書總目索引》《敦煌遺書總目索引新編》均釋作『大人』，誤。

參考文獻

Descriptive Catalogue of the Chinese Manuscripts from Tunhuang in the British Museum, The Trustees of the British Museum, London 1957, p. 216（録）；《敦煌寶藏》三三册，臺北：新文豐出版公司，一九八二年，三七一頁（圖）；《敦煌遺書總

目索引》，北京：中華書局，一九八三年，一九一頁（録）；《英藏敦煌文獻》五卷，成都：四川人民出版社，一九九二年，二三六頁（圖）；《敦煌遺書總目索引新編》，北京：中華書局，二〇〇〇年，一二三頁（録）。

斯四〇五二　金剛般若波羅蜜多經宣演卷中題記

釋文

大曆九年六月卅日，於沙州龍興寺講必（畢）記之〔一〕。

説明

此件《英藏敦煌文獻》未收，現予增收。以上文字爲朱書。大曆九年即公元七七四年。

校記

〔一〕『必』，當作『畢』，*Descriptive Catalogue of the Chinese Manuscripts from Tunhuang in the British Museum* 據文義校改，『必』爲『畢』之借字。

參考文獻

Descriptive Catalogue of the Chinese Manuscripts from Tunhuang in the British Museum, The Trustees of the British Museum,

London 1957, p. 170（録）；《敦煌寶藏》三三册，臺北：新文豐出版公司，一九八二年，四一五頁（圖）；《中國古代寫本識語集録》，東京大學東洋文化研究所，一九九〇年，三一一頁（録）；《敦煌遺書總目索引新編》，北京：中華書局，二〇〇〇年，一二三頁（録）。

斯四〇五七背　題記（維大唐乾符六年正月十三日沙州敦煌縣學士張）

釋文

維大唐乾符六年正月十三日沙州敦煌縣學士張〔一〕

説明

以上文字書寫於《大般若波羅蜜多經》卷五二四卷背。乾符六年即公元八七九年。

校記

〔一〕『維』，《敦煌遺書總目索引新編》釋作『唯』，誤。

參考文獻

Descriptive Catalogue of the Chinese Manuscripts from Tunhuang in the British Museum, The Trustees of the British Museum, London 1957, p. 16（録）；《敦煌寶藏》三三册，臺北：新文豐出版公司，一九八二年，四二九頁（圖）；《敦煌遺書總

目索引》，北京：中華書局，一九八三年，一九一頁（録）；《中國古代寫本識語集録》，東京大學東洋文化研究所，一九九〇年，四三一頁（録）；《英藏敦煌文獻》五卷，成都：四川人民出版社，一九九二年，二三六頁（圖）；《敦煌遺書總目索引新編》，北京：中華書局，二〇〇〇年，一二四頁（録）。

斯四〇六〇　一　己酉年（公元九四九年）二月十四日就良晟等便斛斗歷

釋文

己酉年二月十四日兵馬使就□

就良晟便麥肆碩，秋陸碩〔一〕。　就保住便麥壹碩〔二〕，□伍斗〔三〕。　令狐衍鷄便

麥伍碩，秋柒碩伍斗五升〔四〕。

令狐昌子便麥壹碩，秋壹碩伍斗。　索進晟便麥壹碩，秋壹碩伍斗。　梁博士便麥肆碩

伍斗〔五〕，秋陸碩七斗五升〔六〕。

范懷進便麥壹碩伍斗，秋兩碩貳斗五升〔七〕。

范友信便麥伍碩八斗，秋捌碩柒斗七升〔八〕。

就住兒便粟叁碩，秋肆〔碩〕伍斗〔九〕。　范友信便粟壹碩伍斗，秋兩碩貳斗五升〔一〇〕。

鄧佛願便粟柒碩，秋拾碩伍斗。

鄧佛願便麥玖斗，秋壹碩叁斗五升。　爭爭便麥叁斗，秋四斗五升。

就盈君便麥壹碩，秋壹碩伍斗。
索友子便麥兩碩，秋叁碩。　押牙李佛奴便豆壹〔碩〕五斗〔一一〕，秋兩碩二斗五升〔一二〕。
兵馬使梁萬端便豆壹碩，秋壹碩伍斗。
就弘恩便豆兩碩，秋叁碩。　就慶宗便豆壹碩，秋壹碩五斗〔一三〕。
就久子便粟兩碩七斗五升〔一四〕，秋肆碩壹斗。　就保住後便麥兩碩，秋三碩〔一五〕。安國寺趙文住便麥肆碩，秋陸碩。索擖搉遠田至城地，就（？）子便麥肆碩〔一六〕，秋陸碩；又辛（新）舊都計麥陸碩〔一七〕，秋玖碩。殘麥兩石五斗。

說明

此卷首尾完整，右下部略殘。正面依次抄寫『己酉年（公元九四九年）二月十四日就良晟等便斛斗歷』『再昇等地畝著粟抄』『壬子年（公元九五二年）至甲寅年（公元九五四年）某家紀事』和『買麥著麥抄』，有正書、倒書，筆跡不一，係不同人所寫。背面抄寫『戊申年（公元九四八年）令狐盈君等便麥歷』『大郎子等納物抄』『大郎子等地畝著粟抄』，亦係不同人所寫。正反面有不少人名互見，說明這些文書年代相近，具有一定聯繫。

此件爲己酉年就良晟等人借貸糧食的賬目，有些人名右側有勾銷記號『┓』，但便人下面都沒有畫押，所以不是原始的便物歷，而是債權人所記的出便收入帳（參看唐耕耦《敦煌寺院會計文書研究》，三五八頁）。最後一句『殘麥兩石五斗』爲另筆書寫。此件中之『己酉年』，翟理斯認爲是公元九四九年（參看 *Descriptive Catalogue of the Chinese Manuscripts from Tunhuang in the British Museum*, p. 262）。

此卷由兩紙粘貼而成，從文書年代看，背面的『戊申年』應在前，爲正面。翟理斯著録此件時，曾正確地將『戊申年（公元九四八年）令狐盈君等便麥歷』著録爲正面，『己酉年（公元九四九年）二月十四日就良晟等便斛斗歷』著録爲背面（參看 *Descriptive Catalogue of the Chinese Manuscripts from Tunhuang in the British Museum*, p. 262），大概在大英博物館製作縮微膠片時，改將『己酉年（公元九四九年）二月十四日就良晟等便斛斗歷』作爲正面了。爲避免造成混亂，現仍以『己酉年（公元九四九年）二月十四日就良晟等便斛斗歷』爲正面。

校記

〔一〕『陸碩』，據殘筆劃及文義補，《敦煌社會經濟文獻真蹟釋録》逕釋作『陸碩』。
〔二〕『壹』，據殘筆劃及文義補，《敦煌社會經濟文獻真蹟釋録》逕釋作『壹』；『碩』，《敦煌社會經濟文獻真蹟釋録》據文義校補。
〔三〕『伍』，《敦煌社會經濟文獻真蹟釋録》校補作『秋壹碩伍』。
〔四〕『五升』，《敦煌社會經濟文獻真蹟釋録》漏録。
〔五〕『斗』，《敦煌社會經濟文獻真蹟釋録》據殘筆劃及文義校補。

〔六〕『七』，《敦煌社會經濟文獻真蹟釋録》釋作『柒』，雖義可通而字誤；『五』，《敦煌社會經濟文獻真蹟釋録》釋作『伍』，雖義可通而字誤。

〔七〕『兩』，《敦煌社會經濟文獻真蹟釋録》釋作『貳』，誤；『五』，《敦煌社會經濟文獻真蹟釋録》釋作『伍』，雖義可通而字誤。

〔八〕『七升』，《敦煌社會經濟文獻真蹟釋録》未能釋讀。

〔九〕『碩』，《敦煌社會經濟文獻真蹟釋録》據文義校補。

〔一〇〕『五』，《敦煌社會經濟文獻真蹟釋録》釋作『伍』，雖義可通而字誤。

〔一一〕『碩』，《敦煌社會經濟文獻真蹟釋録》據文義校補；『五』，《敦煌社會經濟文獻真蹟釋録》釋作『伍』，雖義可通而字誤。

〔一二〕『五』，《敦煌社會經濟文獻真蹟釋録》釋作『伍』，雖義可通而字誤。

〔一三〕『五』，《敦煌社會經濟文獻真蹟釋録》釋作『伍』，雖義可通而字誤。

〔一四〕『五』，《敦煌社會經濟文獻真蹟釋録》釋作『伍』，雖義可通而字誤。

〔一五〕『三』，《敦煌社會經濟文獻真蹟釋録》釋作『叁』，誤。

〔一六〕『就』，《敦煌社會經濟文獻真蹟釋録》釋作『園』，誤。

〔一七〕『辛』，當作『新』，據文義改，『辛』爲『新』之借字。

參考文獻

Descriptive Catalogue of the Chinese Manuscripts from Tunhuang in the British Museum, The Trustees of the British Museum,

London 1957, p. 262；《敦煌寶藏》三三册，臺北：新文豐出版公司，一九八二年，四三二頁（圖）；《敦煌遺書總目索引》，北京：中華書局，一九八三年，一九一頁；《敦煌吐魯番文書初探》，武漢大學出版社，一九八三年，二三五、二七〇頁；《敦煌學輯刊》一九八四年一期，三八頁；《敦煌社會經濟文獻真蹟釋録》二輯，北京：全國圖書館文獻縮微複製中心，一九九〇年，二二六頁（録）；《敦煌吐魯番文獻研究論集》五輯，北京大學出版社，一九九〇年，一五二至一五三頁；《英藏敦煌文獻》五卷，成都：四川人民出版社，一九九二年，二三七頁（圖）；《唐代的歷史與社會》，武漢大學出版社，一九九七年，三〇一頁；《敦煌寺院會計文書研究》，臺北：新文豐出版公司，一九九七年，三五八至三五九頁（録）；《魏晉南北朝隋唐史資料》一五輯，武漢大學出版社，一九九七年，一三四頁；《敦煌遺書總目索引新編》，北京：中華書局，二〇〇〇年，一二四頁。

斯四〇六〇　二　再昇等地畝著粟抄

釋文

再昇地五十三畝半，著粟一石九斗。

兵馬使地六十二畝，著粟兩石二斗。保實地四十二畝[一]，著粟一石五斗。

説明

此件爲再昇、兵馬使和保實三户各自地畝數及所需繳納『地子』數額的記録。字跡與前後均不同。

校記

〔一〕『實』，《敦煌社會經濟文獻真蹟釋録》《敦煌遺書總目索引新編》均釋作『寶』，誤。

參考文獻

《敦煌寶藏》三三册，臺北：新文豐出版公司，一九八二年，四三二頁（圖）；《敦煌遺書總目索引》，北京：中華書局，一九八三年，一九一至一九二頁（録）；《敦煌學輯刊》一九八四年一期，三八頁（録）；《敦煌社會經濟文獻真蹟釋録》二輯，北京：全國圖書館文獻縮微複製中心，一九九〇年，二二六頁（録）；《敦煌學輯刊》一九九一年一期，一〇一頁；《英藏敦煌文獻》五卷，成都：四川人民出版社，一九九二年，二三七頁（圖）；《魏晉南北朝隋唐史資料》一五輯，武漢大學出版社，一九九七年，一三四頁（録）；《敦煌遺書總目索引新編》，北京：中華書局，二〇〇〇年，一二四頁（録）。

斯四〇六〇　三　壬子年（公元九五二年）至甲寅年（公元九五四年）某家紀事

釋文

壬子年十月拾壹日：叏來。

癸丑年正月拾叁日：什娘子姑手（？）上土布壹疋[一]，長叁仗（丈）八尺[二]。甲寅年十一月一日：麥（以下原缺文）

説明

此件係倒書，是某家壬子年至甲寅年的家内紀事。同卷内前有『己酉年（公元九四九年）二月十四日就良晟等便斛斗歷』，故此件中之『壬子年』應爲公元九五二年，『甲寅年』應爲公元九五四年。

校記

〔一〕『布』，據殘筆劃及文義補。

〔二〕『仗』，當作『丈』，據文義改，『仗』爲『丈』之借字。

參考文獻

《敦煌寶藏》三三册，臺北：新文豐出版公司，一九八二年，四三二頁（圖）；《英藏敦煌文獻》五卷，成都：四川人民出版社，一九九二年，二三七頁（圖）。

斯四〇六〇　四　買麥著麥抄

釋文

▭升（?）□郎男，麥柒碩，種子用。

▭二升，麥叁碩伍斗，至▭五升，□（簽押）。買白强麥叁碩。

▭麥叁碩壹斗二升。大郎子，著麥兩碩。

▭壹碩二升。

説明

此件係倒書，上半截殘缺。

參考文獻

《敦煌寶藏》三三册，臺北：新文豐出版公司，一九八二年，四三二頁（圖）；《英藏敦煌文獻》五卷，成都：四川人民出版社，一九九二年，二三七頁（圖）。

斯四〇六〇背　一　戊申年（公元九四八年）令狐盈君等便麥歷

釋文

戊申年正月五日，阿婆子斛□後令狐盈君便麥捌斗〔一〕，至秋壹碩〔二〕。廿五
日，兵馬使令狐盈信便麥兩碩，至秋□〔三〕。索友子便麥兩〔碩〕〔四〕，秋叁碩，勑斗〔五〕。
又後□就家白斗。後件令狐衍經便麥叁碩，秋肆〔六〕□又舊年欠麥壹碩，秋壹碩伍
斗。本〔七〕□
□月十二日，李員信便麥柒石〔八〕，至秋拾〔九〕□
六月一日，就保住便麥兩碩，秋叁碩。
曹將頭貸麥伍碩。索進盛貸麥壹碩□斗〔一〇〕。
就盈君貸麥一石。當家所用麥兩碩。
再昇貸麥一石五斗〔一一〕。趙家女便麥貳斗，秋叁斗。

馬海定貸麥兩碩加二斗。　　就保住貸麥壹碩。

就良晟便麥六斗，秋九斗。　　當家貸麥五碩肆斗〔三〕。

説明

此件爲戊申年正月至六月令狐盈君等人借貸糧食的記録，多數人名右側有勾銷記號『┓』，但便人下面都没有畫押，所以不是原始的便物歷，而是債權人所記的出便收入帳（參看唐耕耦《敦煌寺院會計文書研究》，三五八頁）。此件中之『戊申年』，翟理斯認爲是公元九四八年（參看 *Descriptive Catalogue of the Chinese Manuscripts from Tunhuang in the British Museum*, p. 262）。

校記

〔一〕『阿』，《敦煌社會經濟文獻真蹟釋録》釋作『令』，誤；『婆子斛』，《敦煌社會經濟文獻真蹟釋録》未能釋讀；『後』，《敦煌社會經濟文獻真蹟釋録》未能釋讀。

〔二〕『碩』，據殘筆劃及文義補，《敦煌社會經濟文獻真蹟釋録》逕釋作『碩』；『碩』後《敦煌社會經濟文獻真蹟釋録》校補作『貳斗』。

〔三〕『秋』後《敦煌社會經濟文獻真蹟釋録》校補作『叁碩』。

〔四〕『碩』，《敦煌社會經濟文獻真蹟釋録》據文義校補。

〔五〕『斗』，《敦煌社會經濟文獻真蹟釋録》釋作『沙』，誤。

〔六〕『肆』後《敦煌社會經濟文獻真蹟釋録》校補作『碩伍斗』。

〔七〕『本』，《敦煌社會經濟文獻真蹟釋録》漏録。

〔八〕『柒』，《敦煌社會經濟文獻真蹟釋録》釋作『壹』，誤。

〔九〕『拾』，據殘筆劃及文義補，《敦煌社會經濟文獻真蹟釋録》校補作『壹』；『拾』後《敦煌社會經濟文獻真蹟釋録》校補作『碩伍斗』。

〔一〇〕『斗』，據殘筆劃及文義補。

〔一一〕『貸』，《敦煌社會經濟文獻真蹟釋録》釋作『便』，誤；『五』，《敦煌社會經濟文獻真蹟釋録》釋作『伍』，雖義可通而字誤。

〔一二〕『五』，《敦煌社會經濟文獻真蹟釋録》釋作『伍』，雖義可通而字誤。

參考文獻

Descriptive Catalogue of the Chinese Manuscripts from Tunhuang in the British Museum, The Trustees of the British Museum, London 1957, p. 262；《敦煌寶藏》三三册，臺北：新文豐出版公司，一九八二年，四三三頁（圖）；《敦煌吐魯番文書初探》，武漢大學出版社，一九八三年，二三五頁；《敦煌社會經濟文獻真蹟釋録》二輯，北京：全國圖書館文獻縮微複製中心，一九九〇年，二二五頁（圖）（録）；《敦煌吐魯番文獻研究論集》五輯，北京大學出版社，一九九〇年，一五一頁；《英藏敦煌文獻》五卷，成都：四川人民出版社，一九九二年，二三八頁（圖）；《敦煌寺院會計文書研究》，臺北：新文豐出版公司，一九九七年，三五七至三五八頁（録）。

斯四〇六〇背　二　大郎子等納物抄

釋文

大郎子，六十四雙。兵馬使，七十六雙。保實，五十一雙。押衙〔一〕，七十雙。慶宗，四十六雙〔二〕。

説明

此件筆跡與前後均不同，人名後之『六十四雙』等似所納物品。

校記

〔一〕『衙』，《敦煌遺書總目索引》《敦煌遺書總目索引新編》均釋作『牙』，誤。

〔二〕『四』，《敦煌遺書總目索引》《敦煌遺書總目索引新編》均釋作『六』，誤；『六』，《敦煌遺書總目索引》《敦煌遺書總目索引新編》均釋作『四』，誤。

參考文獻

《敦煌寶藏》三三册，臺北：新文豐出版公司，一九八二年，四三三頁（圖）；《敦煌遺書總目索引》，北京：中華書局，一九八三年，一九二頁（録）；《英藏敦煌文獻》五卷，成都：四川人民出版社，一九九二年，二三八頁（圖）；《敦煌遺書總目索引新編》，北京：中華書局，二〇〇〇年，一二四頁（録）。

斯四〇六〇背　三　大郎子等地畝著粟抄

釋文

〔三〕户都額一傾（頃）五十七畝半〔一〕：大郎子五十三畝半，著粟一石六斗二升半。兵馬使六十二畝，兩石七升半。保實四十二畝，粟一石四斗七升。

説明

此件爲大郎子、兵馬使和保實三户各自地畝數及所需繳納『地子』數額的記録。筆跡與前兩件均不同。

校記

〔一〕『三』，據文義補；『傾』，當作『頃』，據文義改，『傾』爲『頃』之借字。

參考文獻

《敦煌寶藏》三三册，臺北：新文豐出版公司，一九八二年，四三三頁（圖）；《英藏敦煌文獻》五卷，成都：四川人民出版社，一九九二年，二三八頁（圖）。

斯四〇六六　誦戒終説偈文

釋文

誦戒終説偈文

諸佛出世第一快〔一〕，聞法奉行歡喜快，衆僧和合寂滅快，衆生離苦安[樂快]〔二〕。

説明

此件書於《四分尼戒本》卷末空白處，《英藏敦煌文獻》未收，現予增收。

校記

〔一〕「第」，底本原寫作「弟」，按寫本中「第」「弟」形近易混，故據文義逕釋作「第」。

〔二〕「樂」，據殘筆劃及文義補；「快」，據文義補。

參考文獻

《敦煌寶藏》三三册，臺北：新文豐出版公司，一九八二年，四七〇頁（圖）。

斯四〇六六背　雜寫（東西南北）

釋文

東西南北□

說明

以上文字係時人隨手寫於《四分尼戒本》卷背。此件《英藏敦煌文獻》未收，現予增收。

參考文獻

《敦煌寶藏》三三册，臺北：新文豐出版公司，一九八二年，四七〇頁（圖）。

斯四〇七一　太上一乘海空智藏經卷四

釋文

（前缺）

從此生實智。得離於塵增[一]，若見諸非有[二]。得入於無崩，真人常清淨。不悅亦不榮[三]，捨離外塵相。得入智藏城，入所取非有。次第方便生，利益無有礙。

爾時天尊説此偈已，語勝因言：善男子，若有衆生觀諸法空，一切空性，空性無我，亦無世界，亦無空空。譬如衆生，欲觀諸色，前色已空[四]，後色亦空，是名空空。須臾之間，復無量煩惱，亦復如是。善男子，先脩小道，小道既空，次脩中道；中道既空，次脩上道；上道既空，以是因緣，是名空空。以是空故，常樂無爲。善男子，譬如金師，冶練真金[五]，先除麤垢[六]，次除微塵，後得名爲百練真金。善男子，冶練身心，求無上道，亦復如是。善男子，説名方便，由此無定，以無定故，真人童子，隨欲成就微妙道法，緣境如意，能得久住。善男子，未得令得，已得令滿，已滿不退。現在當來[七]，所有受生及行如是處，多得利益。善男子，一切衆生及行如是，具足功德。天尊出世，得聞正法，名勝生處，此由定故。真人童子於勝生處，得取住捨，隨意運用，無退無轉，聲遍二乘。一切衆生，若人非人，同心瞻仰，真人童子〔八〕

（後缺）

説明

此件首尾均缺，起『從此生實智』，訖『同心瞻仰，真』，王卡考爲《太上一乘海空智藏經》卷四《普説品》（參看《敦煌道教文獻研究：綜述・目録・索引》，二一二頁）。《太上一乘海空智藏經》爲唐高宗時道士黎元興、方惠長等所撰，原經十卷，相關情況可參見本書第十七卷斯三七〇五背之『説明』。敦煌文獻中保存的此經尚有十多件，均與此件不重合。

以上釋文以斯四〇七一爲底本，用《正統道藏》本（稱其爲甲本）參校。

校記

〔一〕『得離』，據殘筆劃及甲本補；『於塵增』，據甲本補。
〔二〕『若見諸非有』，據甲本補。
〔三〕『不悦』，據殘筆劃及甲本補；『亦不榮』，據甲本補。
〔四〕『已』，據甲本補。

〔五〕『練』，甲本作『錬』，均可通。以下同，不另出校。
〔六〕『先』，底本原寫作『光』，按寫本中『先』『光』形近易混，故據文義逕釋作『先』。
〔七〕『現』，甲本作『見』。
〔八〕『人童子』，據甲本補。

參考文獻

《スタイン將來大英博物館藏敦煌文獻分類目録·道教之部》，東京：東洋文庫，一九六九年，七九頁；《敦煌道經·目録編》，東京：福武書店，一九七八年，三六〇頁；《敦煌道經·圖録編》，東京：福武書店，一九七九年，八七七至八七八頁（圖）；《敦煌寶藏》三三册，臺北：新文豐出版公司，一九八二年，四九一至四九二頁（圖）；《道藏》一册，文物出版社、上海書店、天津古籍出版社，一九八八年，六四〇頁；《英藏敦煌文獻》五卷，成都：四川人民出版社，一九九二年，二三八頁（圖）；《敦煌道藏》五册，北京：全國圖書館文獻縮微複製中心，一九九九年，二七二二至二七二三頁；《中華道藏》五册，北京：華夏出版社，二〇〇四年，三一五至三一六頁；《敦煌道教文獻研究：綜述·目録·索引》，北京：中國社會科學出版社，二〇〇四年，二一二頁。

斯四〇八一　一　受八關齋戒文

釋文

（前缺）

□聲聞緣覺〔一〕，□先須以戒爲因〔二〕，□，故《梵網經》云〔三〕：□知戒是菩提之因〔四〕，能生一切諸功德〔五〕，故〔先〕須持戒〔六〕，後修餘行，如人嫌空谷響，先須正自聲；若厭世間苦，〔先〕須斷諸惡〔七〕。若不斷惡修善，得生人天得出三界者，無有是處！今時去聖時遠，諸賢亦隱，魔軍熾盛，欲害競興，而諸衆生習不善業，慳貪疾妒，我慢愚癡，從無始來，沈淪三界，漂溺四流，受種種形，經歷多劫，披毛戴角，受苦無窮，良由不識因果，廣造諸罪，受無量苦，所以大慈悲愍，留此要門。行者欲得度生死海，先須以戒爲舟船；登涅槃山，以戒爲脚足。如人有足，隨意能往。若無足者，如折翼鳥，一步不前。故戒經云：欲得生天上，若生人間者，常當護戒足，勿令有毀損。故《薩遮尼乾子經》云：若不受戒，捨此身〔已〕〔八〕，長劫墮於地獄、餓鬼、畜生三惡道中，乃至疥賴（癩）〔九〕、野干之身尚自不得，何況具足，得受人身？

故珍敬如是三歸、五戒、十善、八齋諸佛禁戒，由如佛身〔一〇〕，等無有異。此諸戒等，則是如來法身舍利。故佛臨涅槃時，阿難重請如來，白言：『世尊，我等衆生及四部弟子，能歸依佛，以佛爲師。佛滅度後，以何爲師？唯願世尊久住於世，莫般涅槃。』佛告阿難：『我今周流以畢〔一一〕，無復施爲。所應度者，我已度訖；其未度者，我今以作得度因緣〔一二〕。汝等一切衆生，應以波羅提木叉爲汝之師，如我在世，等無有異。』故須珍重，發希有心，如闇遇明，如貧得寶，如寒念火，如渴思漿，生難遭想（相）〔一三〕。所以然者，戒是菩提之根牙，亦是功德寶瓶，一切善法，依戒增長；一切功德，依戒圓滿。故諸經中讚戒功德云：戒如大地草，能生禪定芽；戒如大海水，具足功德寶；戒如大劫火，能燒煩惱薪；戒如大導師，引諸求道者；戒如大輪王，所往無障礙；戒如大智炬，能破無明闇；戒如大法船，能度三有海；戒如大猛將，能伏諸魔怨；戒如大慈父，能拔衆生苦；戒如大慈母，能與衆生樂。故知戒能開發宿世善牙，於生死嶮路之中，戒爲資糧；大黑闇中，戒爲明燈；大怖畏處，戒爲伴侣；登涅槃山，戒爲梯橙；度生死海，戒爲浮囊。

是故行者欲求出離生死，欲覓人天勝福，以戒爲根本。若無戒善，造諸惡業，當來定墮地獄，無有出期。故《菩薩戒經》云：剎那造罪殃，墜無間，一失人身，萬劫不復，須臾之間，即歸磨滅。如是具足，得受人身者，猶如盲龜遇浮木孔，甚難可得。諸信士等，今於此處，難得而得。故《涅槃經》云：迦葉菩薩白佛言：『世尊，一切衆生捨人身已，卻得人身不？』佛言：『迦葉，一切衆生捨人身已，卻得人身者，如爪甲上土；不得人身者，如大地土。』故經云：世有六事，難可值遇。何等爲六？一者佛世難值，二者正法難聞，三者信心難發，四者中國難生，五者人身難得，六者諸根難具。今者壇越諸信事等〔一四〕，已得人身，六根具足，又聞佛法，當須深生慶行（幸）〔一五〕，賀三寶恩。不能長時，每月六齋日，受持八戒，當來必定不失人身，及以天身，不墮惡道。深須慶幸，發勝上心，啓請賢聖。所以然者，若不啓請，則一切賢聖不來道場爲作證明。賢聖若不降臨，縱懺，罪難得滅。必須虔恭合掌，懇到至誠，同心啓請。

二明啓請側聲

弟子某甲等，合道場人，同發勝心，歸依啓請：十方諸佛，三世如來，湛若虛空，真如法體。蓮花藏界，百億化身；大賢劫中，一千化佛。誓居三界，功德山王；同類（侶）白衣〔一六〕，維摩羅詰；菩提樹下，降魔如來；兜率天中，化天大覺；無量劫前，大通智勝。十六王子，恒沙劫後，釋迦牟尼，五百徒衆。東方世界，阿閦鞞佛；南方世界，日月燈佛；西方世界，無量壽佛；北方世界，最勝音佛。四維上下，亦復如是。一一法身，恒沙世界；一一世界，百千如來；一一如來，微塵大衆；一一大衆，皆是菩薩，具六神通。三界有情，誓當濟拔。並願起金剛座，趣鐵圍山，來降道場，證明懺悔。

又更啓請：天上龍宫，五乘奥典；人間就領〔一七〕，十二部經；大涅槃山，大般若海，願垂沃潤，普濟沈淪。

又更啓請：無學辟支，斷惑羅漢，三賢十聖，五眼六通，並願發慈悲心，從禪定起，不違啓請，來降道場，爲作證明，照知懺悔，輸倒至誠，願降慈悲，受弟子請。至心敬禮常住三寶。

弟子某甲，合道場人，再發殷勤，重加啓〔請〕〔一八〕：三界九地，廿八天〔部〕〔一九〕，那羅延神，散支大將，金剛密跡，轉輪聖王，護塔善神，伽藍神等，三歸五戒菩薩藏神，太歲將軍，閻羅天子，啖人羅刹，行病鬼王，五道大神，太山府軍〔二〇〕，察命司録，五羅八王，并三月六覆走使持典，預定是非善惡童子，大阿鼻獄羅刹夜叉，小捺落迦牛頭獄卒，諸如是等，雜類鬼神，皆〔有〕不思議大威神力〔二一〕，並願空飛雨驟，電擊雷奔，來降道〔場〕〔二二〕，證明懺悔。我等今者深覺罪愆，於大會中，評（平）説〔二三〕誓當慚謝，既蒙賢聖垂降道場，弟子衆等深生慚愧，至心敬禮常住三寶。

三明懺悔

啓請已了。夫欲受戒者，先須至誠懺悔，洗蕩身心，身器清淨，方堪受戒。若不懺悔即受戒者，功德不圓，猶如穢器盛食，無所堪任。故須懺悔，三業清淨，無上戒品，方得增長。言懺悔者，改往修來，滅惡生善之法，猶如濁水，置之明珠，以珠力故，其水即清。故

《涅槃經》云：有二種白法，能救衆生，一慚二愧。若有衆〔生〕〔二四〕，造罪業已，深生慚愧，悔過自責者，當知是人其罪速滅；若有造罪，覆藏不懺者，名無慚愧〔二五〕，其罪不滅。行者既是凡夫，處在煩惱，那能無罪？多少皆有！雖然犯有輕重，皆能障道。譬如不淨，多少皆臭，亦如毒藥煞人。故經云：勿輕小罪，以爲無殃。水滴雖微，漸盈大器。乃至廣説，浮囊喻等。行者已具慚愧，棄捨家緣，來投道場，先須剋責身心，至誠懺悔。於三寶前，五體投地，悲泣流淚，身毛皆豎，汗流驀目，發殷重心，當知是人無罪不滅。今欲至誠懺悔，還須至誠徹倒，於其自身作重病相，於説法者，作大醫王相，拔苦與樂相。聞説罪名，或作身心戰憚、遍體流汗，或可怕怖不安、身毛皆豎。有如是相，當知無始時來，所有罪業，悉皆消滅，恆沙善根，運運增長，〔大〕〔須〕努力〔二六〕，懇到至誠，莫生散亂。然所造罪，總合自陳，爲是俗人不識其相。夫發業根本，不過三業。今但依三業，懺悔諸根本罪，由如伐樹〔二七〕，但斷其根，枝條自枯，罪亦如是。但懺悔三業，一切諸罪，悉得消滅。各各至誠，依口懺悔：　側聲

弟子某甲等，合道場人，自從無始曠大劫來，及以今生，至於今日，無明所覆，煩惱自纏，不善因緣，隨惡流轉。或作五逆，無間重罪，煞父害母，煞阿羅漢，破和合僧，出佛身血，焚燒經像，汙穢伽藍，拂僕（撲）蚊虻〔二八〕，挼涅（捏）蟣虱〔二九〕，養蠶煮繭，屠販牛羊，燖剥鷄豬，斬射禽獸，將刀欲割，叫喚驚天，正刺咽喉，其聲動地，尋思楚毒，不可

具陳，爾許心酸，卒申難盡。或因遊獵，網捕蟲魚，逐兔奔狐，安槍下箭，衆生怕怖，無處藏身，食肉之人，何殊羅刹。或興盜竊，三寶財物，四方現前，恣情受用。或因借貸，抵拒不還；功德錢財，競生隱没；道場布施，口許心違；上數極多，臨時拒諱。或因勢力，任（枉）法受財〔三〇〕；麤棒大枷，逼迫而取；輕秤小斗，對面侵欺；同利合財，恆懷取勝。或躭荒五欲，熾火煎心，不問親疏，寧論禽獸，於他美境，深起染心，因即有胎，方求毒藥，侵陵貞潔，汙淨行人，寺舍塔中，行諸非法。或爲薄宦，職掌驅馳，上下相通，迴換文籍，因穴增剩，省納繁科，畫指構虚，多倩少給。或爲里正，縮屈鄉閭，口裏乖張，籍中埋没。或乖離九族，鬬亂六親，好事惡傳，少言多説。或對面説是，背則論非，口説百愆，心懷三毒。或爲人暮（募）顧〔三一〕，立性貪婪，狼賊之心，險於溪谷。或不信正法，隨遂邪師，觸突聖賢，毀罵三寶。或慳貪嫉妒，强奪他夫，用無價衣，覆膿血體。或聞他設會，競引鵝頭；勸捨資財，爭藏鱉項。過深巨海，罪積丘山，多劫覆藏，今晨懺悔，唯願三寶慈悲證明，令弟子等罪障消滅。至心敬禮常住三寶。

四受三歸依

懺悔已了，先須歸依三寶，然後受戒。所以先歸依佛寶者，佛是衆生無上慈父，能於三界，拔衆生苦，究竟令得大涅槃樂，非如世間父母，暫時因緣，百年之後，各隨六道，不相繫屬，故須歸依無上佛寶。第二歸依法寶者〔三二〕，法是衆生無上良藥，能療衆生煩惱重病，故須歸依法寶。第三歸依僧寶者〔三三〕，僧是衆生良祐福田，能長衆生菩提芽，故若有衆生恭敬供養，獲無量福，故須歸依僧寶。此三歸依，能拔三途，得離三界。故《花嚴經》云：歸依佛者，得菩提道心，恆不退；歸依法者，薩婆若得大總持門；歸依僧者，息諸諍論，同歸和合海。故故須先受三歸〔三四〕，後受八戒。側聲。

弟子某甲等，合道場人，歸依佛，兩足尊；歸依法，離欲尊；歸依僧，衆中尊。如來至真等正覺，是我大師，我今歸依。如是三說。弟子某甲等，合道場人，歸依佛竟，歸依法竟，歸依僧竟。從今已往，盡未來際，稱佛爲師，更不歸餘（於）邪魔外道〔三五〕，唯願三寶慈悲攝受，慈愍故。三說。

如是歸依三寶已了，一切如來攝受善男子、善女人爲聖弟子，此即戒品以發，自應受八齋戒，如世尊言：八者是數，戒者是法，以八種戒法，令諸衆生身心，俱不造惡。如《優婆塞戒經》說：若有人以四大寶藏，滿中珍寶，持用布施，不如有人一日一夜受持八戒，功德無比。當來彌勒下生時，衆生根熟，無有惡緣，戒即易持；今五濁惡世，人多弊惡，不善增長，戒即難持，故一日一夜勝彼百年。此六齋日，皆是惡日，如《四天王經》說：一者大力鬼神惱害衆生之日，二者四天王觀察衆生善惡之日。若有衆生，受持齋戒，孝養父母，修諸福業，四天王等帝釋諸天，悉皆歡〔喜〕〔三六〕，同說偈言：

六齋神足日，受持清淨戒。是人命終已，功德必如我。猶受戒故〔三七〕，臨命終時，帝釋諸天迎接行者，將上天堂，受勝妙樂。若不持戒，不孝父母，造諸惡業，閻羅使者，録其名字，將過閻羅，命終之後，受無量〔苦〕〔三八〕。以是如來見諸衆生失智惠性，染著見樂，不悟後殃，如牛貪草，不見深坑，是以如來慈愍有情，留此密教，每月六齋日，令受八戒。以持戒故，敢（感）得戒神擁護其人〔三九〕，不令惡鬼飼（伺）求其便〔四〇〕。見身之中，持一一戒，得五個戒神擁護，五八卌，得卌個戒神榮衛其人〔四一〕，不令衰秏，命終之後，得生天上，受勝妙樂。各各至誠，聽其戒法。

第五，正受八戒。平說。

佛子，諸佛世尊，從初發心，乃至成佛，於其中間，常行慈愍，護諸衆生，終不起心，而行煞害。汝是凡夫，具足煩惱，未能如佛，長劫修行，且一日一夜隨佛出家，爲我如來八戒弟子，從今清朝，至明清旦，持我如來第一淨戒〔四二〕，不得煞生，能持否？

佛子，諸佛世尊，從初發心，乃至成佛，於其中間，種種財寶，施與衆〔生〕〔四三〕，終不起心，盜他財物。汝是凡夫，具足煩惱，未能如佛，長劫修行，且一日一夜隨佛出家，爲我如來八戒弟子，從今時受，至明清旦，持我如來第二淨戒〔四四〕，不得偷盜，能持否？

佛子，諸佛世尊，從初發心，乃至成佛，於其中間，常修梵行，男女之色，上不眼觀，何況起心，故行婬欲！汝是凡夫，具足煩惱，未能如佛，長劫修行，且一日一夜隨佛出家，爲我如來八戒弟子，從今清朝，至明清旦，持我如來第三淨戒〔四五〕，不得犯婬欲，能持否？

佛子，諸佛世尊，從初發心，乃至成佛，於其中間，常行正語，終不起心，詭誑於人。汝是凡夫，具足煩惱，未能如佛，長劫修行〔四六〕，且一日一夜隨佛出家，爲我如來八戒弟子，從今清朝，至明清旦，持我如來第四淨戒〔四七〕，不得妄語，能持否？

佛子，諸佛世尊，從初發心，乃至成佛，於其中間，常修正惠，終不飲酒，故行放逸。汝是凡夫，具足煩惱，未能如佛，長劫修行，具（且）一日一夜隨佛出家〔四八〕，爲我如來八戒弟子，從今清朝，至明清旦，持我如來第五淨戒〔四九〕，不得飲酒放逸，能持否？

佛子，諸佛世尊，從初發心，乃至成佛，於〔其〕中間〔五〇〕，常〔修〕質素〔五一〕，終不起心，花鬘纓珞，香油塗身，歌舞唱伎，故往觀聽。汝是凡夫，具足煩惱，未能如佛，長劫修行，且一日一夜隨佛出家，爲我如來八戒弟〔子〕〔五二〕，從今清朝，至明清旦，持我如來第六淨戒〔五三〕，不得花鬘瓔珞、香油塗身、歌舞唱伎及故往觀聽，除供養佛，能持否？

佛子，諸佛世尊，從初發心，乃至成佛，於其中間，常行謙敬，終不自〔身〕昇高廣大牀〔五四〕。汝是凡夫，具足煩惱，未能如佛，長劫修行，且一日一夜隨佛出家，爲我如來八戒弟子，從今清朝，至明清旦，持我如來第七淨戒〔五五〕，不得自身昇高廣大牀，能持否？

佛子，諸佛世尊，從初發心，乃至成佛，於其中間，常修知足，一餐之食，尚自節糧，何況起心，破齋夜食！汝是凡夫，具足煩惱，未能如佛，長劫修行，且一日一夜隨佛出家，爲我如來八戒弟子，從今清朝，至明清旦，持我如來第八淨戒〔五六〕，不得破齋夜食，能持否？

上來一一戒法，因果差别，互相詰問，皆言能持。如是戒品，悉皆在善男子、善女人身心之中，一切如來，悉知悉見，皆與摩頂，受阿耨多羅三藐三菩提記。若言此〔戒〕有色像者〔五七〕，入汝身中，由如天崩之聲，已無色像，但表領受，悉皆具足。

上來别説，次當總結。各各至心，聽其羯磨。第一番羯磨聲斷〔之〕〔時〕〔五八〕，恒沙善法，並皆動轉；第二番羯磨聲斷之時，法界善法，悉皆生長；第三番羯磨聲斷之時，無量功德善法，悉皆圓滿，注汝身田。各各至誠，聽其羯磨。

佛子，言八戒者，不煞亦不盜，不婬不忘語〔五九〕，遠酒，離花香，高牀，過中食。如是等八法，聖人所遠離，汝是凡夫，具〔足〕煩惱〔六〇〕，未能如佛，長劫修行，且一日一夜隨佛出家，爲我如來八戒弟子，從今清朝，至明清旦，持我如來如是八戒，不得毁犯，能持否？如是三説。

此一期受戒已了。言八關齋戒者，前七是戒，第八名關〔六一〕。所言『關』者，關八難門，開八善路，得八自在，住八解脱。若破齋者，餘戒總盡。若能持者，由如日月，照明世間，似大明珠，如香遍體，表裏芬馥，諸佛如來、三乘聖人，皆因此戒，今得成佛。各各虔誠，聽其戒相：若能持者，有何利益？若故犯者，有何罪累？

第一不煞生者，如《阿含經》説：上從人命，下至蟻子，不得興其煞害之心，若故犯者，當來墮三惡道。刀山聳峻，切骨穿皮；劍樹森疏，傷筋斷骨。鐵枷鐵棒，應念皆成；鐵網鐵繩，隨聲即至。一日一夜，萬死萬生。劫數將終，從地獄出。若生人中〔六二〕，受二種報：一者短命，二者多病。

二不偷盜者，上至金銀，下至草葉，無問父母之物，妻子眷屬、有主無主、鬼神廟中、佛塔僧物，乃至縷線已來，不得懷盜心取。若故犯者，當來墮三惡道。刀輪地獄，本爲姦欺；鐵索泥黎，偏治盜竊。牛頭叱咤，眼尾流煙；羅刹咆哮，毛迸火〔六三〕。鐵丸雨下，燒爛心肝；劍〔輪〕飛空〔六四〕，椎殘手足。從此得出，世世常作象、馬、牛、羊、駝、驢、猪、狗，賞他宿債〔六五〕。若生人中，得二種報：一則長受貧窮，二則共財不得自在。

三不婬欲者，上至自妻自夫及以僧尼，下至畜生禽獸之類，於男女色，不興染心，及同牀共宿、共食、非法語笑。若故犯者，當來墮三惡道〔六六〕。鐵牀地獄，本禁多婬；銅柱泥黎，偏治邪行。叉穿九竅，洪炎驚天；剪（箭）射六根〔六七〕，膿流遍地。若生人中，得二種報：一則諸根不具，二則妻不貞良。

四不忘語者，爲持戒故，常真實語，不得輒誑一切衆生。若故犯者，當來墮三惡道。所以銅蛇郝（螫）口〔六八〕，本爲妄言；鐵狗咬心，斯由誑語。利刀割舌，只爲不真；猛火燒燃，皆由綺語。若生人中，得二種報：一則所出言教人不信受，二則口氣常嗅。

五不飲酒食肉者，爲持戒故，不得飲酒食肉，自不飲故，亦不勸人。若故犯者，當來墮三惡道。所以融銅灌口，爲嗜甘鮮；鐵汁燒心，斯由食肉。劍輪何（可）怕〔六九〕？狀等[葱]園〔七〇〕；銅釜遍空，還同酒瓮。罪人業重，爲是色香，入口霑脣，一時燋爛。從地獄出，若生人中，得二種報：一則愚癡，二則諸根闇鈍。

六不歌舞唱伎者，爲持戒故，不花鬘瓔珞、嚴飾其身、歌舞唱伎。若故犯者，當來墮三惡道。鐵輪似雪，痛徹心脾；劍葉如霜，疼連骨髓。煻灰酷列，燒害燋皮；爐炭赫然，銷筋盡髓。若生人中，得二種報：一則牙齒常壞；二〔則〕身氣臭穢〔七一〕，人不喜見。

七不坐高廣大牀者，上至諸佛寶塔，下至父母、尊貴之牀，或金銀、象牙、七寶、同鐵〔七二〕、錫鍻等牀，悉不得坐。若故犯者，當來墮三惡道。銅鳥鼓翼，活啄六根；鐵狗彈毛，生吞五藏。心懸劍樹，腸卦（掛）刀林〔七三〕。遍體膿流，全身骨碎。若生人中，得二種報：一則永失尊貴，二則長爲卑賤。

八不過中食者，爲離放逸故，不得非時食食。若故犯者，當來墮三惡道中。洋銅入口，百節火燃，流入心中，肝腸燋爛。鐵蛇銅狗，吐毒賁（噴）煙〔七四〕，來向罪人，競頭食啖。從地獄出，墮餓鬼中，頭（腹）如太山〔七五〕，三江難滿；咽如針孔，滴水不通。受渴受飢，曾無飽足。若生人中，得二種報：一者所生國土飲食艱難，二者脣齒疏缺。

若犯一一〔七六〕。

次明持戒功德。第一不煞生者〔七七〕，於諸衆生，常懷悲心，由一子想故，當來世中常生人天，受勝妙樂，命不中夭，感得金剛不壞堅固之身，常住患命，無有窮盡。

二不偷盜者，於諸衆生，起大悲心，常行饒益，種種財寶，施與衆生，當來感得十指纖長，網縵爲相，七聖財寶，用無盡窮，猶如鵝王，於指端常有光明，化出財寶，惠施一切衆生，用而無盡。

三不婬欲者，爲修梵淨行故，當來世中感得清淨之身，馬王藏相，莊嚴其身，具足諸根，色力堅固。

四不妄語者，離口過故，更無虚誑，當來世中感得廣長舌相，自覆面輪，口業清淨，所説言教，人皆信受。

五不飲酒食肉者，能離昏沈多病之報，當來常得聰明智惠，諸根明利，威儀祥序，如師子王，乃至夢中，常見妙事。

六不歌舞作唱、香花瓔珞、莊嚴其身，離諸飾好故，當來常得微妙相好，莊嚴其身。圓光一尋，遍照十方。一音説法，衆生悟解。

七不上高廣大牀，離嬌慢故，當來常坐金剛之座，降破四魔，足下千輻轉相，舉足動步，地神進花，獲如是報。

八不非時食者，離放逸故，常修知足，當來感得飲食自然，卌牙齒鮮白齊密，於其睺（喉）中有如意珠〔七八〕，所食一切自然甘美。既受戒已〔七九〕，三業清淨。

若犯一一戒者〔八〇〕，當來皆有如是罪報。若能堅持一日一夜，近則生天，不墮惡道；遠則無上菩提。故《長爪梵志經》云：世尊説其八戒功德，當來皆有如是善報。

戒有多種不同，且如受三歸五戒，得人身果報；十善八戒，得生天果報；比丘僧持二百五十戒，三千威儀，八萬細行，修之不犯，得阿羅漢果報；比丘尼持五百戒，六千威儀，十二萬細行，修之不犯，得非非相天果報；菩薩持十重卌八輕戒，得成佛果報。檀越優婆姨等，未能持如是戒品，具受三歸八戒，近則生天，不墮惡道，曾於過去受持齋戒，今得人身，復生中國，於三寶前，更能發心，受持齋戒，未來世中，定當作佛。

第六，迴向發願。側聲。

弟子某甲等，合道場人，願持如上受戒懺悔所生功德，盡將迴施法界衆生，未離苦者，願得離苦；未得樂者，願令得樂；未發心者，願早發心；已發心者，願速修習；已修習者〔八一〕，當座道場〔八二〕，證大菩提，永無退轉。願弟子等，現在世中，無諸災障，煩惱惡業〔八三〕，念念消除；智惠善牙〔八四〕，運運增長。行住坐卧，身心安樂。當來世中，同共往生兜率天宫，遇彌勒佛，穰佉王世，隨佛下生，三會龍花，聞佛説法，皆得度脱〔八五〕，法界衆生，與諸衆生，一時成佛。

説明

此件首缺尾全，由十一紙粘接而成，起『聲聞緣覺』，訖『一時成佛』，有朱筆句讀、圈點等分段分節符號及勾勒符號。其中第七、八紙大小不一，粘接處文字有重複；第八紙末尾文字與第九紙起首文字不連貫，而與第十紙起首文字順接。這都表明此件經過了二次剪裁和重新拼接。

關於此件之定名，里道德雄最早考訂其與八關齋有關（參《敦煌文獻にみられる八關齋關係文書に

つてい》，八〇頁），土橋秀高擬名『受八齋戒儀』（見《講座敦煌7 敦煌と中國佛教》，二六四頁），《英藏敦煌文獻》擬名『授三皈八戒儀軌』，荒見泰史擬名『受八關齋戒文』（見《敦煌本〈受八關齋戒文〉寫本の基礎的研究》，一三二頁），兹從荒見泰史擬名。

敦煌文獻中的《受八關齋戒文》有二十餘件，可以分爲兩類。一類是署名信行禪師撰的《受八戒法》，以伯二八四九爲代表。另一類是包括此件在内的佚名《受八關齋戒文》，但各件文字差别較大。

校記

〔一〕『聲』，據殘筆劃及Φ一〇九《八關齋戒文》補；『聞緣覺』，據Φ一〇九《八關齋戒文》補。

〔二〕『戒爲因』，據Φ一〇九《八關齋戒文》補。

〔三〕『故』，據Φ一〇九《八關齋戒文》補；『云』，據殘筆劃及Φ一〇九《八關齋戒文》補。

〔四〕『知』，據Φ一〇九《八關齋戒文》補；『因』，據Φ一〇九《八關齋戒文》補。

〔五〕『能生一切諸』，據Φ一〇九《八關齋戒文》補。

〔六〕『先』，據Φ一〇九《八關齋戒文》補。

〔七〕『先』，據Φ一〇九《八關齋戒文》補。

〔八〕『已』，據Φ一〇九《八關齋戒文》補。

〔九〕『賴』，當作『癩』，據Φ一〇九《八關齋戒文》改，『賴』爲『癩』之借字。

〔一〇〕『由』，通『猶』。

〔一一〕『以』，通『已』。

〔一二〕「以」，通「已」。

〔一三〕「想」，當作「相」，據Φ一〇九《八關齋戒文》改，「想」爲「相」之借字。

〔一四〕「事」，通「士」。

〔一五〕「行」，當作「幸」，據伯三六九七背《八關齋戒文》改，「行」爲「幸」之借字。

〔一六〕「類」，當作「侶」，據斯二六八五背《啓請文》改。

〔一七〕「就」，通「鷲」；「領」，通「岭」。

〔一八〕「請」，據文義補。

〔一九〕「天」，當作「部」，據斯二六八五背《啓請文》改。

〔二〇〕「軍」，可用同「君」。

〔二一〕「有」，據斯二六八五背《啓請文》補。

〔二二〕「場」，據文義補。

〔二三〕「評」，當作「平」，據文義改，「評」爲「平」之借字。

〔二四〕「生」，據Φ一〇九《八關齋戒文》補。

〔二五〕「愧」，據殘筆劃及伯四五二二《八關齋戒文》補。

〔二六〕「大須」，據Φ一〇九《八關齋戒文》補。

〔二七〕「由」，通「猶」；「伐」，底本原寫作「栰」，係涉下文「樹」而成之類化俗字。

〔二八〕「僕」，當作「撲」，據文義改，「僕」爲「撲」之借字。

〔二九〕「涅」，當作「揑」，據Φ一〇九《八關齋戒文》改，「涅」爲「揑」之借字。

〔三〇〕「任」，當作「枉」，據Φ一〇九《八關齋戒文》改。

〔三一〕『暮』，當作『募』，據文義改，『暮』爲『募』之借字。

〔三二〕『第』，底本原作『弟』，按寫本中『第』『弟』形近易混，故據文義逕釋作『第』。

〔三三〕『第』，底本原作『弟』，按寫本中『第』『弟』形近易混，故據文義逕釋作『第』。

〔三四〕第二個『故』，據文義係衍文，當删。

〔三五〕『餘』，當作『於』，據文義改，『餘』爲『於』之借字。

〔三六〕『喜』，據Φ一〇九《八關齋戒文》補。

〔三七〕『猶』，通『由』。

〔三八〕『苦』，據伯四五二二《八關齋戒文》補。

〔三九〕『敢』，當作『感』，據伯四五二二《八關齋戒文》改，『敢』爲『感』之借字；『雍』，通『擁』，以下同，不另出校。

〔四〇〕『飼』，當作『伺』，據伯四五二二《八關齋戒文》改，『飼』爲『伺』之借字。

〔四一〕『榮』，通『營』。

〔四二〕『第』，底本原作『弟』，按寫本中『第』『弟』形近易混，故據文義逕釋作『第』。

〔四三〕『生』，據伯三二三五《八關齋戒文》補。

〔四四〕『第』，底本原作『弟』，按寫本中『第』『弟』形近易混，故據文義逕釋作『第』。

〔四五〕『第』，底本原作『弟』，按寫本中『第』『弟』形近易混，故據文義逕釋作『第』。

〔四六〕『長』，據殘筆劃及伯三二三五《八關齋戒文》補。

〔四七〕『第』，底本原作『弟』，按寫本中『第』『弟』形近易混，故據文義逕釋作『第』。

〔四八〕『具』，當作『且』，據伯三二三五《八關齋戒文》改。

（四九）『第』，底本原作『弟』，按寫本中『第』『弟』形近易混，故據文義逕釋作『第』。

（五〇）『其』，據伯三二三五《八關齋戒文》補。

（五一）『修』，據伯三二三五《八關齋戒文》補。

（五二）『子』，據伯三二三五《八關齋戒文》補。

（五三）『第』，底本原作『弟』，按寫本中『第』『弟』形近易混，故據文義逕釋作『第』。

（五四）『身』，據伯三二三五《八關齋戒文》補。

（五五）『第』，底本原作『弟』，按寫本中『第』『弟』形近易混，故據文義逕釋作『第』。

（五六）『第』，底本原作『弟』，按寫本中『第』『弟』形近易混，故據文義逕釋作『第』。

（五七）『戒』，據伯三二三五《八關齋戒文》補。

（五八）『之時』，據伯三六九七背《八關齋戒文》補。

（五九）『忘』，通『妄』。以下同，不另出校。

（六〇）『足』，據Φ一〇九《八關齋戒文》補。

（六一）『第』，底本原作『弟』，按寫本中『第』『弟』形近易混，故據文義逕釋作『第』。

（六二）『若生』，底本原爲雙行小字，據文義係爲正文内容，今録入正文。

（六三）此處似有脱文。

（六四）『輪』，底本原有一字空白，據Φ一〇九《八關齋戒文》補。

（六五）『賞』，通『償』。

（六六）『道』，底本原有兩個『道』字，一在行末，一在次行行首，此爲當時的一種抄寫習慣，可以稱作『提行添字例』，第二個『道』應不讀，故未録。

〔六七〕『剪』，當作『箭』，據Φ一〇九《八關齋戒文》改，『剪』爲『箭』之借字。
〔六八〕『郝』，當作『螫』，據Φ一〇九《八關齋戒文》改，『郝』爲『螫』之借字。
〔六九〕『何』，當作『可』，據Φ一〇九《八關齋戒文》改。
〔七〇〕『蔥』，據殘筆劃及Φ一〇九《八關齋戒文》補。
〔七一〕『則』，據文義補。
〔七二〕『同』，可用同『銅』。
〔七三〕『卦』，當作『掛』，據文義改，『卦』爲『掛』之借字。
〔七四〕『賁』，當作『噴』，據文義改，『賁』爲『噴』之借字。
〔七五〕『頭』，當作『腹』，據Φ一〇九《八關齋戒文》改。
〔七六〕『若犯一一』，據文義係衍文，當删。
〔七七〕『第』，底本原作『弟』，按寫本中『第』『弟』形近易混，故據文義逕釋作『第』。
〔七八〕『睺』，當作『喉』，據Φ一〇九《八關齋戒文》改，『睺』爲『喉』之借字。
〔七九〕此句至『若犯一一戒』，底本原爲雙行小字，據文義係正文内容，今録入正文。
〔八〇〕『戒』，底本原有兩個『戒』字，一在本卷第八紙末行之末，一在第十紙首行之首，此爲當時的一種抄寫習慣，可以稱作『提行添字例』，第二個『戒』應不讀，故未録。
〔八一〕『習』，《敦煌願文集》漏録。
〔八二〕『座』，《敦煌願文集》校改作『坐』，按『座』有『坐』義，不煩校改。
〔八三〕『業』，《敦煌願文集》釋作『葉』，校改作『業』，誤。
〔八四〕『惠』，《敦煌願文集》校改作『慧』，按『惠』通『慧』，不煩校改。

〔八五〕『脱』，《敦煌願文集》漏録。

參考文獻

《敦煌寶藏》三三册，臺北：新文豐出版公司，一九八二年，五四〇至五四四頁（圖）；《東洋大學大學院紀要》一九號，一九八二年，八〇頁；《講座敦煌7敦煌と中國佛教》，東京：大東出版社，一九八四年，二六四頁；《英藏敦煌文獻》五卷，成都：四川人民出版社，一九九二年，二三九至二四六頁（圖）；《俄藏敦煌文獻》三卷，上海古籍出版社，一九九三年，一七三至一八二頁（圖）；《敦煌佛學·佛事篇》，蘭州：甘肅民族出版社，一九九五年，八五至八七頁；《敦煌願文集》，長沙：岳麓書社，一九九五年，一七二頁（録）；《法藏敦煌西域文獻》七册，上海古籍出版社，一九九八年，五二至五四頁（圖）；《法藏敦煌西域文獻》二二册，上海古籍出版社，二〇〇二年，二四九至二五二頁（圖）；《法藏敦煌西域文獻》二六册，上海古籍出版社，二〇〇二年，三四九至二五二頁（圖）；《敦煌佛教律儀制度研究》，北京：中華書局，二〇〇三年，一三三至一四二頁；《法藏敦煌西域文獻》三一册，上海古籍出版社，二〇〇五年，三一四至三一七頁（圖）；《敦煌寫本研究年報》第五號，二〇一一年，一三二頁。

斯四〇八一　二　齋儀抄（嚴病、僧、報願、難月、亡、東行、畜）

釋文

嚴病

藥王、藥上，受與神方〔一〕；觀音、妙音，施〔其〕良藥〔二〕。醍醐灌頂〔三〕，法雨閏身〔四〕。萬福雲臻，千災霧卷。四枝休太〔五〕，五藏安和。畢千載之遐靈（齡）〔六〕，盡百年之長筭。諸佛益長年之筭，龍天贈不死之花（符）〔七〕。威德與山岳齊高，英聲與煙霞比遠〔八〕。神湯灌口，痛惱雲除；妙藥兹（滋）身〔九〕，災殃霧卷。

（中空數行）

僧

惠雲含閏〔一〇〕，法力冥資；靈筭遐長，芳因永固。七枝清豫，更嚴七覺之花；八節休宜，還凝八定之水。戒珠恆淨，道鏡長懸〔一一〕；□保其身田，如來益其功〔一二〕。文殊、彌勒，碎魔鬼而令安；地藏、觀音，□□□而使淨。十纏九橫，逐念咸消；三障六塵，隨願皆滅。頓入一乘之境，長遊八正之門。爲大海之津梁，作群生之眼目。齊天地之壽，同蘭桂之花。爐薰不死之香，臺監長生之鏡〔一三〕。六根調於六律〔一四〕，四大休於四時。七覺敷於七支〔一五〕，八德操於八識〔一六〕。

報願

寶座遐設，金容啓顔。佛供騰芳〔一七〕，爐煙發色。形同大地，歷千載而常安；命等須彌，跨萬齡而不朽。朱輪紫蓋，與雲漢而齊高；飾玉彫瓔〔一八〕，將煙遐（霞）而共遠〔一九〕。百靈影衛〔二〇〕，千聖冥扶。壽與天長，福將劫遠。香風拂體，法水灑心。洗滌八萬塵勞，蕩除三鄣〔二一〕。諸佛護念，蕩業障而遐齡；菩薩威加，拂災殃而雲散。陀羅（尼）印〔二二〕，印五藏而清涼；月愛淨光，入四支而快樂〔二三〕。災殃雨散，福利雲臻。履八節而恆安〔二四〕，順四時而休豫。三寶覆護，萬善莊嚴。靈筭筳（延）長〔二五〕，果報無盡。命同金石，九橫之所不侵；財積丘山，五家莫之能繞（饒）〔二六〕。

三災霧卷，五障雲消；六善扶持，百靈影衛〔二七〕。千災永謝，百福咸臻。天仙降靈，龍神效祉〔二八〕。八功德水，灌洗身田〔二九〕；九横稠林，摧殘殄滅。年無九横〔三〇〕，月遣三災〔三一〕。命比大椿而不彫〔三二〕，壽同劫石而無盡。

僧

惟願八解之水，澡心鏡而澄明；七覺之花，莊高樹而揚彩。慈雲密蔭，四大休宜；法水冥津，六根清吉。慈雲遍佈，長增菩提之牙；法炬恆暉，照於無明之路。千輪耀彩，百福莊嚴。果報自然，寢居快樂。六府調暢，四大清宜。戒定惠增，慈悲喜滿。竭愛河而偃塵岳，餐法喜而憩禪林〔三三〕。撥五位之重雲，圓三明之皎日。敷覺花以營（瑩）心鏡〔三四〕，凝定水以潤身田〔三五〕。揚惠炬而臨大千，鼓法棹而舟苦海。聞修兩惠〔三六〕，普照凶（胸）襟〔三七〕；真俗三明，雙開懷抱〔三八〕。

難月

惟願靈童易育，門嗣剋昌〔三九〕；母子平安，災殃永殄。天護佛護，菩薩威加；卧安覺安，身心清吉。早得分難〔四〇〕，母子平安。四王來護，三寶威加。母子康寧，報（保）居齡筭〔四一〕。

（中空一行）

亡

惟願遨遊淨土，舞身業於七池；消散蓮臺，戲心花於八水。承斯勝福，淨域神遊；甘露入心，醍醐灌頂。觀音救護，勢至來迎；朝聞法音，夕登聖位。菩提樹下，摘四果於禪枝；涅盤山中〔四二〕，採七花於覺路〔四三〕。拂衣淨國，總駕天衢。冠惠日而蔭法雲，撥煩籠而歸常樂。馳神五淨，高謝六塵。驅駕白牛〔四四〕，長辭火宅。身證八解，遊二諦之玄津〔四五〕；心結七花，會五乘之因果。入總持之惠苑，遊無漏之法林。證解脱之空門，到菩提之彼岸。永御千花之帳〔四六〕，恆聞八解之音。離變易之無常〔四七〕，會真如之法界。形遊佛國，影入花臺。逍遥功德之林〔四八〕，散誕天仙之界。承七花之淨國，遊八解之天宫。迴十地之無窮〔四九〕，登一生之補處。

東行〔五〇〕

惟願金剛力士，執劍前行；飛天神王，持刀後衛。使他鄉旋駕〔五一〕，再會歡悮（娛）〔五二〕；此土親姻，同榮快樂。

百神來護，千聖冥扶[五三]。道路塞而〔復〕通[五四]，途遥隔而再續。

闕山莫雍[五五]，道路無隅（虞）[五六]。再會本鄉而恆安[五七]，重榮快樂而無盡。

（中空一行）

畜

惟願永捨無明，長辭瘖啞。斷傍生之惡趣，受勝果於人天。

永離三途[五八]，長辭八苦。觀慈尊而窮本性，聞正法已契無〔生〕[五九]。共圓實相之姿[六〇]，等念真如之境。

轉前生之重障，消見在之深痾。捨惡趣之劣身[六一]，獲天堂之勝果。

説明

此件首全尾缺，起『嚴病』，訖『獲天堂之勝果』。《敦煌遺書總目索引》擬名『釋門應用文』，《英藏敦煌文獻》擬名『文樣』，《敦煌願文集》則擬名『迴向發願等範本』。考其内容爲齋儀抄，存嚴病、僧、報願、僧、難月、亡、東行、畜等，故擬今名。此件之筆跡與上件《受八關齋戒文》一致，係同一人所抄。

校記

〔一〕『受』，《敦煌願文集》校改作『授』，按『受』有『授』義，不煩校改。

〔二〕『其』，據斯一四四一背《齋儀》補。
〔三〕『醐』，底本原作『餬』，係涉上文『醍』字而成之類化俗字。
〔四〕『閏』，《敦煌願文集》校改作『潤』，按『閏』通『潤』，不煩校改。以下同，不另出校。
〔五〕『枝』，《敦煌願文集》校改作『肢』，按『枝』通『肢』，不煩校改；『太』，《敦煌願文集》校改作『泰』，按『太』有『泰』義，不煩校改。
〔六〕『遐』，《敦煌願文集》釋作『違遐』，誤；『靈』，當作『齡』，《敦煌願文集》據文義校改，『靈』爲『齡』之借字。
〔七〕『花』，當作『符』，據斯三四三《齋儀》改。
〔八〕『聲』，《敦煌願文集》認爲底本脱，并據文義校補作『馨』，按底本實不脱。
〔九〕『兹』，當作『滋』，《敦煌願文集》據文義校改。
〔一〇〕『惠』，《敦煌願文集》據校改作『慧』，按『惠』通『慧』，不煩校改。以下同，不另出校。
〔一一〕『懸』，據殘筆劃及文義補，《敦煌願文集》逕釋作『懸』。
〔一二〕『功』，《敦煌願文集》據文義補作『功德』。
〔一三〕『監』，《敦煌願文集》校改作『鑒』，按『監』通『鑒』，不煩校改。
〔一四〕此句至『八德操於八識』，底本爲雙行小字，當係後來補寫之正文，今釋作大字。
〔一五〕『敷』，《敦煌願文集》未能釋讀；『支』，《敦煌願文集》校改作『枝』，誤。
〔一六〕『操』，《敦煌願文集》未能釋讀。
〔一七〕『騰』，《敦煌願文集》釋作『曠』，誤；『芳』，《敦煌願文集》校改作『方』，誤。
〔一八〕『玉』，《敦煌願文集》釋作『王』，校改作『玉』。

〔一九〕「遐」，當作「霞」，《敦煌願文集》據文義校改，「霞」爲「遐」之借字。
〔二〇〕「衛」，《敦煌願文集》釋作「□」，校補作「衛」，按底本「衛」字可以辨識。
〔二一〕此句《敦煌願文集》校補作「蕩除三〔千〕障〔累〕」，以與上句「洗滌八萬塵勞」對應。但「三障」是佛教專有詞彙，且佛教典籍中「三千業障」或「三千垢累」均常見，「三千障累」少見。所以，此句以不補爲佳，如因對仗關係而校補文字，似應補作「三千業障」。
〔二二〕「尼」，《敦煌願文集》據文義校補。
〔二三〕「支」，《敦煌願文集》校改作「肢」，按「支」有「肢」義，不煩校改。
〔二四〕「履」，《敦煌願文集》釋作「復」，誤。
〔二五〕「筵」，當作「延」，據文義改，《敦煌願文集》逕釋作「延」。
〔二六〕「繞」，當作「饒」，據文義改，「繞」爲「饒」之借字，《敦煌願文集》校改作「嬈」，疑誤。
〔二七〕「衛」，《敦煌願文集》釋作「漸」，校改作「衛」，誤。
〔二八〕「龍」，《敦煌願文集》釋作「能」，誤。
〔二九〕「洗」，《敦煌願文集》釋作「注」，誤。
〔三〇〕此句至「壽同劫石而無盡」，底本爲雙行小字，當係後來補寫之正文，今釋作大字。
〔三一〕「遣」，《敦煌願文集》釋作「迷」，校改作「靡」，誤。
〔三二〕「彫」，《敦煌願文集》校改作「凋」，按「彫」通「凋」，不煩校改。
〔三三〕「法」，《敦煌願文集》釋作「□」，校補作「法」，按底本實爲「法」。
〔三四〕「營」，當作「瑩」，《敦煌願文集》據文義校改；「鏡」，《敦煌願文集》釋作「鋑」，誤。
〔三五〕「水」，《敦煌願文集》釋作「永」，校改作「水」，誤；「以」，《敦煌願文集》認爲底本脱，并據文義校補作

〔三六〕『以』，按底本實不脱；『潤』，《敦煌願文集》釋作『閏』，校改作『潤』，誤。
〔三七〕此句至『雙開懷抱』，底本爲雙行小字，當係後來補寫之正文，今釋作大字。
〔三八〕『雙』，《敦煌願文集》未能釋讀。
〔三九〕『凶』，當作『胸』，據文義改，『凶』爲『胸』之借字，《敦煌願文集》逕釋作『胸』。
〔四〇〕『嗣』，《敦煌願文集》釋作『副』，誤。
〔四一〕『難』，《敦煌願文集》校改作『離』，誤。
〔四二〕『報』，當作『保』，《敦煌願文集》據文義校改，『報』爲『保』之借字。
〔四三〕『涅盤』，寫本時代『涅槃』並未成爲固定搭配，或作『涅槃』，或作『涅盤』，均可通。
〔四四〕『七』，《敦煌願文集》釋作『□』，校補作『七』，按底本實爲『七』。
〔四五〕『驅』，《敦煌願文集》未能釋讀。
〔四六〕『二諦』，《敦煌願文集》未能釋讀。
〔四七〕『御』，《敦煌願文集》釋作『謝』，誤。
〔四八〕『離』，《敦煌願文集》釋作『聲』，誤。
〔四九〕『逍遥』，《敦煌願文集》釋作『□□』，校補作『悠遊』，誤。
〔五〇〕『迴』，《敦煌願文集》釋作『向』，誤。
〔五一〕『行』，《敦煌願文集》釋作『衙』，誤。
〔五二〕『旋』，《敦煌願文集》釋作『施』，誤；『駕』，《敦煌願文集》釋作『□』，校補作『主』，誤。
〔五三〕『悮』，當作『娛』，《敦煌願文集》據文義校改。
〔五三〕『千聖』，《敦煌願文集》漏録。

〔五四〕『塞』，《敦煌願文集》未能釋讀；『復』，據文義補。

〔五五〕『雍』，《敦煌願文集》校改作『壅』，按『雍』通『壅』，不煩校改。

〔五六〕『隅』，當作『虞』，《敦煌願文集》據文義校改，『隅』爲『虞』之借字。

〔五七〕『安』，《敦煌願文集》未能釋讀。

〔五八〕『永』，《敦煌願文集》釋作『□』，校補作『永』，按底本實爲『永』。

〔五九〕『生』，《敦煌願文集》據文義校補。

〔六〇〕『圓』，《敦煌願文集》釋作『固』，誤；『實相』，《敦煌願文集》未能釋讀；『之』，《敦煌願文集》釋作『□』，校補作『之』，按底本實爲『之』。

〔六一〕『之』，《敦煌願文集》釋作『□』，校補作『之』，按底本實爲『之』。

參考文獻

《敦煌寶藏》三三册，臺北：新文豐出版公司，一九八二年，五四四至五四六頁（圖）；《北京師範學院學報》一九九〇年三期，九一至九七頁；《英藏敦煌文獻》五卷，成都：四川人民出版社，一九九二年，二四六至二四八頁（圖）；《敦煌願文集》，長沙：岳麓書社，一九九五年，一七二至一七八頁（録）。

斯四〇八七　大乘無量壽經題記

釋文

孟郎。

孟郎子。

說明

「孟郎」寫於《大乘無量壽經》卷首，「孟郎子」寫於卷末。此件《英藏敦煌文獻》未收，現予增收。

參考文獻

Descriptive Catalogue of the Chinese Manuscripts from Tunhuang in the British Museum, The Trustees of the British Museum, London 1957, p. 147（録）；《敦煌寶藏》三三册，臺北：新文豐出版公司，一九八二年，五七三頁（圖）；《敦煌遺書總目索引》，北京：中華書局，一九八三年，一九二頁（録）；《中國古代寫本識語集録》，東京大學東洋文化研究所，一九九〇年，三九三頁（録）；《敦煌遺書總目索引新編》，北京：中華書局，二〇〇〇年，一二四頁（録）。

斯四〇八八　大乘無量壽經題記

釋文

唐文英寫。
智忻勘。

説明

以上文字寫於《佛説無量壽宗要經》卷末，其中『智忻勘』爲朱筆。此件《英藏敦煌文獻》未收，現予增收。池田温認爲此寫本的年代大約在公元九世紀前期（參見《中國古代寫本識語集録》，三八八頁）。

參考文獻

Descriptive Catalogue of the Chinese Manuscripts from Tunhuang in the British Museum, The Trustees of the British Museum, London 1957, p. 147（録）；《敦煌寶藏》三三册，臺北：新文豐出版公司，一九八二年，五七六頁（圖）；《敦煌遺書總目索引》，北京：中華書局，一九八三年，一九二頁（録）；《中國古代寫本識語集録》，東京大學東洋文化研究所，一九九〇年，三八八頁（録）；《敦煌遺書總目索引新編》，北京：中華書局，二〇〇〇年，一二四頁（録）。

斯四〇九一背　雜寫

釋文

□張（？）□□
道仲（？）□
信（？）斷斷手

説明

以上文字係時人隨手書寫於《金光明最勝王經》卷背。《英藏敦煌文獻》未收，現予增收。

參考文獻

《敦煌寶藏》三三册，臺北：新文豐出版公司，一九八二年，五九九頁（圖）。

斯四一〇二　法華義記第三題記

釋文

比丘法順寫記也。

説明

以上文字書寫於《法華義記》卷三末尾。《英藏敦煌文獻》未收，現予增收。池田温認爲此寫本的年代大約在公元六世紀（參見《中國古代寫本識語集録》，一五九頁）。

參考文獻

Descriptive Catalogue of the Chinese Manuscripts from Tunhuang in the British Museum, The Trustees of the British Museum, London 1957, p. 171（録）；《敦煌寶藏》三三册，臺北：新文豐出版公司，一九八二年，六六九頁（圖）；《敦煌遺書總目索引》，北京：中華書局，一九八三年，一九二頁（録）；《中國古代寫本識語集録》，東京大學東洋文化研究所，一九九〇年，一五九頁（録）；《敦煌遺書總目索引新編》，北京：中華書局，二〇〇〇年，一二五頁（録）。

斯四一〇六背　一　童蒙書摘抄

釋文

門來善遠〔一〕，宅〔納〕〔世〕〔祥〕〔二〕。千祇（祀）大富〔三〕，萬歲延昌。行處〔安〕〔□〕〔四〕，座處無〔殃〕〔五〕。精勤念佛，不共人像〔六〕。多足〔牛〕〔羊〕〔七〕。慎火忌光。頃〔八〕。壹、貳、叁、肆、伍、陸、柒、捌、玖。上士油（由）山水〔九〕，中人坐竹林。禾（天）生自有〔性〕〔一〇〕，平字留心本〔一一〕。立行方迴夜（也）〔一二〕，文財比重（仲）人（壬）〔一三〕。去年出〔北〕〔地〕〔一四〕，今入（日）日（入）南音〔一五〕。

門來善遠〔一六〕，宅納世祥〔一七〕。

門來善遠〔一八〕，宅〔納〕世祥〔一九〕。千〔祀〕大富〔二〇〕，萬歲延昌。行處安〔□〕〔二一〕，座處〔無〕殃〔二二〕。精勤念佛，不共人像〔二三〕。舍家平善，多足牛羊。僱（故）土常（？）守〔二四〕，本固子周〔二五〕。地玖（久）天長〔二六〕。上士油（由）山水〔二七〕，中人坐竹林。禾（天）生白（自）有性〔二八〕，平字本留心〔二九〕。立行方迴夜（也）〔三〇〕，文財比重（仲）人（壬）〔三一〕。去年出北地，今入（日）日（入）南音〔三二〕。上大夫，丘乙己。

化三千，七十二〔三三〕。女小生，八九子。牛羊千口，捨宅不受（售）〔三四〕。大下于〔三五〕。申（甲）子乙丑〔三六〕。之夫（乎）者也〔三七〕。壹、貳、叁、肆、伍、陸、柒、捌、玖〔三八〕、拾。索，翟，陳，康，習（？）〔三九〕，縣（？）〔四〇〕，張。

說明

此卷抄寫於《佛說法句經》背面，按筆跡可分爲前後兩部分。第一部分依次抄寫『門來善遠』詩、大寫數目字、『上士油（由）山水』詩、『上大夫』、姓氏，前三類內容重複抄寫。第二部分爲習字，有整行重複抄寫同一字，也有只在行首寫一字而其下空白以備重複抄寫該字。兩部分書法稚拙，訛誤較多，顯係學童所爲。原卷無題，以往均將兩部分合在一起擬名。《敦煌遺書總目索引》擬名『兒童習字』，《敦煌寶藏》和《敦煌遺書總目索引新編》從之，《英藏敦煌文獻》改擬作『習字』。《敦煌經部文獻合集》認爲此卷內容與伯三一四五背相同，大約是學童據蒙師自編的識字讀物抄寫，擬名『訓蒙書抄』。

此件爲第一部分，首尾完整，其內容包括不同階段學童的學習內容。如『上大夫』、『上士油（由）山水』和『甲乙丙丁』等筆劃簡單的文字組合；也包括筆劃相對複雜的文字組合，如大寫數目字和姓氏等。按照從易到難的原則，蒙書一般最初應該是筆劃簡單的有意義的文字組合。而此件既有筆劃簡單的文字組合，也有初級階段以後的學習內容，最大的可能是摘抄自不同的童蒙書，故擬名爲『童蒙書摘抄』。

校記

〔一〕『遠』，《敦煌經部文獻合集》未能釋讀。

〔二〕『納世祥』，《敦煌經部文獻合集》據下文校補。

〔三〕『祇』，當作『祀』，《敦煌經部文獻合集》據文義校改。

〔四〕『安□』，《敦煌經部文獻合集》據下文校補。

〔五〕『殃』，《敦煌經部文獻合集》據下文校補。

〔六〕『共』，通『供』；『像』，《敦煌經部文獻合集》釋作『象』。

〔七〕『足』，《敦煌經部文獻合集》未能釋讀；『牛羊』，據下文補。

〔八〕『頃』，《敦煌經部文獻合集》未能釋讀。

〔九〕『油』，當作『由』，據伯三一四五『訓蒙書抄』改，『油』爲『由』之借字。

〔一〇〕『禾』，當作『天』，據伯三一四五『訓蒙書抄』改；『自』，《敦煌經部文獻合集》釋作『白』，誤；『性』，《敦煌經部文獻合集》據下文校補。

〔一一〕『字』，伯三一四五『訓蒙書抄』作『子』；『留心本』，《敦煌經部文獻合集》釋作『本留心』，據下文，當以『本留心』爲是。

〔一二〕『夜』，當作『也』，據伯三一四五『訓蒙書抄』改，『夜』爲『也』之借字。

〔一三〕『財』，《敦煌經部文獻合集》校改作『才』，按『財』通『才』，不煩校改；『重人』，當作『仲壬』，《論中國古代的習字蒙書》據相關典籍校改，『重人』爲『仲壬』之借字。

〔一四〕『北地』，《敦煌經部文獻合集》據下文校補。

〔一五〕『入』，當作『日』，據伯三一四五『訓蒙書抄』改；『日』，當作『入』，據伯三一四五『訓蒙書抄』改。

〔一六〕「遠」，《敦煌經部文獻合集》未能釋讀。
〔一七〕「祥」，《敦煌經部文獻合集》未能釋讀。
〔一八〕「遠」，《敦煌經部文獻合集》未能釋讀。
〔一九〕「納」，《敦煌經部文獻合集》據上文校補。
〔二〇〕「祀」，《敦煌經部文獻合集》據文義校補。
〔二一〕「□」，此處應脱一字，《敦煌經部文獻合集》據上文校補。
〔二二〕「無」，《敦煌經部文獻合集》據上文校補。
〔二三〕「像」，《敦煌經部文獻合集》釋作「象」。
〔二四〕「偪」，《敦煌經部文獻合集》未能釋讀，當作「故」，據文義改，「偪」爲「故」之借字；「常」，《敦煌經部文獻合集》未能釋讀。
〔二五〕「固」，《敦煌經部文獻合集》未能釋讀；「周」，《敦煌經部文獻合集》未能釋讀。
〔二六〕「玖」，當作「久」，《敦煌經部文獻合集》據文義校改。
〔二七〕「油」，當作「由」，據伯三一四五「訓蒙書抄」改，「油」爲「由」之借字。
〔二八〕「禾」，當作「天」，據伯三一四五「訓蒙書抄」改；「白」，當作「自」，《敦煌經部文獻合集》據文義校改。
〔二九〕「字」，伯三一四五「訓蒙書抄」作「子」。
〔三〇〕「夜」，當作「也」，據伯三一四五「訓蒙書抄」改，「夜」爲「也」之借字。
〔三一〕「財」，《敦煌經部文獻合集》校改作「才」，按「財」通「才」，不煩校改；「重人」，當作「仲壬」，《論中國古代的習字蒙書》據相關典籍校改，「重人」爲「仲壬」之借字。
〔三二〕「入」，當作「日」，據伯三一四五「訓蒙書抄」改；「日」，當作「入」，據伯三一四五「訓蒙書抄」改。

〔三三〕『二』，《敦煌經部文獻合集》釋作『工』，校改作『二』。
〔三四〕『受』，當作『售』，據伯三一四五『訓蒙書抄』改，『受』爲『售』之借字。
〔三五〕『下』，《敦煌經部文獻合集》未能釋讀。
〔三六〕『申』，當作『甲』，據伯三一四五『訓蒙書抄』改；『丑』，《敦煌經部文獻合集》未能釋讀。
〔三七〕『夫』，當作『乎』，據伯三一四五『訓蒙書抄』改，『夫』爲『乎』之借字。
〔三八〕『玖』，底本原寫作『玐』，係涉上下文而成的類化俗字。
〔三九〕『習』，《敦煌經部文獻合集》未能釋讀。
〔四〇〕『縣』，《敦煌經部文獻合集》未能釋讀。

參考文獻

《敦煌寶藏》三四册，臺北：新文豐出版公司，一九八二年，七至八頁（圖）；《敦煌語言文學論文集》，杭州：浙江古籍出版社，一九八八年，五一至五五頁；《英藏敦煌文獻》二卷，成都：四川人民出版社，一九九〇年，一四四、二五五頁（圖）；《英藏敦煌文獻》五卷，成都：四川人民出版社，一九九二年，二四九至二五一頁（圖）；《英藏敦煌文獻》一一卷，成都：四川人民出版社，一九九四年，二三四頁（圖）；《敦煌遺書總目索引新編》，北京：中華書局，二〇〇〇年，一二五頁；《敦煌蒙書研究》，蘭州：甘肅教育出版社，二〇〇二年，一三九至一四二頁；《法藏敦煌西域文獻》二三册，上海古籍出版社，二〇〇二年，三四頁（圖）；《法藏敦煌西域文獻》二八册，上海古籍出版社，二〇〇四年，八二、一一三頁（圖）；《法藏敦煌西域文獻》三三册，上海古籍出版社，二〇〇五年，二五三頁（圖）；《社會科學研究》二〇〇七年二期，一八八至一九四頁；《敦煌經部文獻合集》八册，北京：中華書局，二〇〇八年，四一三八至四一四二頁（録）；《一關工業高等專門學校研究紀要》四六號，二〇一一年，二四至二六頁（録）；《歷史》一一七號，二〇一一年，一至二九頁；《大衆文藝》二〇一三年一〇期，六二至六三頁；《童蒙文化研究》二卷，北京：人民出版社，二〇一七年，二九二至三〇七頁；《語文學刊》二〇一七年五期，一二二至一二三頁；《社會科學研究》二〇一七年二期，一八八至一九四頁。

斯四一〇六背　二　習字（人名等）

釋文

鄯
君
盈
勾（？）
臭（？）
梁[一]
思
信
康
忠
趙

胠
令狐
進〔二〕
子
令狐
間
德
林
亻
使〔三〕
曹
粉〔四〕
堆〔五〕
周
保〔六〕
右

初
勝〔七〕
吴
惠
唐〔八〕
醜
奴
沈〔九〕
韓
黄
裕
加
碩，昨日初生
蘇蘇蘇蘇庾
翟翟翟翟翟翟翟
懷懷懷懷懷懷懷懷懷懷懷懷懷懷

夜夜夜夜夜夜夜夜夜夜夜夜夜夜
張張張張張張張張張張張張張張
富富富富富富富富富富富富富富富〔一〇〕
德德德德德德德德德德德德德
馬馬馬馬馬馬馬馬馬馬馬馬馬
男男男男男男男男男男男男男男男男男
赤赤赤赤赤赤赤赤赤赤赤赤赤赤
夜夜夜夜夜夜夜夜夜夜夜夜夜夜夜
宜宜宜宜宜宜宜宜宜宜
員員員員員員員員員員
梧梧梧梧梧梧梧梧梧梧梧梧梧

説明

此件首尾完整，前卅九行每行僅寫一字，其下空白以備重複練習，後十四行整行重複抄寫一字，可知此件的性質爲習字。

校記

〔一〕『梁』，《敦煌經部文獻合集》釋作『粢』。
〔二〕『令狐』，《敦煌經部文獻合集》釋作『衾』，誤；『進』，《敦煌經部文獻合集》疑爲『途』。
〔三〕『林』，《敦煌經部文獻合集》未能釋讀；『使』，《敦煌經部文獻合集》未能釋讀。
〔四〕『粉』，《敦煌經部文獻合集》未能釋讀。
〔五〕『堆』，《敦煌經部文獻合集》未能釋讀。
〔六〕『周』，《敦煌經部文獻合集》釋作『目』，誤；『保』，《敦煌經部文獻合集》未能釋讀。
〔七〕『勝』，《敦煌經部文獻合集》未能釋讀。
〔八〕『唐』，《敦煌經部文獻合集》疑爲『旁』，誤。
〔九〕『沈』，《敦煌經部文獻合集》未能釋讀。
〔一〇〕『富』，《敦煌經部文獻合集》均釋作『留』，誤。

參考文獻

《敦煌寳藏》三四册，臺北：新文豐出版公司，一九八二年，八至一〇頁（圖）；《英藏敦煌文獻》五卷，成都：四川人民出版社，一九九二年，二四九至二五一頁（圖）；《敦煌經部文獻合集》八册，北京：中華書局，二〇〇八年，四一三九至四一四二頁（録）。

斯四一一五　雍熙二年（公元九八五年）五月十五日沙州三界寺授女弟子法清八戒牒

釋文

南贍部州娑訶世界沙州三界寺授八戒　　牒

授戒女弟子法清

牒得前件弟子，白月垂光，入寒譚（潭）而是幻〔一〕；紅蓮出水，悟生死之無餘。今則方駕牛車，將辭火宅。欲網烈而須堅固〔二〕，塵世出而坐寶華。吾今睹斯真意，方施戒牒〔三〕。仍牒知者，故　牒。

雍熙二年五月十五日　牒。

奉請阿彌陀佛　　　爲檀（壇）頭和尚〔四〕

奉請釋迦牟尼佛　　爲阿闍梨

奉請彌勒菩薩　　　爲羯磨阿闍梨

奉請十方諸佛　　　爲證戒師

奉請諸大菩薩摩訶薩爲同學伴侣

授戒　師主沙門　道真

説明

此件爲雍熙二年（公元九八五年）五月十五日沙州三界寺授女弟子法清八戒之證明書，牒首、牒中受戒弟子法名及授戒時間處各鈐有朱色佛印「阿彌陀佛」一方。

校記

〔一〕「譚」，當作「潭」，《敦煌文獻中五代宋初戒牒研究》據文義校改，「譚」爲「潭」之借字。

〔二〕「烈」，通「裂」。

〔三〕《敦煌文獻中五代宋初戒牒研究》在此句後據其他戒牒文例校補「更若練行真心，菩提上路不遠」。

〔四〕「檀」，當作「壇」，《敦煌文獻中五代宋初戒牒研究》據文義校改，「檀」爲「壇」之借字。

參考文獻

《敦煌佛經卷子巡禮》，自印本，一九八一年，一一三至五一頁；《敦煌寳藏》三四册，臺北：新文豐出版公司，一九八二年，六三頁（圖）；《敦煌社會經濟文獻真蹟釋録》四輯，北京：全國圖書館文獻縮微複製中心，一九九〇年，九九頁（録）；《英藏敦煌文獻》五卷，成都：四川人民出版社，一九九二年，二五一頁（圖）；《敦煌研究》一九九七年三期，三五頁（録）；《甘肅民族研究論叢》，蘭州：甘肅人民出版社，二〇〇二年，三八五至四二三頁；《敦煌文獻與佛教研究》，北京：中央民族大學出版社，二〇一〇年，一至三二頁；《中國佛教版畫全集》一卷，北京：中國書店，二〇一七年，一一一頁（圖）。

斯四一一六　庚子年（公元九四〇年）十月廿六日報恩寺徒衆分付康富盈羊籍契

釋文

庚子年十月廿六日立契，報恩寺徒衆就南沙莊上齊座筭會，牧羊人康富盈，除死抄外，並分付見行羊籍：

大白羯羊壹拾叁口，白羊兒落悉無陸口，大白母羊貳拾口，貳齒白母羊伍口，白羊女羔子陸口，白羊兒羔子壹口，白女落悉無叁口，計白羊大小伍拾肆口。大羖羊羯壹拾玖口（内替入母羊壹口，牧羊人換將去），貳齒羖羯壹口，羖兒羔子伍口，大羖母羊壹拾壹口，貳齒羖母羊拾口，羖女只無伍口，羖兒只（無）兩口〔一〕，計羖羊大小伍拾叁口。

已前白羊、羖羊一一詣實，後筭爲憑。

牧羊人男員興（押）

牧羊人康富盈（押）

牧羊人兄康富德（押）

其筭羊日，牧羊人說理，矜放羔子兩口爲定。又新舊定欠酥叁升。（押）

説明

此件首尾完整，背面有背題『庚子年羊抄』，《英藏敦煌文獻》據此擬名『庚子年十月廿六日報恩寺徒衆分付牧羊人康富盈羊抄』。宋家鈺據此件起首『立契』二字，認爲這是一件『契』（參見《英國收藏敦煌漢藏文獻研究》，一六九頁），『羊抄』應該是時人對此類契約的別稱。茲從之擬今名。『庚子年』，《敦煌社會經濟文獻真蹟釋録》《敦煌契約文書輯校》認爲是後晉天福五年（公元九四〇年）。

校記

〔一〕『無』，《敦煌契約文書語言研究》據文義校補。

參考文獻

《敦煌資料》一輯，北京：中華書局，一九六一年，四一三至四一四頁（録）；*Tunhuang and Turfan Documents concerning Social and Economic history* I，東京：東洋文庫，一九七八年，Legal Text（A）pp. 125 – 126 /（B）p. 95；《大陸雜誌》六五卷四期，一九八二年，二七頁；《敦煌寶藏》三四册，臺北：新文豐出版公司，一九八二年，六四頁（圖）；《敦煌遺書總目索引》，北京：中華書局，一九八三年，一九三頁（録）；《敦煌學園零拾》，臺北：臺灣商務印書館，一九八六年，一七二至一七三頁；《唐五代敦煌寺户制度》，北京：中華書局，一九八七年，二七一至二七二、二七六頁

（録）；《隋唐五代經濟史料彙編校注》一編，北京：中華書局，一九八七年，九一三頁（録）；《中南民族學院學報》一九八九年一期，八三至八四頁；《敦煌社會經濟文獻真蹟釋録》三輯，北京：全國圖書館文獻縮微複製中心，一九九〇年，五七六頁（録）；《英藏敦煌文獻》五卷，成都：四川人民出版社，一九九二年，二五二頁（圖）；《中國歷代契約會編考釋》，北京大學出版社，一九九五年，五一〇至五一一頁（録）；《敦煌寺院會計文書研究》，臺北：新文豐出版公司，一九九七年，三〇九至三一〇頁（録）；《敦煌契約文書輯校》，南京：江蘇古籍出版社，一九九八年，三七四至三七五頁（録）；《敦煌遺書總目索引新編》，北京：中華書局，二〇〇〇年，一一五頁（録）；《英國收藏敦煌漢藏文獻研究》，北京：中國社會科學出版社，二〇〇〇年，一六五頁；《敦煌契約文書語言研究》，北京：人民出版社，二〇一二年，二六六至二六八頁（録）；《敦煌社會經濟文獻詞語論考》，上海人民出版社，二〇一三年，三六至三七頁。

斯四一一六背　　背題（庚子年羊抄）

釋文

庚子年羊抄。

説明

以上文字書於斯四一一六卷背，爲時人對正面文書的命名。

參考文獻

《敦煌寶藏》三四册，臺北：新文豐出版公司，一九八二年，六四頁（圖）；《英藏敦煌文獻》五卷，成都：四川人民出版社，一九九二年，二五二頁（圖）。

斯四一一七　壬寅年三月廿九日再勘寫經人及校字人數

釋文

壬寅年三月廿九日再勘寫經人及校字人數

小馬〔僧〕正書〔一〕：錯『畫』〔二〕，『點』，『茂』字，『著』字，『本』字，『幼』，『日』，『捐』。

王法律：『易』。

劉法律：錯書『囊』，『波』，『疑』。

校人沈法律：『謂』，『出』。

大馬僧正〔三〕：『微』〔四〕，『契』，『睺』。

龍押牙：『契』，『初』〔五〕。

恩會法律〔六〕：『知』。

小孔法律：『毦』〔七〕，『姝』，『賀』，『邊』，『與』，『雨』，『髻』，『縵』。

鄧僧正〔八〕：『分』，『盡』，『欽』。

小王僧正〔九〕：『星』，『仰』。
閻押牙：『閈』〔一〇〕，『隨』，『鏡』，『群』。
繼興法律：『瞿』，『逮』。
徐僧正：『眠』，『橋』。
陳法律：『者』，『眠』。
願千法律〔一一〕：『眠』，『相』。
楊押牙：『釋』，『歎』，『屎』〔一二〕。
大王僧正：『謂』字作『得』，『者』字作『生』、『慶』、『治』。
陰押牙：『邊』〔一三〕，『偏』〔一四〕，『今』。

説明

此件首尾完整，首題『壬寅年三月廿九日再勘寫經人及校字人數』，最後一行接抄於背，内容是壬寅年三月廿九日某寺寫經人所寫錯字和校經人校錯之字的統計。此件中之人名多見於伯三二四〇《壬寅年諸寺配經、付紙歷》，該件中有『顯德寺』和『乾明寺』，係後周、北宋時期所建，王蘭平據此考訂伯三二四〇中的『壬寅年』爲北宋真宗咸平五年（公元一〇〇二年），則此件中之『壬寅年』亦當在該年（參見《麥積山石窟藝術文化論文集（下）》，二〇〇頁）。此件中有武周新字『墬』，似是所勘寫之經源自武周時期的經本，不能作爲判定此件年代的依據。

校記

〔一〕『僧』，《麥積山石窟藝術文化論文集》據文義校補。
〔二〕『畫』，《麥積山石窟藝術文化論文集》釋作『盡』，誤。
〔三〕『正』，《敦煌遺書總目索引新編》釋作『政』，誤。
〔四〕『微』，《麥積山石窟藝術文化論文集》釋作『徵』，誤。
〔五〕『初』，底本此字原爲武周新字，《麥積山石窟藝術文化論文集》未能釋讀。
〔六〕『恩』，《敦煌遺書總目索引》《敦煌遺書總目索引新編》均釋作『思』，誤。
〔七〕『毦』，《吐蕃敦煌抄經研究》釋作『毛』，誤。
〔八〕『正』，《敦煌遺書總目索引新編》釋作『政』，誤。
〔九〕『正』，《敦煌遺書總目索引新編》釋作『政』，誤。
〔一〇〕『閈』，《吐蕃敦煌抄經研究》未能釋讀。
〔一一〕『千』，《敦煌遺書總目索引新編》《吐蕃敦煌抄經研究》均釋作『干』，誤。
〔一二〕『屎』，《吐蕃敦煌抄經研究》《麥積山石窟藝術文化論文集》釋作『尾』，誤。
〔一三〕『邊』，《敦煌遺書總目索引新編》釋作『貪、邊』，《吐蕃敦煌抄經研究》釋作『貪』，均誤。
〔一四〕『偏』，《吐蕃敦煌抄經研究》釋作『邊』，誤。

參考文獻

《敦煌寶藏》三四册，臺北：新文豐出版公司，一九八二年，六五頁（圖）；《敦煌遺書總目索引》，北京：中華書局，一九八三年，一九三頁（録）；《英藏敦煌文獻》五卷，成都：四川人民出版社，一九九二年，二五三頁（圖）；《敦煌遺書總目索引新編》，北京：中華書局，二〇〇〇年，一二六頁（録）；《麥積山石窟藝術文化論文集》下册，蘭州大學出版社，二〇〇四年，一九七至二〇〇頁（録）；《吐蕃敦煌抄經研究》，北京：民族出版社，二〇一六年，七五至七六頁（録）。

斯四一二〇　壬戌年至甲子年某寺布褐綾絹破歷

釋文

（前缺）

□著僱馬用。斜褐壹拾捌段，於胡午上[買]樓綾壹疋用〔一〕。昌褐貳仗（丈）肆尺〔二〕，
憨兒春衣用〔三〕。布叁仗（丈）伍尺，暮（慕）容懸（縣）令亡〔四〕，吊孝諸娘子用。昌褐
貳仗（丈）肆尺，牧羊人春衣用。昌褐壹疋，李僧正造車人助用〔五〕。土布壹尺伍寸，善因
阿嫂亡，吊孝用。土布壹尺伍寸，吊孝醜子沙彌用。

癸亥年：二月，唐祐子絹壹疋，付石匠劉建昌用。斜褐兩段、細褐貳仗（丈）肆尺，
於甘州使面上買鑼用。土布壹疋，於索盈達面上買棰壹車用。土布壹疋，安憨兒舍價用。又
土布壹疋，亦安憨兒舍價用。昌褐壹疋，與張宅官磑價用。土布伍尺，磑車起鐧用。土布叁
尺，二月八日躭佛人皷（轂）腳用〔六〕。土布叁尺，趙老亡，吊孝用。細昌褐貳仗（丈）陸
尺，付安憨兒舍價用。昌褐貳仗（丈）叁尺，與寺卿憨兒春衣用。土〔布〕尺五〔七〕，石郎
亡，吊孝，翟法律用。布叁尺，曹鄉官亡，吊孝，陰家娘子用。布叁叁尺〔八〕，氾婆亡，吊

孝，寺主盈子用。布肆尺五寸，索僧統新婦亡，吊孝，及王上座用。十二月三日，昌〔褐〕壹疋〔九〕，李集子男修（收）新婦〔一〇〕，人助用。同日，布尺五，善因亡，吊孝，新戒用。

甲子年：正月，布三尺，史興子亡，吊孝，住子、不勿用。布壹疋，於高押牙面〔上〕買樫用〔一一〕。布壹疋，於畫師面上買銅録用。布尺五，石幸者亡，吊孝，翟法律用。布貳尺，馬僧録姪男亡，吊孝用。布三尺〔一二〕，鄧馬步亡，吊孝用。布三尺，二月八日躭佛人皷（轂）腳用。布貳尺，又布尺五，李僧正阿姨亡，吊孝，及沈法律用〔一三〕。布尺五，孔都頭阿孃亡，吊孝用。布尺五，張勞成（？）

（後缺）

説明

此件首尾均缺，是某寺布褐綾絹破歷，存壬戌年至甲子年的記録，其中只有癸亥年是完整的。背面粘貼一經帙條，上書『阿毗達磨大毗婆沙論第十二袟　匪』。

校記

〔一〕『午上』，底本這兩字上原粘有一小紙片，上朱書『衣』，係其他文書碎片無意間被粘附於此，與此件無關，不録，《敦煌社會經濟文獻真蹟釋録》釋作『□衣』；『買』，據殘筆劃及文義補，《敦煌社會經濟文獻真蹟釋録》逕釋作『買』；『壹』，《敦煌社會經濟文獻真蹟釋録》釋作『一』，雖義可通而字誤。

〔二〕『仗』，當作『丈』，據文義改，『仗』爲『丈』之借字。以下同，不另出校。
〔三〕『慜』，《敦煌社會經濟文獻真蹟釋録》釋作『安慜』，按底本實無『安』字。
〔四〕『暮』，當作『慕』，據文義改，『暮』爲『慕』之借字；『懸』，當作『縣』，據文義改。
〔五〕『正』，《敦煌社會經濟文獻真蹟釋録》釋作『政』，誤。
〔六〕『皷』，當作『穀』，《敦煌社會經濟文獻詞語論考》據文義校改，『皷』爲『轂』之借字，以下同，不另出校。
〔七〕『布』，《敦煌社會經濟文獻真蹟釋録》據文義校補。
〔八〕第二個『叁』當爲衍文，據文義當删。
〔九〕『褐』，《敦煌社會經濟文獻真蹟釋録》據文義校補。
〔一〇〕『修』，當作『收』，《敦煌社會經濟文獻詞語論考》據文義校改，『修』爲『收』之借字。
〔一一〕『上』，《敦煌社會經濟文獻真蹟釋録》據文義校補。
〔一二〕『布』，《敦煌社會經濟文獻真蹟釋録》漏録。
〔一三〕『沇』，《敦煌社會經濟文獻真蹟釋録》釋作『沈』，誤。

參考文獻

《敦煌寶藏》三四册，臺北：新文豐出版公司，一九八二年，六九至七〇頁（圖）；《敦煌社會經濟文獻真蹟釋録》三輯，北京：全國圖書館文獻縮微複製中心，一九九〇年，二一三至二一四頁（録）；《英藏敦煌文獻》五卷，成都：四川人民出版社，一九九二年，二五四頁（圖）；《歸義軍史研究——唐宋時代敦煌歷史考索》，上海古籍出版社，一九九六年，二九七、三四〇頁；《敦煌社會經濟文獻詞語論考》，上海人民出版社，二〇一三年，二二二、五三四頁（録）。

斯四七〇〇+斯四一二一+斯四六四三+BD一五二五〇　甲午年（公元九九四年）五月十五日陰家婢子小娘子榮親客目

釋文

甲午年五月十五日〔一〕，陰家婢子小娘子榮親客目：

太子大師及娘子（主人）二人。翟使君及水官并小娘子（主人）男女等六人。慕容都衙及娘子（主人）并郎君三人。會長都頭及娘子（主人）并男女四人。安國寺曹家娘子（主人）一人。羅鎮使及娘子（主人）并都頭、小娘子四人。友仙娘子及都頭（主人）并郎君三人。友賓都頭及慈母娘子（主人）并小娘子三人。友崇都頭及母娘子（主人）并小都頭三人。友順都頭及母娘子（主人）并新婦小娘子，并二小都頭五人。皇后及都頭二（主人）主人。閻都衙（主人）及娘子并都頭、小娘子四人。閻遊弈（主人）合門。閻願進合門。閻保住合門。閻保盈合門。閻爪兒合門〔二〕。索指揮及娘子（主人）并都頭、小娘子等七人。順興（主人）都頭及娘子二人。賈都頭及小都頭并新婦四人。陰繼受一人。陰將頭及新婦二人。會昌押衙及新婦二人。善盈郎君主人及新婦二人。願員都頭及新婦并男殘定、新婦等四人。張家友定娘子并達怛二人。唐萬子押衙主人及男女五人。陰都知主人及娘子并男女等六人。宋文秀及母二人。氾丑子都頭及男女四人。憨訥都頭及小娘子主人二人。慶長都頭及男都頭主人并小娘子三人。索營田及小娘子主人二人〔三〕。不子張都頭主人及新婦二人。不子曹都頭主人及新婦二人。不奴張押衙主人及新婦并妹三人。沈都頭及母二人。長殘都頭及母主人并小娘子等三人。鄧都衙主人及娘子并男女三人。丑撻都頭主人及小娘子二人〔四〕。張馬步及五娘子主人并男女三人。員繼郎君及都頭二人。作坊主人及娘子二人。守清都頭主人及小娘子并郎君等三人。陳家娘子及懸主人（縣）令并小娘子三人〔五〕。安都知及新婦并男三人。氾懷恩及弟二人。氾和子二人。氾住兒二人。陳骨子及新婦并男三人。曹順興都頭主人及母并弟都頭、小娘子等五人。定昌都頭主人及小娘子二人。苟奴郎君及母、娘子并郎君主人新婦、小娘子等四人。曹家衆兒

弟（主人）及女并女夫等九十人。李友清及母二人。保住都頭及新婦二人。丑兒都頭及新婦二人。陰
平水衍奴（主人）男女四人。存泰一娘子及何郎。陰山子及男二人。福進（主人）兄弟及新婦六人。善奴及
兄弟（主人）并新婦男女等八人。清奴（主人）及新婦并男女三人。鍾奴呂都頭（主人）及小娘子二人。富定呂都頭（主人）及
小娘子二人。義昌楊都頭（主人）及母并新婦男女等五人。竇願興及男二人。都頭閻閏興（主人）及娘子并男
二都頭〔六〕、小娘子等六人。故閻章久都頭（主人）男女二人。閻章仵都頭（主人）男女三人。衍子（主人）押衙及男
女三人。閻富實及男定員并新婦四人。閻清奴（主人）及新婦二人。汜鄉官（主人）及新婦并男三人。汜達
恒（主人）及草場并新婦五人。押衙汜文傑（主人）及新婦三人。汜文惠兄弟三人。陰丑兒及母三人。陰義通
三人。陰章友并男三人。陰勝盈并男三人。陰義恩三人。陰衍鷄三人。陰長兒三人。陰像
友（主人等）三人。陰再成三人。陰願遂三人。故陰定子押衙男女三人。陰曹子三人。都頭陰弘受兄弟
及新婦三人。陰定千二人。故陰員保押衙妻一人。陰長繼押衙及新婦二人。故宋保子男女三
人。宋保通三人。宋衍子二人。宋丑子二人。宋保盈二人。故宋白兒男女二人。宋鄉官（主人等）二

人。宋慶奴二人。宋丑子四人。宋懷建六人。宋再定二人。宋荀奴二人。宋再成二人。定千張都頭（主人）合門五人。氾馬步（主人）及娘子并男都頭、小娘子等四人。定存氾都頭（主人）及營田娘子等二人。鄧家兄弟六十人。翟保興都頭（主人）及衙推小娘子都頭合門等六人。翟四大口（主人）及新婦男女等五人。氾善俊虞候（主人）及何師子二人〔七〕。楊憨兒都頭（主人）及新婦并男女四人。存子李都頭（主人）及小娘子三人〔八〕。存德押衙（主人）及新婦二人。長定李都頭（主人）及小娘子二人。高都頭（主人）及小娘子二人。安庫使（主人）及新婦并男女六人〔九〕。楊通引（主人）及新婦二人并東舍合門〔一〇〕。粱長榮（主人）都頭及新婦二人。王願成押牙（主人）并新婦二人。王丑胡一人。安家二娘子（主人）及都頭二人。王員長一人。安和尚（主人）婆西。阿篤丁安都頭（主人）及新婦并男三人〔一一〕。達怛押牙（主人）并新婦二人。宇雞（主人）并新婦二人。員子安都頭一人。宋安昌都頭及娘子并男四人。保盈張都知及新婦二人。都頭李衍奴。都頭張永昌。吴清奴及長泰八娘子二人。阿雉九娘子及翟郎二人〔一二〕。長友七娘子及氾郎二人。故孔庫官五娘子及男二人。金銀行兩團都料録事十人。弓行都料録事七人。刺鞍行都料録事四團八人。皺文行三團都料録事六人。聰甲碓鞢四團共二十人〔一三〕。衙前翻頭留户節家等二十人。當家押衙及官健三十人。漢二十人。行榮虞候二判官通引五人。州司判官及校揀判官三人。庫家判官二人。主客：盧富盈、令狐願通、田安德、姚都料、張丑定、陰平水、存泰一娘子及何郎。

六人。保山（？）王□□及保

（後缺）

說明

此件由斯四七〇〇、斯四一二一、斯四六四三和BD一五二五〇綴合而成，綴合後的文本是首全尾缺，起首題『甲午年五月十五日，陰家婢子小娘子榮親客目』，訖『保山（？）王□□及保』。

關於此件文獻的性質，譚蟬雪等人認爲這是一份辦理婚事時陰家宴請賓客的預定名單（參見《敦煌婚姻文化》，一二二至一二五頁；劉再聰《從敦煌〈榮親客目〉文書看唐宋婚俗中的『添箱』習俗》，《西北師大學報（社會科學版）》二〇一三年四期，五四至六二頁）。

此件中之『甲午年』，池田温認爲是公元九三四年（參《中國古代籍帳研究》，六四五頁），唐耕耦據文中『閻章件都頭』又見於斯四六〇九《宋太平興國九年（公元九八四年）十月鄧家財禮目》，推定此『甲午年』爲宋太宗淳化五年（公元九九四年），兹從之。

校記

〔一〕斯四七〇〇始於此句。

〔二〕『爪』，《敦煌社會經濟文獻真蹟釋録》《敦煌婚姻文化》《敦煌研究拾遺補闕二則》《從敦煌〈榮親客目〉文書看唐宋婚俗中的『添箱』習俗》均釋作『瓜』。

〔三〕斯四一二一始於此句。

〔四〕『丑』，《敦煌研究拾遺補闕二則》《從敦煌〈榮親客目〉文書看唐宋婚俗中的『添箱』習俗》均釋作『扭』，誤；『⿰犭𨓆』，《中國古代籍帳研究》《敦煌社會經濟文獻真蹟釋録》《敦煌研究拾遺補闕二則》《從敦煌〈榮親客目〉文書看唐宋婚俗中的『添箱』習俗》均釋作『⿰扌𨓆』，誤。

〔五〕『懸』，當作『縣』，據文義改，《中國古代籍帳研究》《敦煌婚姻文化》《敦煌研究拾遺補闕二則》《從敦煌〈榮親客目〉文書看唐宋婚俗中的『添箱』習俗》均逕釋作『縣』。

〔六〕『閏』，《敦煌社會經濟文獻真蹟釋録》釋作『潤』，《敦煌研究拾遺補闕二則》《從敦煌〈榮親客目〉文書看唐宋婚俗中的『添箱』習俗》釋作『順』，均誤。斯四六四三始於此句。

〔七〕『何』，《中國古代籍帳研究》《敦煌社會經濟文獻真蹟釋録》《敦煌婚姻文化》《敦煌研究拾遺補闕二則》《從敦煌〈榮親客目〉文書看唐宋婚俗中的『添箱』習俗》均釋作『阿』，誤。

〔八〕BD一五二五〇始於此句。

〔九〕『使』，《敦煌研究拾遺補闕二則》《從敦煌〈榮親客目〉文書看唐宋婚俗中的『添箱』習俗》釋作『官』，誤。

〔一〇〕『合』，《敦煌研究拾遺補闕二則》《從敦煌〈榮親客目〉文書看唐宋婚俗中的『添箱』習俗》均漏録。

〔一一〕『篤』，《敦煌研究拾遺補闕二則》釋作『蔦』，《從敦煌〈榮親客目〉文書看唐宋婚俗中的『添箱』習俗》釋作『難』，均誤。

〔一二〕『婎』，《從敦煌〈榮親客目〉文書看唐宋婚俗中的『添箱』習俗》釋作『難』，誤。

〔一三〕『聰』，《敦煌研究拾遺補闕二則》《從敦煌〈榮親客目〉文書看唐宋婚俗中的『添箱』習俗》均釋作『聣』，誤；

『緤』，《從敦煌〈榮親客目〉文書看唐宋婚俗中的『添箱』習俗》釋作『綜』，誤。

參考文獻

《中國古代籍帳研究》，東京大學出版社，一九七九年，六四六至六四七頁（録）；《敦煌寶藏》三四册，臺北：新文豐出版公司，一九八二年，七一頁（圖）；《敦煌社會經濟文獻真蹟釋録》四輯，北京：全國圖書館文獻縮微複製中心，一九九〇年，一〇至一三頁（圖）（録）；《英藏敦煌文獻》五卷，成都：四川人民出版社，一九九二年，二五五頁（圖）；《英藏敦煌文獻》六卷，成都：四川人民出版社，一九九二年，一九八、二四一頁（圖）；《敦煌婚姻文化》，蘭州：甘肅人民出版社，一九九三年，二二至二六頁（録）；《敦煌研究》一九九六年四期，一一四至一一六頁（録）；《國家圖書館藏敦煌遺書》一百四十一册，北京圖書館出版社，二〇一一年，一九八頁；《西北師大學報（社會科學版）》二〇一三年四期，五四至六二頁（録）；《絲綢之路民族文獻與文化研究》，蘭州：甘肅教育出版社，二〇一五年，三二五至三三八頁。

斯四一二五　雍熙二年（公元九八五年）正月一日沙州鄧永興户狀稿

釋文

户鄧永興　　妻阿　　弟章三　　弟會進　　弟僧會清

都受田　　請千渠小第一渠上界地壹段玖畦共貳拾畝，東至楊闍梨，西至白黑兒及米定興并楊闍梨，南至米定興及自田，北至白黑兒及米定興。

雍熙二年乙酉歲正月一日百姓鄧永興户

户鄧永興　　妻阿　　弟章三

都受田　　請南沙楊開河上界地壹畦叁畝〔一〕，東西至袁住子，南至自田，北至河。又地壹段叁畦共柒畝，東至鄧進成，西至渠，南至自田及鄧憨多，北至自田及袁住子。又地壹畦伍畝，東至鄧進成，西至鄧憨多，南至鄧音三，北至自田。

雍熙二年乙酉歲正月一日，百姓鄧永興户

說明

此件首全尾缺，其内容是沙州鄧永興户的人口和受田、請田情況，共兩通，每通上都有一道墨筆勾畫的粗斜綫，表明此文書已經作廢。池田温擬名『宋雍熙二年正月沙州鄧永興等户口受田簿』（參《中國古代籍帳研究》，六六三頁）；《敦煌遺書總目索引》擬名『鄧永興都受田册』；《英藏敦煌文獻》擬名『雍熙二年正月一日沙州鄧永興户受田簿』。《敦煌社會經濟文獻真蹟釋録》擬名『宋雍熙二年正月一日百姓鄧永興户狀二件』，劉進寶、孫繼民從其『户狀』之説（參劉進寶《晚唐至宋初土地過户的法律標誌——户狀》，《中國歷史文物》二〇〇六年三期，七〇頁；孫繼民《唐宋之際歸義軍户狀文書演變的歷史考察》，《中國史研究》二〇一二年一期，八三頁）。敦煌所出户狀文書在『都受田』處均寫明田畝數，此件則空缺；記録時每户一通，此件卻是一户兩通，且已作廢。這都説明此件是製作正式户狀的先期資料。兹擬今名。雍熙二年即公元九八五年。

校記

〔一〕『河』，《北朝隋唐均田制新探》釋作『渠』，誤。

參考文獻

《東洋文化研究所紀要》一〇期，一九五六年，二〇三至二〇五頁；《敦煌資料》一輯，北京：中華書局，一九六一年，一二五至一二六頁（録）；《東方學報》四五册，一九七三年，四二九頁；*Tunhuang and Turfan Documents Concerning Social and Economic History* I，東京：東洋文庫，一九七八年，Legal Text, p. 2；《中國古代籍帳研究》，東京大學出版社，一九七九年，六六三頁（録）；《敦煌寶藏》三四册，臺北：新文豐出版公司，一九八二年，一〇九頁（圖）；《敦煌遺書總目索引》，北京：中華書局，一九八三年，一九三頁（録）；《莫高窟年表》，上海古籍出版社，一九八五年，五七九頁（録）；《敦煌古籍叙録新編》七册，臺北：新文豐出版公司，一九八六年，六〇至六二頁（圖）；《敦煌學輯刊》一九八八年一至二期，一五頁（録）；《唐朝户籍法與均田制研究》，鄭州：中州古籍出版社，一九八八年，八七頁（録）；《敦煌社會經濟文獻真蹟釋録》二輯，北京：全國圖書館文獻縮微複製中心，一九九〇年，四七九至四八〇頁（録）；《敦煌文書學》，臺北：新文豐出版公司，一九九一年，四三六頁；《英藏敦煌文獻》五卷，成都：四川人民出版社，一九九二年，二五五頁（圖）；《歸義軍史研究——唐宋時代敦煌歷史考索》，上海古籍出版社，一九九六年，五六頁；《敦煌遺書總目索引新編》，北京：中華書局，二〇〇〇年，一二六頁（録）；《敦煌學史事新證》，蘭州：甘肅教育出版社，二〇〇二年，三一五至三一六頁（録）；《北朝隋唐均田制新探》，長沙：岳麓書社，二〇〇三年，四一九頁（録）；《中國歷史文物》二〇〇六年三期，七〇頁（録）；《徐規教授九十華誕紀念文集》，杭州：浙江大學出版社，二〇〇九年，八九頁（録）；《中國史研究》二〇一二年一期，八三頁（録）；《敦煌文書與中古社會經濟》，杭州：浙江大學出版社，二〇一六年，二八八頁（録）；《中古史研究匯纂》，天津古籍出版社，二〇一六年，一四四頁（録）。

斯四一二八　太子成道變文

釋文

（前缺）

具説生時瑞相。大王聞奏，驚怪忙然〔一〕，便問國〔二〕□
合稱異世之事〔三〕。又詔諸相師近身抱太子〔四〕，□
阿奴聞諸仙久居巖峻，服氣餐霞，尋百部之明經〔五〕，占吉凶之善惡。孩童雖生宮内，以世絶倫〔六〕，莫是鬼魅妖神？莫是化生菩薩〔七〕？心中疑誤，決定審詳，善惡二途，分明解説。諸仙奏大王曰：『善生聖子，以世不同，夫人具三十二〔相〕者〔八〕，必作轉輪聖王；八十種好者，定爲三界之主。聖子有三十二相，相相並加端嚴〔九〕；八十隨形，形形總超人貌〔一〇〕。在家登金輪王位，釋種千代而興隆；出家定證佛身，救拔四生之重苦。自今日後，願王常勝，願王常尊。莫信非邪，定生聖子。當施財寶〔一一〕，象馬七珍，須衣与衣，須食与食。』百寮齊聲賀喜，闔國内無不歡忻。思念卻返王城，諸天贈一輩（輩）

輦〔一二〕。若論工就，世所絶希。迎菩薩入在其中，四天王擎輦〔一三〕。更有化生玉女〔一四〕，前後散衆名花；八部龍天，左右護衛太子。大王鸞駕，全仗而行。近到迦毗羅城，早有一場鶡（差）異〔一五〕。摩醯首羅神聖，自古釋種欽虔，士庶供養祇恩，無不從心獲益。大王思忖，欲定是非，將向廟中，合知所以。毗沙門空中嗔怒一喝，喝去泥神，趨走太子輦前，一步一禮：『乞罪，乞罪。咄咄泥龕土像身。』其大王歡悦〔一六〕，見者無不警（驚）嗟〔一七〕。非外道不能出矯詐之言，非天魔不能思害之意〔一八〕。便將太子入到龍城，勑下宮人，嚴持侍養。

其時南天境内，有一阿私陀仙，道行精專，德業更無過者。非是人間化利，每向三十三天，共帝釋分坐安居，説苦空無常理〔一九〕。忽聞忉利天衆轉身稱喜慶之聲：『嚴置道場，散天花，宮宮供養。』仙人問彼：『有何事由？』諸天答之：『一佛出世，今在贍部洲界迦毗羅城淨飯王宮作爲太子〔二〇〕。』仙人聞語，速往下方，棄卻神通，步行往彼，只將阿陀須童子入迦毗羅城〔二一〕。時人見之，總生疑怪：『自古仙人出入乘五色雲，今日因何履地而往〔二二〕？』展轉相報。大王聞之，便下玉旨（？）〔二三〕，册上尊者。寒温未竟，仙人慶賀大王：『卑臣福薄業微，不遇太子剩（盛）世〔二四〕。』遂請大王邀見聖子。是日鋪千重之錦繡，啓道場於内宮，設萬種之香花，令仙人而相見：『孩童纔始睡著，未得覺來。伏乞尊仙，莫生疲圈（倦）〔二五〕。』仙人答曰：『太子是四生慈父，睡眠不敢侵身。片時入定觀心，方便令生拔濟。』大王共仙者入内，遣宫人抱太子禮之。雖須瞻禮之時〔二六〕，是（四）返值尊仙之面〔二七〕。仙人得睹，哽噎不能發言，惆悵自身〔二八〕，眼中千道淚落。時王夫人及百寮宫人等，見尊仙哀哭，盡皆失聲大哭。良久之時，方能停罷。大王道：『朕生一子，歡喜非常，尊仙哭之，有何怪異？』仙人奏曰：『佛世難值，歷萬劫而一逢；怨恨自身，臨命終而得見。將思薄福，廣造惡因。碎骨分（粉）身〔二九〕，不將爲足。如斯苦切，實是難陳。伏乞大王，勿生疑阻。』

宫人抱出阿孩兒〔三〇〕，相貌端嚴世所希〔三一〕，胸前更書題万子（字）〔三二〕。仙人一睹淚雙垂云云〔三三〕。

於是仙人報淨飯大王道：『太子胸前万字，了了分明；頂上圓光，輝輝現有。不樂轉輪位〔三四〕，直求無上菩提。練行修身，必作四生父母。王若不信，臣以解之：聖子萬行具修，六波羅蜜俱備。十九出家，三十成道。菩提樹下，降伏衆怨魔〔三五〕。波羅奈城，得無上之法寶。更莫猶預（豫）〔三六〕，此事端然。諦受諦聽，一一開決〔三七〕。上來所説不周整〔三八〕，仙人説□齊〔三九〕，一説三十二相〔四〇〕，於（？）金輪王〔四一〕；周論八十隨形，定知是佛。』遂使太子聞説〔四二〕，將（以下原缺文）

説明

此件首缺尾全，背面接續正面抄寫，原未抄完，起『具説生時瑞相』，訖『遂使太子聞説，將』，其内容爲釋迦牟尼成道故事。《敦煌變文集》擬名『太子成道變文』，《敦煌變文集新書》《敦煌變文校注》《英藏敦煌文獻》從之。《敦煌遺書總目索引》擬名『佛本行集經變文』，《敦煌變文講經文因緣輯校》擬名『八相變』。今從《敦煌變文集》。

校記

〔一〕『然』，《敦煌變文校注》《敦煌變文講經文因緣輯校》釋作『甚』。

〔二〕『便』，《敦煌變文校注》《敦煌變文講經文因緣輯校》釋作『遂』，誤；『國』，《敦煌變文講經文因緣輯校》未能釋讀。

〔三〕『合』，《敦煌變文講經文因緣輯校》釋作『令』，校改作『合』。

〔四〕『身』，《敦煌變文集》《敦煌變文集新書》《敦煌變文校注》《敦煌變文講經文因緣輯校》均漏録。

〔五〕『經』，《敦煌變文講經文因緣輯校》釋作『緣』，誤。

〔六〕『以』，通『與』；『倫』，《敦煌變文校注》《敦煌變文講經文因緣輯校》釋作『論』，校改作『倫』。

〔七〕『生』，《敦煌變文講經文因緣輯校》校改作『身』，不必。

〔八〕『相』，《敦煌變文校注》據文義校補，《敦煌變文集新書》逕釋作『相』。

〔九〕『加』，《敦煌變文校注》《敦煌變文講經文因緣輯校》釋作『總』，誤。

〔一〇〕『超』，《敦煌變文校注》《敦煌變文講經文因緣輯校》釋作『超於』，按底本『於』字已塗去。

〔一一〕「賫」，《敦煌變文講經文因緣輯校》釋作「實」，校改作「寶」。

〔一二〕「輩」，當作「輦」，據文義改，《敦煌變文集》《敦煌變文集新書》《敦煌變文校注》《敦煌變文講經文因緣輯校》均逕釋作「輦」。

〔一三〕「轝」，《敦煌變文校注》釋作「輿」。

〔一四〕底本此句後有「現身來擎金瓶」，上有塗抹痕跡。

〔一五〕「鵶」，當作「差」，《敦煌社會經濟文獻詞語論考》據文義校改，《敦煌變文集》《敦煌變文集新書》釋作「寶」，誤。

〔一六〕「其」，《敦煌變文集》《敦煌變文集新書》《敦煌變文校注》《敦煌變文講經文因緣輯校》均漏録。

〔一七〕「警」，當作「驚」，《敦煌變文集》據文義校改，「警」爲「驚」之借字。

〔一八〕「思」，《敦煌變文校注》校改作「肆」。「思」後《敦煌變文校注》《敦煌變文講經文因緣輯校》均認爲當脱一字，《敦煌變文校注》校補作「妒」。

〔一九〕「苦」，《敦煌變文講經文因緣輯校》釋作「老」，誤。

〔二〇〕「瞻」，《敦煌變文集》《敦煌變文集新書》《敦煌變文校注》釋作「瞻」，均誤。

〔二一〕「須」，《敦煌變文講經文因緣輯校》未能釋讀。

〔二二〕「往」，《敦煌變文講經文因緣輯校》釋作「值」，誤。

〔二三〕「玉」，《敦煌變文集》《敦煌變文校注》《敦煌變文講經文因緣輯校》均未能釋讀；「旨」，《敦煌變文集新書》釋作「音」，《敦煌變文集新書》《敦煌變文校注》《敦煌變文講經文因緣輯校》均未能釋讀。

〔二四〕「剩」，當作「盛」，《敦煌變文集》據文義校改，「剩」爲「盛」之借字，《敦煌變文集新書》釋作「利」，誤。

〔二五〕「圈」，當作「倦」，《敦煌變文集》據文義校改，「圈」爲「倦」之借字。

〔二六〕「須」，《敦煌變文集》釋作「傎」，《敦煌變文集新書》《敦煌變文校注》釋作「值」，《敦煌變文講經文因緣輯校》未能釋讀。
〔二七〕「是」，當作「四」，《敦煌變文講經文因緣輯校》據文義校改，「是」爲「四」之借字。
〔二八〕「惆」，《敦煌變文講經文因緣輯校》釋作「惆」，誤。
〔二九〕「分」，當作「粉」，《敦煌變文集》據文義校改，「分」爲「粉」之借字。
〔三〇〕「阿」，《敦煌變文集》《敦煌變文講經文因緣輯校》漏録。
〔三一〕「希」，《敦煌變文集》《敦煌變文集新書》《敦煌變文校注》《敦煌變文講經文因緣輯校》均釋作「希有」，按底本實無「有」字。
〔三二〕「書」，《敦煌變文集》《敦煌變文集新書》《敦煌變文校注》《敦煌變文講經文因緣輯校》均漏録；「了」，當作「字」，《敦煌變文集》據文義校改，「子」爲「字」之借字。
〔三三〕「云云」，《敦煌變文集》《敦煌變文集新書》釋作「流」，《敦煌變文校注》釋作「云」，《敦煌變文講經文因緣輯校》釋作「垂」。
〔三四〕「轉」，《敦煌變文集》《敦煌變文集新書》《敦煌變文校注》《敦煌變文講經文因緣輯校》均釋作「珍」，誤。
〔三五〕「怨」，《敦煌變文集》《敦煌變文集新書》《敦煌變文校注》《敦煌變文講經文因緣輯校》均漏録。
〔三六〕「預」，當作「豫」，據文義改，「預」爲「豫」之借字，《敦煌變文校汻》《敦煌變文講經文因緣輯校》均逕釋作「豫」。
〔三七〕「一一開決」，《敦煌變文講經文因緣輯校》漏録。
〔三八〕「周整」，《敦煌變文集新書》《敦煌變文校注》釋作「慚」。此句《敦煌變文集》《敦煌變文講經文因緣輯校》未能釋讀。

〔三九〕『□齊』，《敦煌變文集新書》釋作『其昔一』。此句《敦煌變文集》《敦煌變文校注》《敦煌變文講經文因緣輯校》漏録。

〔四〇〕『一』，《敦煌變文集》《敦煌變文校注》《敦煌變文講經文因緣輯校》未能釋讀；『説』，《敦煌變文集》《敦煌變文講經文因緣輯校》未能釋讀。

〔四一〕『於』，《敦煌變文集新書》《敦煌變文校注》《敦煌變文講經文因緣輯校》均未能釋讀；『金』，《敦煌變文校注》《敦煌變文講經文因緣輯校》均未能釋讀。

〔四二〕『遂使太子聞』，《敦煌變文講經文因緣輯校》未能釋讀。

參考文獻

《敦煌變文集》，北京：人民文學出版社，一九五七年，三二二至三二四頁（録）；《敦煌寶藏》三四册，臺北：新文豐出版公司，一九八二年，一一二頁（圖）；《敦煌研究》一九九〇年四期，九七頁；《古籍整理學刊》一九九〇年四期，七頁；《英藏敦煌文獻》五卷，成都：四川人民出版社，一九九二年，二五六至二五七頁（圖）；《敦煌變文集新書》，臺北：文津出版社，一九九四年，五六一至五六五頁（録）；《敦煌論稿》，蘭州：甘肅出版社，一九九五年，二九二頁；《敦煌變文校注》，北京：中華書局，一九九七年，四九一至四九五頁（録）；《敦煌變文講經文因緣輯校》，南京：江蘇古籍出版社，一九九八年，六八〇至六八三頁（録）；《敦煌遺書總目索引新編》，北京：中華書局，二〇〇〇年，一一六頁；《敦煌變相與變文研究》，蘭州：甘肅教育出版社，二〇〇九年，一七〇頁；《雲南社會科學》二〇一二年二期，一五二至一五三頁；《唐代佛教與文學》，貴陽：貴州大學出版社，二〇一三年，二五三頁；《敦煌社會經濟文獻詞語論考》，上海人民出版社，二〇一三年，二二六至二二七頁；《國學》二〇一七年一期，二七〇頁。

斯四一二八背　某年十月僧正道林啓

釋文

道林啓：久思
清德，難面
芳猷。伏緣母服在身，不及就院相
謁。先曾　咨説，略許看尋〔一〕，勿請慳心，特
垂賜與。一則是
賢周備，二乃不逆卑情，更不轉似別人。
尋竟，速便赴
上。謹修啓咨
聞〔二〕。伏惟　此狀〔三〕。謹狀〔四〕。
十月日義友僧正沙門　道林啓

説明

此件首尾完整，倒書，其内容爲道林所寫書信。《太子成道變文》與此件交錯的文字大部分都抄寫於行間，顯然是爲了避開此件，有些地方則疊壓於此件之上，這表明背面的抄寫時間要早於正面，時人利用『僧正道林啓』的背面來抄寫《太子成道變文》，抄録不下後又接抄於『僧正道林啓』的空白處。

校記

〔一〕『略』，《敦煌所出唐宋書牘整理與研究》釋作『□（盼）』，誤。
〔二〕『聞』，《敦煌所出唐宋書牘整理與研究》漏録。
〔三〕此句《敦煌所出唐宋書牘整理與研究》漏録。
〔四〕『謹狀』，《敦煌所出唐宋書牘整理與研究》漏録。

參考文獻

《敦煌寶藏》三四册，臺北：新文豐出版公司，一九八二年，一一二頁（圖）；《英藏敦煌文獻》五卷，成都：四川人民出版社，一九九二年，二五七頁（圖）；《敦煌所出唐宋書牘整理與研究》，成都：西南交通大學出版社，二〇一六年，二六五頁（録）。

斯四一二九　一　齖齣書壹卷等

釋文

（前缺）

已後與兒索婦〔一〕，大須穩審趁逐，莫取媒人之配〔二〕。□：『齖齣新婦甚典（謓）硯（誢）〔三〕，直得親情不許（喜）見〔四〕。千約萬束不取語〔五〕，惱得老人腸肚爛〔六〕。』新婦詩曰：『本性齖齣處處知〔七〕，阿婆何用事悲悲〔八〕。若覓下官行婦禮〔九〕，更須換卻百重皮〔一〇〕。』

自從塞北起煙塵〔一一〕，禮樂詩書總不存，
□不見君兮臣〔不〕〔臣〕〔一二〕。
暮聞戰鼓雷天動〔一三〕，曉看帶甲似魚鱗〔一四〕，
只是偷生時暫過〔一五〕，誰知久後不成身〔一六〕。

願得再逢堯舜日〔一七〕，勝朝宴（偃）舞（武）卻修文〔一八〕，
勤學不辭貧與賤，□□□
平旦寅，少年勤學莫辭貧〔一九〕，君不見，□□□由自行歌背負薪。
日出卯，人生在世須臾老〔二〇〕，男兒不學讀詩書〔二一〕，恰似園中肥地草〔二二〕。
食時辰，偷光鑿壁事殷勤，丈夫學問隨身寶〔二三〕，白玉黃金未是珍。
□□□專心發憤尋書（詩）疏（書）〔二四〕，每憶賢人羊角哀〔二五〕，求學山中併糧死〔二六〕。
日南午〔二七〕，讀詩（書）不得辭辛苦〔二八〕，如今聖主召賢才，去耳（爾）中華長用武〔二九〕。
日昳未〔三〇〕，暫時貧賤何羞恥，昔日相如未遇時，恓惶賣卜於纏市。
晡時申，懸頭刺股士（是）蘇秦〔三一〕，貧病即令妻嫂行〔三二〕，意（衣）錦還鄉爭拜秦〔三三〕。
日入酉，金罇多瀉蒲桃酒〔三四〕，歡（喚）君莫棄失徒人〔三五〕，結交承已須朋友。
黃昏戌〔三六〕，吟書獨坐茅痷（庵）室〔三七〕，天子不將印信迎，誓隱山林終不出。

人定亥，君子須（雖）貧禮常在〔三八〕，松柏縱然經歲寒，一片貞心常不改。

夜半子，莫言屈滯長如此，鴻鳥只思羽翼齊〔三九〕，點翅飛騰千萬里。

□莫惜黄金結朋友，蓬蒿豐（豈）得久榮花〔四〇〕，飄飄萬里隨風走。

□急計急計〔四一〕。没處安身，乃爲入舍女壻。欺我〔四二〕，打我，弄我〔四三〕，駡我，只是使我，取柴燒火〔四四〕，獨舂獨磨〔四五〕。一賞不過，由嗔嬾墜（惰）〔四六〕，空裹磨抹大灰〔四七〕。急休急休〔四八〕，不要你絹紬〔四九〕，跪拜丈人兩拜，當時領妻便發〔五〇〕。後有詩人乃爲讚越（曰）〔五一〕：可昔（惜）英雄大丈夫〔五二〕，如今被使不如奴，買取鍾肚（鼓）上帖（著）〔五三〕，腰艱（間）深面打桃符〔五四〕。

齖𪘏書壹卷〔五五〕

說明

此件首缺尾全，首部下端十幾行殘缺，前三十行有烏絲欄，起『已後與兒索婦，大須穩審趁逐』，訖尾題『齖𪘏書壹卷』。此件雖尾題『齖𪘏書壹卷』，但『齖𪘏書』僅存尾部，其後則爲『自從塞北起煙塵』詩、『勸學十二時』曲以及『入舍女壻呪詞』。後幾件明顯不屬於『齖𪘏書壹卷』。

現知敦煌文獻中保存的『齖䶗書』還有伯二五六四和伯二六三三。伯二五六四首尾完整，起首題『齖䶗新婦文一本』，訖尾題『齖䶗壹首』，但『入舍女婿呪詞』僅有『唱帝唱帝』一句；伯二六三三首缺尾全，起『生闘脣閤舌』，訖尾題『齖䶗新婦文一本』。三件寫本結構都與此件相同，且兩件有尾題者均將此四種視作『齖䶗書』之内容，説明至少在敦煌寫本中，曾將此四項内容看作一個文本，故將四件作爲一個文本釋録，擬題爲『齖䶗書壹卷等』。

以上釋文以斯四一二九爲底本，用伯二五六四（稱其爲甲本）和伯二六三三（稱其爲乙本）參校。

校記

〔一〕『已後與兒』，據甲、乙本補；『索』，乙本同，甲本作『色』，『色』爲『索』之借字。

〔二〕『取媒』，據殘筆劃及甲、乙本補；『人之配』，據甲、乙本補。

〔三〕『齖䶗新』，據甲、乙本補；『典』，甲、乙本同，當作『謓』，《〈齖䶗書〉中『典硯』復議》據文義校改；『硯』，甲、乙本同，當作『詪』，《〈齖䶗書〉中『典硯』復議》據文義校改。

〔四〕『親』，甲本同，乙本作『新』，誤；『許』，甲、乙本同，當作『喜』，《敦煌變文選注》據文義校改，『許』爲『喜』之借字。

〔五〕『束不取語』，據甲、乙本補。

〔六〕『惱得老』，據甲、乙本補。

〔七〕『知』，據甲、乙本補。

〔八〕『阿婆何用事』，據甲、乙本補；第一個『悲』，據甲本補，乙本作『卑』，『卑』爲『悲』之借字；第二個『悲』，甲本同，乙本作「卑」，「卑」爲「悲」之借字。

〔九〕「官」，甲本同，乙本作「棺」，「棺」爲「官」之借字。

〔一〇〕「百」，據殘筆劃及甲、乙本補；「重皮」，據甲、乙本補。

〔一一〕「塞」，乙本同，甲本作「賽」，「賽」爲「塞」之借字。

〔一二〕第一個「不」，據甲本補，乙本脱；「不臣」，乙本亦脱，據甲本補。

〔一三〕「雷」，乙本同，甲本脱。

〔一四〕「看」，據殘筆劃及甲、乙本補；「帶甲似魚鱗」，據甲、乙本補。

〔一五〕「只是」，據甲、乙本補；「偷生」，乙本同，甲本作「側光」。

〔一六〕「誰」，乙本同，甲本作「語誰」；「久後」，乙本同，甲本脱。

〔一七〕「得」，甲本同，乙本作「德」，「德」通「得」；「再逢堯舜日」，據甲、乙本補。

〔一八〕「勝朝」，據甲、乙本補；「宴」，甲、乙本同，當作「偃」，據文義改，「宴」爲「偃」之借字；「舞」，甲本同，當作「武」，據乙本改，「舞」爲「武」之借字。

〔一九〕「少」，乙本同，甲本作「小」，「小」通「少」。

〔二〇〕「臾」，乙本同，甲本作「史」，誤。

〔二一〕「讀詩書」，據甲、乙本補。

〔二二〕「恰」，甲本同，乙本作「拾」，誤。

〔二三〕「丈夫學問隨身」，據殘筆劃及甲、乙本補。

〔二四〕「書疏」，乙本同，當作「詩書」，據甲本改，「書」爲「詩」之借字，「疏」爲「書」之借字。

〔二五〕「羊」，乙本同，甲本作「陽」，「陽」爲「羊」之借字。

〔二六〕『求』，據殘筆劃及甲、乙本補；『死』，乙本同，甲本脱。
〔二七〕『日南』，據甲、乙本補。
〔二八〕『讀』，據殘筆劃及甲、乙本補；『詩』，當作『書』，據甲、乙本改，『詩』爲『書』之借字。
〔二九〕『去』，《敦煌歌辭總編》校改作『用』；『耳』，甲、乙本同，當作『爾』，《敦煌歌辭總編》據文義校改；『用』，甲、乙本同，《敦煌歌辭總編》校改作『去』。
〔三〇〕『未』，甲本同，乙本脱。
〔三一〕『士』，甲、乙本同，當作『是』，據文義改，『士』爲『是』之借字；『秦』，甲本同，乙本脱。
〔三二〕『行』，《敦煌歌辭總編》校改作『棄』。
〔三三〕『意』，甲、乙本同，當作『衣』，《敦煌變文集》據文義校改，『意』爲『衣』之借字。
〔三四〕『瀉』，甲、乙本作『寫』，均可通；『桃』，底本作『⿱艹⿰氵非』，甲、乙本作『韮』，『⿱艹⿰氵非』『韮』係涉『蒲』字而成之類化俗字。
〔三五〕『歡』，乙本同，當作『喚』，據甲本改，『歡』爲『喚』之借字，《敦煌歌辭總編》認爲當校改作『勸』；『失』，甲本同，乙本作『出』，誤；『徒』，通『塗』。
〔三六〕『戌』，甲本同，乙本作『戊』，誤。
〔三七〕『痷』，乙本同，當作『庵』，據甲本改，『痷』爲『庵』之借字。
〔三八〕『須』，甲、乙本同，當作『雖』，《敦煌變文集》據文義校改，『須』爲『雖』之借字；『常』，乙本同，甲本作『上』。
〔三九〕『齊』，甲本同，乙本作『成』。
〔四〇〕『豊』，甲、乙本同，當作『豈』，據文義改；『花』，甲本同，乙本作『華』，均可通。

〔四一〕此句至『腰艱深面打桃符』，甲本無。

〔四二〕此句前乙本有『嗚羅嗚羅，劫我新婦，必』。

〔四三〕『我』，據乙本補。

〔四四〕『柴』，乙本作『此』，誤。

〔四五〕『舂』，乙本作『春』，誤。

〔四六〕『嬾』，乙本作『賴』，『賴』通『嬾』；『墜』，乙本同，當作『惰』，《敦煌變文集》據文義校改。

〔四七〕『空』，據殘筆劃及乙本補；『裏』，乙本作『地』。

〔四八〕第二個『急休』，乙本無。

〔四九〕『紬』，乙本無。

〔五〇〕『妻便發』，據殘筆劃及乙本補。

〔五一〕『越』，乙本同，當作『曰』，《敦煌變文集》據文義校改，『越』爲『曰』之借字。

〔五二〕『可』，據殘筆劃及乙本補；『昔』，當作『惜』，據乙本改，『昔』爲『惜』之借字；『大』，乙本無；『夫』，乙本作『夫兒』。

〔五三〕『肚』，當作『鼓』，據乙本改；『著』，據乙本補。

〔五四〕『艱』，當作『間』，據乙本改，『艱』爲『間』之借字；『深』，乙本作『兩』。

〔五五〕『書』，甲本無，乙本作『新婦文』；『壹』，甲本同，乙本作『一』；『卷』，甲本作『首』，乙本作『本』。

參考文獻

《敦煌變文集》，北京：人民文學出版社，一九五七年，八五八至八六四頁；《敦煌寶藏》三四册，臺北：新文豐出版公司，一九八二年，一一三頁（圖）；《敦煌掇瑣》，臺北：新文豐出版公司，一九八五年，一二五至一二九頁；《敦煌歌辭總編》，上海古籍出版社，一九八七年，一二八八至一二九七頁；《敦煌講唱文學作品選注》，蘭州：甘肅人民出版社，一九八七年，七六至八三頁；《敦煌語言文學研究》，北京大學出版社，一九八八年，六〇至六一頁；《敦煌變文選注》，成都：巴蜀書社，一九八九年，七八八至七九六頁；《敦煌變文集校議》，長沙：岳麓書社，一九九〇年，四四三頁；《敦煌文學芻議及其它》，臺北：新文豐出版公司，一九九二年，二〇三至二〇五頁；《英藏敦煌文獻》五卷，成都：四川人民出版社，一九九二年，二五八頁（圖）；《敦煌話本詞文俗賦導論》，臺北：新文豐出版公司，一九九三年，一九四至一九六頁；《敦煌文學概論》，蘭州：甘肅人民出版社，一九九三年，二七九至二八二頁；《敦煌變文集新書》，臺北：文津出版社，一九九四年，一一九七至一二〇六頁（録）；《敦煌變文校注》，北京：中華書局，一九九七年，一二一六至一二二〇頁（録）；《敦煌變文選評》，蘭州：甘肅人民出版社，二〇〇〇年，九七至一〇二頁；《敦煌賦選析》，蘭州：甘肅人民出版社，二〇〇〇年，一六六至一七一頁；《法藏敦煌西域文獻》一六册，上海古籍出版社，二〇〇一年，一四頁（圖）；《法藏敦煌西域文獻》一七册，上海古籍出版社，二〇〇一年，一六頁（圖）；《東方人文雜誌》，臺北：文津出版社，二〇〇四年，八五至一〇二頁；《敦煌變文選注》（增訂本），北京：中華書局，二〇〇六年，一〇三三至一〇四四頁；《全敦煌詩》八册，北京：作家出版社，二〇〇六年，三二三八至三二四〇、三四一四至三四一七頁（録）；《全敦煌詩》一二册，北京：作家出版社，二〇〇六年，五四二四至五四三五頁；《温州大學學報（社會科學版）》二〇〇九年一期，六八至七二頁；《飛天》二〇〇九年二〇期，四四至四五頁；《『國立』金門技術學院學報》二〇一〇年四期，三七至五五頁。

斯四一二九　二　崔氏夫人訓女文

釋文

崔氏夫人訓女文〔一〕：香車寶馬競爭輝〔二〕，少女堂中哭正悲〔三〕。吾今勸汝不須哭〔四〕，三日拜堂還得歸〔五〕。教汝前頭行婦禮〔六〕，但依吾語莫相違〔七〕。好事惡事如不見〔八〕，莫作本意在家時。在家作女慣嬌憐，今作他婦信前緣。欲語三思然後出，第一少語莫多言〔九〕。路上逢人須斂手，尊卑迴避莫湯（蹚）前〔一〇〕。外言莫向家中說，家語莫向外人傳。姑章共語低聲應，小郎共語亦如然。早朝堂上起居了〔一一〕，諸房伯叔並通傳〔一二〕。妯娌相看若魚水，男女彼此共恩憐。上和下睦同欽（親）敬〔一三〕，莫作二意有憎偏〔一四〕。夫壻醉來含笑向〔一五〕，迎前扶侍送安眠〔一六〕。莫向人前相罵辱〔一七〕，醒後定是不和顏〔一八〕。若能一一依吾語，何得翁婆不爱憐〔一九〕。故留此法相教示〔二〇〕，千秋萬古共流傳〔二一〕。

說明

此件首全尾缺，書於《齖齣書壹卷等》後，筆跡與該件不同，起首題『崔氏夫人訓女文』，訖『千秋萬古共流傳』。

現知敦煌文獻中保存的『崔氏夫人訓女文』尚有伯二六三三和斯五六四。伯二六三三首尾完整，起首題『崔氏夫人要女文一本』，訖尾題『崔氏夫人壹本』，其背面又有雜寫『崔氏夫人訓女聞』一句；斯五六四三起首題『囗□女文』，訖『三日拜堂』，僅抄兩行。

以上釋文以斯四一二九爲底本，用伯二六三三（稱其爲甲本）、斯五六四三（稱其爲乙本）參校。

校記

〔一〕『訓』，甲本作『要』；『文』，乙本同，甲本作『文一本』。

〔二〕『車』，乙本同，甲本作『連』，誤。

〔三〕『中』，甲本作『前』。

〔四〕『勸』，乙本同，甲本作『歡』，誤。

〔五〕乙本止於『三日拜堂』。

〔六〕『行』字下有殘筆劃。

〔七〕『語』，甲本脱。

〔八〕『惡事』，甲本脱。

〔九〕「第」，底本原寫作「弟」，按寫本中「弟」「第」形近易混，故可據文義逕釋作「第」，甲本作「遞」；「語」，甲本脱。

〔一〇〕「湯」，甲本同，當作「蹚」，據文義改，「湯」爲「蹚」之借字。

〔一一〕「了」，甲本脱。

〔一二〕「伯叔」，甲本作「叔伯」。

〔一三〕「欽」，甲本作「鈝」，當作「親」，據文義改，「欽」爲「親」之借字。

〔一四〕「憎」，甲本作「膚」，誤；「偏」，據殘筆劃及甲本補。

〔一五〕「壻醉來含」，據殘筆劃及甲本補。

〔一六〕「前」，甲本作「願」，誤；「送」，甲本作「美」，誤；「眠」，甲本作「明」，「明」爲「眠」之借字。

〔一七〕「相罵辱」，據甲本補。

〔一八〕「醒後定」，據甲本補。

〔一九〕「何」，據殘筆劃及甲本補；「得翁婆不爱憐」，據甲本補。

〔二〇〕「故留此法相」，據甲本補。

〔二一〕「秋」，甲本作「古」；「古」，據文義補，甲本作「秋」；「共流傳」，據甲本補。

參考文獻

《敦煌學海探珠》，臺北：臺灣商務印書館，一九七九年，四二至四五頁（録）；《敦煌寶藏》三四册，臺北：新文豐出版公司，一九八二年，一一三頁（圖）；《中興法商學報》一九期，一九八四年，三一九至三三五頁（録）；《敦煌掇瑣》，臺北：新文豐出版公司，一九八五年，一四一至一四二頁（録）；《王梵志詩研究》，臺北：臺灣學生書局，一九八六年，二八三頁、三〇〇頁；《敦煌學輯刊》一九八七年一期，三五頁；《敦煌學輯刊》一九八九年二期，二二頁；《英藏敦煌文獻》五卷，成都：四川人民出版社，一九九二年，二五八頁（圖）；《英藏敦煌文獻》八卷，成都：四川人民出版社，一九九二年，二四六頁（圖）；《敦煌文獻與文學》，臺北：新文豐出版公司，一九九三年，二七七至三〇一頁（録）；《敦煌婚姻文化》，蘭州：甘肅人民出版社，一九九三年，一八至二一頁；《敦煌詩歌導論》，臺北：新文豐出版公司，一九九三年，一九〇頁（録）；《古典文學知識》一九九五年六期，四一至四六頁；《敦煌詩集殘卷輯考》，北京：中華書局，二〇〇〇年，二九〇至二九一頁；《法藏敦煌西域文獻》一七冊，上海古籍出版社，二〇〇一年，一七頁（圖）；《全敦煌詩》八冊，北京：作家出版社，二〇〇六年，三四四二至三四四七頁（録）；《蘭州文理學院學報（社會科學版）》二〇一七年六期，九三至九七頁。

斯四一二九背　雜寫（學郎詩等）

釋文

雀（？）□冬（？）

己酉年正月

齖䶗新婦一本

正月天取（？）

富僊

子性尋常打牒下腳户。

闍梨身姓王，腳手已個驢停王。

文本

齖䶗

▭□，書字極快有分判〔一〕。

▭甚聰明〔二〕，懇苦學問覓財藝〔三〕。

不知學郎有才志，直是無嫌沒意學〔四〕。

甚好兒郎學括頂，言語忠（中）間不忠（中）聽〔五〕。

學郎凡學逆

學郎身姓陰〔六〕，財藝精令不求人〔七〕。直是▭

適（侍）奉尊卑好兒郎〔八〕。

高保昇〔九〕

社司轉帖

説明

以上文字係時人隨手所書，筆跡不一，中有學郎詩三首。

校記

〔一〕「書」，《敦煌詩集殘卷輯考》《全敦煌詩》均釋作「看」，誤。
〔二〕「甚」，《敦煌詩集殘卷輯考》《全敦煌詩》未能釋讀。
〔三〕「財」，通「才」。
〔四〕「學」，據殘筆劃及文義補。
〔五〕兩個「忠」，均當作「中」，《敦煌詩集殘卷輯考》據文義校改，「忠」爲「中」之借字；「聽」，據殘筆劃及文義補。
〔六〕「身」，《敦煌文獻與文學》《全敦煌詩》均釋作「尊」，誤。
〔七〕「財」，通「才」；「令」，《敦煌文獻與文學》《全敦煌詩》均釋作「今」，誤；「人」，《敦煌文獻與文學》《全敦煌詩》均漏録。
〔八〕「適」，當作「侍」，據文義改，「適」爲「侍」之借字。
〔九〕「昇」，《敦煌詩集殘卷輯考》《全敦煌詩》均釋作「深」，誤。

參考文獻

《敦煌寶藏》三四册，臺北：新文豐出版公司，一九八二年，一一四頁（圖）；《英藏敦煌文獻》五卷，成都：四川人民出版社，一九九二年，二五九頁（圖）；《敦煌文獻與文學》，臺北：新文豐出版公司，一九九三年，二八〇頁（録）；《敦煌社邑文書輯校》，南京：江蘇古籍出版社，一九九七年，三六一頁；《敦煌詩集殘卷輯考》，北京：中華書局，二〇〇〇年，八八三頁（録）；《全敦煌詩》一〇册，北京：作家出版社，二〇〇六年，四三五三至四三五五頁（録）；《隋唐五代歌謡集》，南京師範大學出版社，二〇一四年，三一一頁（録）。

斯四一三〇　禮懺文

釋文

（前缺）

[心][一]，勤懺六根[罪][二][　　]

至心發願：願我身光等諸佛，[福　　][三]獨稱尊，威力自在無輪（倫）疋[四]。□

[　　]

衆罪皆懺悔，諸福盡隨喜。[　　]，[去]來現在佛[五]，於衆生最勝。無量功德

[海][六]，[歸依]合掌[禮][七]。一切普誦：處世界，如虛空，〔如〕〔蓮〕〔花〕[八]。不著水。

心清淨，超於彼。稽首禮，無上尊。

說偈發願：願以此功德，普及於一切，我等與衆生，皆共成佛道。一切供（恭）竟

（敬）[九]：自歸依佛，當願衆生，體解大道，發無上意；自歸依法，當願衆生，深入經藏，

智惠如海；自歸依僧，當願衆生，統（通）理（利）大衆〔一〇〕，一切無礙。願諸衆生，諸惡莫作，諸善奉行，自淨其意，是諸佛教，和南一切賢聖。

白衆等聽説黄昏無常偈：此日已過，命即隨减〔一一〕，如少水魚，思有何樂？衆等當勤精進，如久（救）頭然〔一二〕，各念苦空無常，謹認（慎）莫放逸〔一三〕。

諸行無常，是生滅法。生滅滅以，寂滅爲樂。如來證涅盤〔一四〕，永斷於生死。若能志心聽，常受無量樂。

初夜偈：煩惱深無底，生死海無邊。度苦船未至，云何樂睡眠？睡眠當覺悟，物令睡覆心〔一五〕。勇孟（猛）勤精進〔一六〕，菩提道字（自）然〔一七〕。

後夜偈：時光千（遷）流轉〔一八〕，勿（忽）至五更初〔一九〕。無常念念至，恆與死王（亡）居〔二〇〕。菩提道字（自）然〔二一〕，於是樂寬身。勸諸行道衆，勤學至無餘。

説明

此件首缺尾全，原未抄完，有折疊欄。起『心，勸懺六根』，訖『勸學至無餘』，其内容爲禮懺文，存至心發願、一切普誦、説偈發願、三皈依、六時偈頌等部分，其中六時偈頌的『初夜偈』和『後夜偈』之間留有約三行空白，或是留待抄寫『中夜偈』。

現存敦煌文獻中保存的禮懺文有幾十件，均與此件有較大差異。

校記

〔一〕『心』，據殘筆劃及斯二三三六『禮懺文』補。
〔二〕『罪』，據殘筆劃及斯二三三六『禮懺文』補。
〔三〕『福』，據殘筆劃及斯四七八一『禮懺文』補。
〔四〕『輪』，當作『倫』，據斯四七八一『禮懺文』改，『輪』爲『倫』之借字。
〔五〕『去』，據斯四七八一『禮懺文』補。
〔六〕『海』，據殘筆劃及斯四七八一『禮懺文』補。
〔七〕『歸依』，據殘筆劃及斯四七八一『禮懺文』補；『禮』，據殘筆劃及斯四七八一『禮懺文』補。
〔八〕『如蓮花』，據斯四七八一『禮懺文』補。
〔九〕『供』，當作『恭』，據斯四七八一『禮懺文』改，『供』爲『恭』之借字；『竟』，當作『敬』，據斯四七八一『禮懺文』改，『竟』爲『敬』之借字。
〔一〇〕『統』，當作『通』，據伯二九一一『禮懺文』改，『統』爲『通』之借字；『理』，當作『利』，據伯二九一一『禮懺文』改，『理』爲『利』之借字。
〔一一〕『咸』，《全敦煌詩》據文義校改作『減』，按『咸』通『減』，不煩校改。
〔一二〕『久』，當作『救』，據《圓覺經道場修證儀》改，『久』爲『救』之借字。
〔一三〕『認』，當作『慎』，據《圓覺經道場修證儀》改，『認』爲『慎』之借字。
〔一四〕『涅盤』，寫本時代『涅槃』並未成爲固定搭配，或作『涅槃』，或作『涅盤』，故『盤』『槃』均可通。
〔一五〕『物』，通『勿』。

〔一六〕『孟』，當作『猛』，據斯四七八一『禮懺文』改，『孟』爲『猛』之借字。
〔一七〕『字』，當作『自』，據斯四七八一『禮懺文』改，『字』爲『自』之借字。
〔一八〕『千』，當作『遷』，據斯四七八一『禮懺文』改，『千』爲『遷』之借字。
〔一九〕『勿』，當作『忽』，據斯四七八一『禮懺文』改。
〔二〇〕『王』，當作『亡』，據伯二九一一『禮懺文』改，『王』爲『亡』之借字。
〔二一〕『字』，當作『自』，據文義改，『字』爲『自』之借字。

參考文獻

《敦煌寶藏》三四册，臺北：新文豐出版公司，一九八二年，一一五頁（圖）；《英藏敦煌文獻》三卷，成都：四川人民出版社，一九九〇年，一八六頁（圖）；《英藏敦煌文獻》五卷，成都：四川人民出版社，一九九二年，二六〇頁（圖）；《英藏敦煌文獻》六卷，成都：四川人民出版社，一九九二年，二五七頁（圖）；《敦煌佛學·佛事篇》，蘭州：甘肅民族出版社，一九九五年，九九至一〇一頁；《俄藏敦煌文獻》七卷，上海古籍出版社，一九九六年，二八一頁（圖）；《英藏敦煌社會歷史文獻釋録》一卷，北京：科學出版社，二〇〇一年，三四八至三五〇頁；《全敦煌詩》一四册，北京：作家出版社，二〇〇六年，六四九六至六四九九頁；《全敦煌詩》一五册，北京：作家出版社，二〇〇六年，六七四一至六七四九頁（録）；《英藏敦煌社會歷史文獻釋録》一卷（修訂版），北京：社會科學文獻出版社，二〇一八年，五八七至六〇五頁。

斯四一三四背　臨壙文抄

釋文

蓋聞無餘涅般〔一〕，金官（棺）永寂〔二〕；有爲生死，火宅（以下原缺文）

説明

此件抄於《金剛般若波羅蜜經》卷背，内容爲臨壙文，但僅抄寫了開頭部分。《英藏敦煌文獻》未收，現予增收。

校記

〔一〕『涅般』，寫本時代『涅槃』并未成爲固定搭配，『涅槃』『涅盤』『涅般』均可通。

〔二〕『官』，當作『棺』，據斯六四一七『臨壙文』改，『官』爲『棺』之借字。

參考文獻

《敦煌寶藏》三四册，臺北：新文豐出版公司，一九八二年，一四八頁（圖）；《首都師範大學學報（社會科學版）》二〇一〇年增刊，九至一三頁；《敦煌願文的類型研究》，北京：九州出版社，二〇一八年，一九四至二〇〇頁。

斯四一四二　大乘無量壽宗要經題記

釋文

宋良昇〔一〕。

説明

此件寫於《大乘無量壽宗要經》卷末尾題之後，《英藏敦煌文獻》未收，現予增收。

校記

〔一〕『良』，《敦煌遺書總目索引》未能釋讀，《敦煌遺書總目索引新編》釋作『日』，誤。

參考文獻

Descriptive Catalogue of the Chinese Manuscripts from Tunhuang in the British Museum, The Trustees of the British Museum, London 1957, p. 147（録）；《敦煌寶藏》三四册，臺北：新文豐出版公司，一九八二年，一七七頁（圖）；《敦煌遺書總目索引》，北京：中華書局，一九八三年，一九三頁（録）；《中國古代寫本識語集録》，東京大學東洋文化研究所，一九九〇年，三九一頁（録）；《敦煌遺書總目索引新編》，北京：中華書局，二〇〇〇年，一二六頁（録）。

斯四一四四背　雜寫

釋文

恆紹　　道高道高恆紹

□留（？）想

説明

以上文字爲時人隨手寫於《四分戒本》卷背。《英藏敦煌文獻》未收，現予增收。

參考文獻

《敦煌寶藏》三四册，臺北：新文豐出版公司，一九八二年，一九五至一九六頁（圖）。

斯四一五三　維摩詰經題記

釋文

中年四月五日，比丘法濟共福勝〔一〕，點勘了。

説明

以上文字書寫於『維摩詰所説經』卷下尾題之後，《英藏敦煌文獻》未收，現予增收。《中國古代寫本識語集録》認爲此寫本的年代在公元九世紀前期（參見《中國古代寫本識語集録》，三七八頁）。

校記

〔一〕『法』，《中國古代寫本識語集録》釋作『洪』，誤。

參考文獻

Descriptive Catalogue of the Chinese Manuscripts from Tunhuang in the British Museum, The Trustees of the British Museum,

London 1957, p. 91（録）；《敦煌寶藏》三四册，臺北：新文豐出版公司，一九八二年，二三〇頁（圖）；《中國古代寫本識語集録》，東京大學東洋文化研究所，一九九〇年，三七八頁（録）；《敦煌遺書總目索引新編》，北京：中華書局，二〇〇〇年，一二七頁（録）。

斯四一六〇　四分律略頌道真題記

釋文

三界寺比丘道真修〔一〕。

説明

以上題記書寫於《四分律略頌》卷末，筆跡與經文不同，當係三界寺沙門道真修補佛經後所書。《英藏敦煌文獻》未收，現予增收。《中國古代寫本識語集録》認爲此寫本的年代大約在公元十世紀中期（參見《中國古代寫本識語集録》，五二二頁）。

校記

〔一〕『修』，《敦煌遺書總目索引》《敦煌遺書總目索引新編》釋作『經』，誤。

參考文獻

Descriptive Catalogue of the Chinese Manuscripts from Tunhuang in the British Museum, The Trustees of the British Museum,

London 1957, p. 165（録）；《敦煌寶藏》三四册，臺北：新文豐出版公司，一九八二年，二六八頁（圖）；《敦煌遺書總目索引》，北京：中華書局，一九八三年，一九四頁（録）；《中國古代寫本識語集録》，東京大學東洋文化研究所，一九九〇年，五二二頁（録）；《敦煌遺書總目索引新編》，北京：中華書局，二〇〇〇年，一二七頁（録）。

斯四一六二　優婆塞戒經卷第三題記

釋文

仁壽四年四月八日〔一〕，楹維珍爲亡父寫《優婆塞經》一部〔二〕、《灌頂》一部、《善惡因果》一部、《太子成道》一部、《五百問事》一部。造觀世〔音〕像一軀〔三〕，造卌九尺隮（幡）〔四〕，爲法界衆生，一時成佛。

説明

以上文字書寫於《優婆塞戒經》卷三尾題之下，《英藏敦煌文獻》未收，現予增收。『楹維珍』又見於北大〇八三、斯四五七〇、伯二二七六、甘肅省博物館〇〇五等四件《優婆塞戒經》題記，這組題記筆跡相同，均爲仁壽四年四月八日楹維珍爲亡父寫經、造像、造幡題記。林世田、汪桂海認爲這批十一卷本《優婆塞戒經》不是應當時楹維珍的需要抄寫的，而是利用南北朝殘斷的七卷本改裝而成（參見《敦煌寫本〈優婆塞戒經〉版本研究》，《文獻》二〇〇八年二期，三五至四〇頁）。仁壽四年爲公元六〇四年。

校記

〔一〕『仁壽』，《敦煌遺書總目索引》《敦煌遺書總目索引新編》未能釋讀。

〔二〕『維』，《中國古代寫本識語集録》釋作『惟』，《敦煌寫本〈優婆塞戒經〉版本研究》釋作『雅』，均誤。

〔三〕『音』，據伯二二七六《優婆塞戒經》卷末楹維珍題記補，《敦煌遺書總目索引》《敦煌遺書總目索引新編》《敦煌寫本〈優婆塞戒經〉版本研究》均逕釋作『音』。

〔四〕『卌』，《敦煌遺書總目索引新編》釋作『四十』；『⿰阝番』，當作『幡』，《中國古代寫本識語集録》據文義校改，『⿰阝番』爲『幡』之借字，《敦煌遺書總目索引》《敦煌遺書總目索引新編》《敦煌寫本〈優婆塞戒經〉版本研究》均逕釋作『幡』。

參考文獻

Descriptive Catalogue of the Chinese Manuscripts from Tunhuang in the British Museum, The Trustees of the British Museum, London 1957, p. 117（録）；《敦煌寶藏》三四册，臺北：新文豐出版公司，一九八二年，二七九頁（圖）；《敦煌遺書總目索引》，北京：中華書局，一九八三年，一九四頁（録）；《中國古代寫本識語集録》，東京大學東洋文化研究所，一九九〇年，一六九頁（録）；《敦煌遺書總目索引新編》，北京：中華書局，二〇〇〇年，一二七頁（録）；《敦煌研究》二〇〇一年一期，九九頁；《文獻》二〇〇八年二期，三六頁（録）。

斯四一六七　略抄本一卷題記

釋文

比丘尼覺如受持。

説明

以上文字書寫於《略抄本一卷》卷末，《英藏敦煌文獻》未收，現予增收。《中國古代寫本識語集録》認爲此寫本的年代大約在公元九世紀前期（參見《中國古代寫本識語集録》，四〇〇頁）。

參考文獻

Descriptive Catalogue of the Chinese Manuscripts from Tunhuang in the British Museum, The Trustees of the British Museum, London 1957, p. 137（録）；《敦煌寶藏》三四册，臺北：新文豐出版公司，一九八二年，二八八頁（圖）；《敦煌遺書總目索引》，北京：中華書局，一九八三年，一九四頁（録）；《中國古代寫本識語集録》，東京大學東洋文化研究所，一九九〇年，四〇〇頁（録）；《敦煌遺書總目索引新編》，北京：中華書局，二〇〇〇年，一二七頁（録）。

斯四一六八　妙法蓮華經卷第三題記

釋文

上元三年九月八日，群書手　馬元禮寫。
用　紙　十　九　張。
裝　潢　手　解善集。
初校　大莊嚴寺僧　威表。
再校　大莊嚴寺僧　威表。
三校　大莊嚴寺僧　慧澄。
詳閲　太原寺大德　神符。
詳閲　太原寺大德　嘉尚。
詳閲　太原寺寺主　慧立〔一〕。
詳閲　太原寺上座　道成。
判官司農寺上林署令　李德。

使朝散大夫守尚舍奉御　閻玄道　監。

説明

以上題記書寫於《妙法蓮華經》卷第三卷末尾題之後，《英藏敦煌文獻》未收，現予增收。上元三年爲公元六七六年。

校記

〔一〕第二個『寺』，《敦煌遺書總目索引》《中國古代寫本識語集録》《敦煌遺書總目索引新編》均漏録。

參考文獻

Descriptive Catalogue of the Chinese Manuscripts from Tunhuang in the British Museum, The Trustees of the British Museum, London 1957, pp. 70 – 71（録）；《敦煌寶藏》三四册，臺北：新文豐出版公司，一九八二年，三〇〇頁（圖）；《敦煌遺書總目索引》，北京：中華書局，一九八三年，一九四頁（録）；《中國古代寫本識語集録》，東京大學東洋文化研究所，一九九〇年，二二六至二二七頁（録）；《敦煌遺書總目索引新編》，北京：中華書局，二〇〇〇年，一二七頁（録）；《首届長安佛教國際研討會論文集》三，西安：陝西師範大學出版社，二〇一〇年，三一九至三三七頁。

斯四一七一 大乘無量壽經題記

釋文

田廣談。

説明

以上題名書寫於《大乘無量壽經》卷末，《英藏敦煌文獻》未收，現予增收。『田廣談』之題名亦見於斯一〇七九等三十餘件敦煌文書。

參考文獻

Descriptive Catalogue of the Chinese Manuscripts from Tunhuang in the British Museum, The Trustees of the British Museum, London 1957, p. 144（録）；《敦煌寶藏》三四册，臺北：新文豐出版公司，一九八二年，三二四頁（圖）；《中國古代寫本識語集録》，東京大學東洋文化研究所，一九九〇年，三九二頁（録）；《敦煌遺書總目索引新編》，北京：中華書局，二〇〇〇年，一二七頁（録）。

斯四一七一背　　某年十五日造佛盆等破用抄

釋文

行（？）

一瓮。酒壹瓮。

十五日造佛盆，麥一石卧酒，麥柒（？）斗（？）、黄麻五斗，供養佛盆用。

説明

此件寫於《大乘無量壽經》卷背，倒書，墨跡甚淡。其内容是關於某年七月十五日造佛盆供養佛盆等支出麥、黄麻、酒的記録。《英藏敦煌文獻》擬名『某年［七月］十五日造佛盆斛斗抄』。因所支出的物品不僅有麥、黄麻等『斛斗』，還有不屬於『斛斗』的『酒』。支出物品的用途也不限於『造佛盆』，還包括供養佛盆等。故改擬今名。

參考文獻

《敦煌寶藏》三四册，臺北：新文豐出版公司，一九八二年，三二四頁（圖）；《英藏敦煌文獻》五卷，成都：四川人民出版社，一九九二年，二六〇頁（圖）。

伯三二九〇＋斯四一七二　一　宋至道元年（公元九九五年）正月一日沙州曹妙令等户狀稿

釋文

（前缺）

户曹妙令〔一〕

都受田陸拾畝　請〔二〕，共陸拾畝〔三〕，東至陰富全，西至沙堰及

曹子全，南至大河，北至陰富全及曹子全〔四〕。

　　至道元年乙未歲正月一日人户曹妙令户。

户陳殘友〔五〕

都受田伍拾柒畝　請東河鶻渠地壹段，共伍拾柒畝，東至道，西至小户地，南

至姚丑兒，北至張寧兒。

　　至道元年乙未歲正月一日人户陳殘祐户〔六〕。

户陳殘友
都受田肆拾畝　請東河鶻渠地壹段，叁拾畝，東至大户地，西至澌坑，南至姚丑兒，北至李富進。又兩枝渠地壹段，拾畝，東至董流定，西至大渠〔七〕。
至道元年乙未歲正月一日人户劉保定户。

户劉保定
都受田陸拾畝　請東河灌進渠地壹段，共陸拾畝，東至子渠及景願富，西至大渠，南至董進盈，北至大渠。
至道元年乙未歲正月一日人户景願富户。

户景願富
都受田伍拾伍畝〔八〕　請東河灌進渠地壹段，伍拾伍畝，東至官荒，西至子渠及劉保定，南至鹵〔坑〕〔九〕，北至大渠。

户董長兒

都受田壹頃陸拾伍畝　請東河灌進渠地壹段，共壹頃陸拾伍畝，東至澤，西至溝及董進盈并史善富，南至溝，北至史善富及黑家潢并小户地。

至道元年乙未歲正月一日人户董長兒户。

户董長兒

都受田叁拾畝　請東河灌進渠地壹段，共叁拾畝，東至鹵坑，西至董進盈，南至大户地，北至溝。

至道元年乙未歲正月一日人户董長兒户。

户索昌子

都受田柒拾畝　請東河灌進渠地壹段，共柒拾畝，東至大渠，西至高安三，南至子渠，北至索富住。

至道元年乙未歲正月一日人户索昌子户。

户何石住〔一〇〕

都受田壹頃拾畝　請東河灌進渠地壹段，共壹頃拾畝，東至大渠，西至荒，南至官田，北至高安三。

至道元年乙未歲正月一日人户何石住户。

户高安三

都受田柒拾伍畝　　請東河灌進渠地壹段，共柒拾伍畝，東至索昌子，西至荒，南至何石住，北至索富住。

至道元年乙未歲正月一日人户高安三户。

户索富住

都受田伍拾伍畝　　請東河灌進渠地壹段，共伍拾伍畝，東至大渠，西至鹵坑，南至高安三及索昌子，北至李興住。

至道元年乙未歲正月一日人户索富住户。

户李興住

都受田陸拾畝　　請東河灌進渠地壹段，共陸拾畝，東至大渠，西至鹵坑，南至索富住，北至張富昌。

至道元年乙未歲正月一日人户李興住户。

户張富昌

都受田伍拾伍畝　請東河灌進渠地壹段，共伍拾伍畝，東至大渠，西至鹵坑，南至李興住，北至索住子。

至道元年乙未歲正月一日人户張富昌户。

户索住子

都受田伍拾伍畝　請東河灌〔進〕渠地壹段〔二〕，共伍拾伍畝，東至大渠，西

（後缺）

説明

此件由伯三二九〇和斯四一七二綴合而成，綴合後的文本仍是首尾均缺，其内容是沙州曹妙令等户的受田記録。《敦煌遺書總目索引》擬名『至道元年都受田籍』；池田温擬名『宋至道元年正月沙州陳殘祐等諸户受田簿』（參見《中國古代籍帳研究》，六六七頁），《英藏敦煌文獻》《法藏敦煌西域文獻》均從其擬名作『受田簿』；《敦煌社會經濟文獻真蹟釋録》擬名『宋至道元年正月沙州曹妙令等户狀』，劉進

寳、孫繼民已詳細論證其『户狀』性質（參劉進寳《晚唐至宋初土地過户的法律標誌——户狀》，《中國歷史文物》二〇〇六年三期，七一至七二頁；孫繼民《唐宋之際歸義軍户狀文書演變的歷史考察》，《中國史研究》二〇一二年一期，八三至九七頁）。此件多處出現塗改，也有一户兩處受田記録、將紀年落款誤裁粘接等現象，這都説明此件是製作正式户狀的草稿，兹擬今名。文中『高安三』户的天頭處粘貼有小段經袟條，存『解深』二字，應是『解深密經』的袟條。至道元年即公元九九五年。

校記

〔一〕『户曹妙令』，《中國古代籍帳研究》據殘筆劃及文義校補，《敦煌社會經濟文獻真蹟釋録》逕釋作『户曹妙令』。

〔二〕『請』，《中國古代籍帳研究》據殘筆劃及文義校補。此字後《敦煌社會經濟文獻真蹟釋録》校補『□渠壹段』。

〔三〕『共陸拾』，《敦煌社會經濟文獻真蹟釋録》據文義校補。

〔四〕『子全』，《敦煌社會經濟文獻真蹟釋録》據殘筆劃及文義校補。

〔五〕『友』，《中國古代籍帳研究》《敦煌社會經濟文獻真蹟釋録》據該段末之『陳殘祐』校改作『祐』。以下同，不另出校。

〔六〕『祐』，《敦煌文獻中的『大户』與『小户』》釋作『友』。

〔七〕此句後按户狀格式本該有『至道元年乙未歲正月一日人户陳殘友户』，但已被裁去。

〔八〕第二個『伍』，《敦煌社會經濟文獻真蹟釋録》漏録。

〔九〕『坑』，據文義補。

〔一〇〕斯四一七二始於此句。

〔一一〕『進』，《敦煌社會經濟文獻真蹟釋録》據文義校補。

參考文獻

《國聞周報》一一卷二一期，一九三四年，二頁；《唐代文獻叢考》，上海：商務印書館，一九四七年，二〇至三二頁；《敦煌古籍叙録》，北京：商務印書館，一九五八年，一二六頁；《敦煌資料》一輯，北京：中華書局，一九六一年，一二七至一二八頁（録）；*Tunhuang and Turfan Documents Concerning Social and Economic History* Ⅰ，東京：東洋文庫，一九七八年，Legal Text，p. 2；《中國古代籍帳研究》，東京大學出版社，一九七九年，六六七至六六八頁（録）；《敦煌寶藏》三四册，臺北：新文豐出版公司，一九八二年，三二五頁（圖）；《敦煌吐魯番文獻研究論集》二輯，北京：中華書局，一九八二年，三三頁；《敦煌遺書總目索引》，北京：中華書局，一九八三年，一九四頁（録）；《莫高窟年表》，上海古籍出版社，一九八五年，六〇五頁（録）；《敦煌學輯刊》一九八八年一至二期，一三至一四頁（録）；《唐朝户籍法與均田制研究》，鄭州：中州古籍出版社，一九八八年，八七頁；《敦煌社會經濟文獻真蹟釋録》二輯，北京：全國圖書館文獻縮微複製中心，一九九〇年，四八三至四八五頁（圖）（録）；《英藏敦煌文獻》五卷，成都：四川人民出版社，一九九二年，二六一頁（圖）；《敦煌民俗資料導論》，臺北：新文豐出版公司，一九九三年，五〇至五一頁；《歸義軍史研究——唐宋時代敦煌歷史考索》，上海古籍出版社，一九九六年，五六頁；《敦煌遺書總目索引新編》，北京：中華書局，二〇〇〇年，一二七至一二八頁（録）；《法藏敦煌西域文獻》二三册，上海古籍出版社，二〇〇二年，八七至八八頁（圖）；《中國歷史文物》二〇〇四年六期，七九至八一頁（録）；《敦煌社會經濟文獻詞語論考》，上海人民出版社，二〇一三年，四〇六頁；《中古史研究匯纂》，天津古籍出版社，二〇一六年，一四五頁；《敦煌文書與中古社會經濟》，杭州：浙江大學出版社，二〇一六年，二八九至二九二頁。

伯三二九〇+斯四一七二　二　雜寫

釋文

都受田一頃二十畝
壹頃
都受田伍拾伍畝　請勑應　應　應　應　應　應
西至〔一〕
平
子〔二〕
東至
子渠

説明

以上文字係時人隨手書寫於户狀稿空白處，第一行書於伯三二九〇上，第二行以下書於斯四一七二上，其中第四行以下書於地腳處，筆跡與背面習字相似，可能爲同一人所書。

校記

〔一〕『西至』，《中國古代籍帳研究》釋作『粟』。
〔二〕『平』，《中國古代籍帳研究》疑作『金』。

參考文獻

《中國古代籍帳研究》，東京大學出版社，一九七九年，六六七至六六八頁（録）；《敦煌寶藏》三四册，臺北：新文豐出版公司，一九八二年，三二五頁（圖）；《英藏敦煌文獻》五卷，成都：四川人民出版社，一九九二年，二六一頁（圖）。

斯四一七二背+伯三二九〇背　一　雜寫及習字（使檢校太師兼中書令天册西平王曹等）

釋文

長安定住長，春猶曰人武。忽聞天喜歡，白玉庭前
勑歸義軍節度使　牒
勑勑勑勑勑勑
勑勑勑勑勑勑
勑勑歸義軍節度使　牒
勑勑歸義軍節度使　牒
勑歸義軍節度使　牒
使檢校太師兼中書令天册西平王曹
使檢校太師兼中書令天册西平王曹
　　義義

説明

此件係時人隨手書寫於斯四一七二背面，除第一行外，其他字體較大。習字中有『使檢校太師兼中書令天册西平王曹』，歸義軍節度使中曾自稱『天册西平王』的只有曹元忠和曹延禄（參榮新江《歸義軍史研究——唐宋時代敦煌歷史考索》，一二二、一二七頁），此件正背面均出現了『至道』紀年（公元九九五至九九七年），而曹元忠卒於開寶七年（公元九七四年），則此處的『天册西平王曹』當是曹延禄。

參考文獻

《敦煌寶藏》三四册，臺北：新文豐出版公司，一九八二年，三二五頁（圖）；《英藏敦煌文獻》五卷，成都：四川人民出版社，一九九二年，二六一頁（圖）；《歸義軍史研究——唐宋時代敦煌歷史考索》，上海古籍出版社，一九九六年，一二二、一二七頁。

斯四一七二背＋伯三二九〇背　二　宋至道二年（公元九九六年）三月歸義軍節度使改補索定遷充節度押衙牒抄

釋文

勑歸義軍節度使　牒
前子弟銀青光禄大夫檢校太子賓客索定遷[一]
右改補充節度押衙
牒奉　處分，前件官：門風清雅，望族宗高。久著雄毫（豪）[二]，侶（屢）占（轉）子（秩）疾（級）[三]。況某天生英哲，廪（稟）性獷玀[四]，陣上播生而盡命[五]，爲國防虞而守隘。吾睹察斯，特薦班榮，更若所效，功勳轉加[六]，千（遷）而（爾）秩疾（級）[七]。件補如前，牒舉者，故牒。
至道二年三月　[八]

説明

此件首尾完整，大部分抄於伯三二九〇背，内容爲宋至道二年（公元九九六年）改任索定遷爲節度押衙的牒。

校記

〔一〕伯三二九〇（二）始於此句。

〔二〕「毫」，當作「豪」，據文義改，「毫」爲「豪」之借字。

〔三〕「侣」，當作「屢」，據文義改，「侣」爲「屢」之借字；「占」，當作「轉」，據文義改，「占」爲「轉」之借字；「子」，當作「秩」，據文義改，「子」爲「秩」之借字；「疾」，當作「級」，「疾」爲「級」之借字。

〔四〕「廩」，當作「稟」，《敦煌社會經濟文獻詞語論考》據文義校改，「廩」爲「稟」之借字；「性嫂」，《敦煌所出唐宋書牘整理與研究》釋作「婁性」，誤。

〔五〕「播」，《敦煌社會經濟文獻詞語論考》釋作「播」，校改作「潘」或「拌」，按「播生」亦通，不煩校改。

〔六〕「功」，《敦煌所出唐宋書牘整理與研究》漏録。

〔七〕「千」，當作「遷」，據文義改，「千」爲「遷」之借字；「而」，當作「爾」，據文義改，「而」爲「爾」之借字，《敦煌所出唐宋書牘整理與研究》釋作「兩」；「疾」，當作「級」，《敦煌所出唐宋書牘整理與研究》據文義校改，「疾」爲「級」之借字。

〔八〕「月」後《敦煌社會經濟文獻真蹟釋録》釋作「日□」，《敦煌所出唐宋書牘整理與研究》釋作「日」。

參考文獻

《敦煌寶藏》三四册，臺北：新文豐出版公司，一九八二年，三二五頁（圖）；《敦煌寶藏》一二七册，臺北：新文豐出版公司，一九八五年，三四五至三四六頁（圖）；《敦煌社會經濟文獻真蹟釋録》四輯，北京：全國圖書館文獻縮微複製中心，一九九〇年，三〇二頁（圖）（録）；《法藏敦煌西域文獻》二三册，上海古籍出版社，二〇〇二年，八八至八九頁（圖）；《敦煌社會經濟文獻詞語論考》，上海人民出版社，二〇一三年，一〇二頁（録）；《敦煌所出唐宋書牘整理與研究》，成都：西南交通大學出版社，二〇一六年，一五四頁（録）。

斯四一七三　一　南宗讚

釋文

南宗讚〔一〕

一更長〔二〕，如來智惠心中藏〔三〕。不知自身本是佛〔四〕，無明障蔽自荒忙〔五〕。了五蘊〔六〕，體皆亡〔七〕；滅六識〔八〕，不相當。行住坐卧常作意〔九〕，則知四大是佛堂〔一〇〕。

一更長〔一一〕，二更長，有爲功德盡無常〔一二〕。世間造作應不及（久）〔一三〕，無爲法會體皆亡〔一四〕。入聖位〔一五〕，坐金剛〔一六〕；諸佛國〔一七〕，遍十方〔一八〕。但諸（知）十方願（原）實（是）一〔一九〕，決定得入於佛行〔二〇〕。

二更長〔二一〕，三更嚴，坐禪執定甚能甜〔二二〕。不宣（信）諸天甘露蜜〔二三〕，魔軍眷屬出來看〔二四〕。諸佛教〔二五〕，實福田〔二六〕；持齋戒，得生天。生天中（終）歸還墮落〔二七〕，努力迴心取涅槃〔二八〕。

三更嚴〔二九〕，四更蘭（闌）〔三〇〕，法身體性本來禪。凡大不念生分別〔三一〕，輪迴六趣心不安〔三二〕。求佛性，向利（裏）看〔三三〕；了佛意〔三四〕，不覺寒。曠大劫來常不悟〔三五〕，金

（今）生作意斷慳貪〔三六〕。
四更蘭（闌）〔三七〕，五更延，菩提種子坐紅蓮〔三八〕。煩惱泥中常不染〔三九〕，恆將淨土共金顏〔四〇〕。佛在世，八十年〔四一〕；般若意〔四二〕，不在言。夜夜朝朝恆念經〔四三〕，當初求覓一年（言）詮〔四四〕。

說明

此件首尾完整，起首題『南宗讚』，訖『當初求覓一年（言）詮』，其內容是用五更轉之調來讚頌南宗。其後抄有『金剛五禮』。

現知敦煌文獻中保存的『南宗讚』尚有十二件。伯二九六三背，首尾完整，起『南宗讚一本』，訖『當初求覓一年川』；Φ一七一，首尾完整，起『南宗讚一本』，訖『當初求覓一言詮』；伯二六九〇背，首尾完整，起『南宗讚』，訖『南無阿彌陀佛』；斯四六五四背，首尾均缺，起『更長』，訖『磨』；斯五五二九，首全尾缺，起『一更長一更長』，訖『但諸十方願一實』；伯四六〇八，首全尾缺，起『南宗讚』，訖『無明障蔽』；斯五六八九，首缺尾全，起『若意』，訖『當初求覓一年詮』；BD八一七四，首尾完整，起『南宗讚一本』，訖『當初求覓一年詮』；BD七五七五背，首全尾缺，起『一更長』，訖『不信之天甘路』；BD六二〇〇，首尾完整，起『一更長』，訖『當初求覓一年全』；BD九三五五，首尾完整，起『一更長』，訖『當初求覓一連全』；Дх二一七五背，首缺尾全，起『智慧心中藏』，訖『南宗定邪讚一本』。此外還有盛唐時期神會所作之《南宗定邪正五更轉》（又名《南宗大乘五更轉》）和《菏澤寺和尚神會五更轉》，但内容與此件不完全相同。

以上釋文以斯四一七三爲底本，用伯二九六三背（稱其爲甲本）、Φ一七一（稱其爲乙本）、伯二六九〇背（稱其爲丙本）、斯四六五四背（稱其爲丁本）、斯五五二九（稱其爲戊本）、伯四六〇八（稱其爲己本）、斯五六八九（稱其爲庚本）、BD八一七四（稱其爲辛本）、BD七五七五背（稱其爲壬本）、BD六二〇〇（稱其爲癸本）、BD九三五五（稱其爲甲二本）和Дx二一七五背（稱其爲乙二本）參校。

校記

〔一〕『讚』，丙、己本同，甲、乙、辛本作『讚一本』。

〔二〕『二』，甲、乙、丙、戊、己、辛、壬、癸、甲二本同，丁本脱。此句後乙本有『二更長』三字，甲、戊、壬本有『二更長』三字。丁、戊、己本始於此句。

〔三〕『智』，甲、乙、戊、己、辛、壬、癸、乙二本同，丙、甲二本作『知』，均可通，丁本作『體』；『惠』，甲、乙、丙、戊、己、辛、壬、癸、甲二、乙二本同，丁本作『姓』。乙二本始於此句之『智惠』。

〔四〕『知』，甲、乙、丙、己、辛、壬、癸、甲二、乙二本同，丁本作『了』，戊本作『智』，『智』通『知』；『本』，甲、乙、丙、戊、己、辛、壬、癸、甲二本同，丁本作『便』。

〔五〕『障』，甲、乙、丙、戊、己、辛、癸、甲二本同，丁本作『帳』，壬本作『將』，『帳』爲『障』之借字；『蔽』，甲、乙、戊、己、辛本同，丙、壬、癸本作『病』，丁、甲二本作『閉』，『病』『閉』均爲『蔽』之借字；『忙』，甲、乙、丁、辛、壬、癸、甲二本同，丙本作『亡』，戊本作『恾』，『亡』『恾』均爲『忙』之借字。己本止於此句之『障蔽』。

〔六〕『了』，甲、乙、丙、丁、戊、辛、壬、癸、甲二本同，乙二本作『料』，『料』爲『了』之借字；『蘊』，甲、乙、丙、戊、辛、癸、甲二、乙二本同，丁本作『伊』，壬本作『温』，均誤。

〔七〕『體』，甲、乙、丁、戊、辛、壬、乙二本同，丙、癸、甲二本作『聽』，『聽』爲『體』之借字。

〔八〕『識』，甲、乙、丙、丁、戊、辛、癸、甲二本同，壬本作『息』，誤。

〔九〕『住』，甲、乙、丙、戊、辛、壬、癸、甲二本同，丁本作『主』，『主』爲『住』之借字；『坐』，甲、乙、丙、戊、辛、壬、癸、甲二本同，丁本作『座』，『座』通『坐』；『常』，甲、乙、丙、戊、辛、壬、癸、甲二本同，丁、乙二本作『長』，『長』爲『常』之借字；『作』，乙、丙、丁、戊、辛、壬、癸、甲二、乙二本同，甲本作『住』，誤。

〔一〇〕『知』，甲、乙、丙、戊、辛、壬、癸、甲二本同，丁、乙二本作『之』，『之』爲『知』之借字；『是』，甲、乙、丙、丁、戊、辛、癸、甲二本同，壬本作『事』，乙二本作『石』，『事』『石』均爲『是』之借字；『佛』，甲、乙、丙、戊、辛、壬、癸、甲二、乙二本同，丁本脱；『堂』，甲、乙、丙、戊、辛、壬、癸、甲二本同，丁本脱。

〔一一〕『一』，甲、乙、戊、辛本同，壬本作『二』。此句丙、丁、癸、甲二、乙二本無。

〔一二〕『有』，甲、乙、丙、戊、辛、壬、癸、甲二本同，丁本作『以』，誤；『爲』，乙、丙、丁、戊、辛、壬、癸、甲二本同，甲本作『唯』，『唯』爲『爲』之借字。

〔一三〕『作』，甲、乙、丙、丁、戊、辛、癸、甲二、乙二本同，壬本作『罪』；『應』，甲、乙、丙、戊、辛、壬、癸、甲二本同，丁、乙二本作『因』，『因』爲『應』之借字；『及』，甲、乙、戊、辛、壬本同，當作『久』，據丙、丁、癸、甲二、乙二本改。

〔一四〕『無』，甲、乙、丙、丁、戊、辛、壬、癸、甲二本同，乙二本作『有』，誤；『爲』，甲、乙、丙、戊、辛、壬、癸、甲二、乙二本同，丁本作『明』，誤；『會』，甲、乙、丙、辛、壬、癸、甲二、乙二本同，丁、戊本作『海』；『體』，乙、丁、戊、辛、壬、癸、甲二、乙二本同，甲、丙本作『聽』，『聽』爲『體』之借字。

〔一五〕『聖』，甲、乙、戊、辛、癸、甲二本同，丙、丁本作『世』，壬本作『性』，『世』『性』均爲『聖』之借字；『位』，甲、乙、戊、辛、癸、甲二本同，丙、壬本作『爲』，『爲』爲『位』之借字，丁本作『尹』，誤。

〔一六〕『剛』，甲、乙、丙、戊、辛、癸、甲二本同，丁、壬本作『光』，『光』爲『剛』之借字。

〔一七〕『諸』，甲、乙、丙、戊、辛、壬、癸、甲二本同，丁本作『之』，『之』爲『諸』之借字。

〔一八〕『遍』，甲、乙、戊、辛、壬、癸、乙二本同，丙、丁、甲二本作『變』，『變』爲『遍』之借字。

〔一九〕『但』，甲、乙、丙、戊、辛、癸、甲二、乙二本同，丁本作『十』，壬本作『旦』，『旦』爲『但』之借字；『諸』，甲、乙、戊、辛、壬本同，丙、乙二本作『之』，當作『知』，據癸、甲二本改，『諸』『之』均爲『知』之借字，丁本作『方』；『十方』，乙、丙、戊、辛、壬、癸、甲二、乙二本同，甲本作『世界』，丁本作『得世』；『願』，甲、丙、戊、辛、乙二本同，丁本作『緣』，壬本作『願十』，當作『原』，據乙本改，『願』『緣』均爲『原』之借字，癸、甲二本作『元』，『元』有『原』義；『實』，甲、辛本同，丙、丁本作『十』，戊本作『一』，乙二本作『石』，當作『是』，據乙、壬、癸、甲二本改，『實』『十』『石』均爲『是』之借字；『一』，甲、乙、丙、辛、壬、癸、甲二、乙二本同，戊本作『實』，誤。

〔二〇〕『得』，甲、乙、丙、辛、癸、甲二、乙二本同，壬本作『德』，『德』通『得』；『於』，甲、乙、辛、乙二本同，丙、壬、癸、甲二本作『諸』，均可通。此句丁本作『坐禪只定於』，當有脱文。

〔二一〕此句甲、乙、辛、壬本同，丙、丁、癸、甲二本無。

〔二二〕『坐』，甲、乙、丁、辛、壬、乙二本同，丙、癸、甲二本作『座』，『座』通『坐』。

〔二三〕『宣』，甲、乙、辛本同，丁本作『藉』，當作『信』，據丙、壬、癸、甲二本改；『諸』，甲、乙、丙、辛、癸、甲二本同，丁、壬本作「之」，乙二本作「朱」，「之」「朱」均爲「諸」之借字；「露」，甲、乙、丙、辛、癸、甲二、乙二本同，丁本作「路」，「路」爲「露」之借字，壬本作「格」，誤。壬本止於此句之「格」字。

〔二四〕「魔」，甲、乙、辛本同，丙、癸、甲二本作「摩」，丁本作「磨」，「摩」「磨」均爲「魔」之借字；「軍」，乙、辛本同，甲、丙、癸、甲二本作「君」，「君」爲「軍」之借字；「眷」，甲、乙、辛本同，丙、癸、甲二、乙二本作「卷」，「卷」爲「眷」之借字。丁本止於此句之「磨」字。

〔二五〕「諸」，甲、乙、辛、癸、甲二本同，丙本作「鄉諸」，「鄉」爲衍文，據文義當删。

〔二六〕「實」，甲、乙、丙、辛、癸、甲二本同，乙二本作「是」，均可通。

〔二七〕「中」，甲、丙、辛、甲二本同，癸本脱，當作「終」，據乙、乙二本改，「中」爲「終」之借字。

〔二八〕「力」，乙、丙、辛、癸、甲二本同，甲本脱；「取」，乙、丙、辛、癸、甲二本同，甲本作「趣」，均可通；「槃」，甲、乙、丙、甲二本同，辛、癸本作「般」，乙二本作「盤」，按寫本時代，「涅槃」并未成爲固定搭配，或作「涅槃」，或作「涅盤」「涅般」，故「盤」「般」均可通。

〔二九〕此句甲、乙、辛本同，丙、癸、甲二、乙二本無。

〔三〇〕「蘭」，甲、乙、辛、乙二本同，當作「闌」，《敦煌韻文集》據文義校改，「蘭」爲「闌」之借字，丙、癸、甲二本作「難」，「難」爲「闌」之借字。

〔三一〕「念」，甲、丙、辛、癸、甲二、乙二本同，乙本作「了」。

〔三二〕「趣」，甲、乙、辛本同，丙、癸、甲二本作「住」，誤。

〔三三〕「利」，辛、乙二本同，當作「裏」，據甲、乙、丙、癸、甲二本改，「利」爲「裏」之借字；「看」，甲、乙、辛、癸、甲二、乙二本同，丙本脱。

〔三四〕「意」，甲、乙、丙、辛、癸、乙二本同，甲二本作「衣」，「衣」爲「意」之借字。

〔三五〕「悟」，甲、乙、丙、辛、癸、甲二本同，乙二本作「五」，「五」爲「悟」之借字。

〔三六〕「金」，辛本同，當作「今」，據甲、乙、丙、癸、甲二、乙二本改，「金」爲「今」之借字；「作」，甲、乙、丙、辛、癸、甲二本同，乙二本作「發」；「慳」，甲、乙、丙、辛、癸、甲二本同，乙二本作「姦」。

〔三七〕「蘭」，甲、乙、辛本同，當作「闌」，《敦煌韻文集》據文義校改，「蘭」爲「闌」之借字。此句丙、癸、甲二、乙二本無。

〔三八〕「種」，甲、乙、丙、辛、癸、甲二本同，乙二本作「終」，「終」爲「種」之借字；「子」，甲、乙、丙、辛、癸、甲二本同，乙二本作「此」，「此」爲「子」之借字；「紅」，甲、乙、辛本同，丙、癸、甲二本作「弘」，「弘」爲「紅」之借字，乙二本作「宮」，誤；「蓮」，甲、乙、辛、乙二本同，丙、癸、甲二本作「連」，「連」通「蓮」。

〔三九〕「泥」，甲、乙、辛本同，丙、癸、甲二、乙二本作「寧」，「寧」爲「泥」之借字；「常」，甲、乙、丙、辛、癸、甲二本同，乙二本作「祥」，「祥」爲「常」之借字。

〔四〇〕「金」，甲、乙、癸、辛、甲二、乙二本同，丙本作「今」，「今」爲「金」之借字；「顔」，甲、乙、辛、乙二本同，丙、癸、甲二本作「連」，「連」爲「顔」之借字。

〔四一〕「年」，甲、乙、辛、乙二本同，丙、癸、甲二本作「連」，「連」爲「年」之借字。此句乙二本脱。

〔四二〕庚本始於「若意」。此句乙二本無。

〔四三〕第一個「朝」，甲、乙、庚、辛本同，丙、癸、甲二本作「照」，乙二本作「招」，「照」「招」均爲「朝」之借字；第二個「朝」，甲、乙、辛本同，丙、癸、甲二本作「照」，庚本脱，乙二本作「招」，「照」「招」均爲「朝」之借字

〔四四〕「當」，甲、乙、庚、辛、癸、甲二本同，丙本作「常」，「常」爲「當」之借字；「年」，甲、丙、庚、辛、癸本

同，甲二本作『連』，當作『言』，據乙本改，『年』『連』均爲『言』之借字；『詮』，乙、庚、辛本同，丙、癸、甲二、乙二本作『全』，『全』爲『詮』之借字，甲本作『川』，誤。此句後丙本尚有『南無阿彌陀佛，南無阿彌陀佛』，乙二本則有尾題『南宗定邪讚一本』。

參考文獻

《敦煌韻文集》，高雄：佛教文化服務處，一九六五年，五二至五三頁（録）；《講座敦煌8敦煌仏典と禪》，東京：大東出版社，一九八〇年，二六九至二七〇頁（録）；《敦煌寶藏》三四册，臺北：新文豐出版公司，一九八二年，三二六頁（圖）；《敦煌遺書總目索引》，北京：中華書局，一九八三年，一九五頁；《關隴文學論叢：敦煌文學專集》，蘭州：甘肅人民出版社，一九八三年，二至六頁；《敦煌寶藏》一一〇册，臺北：新文豐出版公司，一九八四年，八八頁（圖）；《敦煌學園零拾》下册，臺北：臺灣商務印書館，一九八六年，三七六至三七九頁；《世界宗教研究》一九八六年三期，五九至六六頁；《敦煌歌辭總編》下册，上海古籍出版社，一九八七年，一四二九至一四四三頁（録）；《敦煌學》一五輯，一九八九年，一至七頁（録）；《英藏敦煌文獻》五卷，成都：四川人民出版社，一九九二年，二六二頁（圖）；《英藏敦煌文獻》六卷，成都：四川人民出版社，一九九二年，二一三頁（圖）；《英藏敦煌文獻》七卷，成都：四川人民出版社，一九九二年，二二四頁（圖）；《俄藏敦煌文獻》四卷，上海古籍出版社，一九九三年，八五頁（圖）；《英藏敦煌文獻》九卷，成都：四川人民出版社，一九九四年，七三頁（圖）；《唐五代詞記事會評》，合肥：黄山書社，一九九五年，四七三至四七四頁（録）；《文獻》一九九七年四期，二五〇至二五一頁（録）；《俄藏敦煌文獻》九卷，上海古籍出版社，一九九八年，六三頁（圖）；《全唐五代詞》，北京：中華書局，一九九九年，一二二五至一二二八頁（録）；《敦煌遺書總目索引新編》，北京：中華書局，二〇〇〇年，一二八頁；《法藏敦煌西域文獻》一七册，上海古籍出版社，二〇〇一年，二六三頁（圖）；《法藏敦煌西域文獻》二〇册，上海古籍出版社，二〇〇二年，二七〇頁（圖）；《法藏敦煌西域文獻》三二册，上海古籍出版社，二〇〇二年，一七〇頁（圖）；《敦煌佛教歌曲之研究》，高雄：佛光山文教基金會，二〇〇三年，四一〇頁；《普門學報》二〇期，二〇〇四年，三頁（録）；《全敦煌詩》一二册，北京：作家出版社，二〇〇六年，五二五六至五二六七頁（録）；《國家圖書館藏敦煌遺書》八二册，北京圖書館出版社，二〇〇八年，四〇五頁（圖）；《國家圖書館藏敦煌遺書》九七册，北京圖書館出版社，二〇〇八年，三六四頁（圖）；《國家圖書館藏敦煌遺書》一〇一册，北京圖書館出版社，二〇〇八年，一二七至一二八頁（圖）；《國家圖書館藏敦煌遺書》一〇五册，北京圖書館出版社，二〇〇八年，二九六頁（圖）；《隋唐五代歌謡集》，南京師範大學出版社，二〇一四年，四三五頁（録）；《敦煌禪宗文獻分類目録》，東京：大東出版社，二〇一四年，三〇〇至三〇一頁；《樂山師範學院學報》二〇一六年一期，一三至一六頁；《佛禪歌詠集》，天津人民出版社，二〇一七年，一二五至一二七頁。

斯四一七三　二　金剛五禮

釋文

金剛五禮〔一〕

一心滿敬禮〔二〕，清淨真如。無去無來〔三〕，不生不滅〔四〕。寂然常住〔五〕，湛意恆安〔六〕。千佛共尊〔七〕，十方同境（敬）〔八〕。恆沙功德〔九〕，非色非心〔一〇〕。南無法身釋迦牟尼佛〔一一〕。

一心敬禮〔一二〕，毗盧遮那〔一三〕。千葉蓮花〔一四〕，四智珍寶〔一五〕。德山無極〔一六〕，願海無邊〔一七〕。積行三祇〔一八〕，累功十地〔一九〕。廣超法界〔二〇〕，體滿虛空〔二一〕。南無圓滿報身同名釋迦牟尼佛〔二二〕。

一心敬禮〔二三〕，如來生地〔二四〕。雪山至（之）北〔二五〕，香山至（之）東〔二六〕，城號迦維〔二七〕。父名淨飯〔二八〕，母號磨（摩）耶〔二九〕。十九出家，三十成道〔三〇〕。南無佛（化）身釋迦牟尼佛〔三一〕。

一心敬禮〔三二〕，金剛般若〔三三〕。微妙甚深〔三四〕，生諸佛身〔三五〕，滅凡夫罪。無人無我，聲空色空〔三六〕。苦惱蓋纏〔三七〕，因兹永寂〔三八〕。南無金剛般若波羅蜜多甚深法藏〔三九〕。

一心敬禮〔四〇〕，舍衛城南〔四一〕，須達園中〔四二〕，祇陀林卜，如來精舍〔四三〕，衆聖禪房〔四四〕，〔如〕〔來〕於此〔四五〕，説斯般若〔四六〕。我今恭敬〔四七〕，憶念世尊〔四八〕。南無金剛般若波羅蜜多甚深法藏〔四九〕。

説明

此件抄於《南宗讚》之後，首尾完整，起首題《金剛五禮》，訖『南無金剛般若波羅蜜多甚深法藏』。《金剛五禮》又稱金剛五禮文、姚和上金剛五禮、金剛五禮讚、金光五禮、金光無禮文、金光五禮讚等，是唐五代時期流行於敦煌地區的禮懺文，但傳世佛教典籍中没有保存。汪娟認爲《金剛五禮》是以禮懺的儀式來弘揚金剛般若，它并非單純的禪宗禮懺文，而是在實際流傳過程中，雜糅了彌勒、彌陀等淨土信仰，是研究唐五代佛教文化的重要資料（參看汪娟《敦煌寫本〈金剛五禮〉研究》，《敦煌學》二〇輯，六九至八七頁）。

現知敦煌文獻中保存的『金剛五禮』有十八件，汪娟將其分爲四類，此件屬於第一類，有十四件。包括：伯三八八一，首尾完整，起『一心滿敬禮』，訖『南無金剛般若波羅蜜多甚深法藏』；BD〇八一七四，首尾完整，起首題『金剛五禮』，訖『南無金剛般若波羅蜜多甚深法藏』；BD〇七三二九，首尾完整，起首題『金剛五禮一本』，訖『南無金剛般若波羅蜜多甚深法藏』；斯四六〇〇，首尾完整，起『一心滿敬禮』，訖『南無金剛般若波羅蜜多甚深法藏了也』；斯四七一二，首全尾缺，起首題『金剛五禮』，訖『廣超法界』；伯三五五九+伯三六六四，首尾完整，起首題『姚和上金剛五禮』，訖『南無波若波羅蜜多甚深法藏』；伯四五九七，首尾完整，起首題『金剛五禮文』，訖尾題『金剛五禮一本』；伯二九七五，首尾完整，起首題『金光五禮讚』，訖尾題『金光五禮讚一本』；伯三六四五背，首尾完整，起首題『金剛五禮文』，訖尾題『金光五禮文』；伯二〇四四背，首尾完整，起首題『金光五禮讚』，訖『南無波若波羅蜜多甚深法藏』；伯三七九二背，首尾完整，起首題『金光五禮本』，訖『南無金光不若波羅蜜甚法藏』；BD八三三七，首尾完整，起首題『金剛五禮』，訖『南無般若波羅蜜多甚深法藏』；BD七三七〇，首缺尾全，起『本師釋迦牟尼佛』，訖『南無般若波羅蜜多甚深法藏』。

此外，在高昌故城還發現有以粟特語音譯而成的《金剛五禮》（參看吉田豊《ソグド文字で表記された漢字音》，《東方學報》（京都）六六册，三二二至三二四、三五八至三六七頁）。

以上釋文以斯四一七三爲底本，用伯三八八一（稱其爲甲本）、BD八一七四（稱其爲乙本）、BD七三三九（稱其爲丙本）、斯四六〇〇（稱其爲丁本）、斯四七一二（稱其爲戊本）、伯三五五九+伯三六六四（稱其爲己本）、伯四五九七（稱其爲庚本）、伯二九七五（稱其爲辛本）、伯三六四五背（稱其爲壬本）、伯二〇四四背（稱其爲癸本）、伯三七九二背（稱其爲甲二本）、BD八三三七（稱其爲乙二本）、BD七三七〇（稱其爲丙二本）參校。

校記

〔一〕『金』，乙、丙、戊、庚、辛、壬、癸、甲二、乙二本同，己本作『姚和上金』；『剛』，乙、丙、戊、己、庚、壬、乙二本同，辛、癸、甲二本作『光』；『禮』，乙、戊、己、乙二本同，丙本作『禮一本』，庚、壬本作『禮文』，辛、癸本作『禮讚』，甲二本作『禮本』。

〔二〕『滿』，甲、乙、丙、丁、戊本同，己、庚、辛、壬、癸、甲二、乙二本無。甲、丁本始於此句。

〔三〕『去』，乙、丙、丁、戊、己、庚、辛、壬、癸、甲二、乙二本同，甲本作『來』；第二個『無』，甲、乙、丙、丁、戊、己、庚、辛、壬、癸、乙二本同，甲二本脱；『來』，乙、丙、丁、戊、己、庚、辛、壬、癸、甲二、乙二本同，甲本作『去』。

〔四〕第一個『不』，甲、乙、丙、丁、戊、己、辛、壬、癸、甲二、乙二本同，庚本作『寂不』，『寂』係衍文，據文義當删；第二個『不』，甲、乙、丙、丁、戊、己、辛、壬、癸、乙二本同，甲二本脱。

〔五〕『寂』，甲、乙、丙、丁、戊、己、辛、壬、癸、甲二、乙二本同，庚本脱；『住』，甲、乙、丙、丁、戊、己、辛、壬、癸、甲二、乙二本同，庚本作『信』，誤。

〔六〕『湛』，甲、乙、丙、丁、戊、庚、辛、癸、乙二本同，己本作『但』，『但』爲『湛』之借字，壬本作『堪』，甲二本作『滔』，均誤；『意』，甲、乙、丙、丁、己、庚、辛、壬、癸、甲二本同，戊本脱，乙二本作『矣』，『矣』爲『意』之借字；『恒』，甲、乙、丙、丁、戊、己、庚、辛、癸、甲二、乙二本同，壬本作『虚空恒』。

〔七〕『尊』，甲、乙、丙、丁、戊、庚、辛、壬、癸、甲二本同，己、乙二本作『遵』。

〔八〕『同』，甲、乙、丙、丁、戊、己、庚、辛、癸、甲二、乙二本同，壬本作『化』；『境』，甲、乙、戊、癸本同，己本作『竟』，當作『敬』，據丙、丁、庚、辛、甲二、乙二本改，『境』『竟』均爲『敬』之借字，壬本作『佛』。

〔九〕『德』，甲、乙、丙、丁、戊、己、庚、辛、癸、甲二、乙二本同，壬本作『得』，『得』通『德』。

〔一〇〕『色』，甲、乙、丙、丁、戊、己、庚、辛、癸、甲二、乙二本同，壬本作『心』；『心』，甲、乙、丙、丁、戊、己、庚、辛、癸、甲二、乙二本同，壬本作『色』。

〔一一〕『法』，甲、乙、戊、己、庚、乙二本同，丙、癸、辛、甲二本作『清淨法』，丁本作『法淨法』，壬本作『清淨』；『身』，甲、乙、丙、戊、庚、壬、癸、甲二本同，己、乙二本作『身本師』，丁、辛本作『身同名』；『迦』，甲、乙、丙、丁、戊、己、庚、癸、甲二、乙二本同，辛本作『伽』。

〔一二〕『心』，甲、乙、戊、己、庚、辛、壬、癸、甲二、乙二本同，丙、丁本作『心滿』。

〔一三〕『毗』，甲、乙、丙、丁、戊、己、庚、辛、壬、癸、乙二本同，甲二本脱；『遮』，甲、乙、丙、丁、戊、己、辛、壬、癸、乙二本同，庚本作『庶』，甲二本作『遍』，均誤。

〔一四〕『葉』，甲、乙、丙、丁、戊、己、庚、壬、癸、甲二、乙二本同，辛木作『業』，『業』爲『葉』之借字；『蓮』，甲、乙、丙、丁、戊、己、庚、壬、癸、甲二、乙二本同，辛本作『連』，『連』通『蓮』；『花』，甲、乙、戊、己、庚、辛、壬、癸、甲二本同，丙、丁、乙二本作『華』。

〔一五〕『智』，甲、乙、戊、己、庚、辛、乙二本同，丙、壬、癸、甲二本作『枝』，丁本作『致』，『枝』『致』均爲『智』之借字；『珍』，甲、乙、丙、丁、戊、己、庚、辛、壬、乙二本同，癸、甲二本作『真』，『真』爲『珍』之借字。

〔一六〕『德』，甲、乙、丙、丁、戊、庚、辛本同，己、壬、癸、甲二、乙二本作『得』，『得』通『德』；『無』，甲、乙、丁、戊、己、庚、辛、癸、甲二本同，丙、壬本作『望』，乙二本無；『極』，甲、乙、丙、丁、戊、癸、甲二本同，己本作『極頂』，庚本作『遊』，辛本作『敬』，壬本作『境』，均誤，乙二本無。

〔一七〕『願』，甲、乙、丙、丁、戊、庚、辛、壬、癸、甲二本同，己本作『用』，『用』爲『願』之借字，乙二本無；『海』，甲、乙、丙、丁、戊、己、庚、辛、壬、癸、甲二本同，乙二本無。

〔一八〕『積』，甲、乙、丙、丁、戊、己、庚、辛、壬、癸、乙二本同，甲二本作『借』，誤；『行』，甲、乙、丙、丁、戊、己、庚、辛、壬、癸、乙二本同，甲二本作『幸』，『幸』爲『行』之借字；『三』，甲、乙、丙、丁、戊、己、庚、辛、壬、癸、乙二本同，甲二本作『二』，誤；『祇』，甲、乙、丙、丁、戊、己、庚、壬、癸、甲二、乙二本同，辛本作『歸』。

〔一九〕『累』，甲、乙、丙、丁、戊、己、庚、壬、癸、乙二本同，辛本作『敬禮』，甲二本作『理』，『離』爲『累』之借字；『功』，乙、丙、丁、戊、己、庚、壬、癸、乙二本同，甲本作『劫』，辛本作『剛』，甲二本作『廣』，均誤。

〔二〇〕『廣』，甲、乙、丙、丁、戊、庚、壬、癸本同，己、辛、甲二、乙二本作『光』，『光』爲『廣』之借字；『超』，甲、乙、丙、丁、戊、庚、癸、甲二本同，己、乙二本作『充』，壬本作『照』，辛本作『胎』，誤。戊本止於此句。

〔二一〕『體』，甲、乙、丙、丁、己、庚、辛、癸、乙二本同，甲二本作『聽』，『聽』爲『體』之借字。此句壬本無。

〔二二〕『圓』，甲、乙、丙、丁、壬、癸、甲二本同，己、庚、乙二本無，辛本作『員』；『滿』，甲、乙、丙、丁、辛、壬、癸、甲二本同，己、庚、乙二本無；『報』，己、庚、乙二本同，甲、乙、丙、丁、辛、壬、癸、甲二本作『寶』，『寶』爲『報』之借字；『同名』，甲、乙、丁、辛本同，己、乙二本作『本師』，丙、庚、壬、癸、甲二本無；『迦』，甲、乙、丙、丁、己、庚、壬、癸、甲二、乙二本同，辛本作『伽』。

〔二三〕『心』，甲、乙、己、庚、辛、壬、癸、甲二、乙二本同，丙、丁本作『心滿』。

〔二四〕『生』，甲、乙、丙、丁、己、庚、辛、壬、癸、甲二本同，乙二本作『十』，誤。

〔二五〕『至』，甲、乙、丙本同，丁本作『主』，當作『之』，據己、庚、辛、壬、癸、甲二、乙二本改，『至』爲『之』之借字。

〔二六〕『至』，甲、乙、丙本同，丁本作『主』，當作『之』，據己、庚、辛、壬、癸、甲二、乙二本改，『至』爲『之』之借字。

〔二七〕『城』，甲、乙、丙、丁、庚、辛、壬、乙二本同，癸本作『誠』，己、甲二本作『成』，『誠』『成』均爲『城』之借字；『迦』，甲、乙、丙、丁、己、庚、壬、癸、乙二本同，辛、甲二本作『加』；『維』，甲、乙、庚、壬、癸、乙二本同，丙、丁本作『衛』，己本作『惟』，辛本作『爲』，『衛』『惟』『爲』均爲『維』之借字，甲二本作『盈』，誤。此句後己本有『姓釋迦示』，乙二本有『姓釋迦氏』。

〔二八〕『父』，甲、乙、丙、丁、己、庚、辛、癸、乙二本同，壬本作『少』，甲二本作『母火』，均誤；『名』，乙、丙、丁、己、庚、辛、壬、癸、甲二、乙二本同，甲本作『王』；『淨』，甲、乙、丙、丁、己、庚、辛、壬、癸、乙二本同，甲二本作『諸』，誤；　『飯』，甲、乙、丙、丁、己、庚、壬、癸、乙二本同，辛、甲二本作『梵』，『梵』爲『飯』之借字。

〔二九〕『母』，甲、乙、丙、丁、己、庚、辛、壬、癸、乙二本同，甲二本脱；『號』，甲、乙、丙、丁、庚、辛、癸、甲二、乙二本同，己本作『曰』，壬本作『名』；『磨』，乙本同，當作『摩』，據甲、丙、丁、己、庚、辛、壬、癸、甲二、乙二本改，『磨』爲『摩』之借字。

〔三〇〕『三十』，甲、乙、丙、丁、庚、辛、乙二本同，己、壬、癸、甲二本作『卅』；『成』，甲、乙、丙、丁、己、庚、壬、癸、甲二、乙二本同，辛本作『城』，『城』爲『成』之借字。

〔三一〕第一個『佛』，乙本同，當作『化』，據己、庚、乙二本改，丁、辛、壬、甲二本作『千百化』，丙、癸本作『千百億化』，甲本作『法』，誤；『釋』，乙本同，甲、丙、丁、辛、壬、癸、甲二本作『同名釋』，己、乙二、丙二本作『本師釋』，庚本作『譯』，誤；『迦』，甲、乙、丙、丁、庚、壬、癸、甲二、乙二、丙二本同，己本作『加』，辛本作『伽』。丙二本始於此句。

〔三二〕『心』，甲、乙、己、庚、辛、壬、癸、甲二、乙二、丙二本同，丙、丁本作『心滿』；『禮』，甲、乙、丙、丁、己、庚、辛、壬、癸、乙二、丙二本同，甲二本脱。乙二本第四禮與第五禮位置互倒。

〔三三〕『金』，甲、乙、丙、丁、庚、辛、壬、癸、甲二本同，己本作『微妙金』，乙二本作『甚深妙法金』，丙二本作『甚深微妙金』；『剛』，甲、乙、丙、丁、己、庚、辛、壬、癸、乙二、丙二本同，甲二本作『光』；『般』，甲、乙、丙、丁、己、庚、辛、壬、癸、乙二、丙二本同，甲二本作『不』，『不』爲『般』之借字；『若』，甲、乙、丙、丁、己、庚、辛、癸、乙二、丙二本同，壬、甲二本作『若波羅蜜多』。

〔三四〕『微』，甲、乙、丙、庚、辛、壬、癸、甲二本同，丁本作『爲』，『爲』爲『微』之借字，己、乙二、丙二本作『不』，誤；『妙甚深』，甲、乙、丙、丁、庚、辛、壬、癸、甲二本同，己、乙二、丙二本作『可思議』。

〔三五〕『佛』，甲、乙、丙、己、庚、辛、癸、甲二、乙二、丙二本同，丁本脱，壬本作『寂』，誤；『身』，甲、乙、丙、丁、己、庚、辛、癸、甲二、乙二、丙二本同，壬本脱。

〔三六〕『聲』，甲、乙、丙、己、庚、辛、壬、癸、甲二、乙二、丙二本同，丁本作『虚』，誤；『色』，甲、乙、丙、丁、己、庚、壬、癸、乙二、丙二本同，辛、甲二本脱；第二個『空』，甲、乙、丙、丁、己、庚、壬、癸、乙二、丙二本同，辛、甲二本脱。

〔三七〕『苦』，甲、乙、丙、丁、己、庚、辛、癸、甲二、乙二、丙二本同，壬本作『煩』；『蓋』，甲、乙、丙、丁、己、庚、辛、壬、癸、乙二、丙二本同，甲二本作『改』，『改』爲『蓋』之借字。

〔三八〕『玆』，甲、乙、丁、庚、壬、甲二、乙二、丙二本同，己本作『資』，丙、辛、癸本作『慈』，『資』『慈』均爲『玆』之借字；『永』，甲、乙、丙、丁、己、庚、壬、癸、甲二、乙二、丙二本同，辛本作『如』；『寂』，甲、乙、丙、丁、庚、壬、癸、丙二本同，己、甲二、乙二、丙二本作『息』，辛本作『誦』。

〔三九〕『金』，甲、乙、丙、丁、庚、辛、壬、癸、甲二本同，己、乙二、丙二本無；『剛』，甲、乙、丙、丁、庚、辛、壬、癸本同，己、乙二、丙二本無，甲二本作『光』；『般』，甲、乙、丙、丁、己、庚、辛、壬、癸、乙二、丙二本同，甲二本脱；『蜜』，甲、乙、丙、己、庚、辛、壬、癸、甲二、乙二、丙二本同，丁本作『密』。

〔四〇〕『心』，甲、乙、己、庚、辛、壬、癸、甲二、乙二、丙二本同，丙、丁本作『心滿』。

〔四一〕『舍』，甲、乙、丙、丁、己、庚、辛、壬、癸、乙二、丙二本同，甲二本作『捨』；『城』，甲、乙、丙、丁、己、庚、辛、癸、甲二、乙二、丙二本同，壬本作『成』，『成』爲『城』之借字；『南』，甲、乙、丙、丁、己、壬、癸、甲二、乙二、丙二本同，庚本脱，辛本作『男』，『男』爲『南』之借字。

〔四二〕『須』，甲、乙、己、庚、壬、癸、乙二、丙二本同，丙、丁、甲二本作『悉』，辛本作『失』，誤；『達』，甲、乙、丙、丁、己、庚、辛、癸、甲二、乙二、丙二本同，壬本作『達陀』，據文義『陀』係衍文，當刪。

〔四三〕『精』，甲、乙、丙、丁、己、庚、辛、甲二、乙二、丙二本同，癸本作『情』，『情』爲『精』之借字；『舍』，甲、乙、丙、丁、己、庚、辛、乙二、丙二本同，癸、甲二本作『捨』，『捨』通『舍』。此句壬本無。

〔四四〕『衆』，甲、乙、丙、丁、庚、辛、癸、乙二本同，己、丙二本作『聖』，壬本作『世』，甲二本作『種』，『種』爲『衆』之借字；『聖』，甲、乙、丙、丁、庚、辛、癸、乙二本同，己、壬、丙二本作『衆』，甲二本作『善』；『房』，甲、乙、丙、丁、己、庚、辛、壬、癸、乙二、丙二本同，甲二本作『堂』。

〔四五〕『如來』，甲、乙、丙、己、乙二、丙二本亦脱，據丁、庚、辛、壬、癸、甲二本補；『於』，甲、乙、丙、丁、己、庚、壬、癸、乙二、丙二本同，辛本作『因』，甲二本作『依』，『依』通『於』；『此』，甲、乙、丙、丁、庚、辛、壬、癸、甲二本同，己、丙二本作『彼伽藍』，乙二本作『此伽藍』。

〔四六〕『斯』，甲、乙、丙、丁、庚、辛、壬、癸、乙二、丙二本同，己本作『思』，甲二本作『欺』，『思』『欺』均爲『斯』之借字；『般』，甲、乙、丙、丁、庚、辛、壬、癸、乙二、丙二本同，己本作『波』，甲二本作『不』，『波』『不』均爲『般』之借字；『若』，甲、乙、丙、丁、己、庚、辛、壬、癸、乙二、丙二本同，甲二本作『善』，誤。

〔四七〕『今』，甲、乙、丙、己、庚、辛、壬、癸、甲二、乙二本同，丁、丙二本作『金』，『金』爲『今』之借字；

『恭』，甲、乙、丙、丁、庚、辛、壬、癸、甲二、乙二、丙二本同，己本作『共』，『共』通『恭』。

〔四八〕『憶』，甲、乙、丙、丁、庚、辛、壬、甲二、乙二本同，己、丙二本作『迫』，癸本作『億』，『億』爲『憶』之借字；『世』，甲、乙、丁、己、庚、辛、壬、癸、甲二、乙二、丙二本同，丙本作『聖』。

〔四九〕『金』，甲、乙、丙、丁、庚、辛、壬、癸、甲二本同，己、乙二、丙二本無；『剛』，甲、乙、丙、丁、庚、壬、癸本同，辛、甲二本作『光』，己、乙二、丙二本無；『般』，甲、乙、丙、丁、庚、辛、壬、癸、乙二、丙二本同，己本作『波』，甲二本作『不』，『波』、『不』均爲『般』之借字；『多』，甲、乙、丙、丁、己、庚、辛、壬、癸、乙二、丙二本同，甲二本脱；『深』，甲、乙、丙、丁、己、庚、辛、壬、癸、乙二、丙二本同，甲二本脱。此句後丁本有『了也』兩字，庚本有尾題『金剛五禮一本』，辛本有尾題『金光五禮讚一本』，壬本有尾題『金光五禮文』。

參考文獻

《講座敦煌8 敦煌仏典と禪》，東京：大東出版社，一九八〇年，三一〇至三一三頁（録）；《敦煌寶藏》三四册，臺北：新文豐出版公司，一九八二年，三三六頁（圖）；《敦煌寶藏》三七册，臺北：新文豐出版公司，一九八二年，二四頁（圖）；《英藏敦煌文獻》五卷，成都：四川人民出版社，一九九二年，二六二頁（圖）；《英藏敦煌文獻》六卷，成都：四川人民出版社，一九九二年，二四九頁（圖）；《東方學報》（京都）六六册，一九九四年，三三二至三三四、三五八至三六七頁；《敦煌佛學·佛事篇》，蘭州：甘肅民族出版社，一九九五年，一〇四頁（録）；《敦煌學》二〇輯，一九九五年，六九至八七頁（録）；《法藏敦煌西域文獻》三册，上海古籍出版社，一九九五年，一三四頁（圖）；《敦煌禮懺文研究》，臺北：法鼓文化事業有限公司，一九九八年，二〇一至二三四頁（録）；《藏外佛教文獻》七輯，北京：宗教文化出版社，二〇〇〇年，五二至六二頁（録）；《法藏敦煌西域文獻》二〇册，上海古籍出版社，二〇〇二年，二九七頁（圖）；《法藏敦煌西域文獻》二五册，上海古籍出版社，二〇〇二年，二八九頁（圖）；《法藏敦煌西域文獻》二六册，上海古籍出版社，二〇〇二年，二〇七至二〇八頁（圖）；《法藏敦煌西域文獻》二八册，上海古籍出版社，二〇〇四年，七五頁（圖）；《法藏敦煌西域文獻》二九册，上海古籍出版社，二〇〇四年，八一頁（圖）；《法藏敦煌西域文獻》三二册，上海古籍出版社，二〇〇五年，一三四頁（圖）；《全敦煌詩》一五册，北京：作家出版社，二〇〇六年，六九五五至六九六一頁（録）；《國家圖書館藏敦煌遺書》九六册，北京圖書館出版社，二〇〇八年，二一一、二八九頁（圖）；《國家圖書館藏敦煌遺書》一〇一册，北京圖書館出版社，二〇〇八年，一二六頁（圖）；《國家圖書館藏敦煌遺書》一〇二册，北京圖書館出版社，二〇〇八年，一八四頁（圖）。

斯四一七五　地藏菩薩十齋日并題記

釋文

月一日，童子下，念定光如來佛。
八日，太山（子）下〔一〕，念藥師瑠琉（璃）光佛〔二〕。
十四日，察命下，念賢劫千佛。
十五日，五道大將軍下，念阿閦佛。
十八日，閻羅王下，念觀世音菩薩。
廿三日〔三〕，天大將軍下，念盧舍那佛。
廿四日，太山府軍下〔四〕，念地藏菩薩。
廿八日，天帝釋下，念阿彌陀佛。
廿九日，四天王下，念藥王藥上菩薩。
卅日〔五〕，大梵王下，念釋迦牟尼佛。
甲戌年十月十八日，每月王闍梨付法記〔六〕。

説明

此件首尾完整，無題，起『月一日』，訖尾題『甲戌年十月十八日，每月王閻梨付法記』，其内容是『地藏菩薩十齋日』。

關於『地藏菩薩十齋日』的情况，可參本書十二卷斯二五六八之『説明』。除張總所列十五件漢文本外，荒見泰史新增 BD 二九一八和 Дx 一一五九六兩件（參見《敦煌本十齋日資料與齋會、儀禮》，《敦煌吐魯番研究》一四卷，三九〇至三九一、三九二至三九三頁）。此件屬於張總所分第二系統，無相同寫本（參見《藏外佛教文獻》七輯，三四九頁）。『甲戌年』，池田温疑爲後梁乾化四年（公元九一四年）（參見《中國古代寫本識語集録》，四五七頁）。

校記

〔一〕『山』，當作『子』，據斯二五六八《地藏菩薩十齋日》改。

〔二〕『琉』，當作『璃』，據斯二五六八《地藏菩薩十齋日》改，《藏外佛教文獻》逕釋作『璃』。

〔三〕『廿』，《藏外佛教文獻》釋作『二十』。以下同，不另出校。

〔四〕『軍』，可用同『君』，《藏外佛教文獻》釋作『君』，誤。

〔五〕『卅』，《藏外佛教文獻》釋作『三十』。

〔六〕『月』，《敦煌遺書總目索引》《敦煌遺書總目索引新編》未能釋讀；『閣』，《敦煌本十齋日資料與齋會、儀禮》釋作『閣』，誤。

參考文獻

《敦煌寶藏》三四册，臺北：新文豐出版公司，一九八二年，三二七頁（圖）；《敦煌遺書總目索引》，北京：中華書局，一九八三年，一九四頁（録）；《中國古代寫本識語集録》，東京大學東洋文化研究所，一九九〇年，四五七頁（録）；《法國學者敦煌學論文選粹》，北京：中華書局，一九九三年，三九一至四一九頁；《敦煌遺書總目索引新編》，北京：中華書局，二〇〇〇年，一二八頁（録）；《藏外佛教文獻》七輯，北京：宗教文化出版社，二〇〇〇年，三五一頁（録）；《地藏信仰研究》，北京：宗教文化出版社，二〇〇三年，一一二至一一六頁；《世界宗教研究》二〇〇七年一期，二六至三四頁；《中國地藏信仰研究》，成都：巴蜀書社，二〇〇九年，三一七至三三六頁；《敦煌吐魯番研究》一四卷，上海古籍出版社，二〇一四年，三七九至四〇二頁。

斯四一七六　大乘無量壽經題記

釋文

盧談〔一〕。

説明

以上題名寫於《大乘無量壽經》尾題之後，《英藏敦煌文獻》未收，現予增收。背面有『圖』字，應爲敦煌靈圖寺之簡稱，表示此經爲該寺所有。

校記

〔一〕『談』，《中國古代寫本識語集録》釋作『淡』，誤。

參考文獻

Descriptive Catalogue of the Chinese Manuscripts from Tunhuang in the British Museum, The Trustees of the British Museum,

London 1957, p. 147（録）；《敦煌寶藏》三四册，臺北：新文豐出版公司，一九八二年，二三〇頁（圖）；《中國古代寫本識語集録》，東京大學東洋文化研究所，一九九〇年，三九三頁（録）；《敦煌遺書總目索引新編》，北京：中華書局，二〇〇〇年，一二八頁（録）。

斯四一八三　大乘無量壽經題記

釋文

曹興朝〔一〕。

説明

以上題名寫於《大乘無量壽經》卷末尾題之後，《英藏敦煌文獻》未收，現予增收。

校記

〔一〕『朝』，《敦煌遺書總目索引新編》未能釋讀。

參考文獻

Descriptive Catalogue of the Chinese Manuscripts from Tunhuang in the British Museum, The Trustees of the British Museum, London 1957, p. 147（録）；《敦煌寶藏》三四册，臺北：新文豐出版公司，一九八二年，三六九頁（圖）；《中國古代寫本識語集録》，東京大學東洋文化研究所，一九九〇年，三九三頁（録）；《敦煌遺書總目索引新編》，北京：中華書局，二〇〇〇年，一二八頁（録）。

斯四一八四　大乘無量壽經題記

釋文

令狐晏兒。

説明

以上題名寫於《大乘無量壽經》卷末尾題之後，《英藏敦煌文獻》未收，現予增收。

參考文獻

Descriptive Catalogue of the Chinese Manuscripts from Tunhuang in the British Museum, The Trustees of the British Museum, London 1957, p. 147（録）；《敦煌寶藏》三四册，臺北：新文豐出版公司，一九八二年，三七二頁（圖）；《敦煌遺書總目索引》，北京：中華書局，一九八三年，一九四頁（録）；《中國古代寫本識語集録》，東京大學東洋文化研究所，一九九〇年，三九二頁（録）；《敦煌遺書總目索引新編》，北京：中華書局，二〇〇〇年，一二八頁（録）。

斯四一八五　大乘無量壽經題記

釋文

令狐晏兒寫。

說明

以上題記寫於《大乘無量壽經》卷末尾題之後，《英藏敦煌文獻》未收，現予增收。

參考文獻

Descriptive Catalogue of the Chinese Manuscripts from Tunhuang in the British Museum, The Trustees of the British Museum, London 1957, p. 147（録）；《敦煌寶藏》三四册，臺北：新文豐出版公司，一九八二年，三七四頁（圖）；《敦煌遺書總目索引》，北京：中華書局，一九八三年，一九四頁（録）；《中國古代寫本識語集録》，東京大學東洋文化研究所，一九九〇年，三九二頁（録）；《敦煌遺書總目索引新編》，北京：中華書局，二〇〇〇年，一二八頁（録）。

斯四一九一　一　吐蕃監軍論董没藏臘八設齋文抄

釋文

夫像教西傳，盛揚雄跡；慈風東扇，元啓宏宗。益品類而説萬端，摧邪魔而膽攝。是以廣崇正教，匡護於兹者。

某乙聞：夫像教西傳，盛揚雄跡；慈風東扇，元啓宏宗。群生悟而淨眼開，邪魔聞之心膽裂〔一〕。是以廣崇正教，匡護於兹者，則我當今贊普之謂歟？伏惟

我聖神贊普〔二〕，德齊一指，明貫二儀，包浩初〔以〕化大〔三〕，則萬人安樂者矣！厥以冬款季月〔四〕，如來沐浴之神（辰）〔五〕，轅口湖銀，堅冰地而未融，結天池而未假〔六〕，崇建法場，興兹普益者，則代祇域而請法公〔七〕，同佛日而宣揚〔八〕，感十六大王來敬道場者〔九〕，我監軍論董没藏之爲所興也。伏惟監軍，控鴛鷺之英才，擁虎威之猛用，岌岌嶷嶷，電躍風馳；濟濟鏘鏘，雲委波涌。望竹園而稽首，陟鷲領以翹心，代祇域而邀請法延（筵）〔一〇〕，感諸十六國王而來聽。

説明

此卷由四紙粘接而成，正面抄寫『吐蕃監軍論董没藏臘八設齋文』和『文様（設難問疑致語）』，筆跡相同。背面抄寫兩件寺院諸色斛斗入破歷算會牒，筆跡不同。背面牒文，前一件首缺尾全，後一件首全尾缺，正面文字則不缺，這表明背面的内容實際早於正面，背面牒文在廢棄殘破後，時人是利用其紙張背面來抄寫『設齋文』和『文様』的。

此件首尾完整，起首兩行可能是抄寫有誤，空幾行以後又重新抄寫，原未寫完，文中有多處圈畫、塗抹修改。《敦煌寶藏》擬名『釋門應世文範』，《英藏敦煌文獻》擬名『文様（道場願文）』，《敦煌吐蕃漢文史料輯校》一輯擬名『臘八道場齋文』。兹據内容擬今名。

校記

〔一〕『心』，《敦煌吐蕃漢文史料輯校》一輯漏録。

〔二〕『伏』，《敦煌吐蕃漢文史料輯校》一輯釋作『優』，誤。

〔三〕『初』，《敦煌吐蕃漢文史料輯校》一輯釋作『氣』；『以』，據文義補。

〔四〕『以』，《敦煌吐蕃漢文史料輯校》一輯、《唐宋敦煌歲時佛俗——八月至十二月》均漏録；『款』，《敦煌吐蕃漢文史料輯校》一輯、《唐宋敦煌歲時佛俗——八月至十二月》均釋作『類』。

〔五〕『神』，當作『辰』，《敦煌吐蕃漢文史料輯校》一輯據文義校改，『神』爲『辰』之借字。

〔六〕『天』，《敦煌吐蕃漢文史料輯校》一輯釋作『干』，誤。

〔七〕『則』，《敦煌吐蕃漢文史料輯校》一輯、《唐宋敦煌歲時佛俗——八月至十二月》均釋作『則□』；『域』，《敦煌吐蕃漢文史料輯校》釋作「城」，誤；「請」，《敦煌吐蕃漢文史料輯校》一輯、《唐宋敦煌歲時佛俗——八月至十二月》釋作「請邀」，按「邀」字底本已塗去。

〔八〕「揚」，《敦煌吐蕃漢文史料輯校》一輯、《唐宋敦煌歲時佛俗——八月至十二月》均釋作「暢」，並校改作「唱」，誤。

〔九〕「大」，《敦煌吐蕃漢文史料輯校》一輯釋作「國」，校改作「之」，《唐宋敦煌歲時佛俗——八月至十二月》釋作「國之」，均誤；「敬」，《敦煌吐蕃漢文史料輯校》一輯、《唐宋敦煌歲時佛俗——八月至十二月》均釋作「聚」，誤。

〔一〇〕「延」，當作「筵」，據文義改，「延」爲「筵」之借字。

參考文獻

《敦煌寶藏》三四册，臺北：新文豐出版公司，一九八二年，三八三頁（圖）；《敦煌遺書總目索引》，北京：中華書局，一九八三年，一九四頁；《英藏敦煌文獻》五卷，成都：四川人民出版社，一九九二年，二六三頁（圖）；《敦煌吐蕃漢文史料輯校》一輯，蘭州：甘肅人民出版社，一九九九年，二三一頁（録）；《敦煌遺書總目索引新編》，北京：中華書局，二〇〇〇年，一二八頁；《全唐文新編》卷九〇二，長春：吉林文史出版社，二〇〇〇年，一一四九六至一一四九七頁（録）；《敦煌研究》二〇〇〇年二期，七六頁（録）；《敦煌古藏文文獻論文集》，上海古籍出版社，二〇〇七年，一〇五至一一一頁；《8—9世紀藏文發願文研究：以敦煌藏文發願文爲中心》，北京：民族出版社，二〇〇七年，一九七頁；《佛教·文化·科學·慈善：2008年佛教與非物質文化遺産保護、科學視野中的佛教研討會論文集》，上海辭書出版社，二〇〇九年，八八頁；《敦煌變文與變相研究》，蘭州：甘肅教育出版社，二〇〇九年，八六頁；《博望鳴沙：中古寫本研究與現代中國學術史之會通》，上海古籍出版社，二〇一二年，二九四至二九五頁；《出土文獻綜合研究集刊》二輯，成都：巴蜀書社，二〇一五年，三三四頁。

斯四一九一　二　文様抄（設難問疑致語）

釋文

仰惟法師須室英髦〔一〕，駕彌天之遠跡；釋門法將，貫躑地之遐蹤。懷義府於心田，暢詞峰（鋒）於舌電〔二〕。但某乙見聞雖寡，百不知分，蒙命激揚〔三〕。既命論談，皆須有不辨十倒五倒，且作三番兩番，故應不責輕煩，願逞雄弁（辯）〔四〕。幸納逆耳之言，終獲潤身之益，專當斂意，佇聽芳音。

仰惟法師抱風雲之氣〔五〕，懷海岳之靈，動八藏之玄關，掌一乘之法印。但某乙忝居席側〔六〕，才無四辯，學闕三端，外虧利物之儀，内乏自明之智，縱有碧鷄之用，難以當峰（鋒）〔七〕；儻無黄馬之談，誰能抗敵〔八〕？進人以禮，君子爲之，恐滯後賢，别擇作者。

説明

此件抄於『吐蕃監軍論董没藏臘八設齋文』之後，亦爲抄件，多有塗改。兩件筆跡相同，應爲同一人所抄。此件之内容是僧團在進行辯義時設難問疑的『致語』文様。按照慣例，僧人講經時要由一名學問淵博、威望崇高的僧人擔任『法師』，作爲主講，另外還要有一名僧人擔任『都講』，辯難質疑，法師則據其詰問者通釋之（參看李正宇《敦煌俗講僧保宣及其〈講經通難致語〉》，《程千帆先生八十壽辰紀念文集》，二一〇至二一九頁）。此件抄録的内容即是設難和問疑前的『致語』。與此類似的還有斯一一七〇、斯一一七二背、斯三七〇二、伯三一六五等。

校記

〔一〕此句前還有一段，但已圈去，原文是：『仰惟法師珪璋秀朗，器宇弘深，真智與日月爭輝，妙思與懸泉競瀉，聞之者則碎身無恪，聽之者則不顧全軀。』

〔二〕『峰』，當作『鋒』，據文義改，『峰』爲『鋒』之借字。

〔三〕此句後還有一段，但已圈去，原文是：『祇爲時不可遇，便不可逢，若非策躬，噬齊（臍）何及？但恐魯鳥陵於楚凰，魚目亂於隨珠，勿棄擊轅之謌，願逞雄弁（辯），未知許否？』

〔四〕『弁』，當作『辯』，據文義改，『弁』爲『辯』之借字。

〔五〕此句前尚有『仰惟法師三危校德，八族高門』兩句，但『三危校德，八族高門』已塗去，故未録。

〔六〕此句後原有『面乖繫髮，辭無王弁（辯）』一句，但已塗去，故未録。

〔七〕『峰』，當作『鋒』，據文義改，『峰』爲『鋒』之借字。

〔八〕此句後尚有『不如自抽斂跡』一句，但已圈掉。

參考文獻

《敦煌寶藏》三四册，臺北：新文豐出版公司，一九八二年，三八三頁（圖）；《敦煌遺書總目索引》，北京：中華書局，一九八三年，一九四頁；《英藏敦煌文獻》五卷，成都：四川人民出版社，一九九二年，二六三頁（圖）；《敦煌遺書總目索引新編》，北京：中華書局，二〇〇〇年，一二八頁。

斯四一九一背　一　亥年三月某寺寺主義深諸色斛斗入破歷算會牒

釋文

（前缺）

麥肆碩充磑課用〔一〕。
麥陸碩捌斗充種子。
麥壹碩復課。
麥兩碩造麨用〔二〕。
麥伍碩造麤麵。
豆兩碩充種子。
麥玖碩肆斗，賣（買）皮裘〔三〕、襖襠、拔
氈，裝束進光東行用。
黄麻肆碩，押油伍斗，供養衆僧三

節十五日佛盆。蘇柒勝〔四〕，准上通用。

麥豆叁拾碩柒斗，内拾碩豆迴殘，

蘇柒勝見在。

右具通當寺戊年斛斗、油、蘇等，具

件　如　前，謹　牒。

牒　件　狀　如　前，謹　牒。

亥年三月　日寺主義深謹牒。

説明

此件首缺尾全，倒書，其内容是吐蕃管轄敦煌時期某亥年三月某寺寺主義深所作之諸色斛斗入破歷算會牒之尾部。

校記

〔一〕『充』，《敦煌社會經濟文獻真蹟釋録》釋作『貳㪷』，誤；『磑課用』，《敦煌社會經濟文獻真蹟釋録》據殘筆劃及文義校補。

〔二〕『麨』，《敦煌社會經濟文獻真蹟釋録》釋作『麵』，誤。

〔三〕『賣』，當作『買』，《敦煌社會經濟文獻真蹟釋録》據文義校改，『賣』爲『買』之借字。

〔四〕『勝』，通『升』。以下同，不另出校。

參考文獻

《敦煌寶藏》三四册，臺北：新文豐出版公司，一九八二年，三八四頁（圖）；《敦煌遺書總目索引》，北京：中華書局，一九八三年，一九四頁；《敦煌社會經濟文獻真蹟釋録》三輯，北京：全國圖書館文獻縮微複製中心，一九九〇年，三〇八頁（圖）（録）；《英藏敦煌文獻》五卷，成都：四川人民出版社，一九九二年，二六四頁（圖）；《敦煌遺書總目索引新編》，北京：中華書局，二〇〇〇年，一二八頁；《唐五代敦煌飲食文化研究》，北京：民族出版社，二〇〇四年，二九頁。

斯四一九一背　二　戌年正月乾元寺常住諸色斛斗入破曆算會牒

釋文

乾元寺　　　　　　　　狀上

當寺常住，從酉年正月一日至戌年正月已前，入諸色斛斗及先年舊迴

錢（殘）油〔一〕、蘇、米、麵、麨等，總一百卌一石一斗四升。

　卌四石六斗四升麥，卅二石五斗粟，廿九石二斗白麵，一十三

　石麤麵，五石一斗五升麨，一石一斗米，五斗油，五石黄麻，五升蘇〔二〕。

卌　四　石　三　斗，申　年　迴　殘。

　七石二斗麥，八石一斗白麵，一十九石五斗粟，三石麤麵，

　九斗五升麨，五斗米，五升蘇，五石黄麻。

（後缺）

説明

此件首全尾缺，倒書，筆跡與上件不同，其内容是吐蕃管轄敦煌時期某戌年正月乾元寺常住諸色斛斗入破歷算會牒。《敦煌社會經濟文獻真蹟釋録》謂：『按照算會牒格式，四行與五行之和，應與三行總計一致。但此件略有差誤，當係造歷者疏忽所致』（《敦煌社會經濟文獻真蹟釋録》三輯，三〇七頁）。按原卷計算并無錯誤，而是《敦煌社會經濟文獻真蹟釋録》將『五升蘇』誤釋爲『五斗蘇』，才得出了錯誤的計算結果。

校記

〔一〕『錢』，當作『殘』，《敦煌社會經濟文獻真蹟釋録》據文義校改。

〔二〕『升』，《敦煌社會經濟文獻真蹟釋録》《敦煌社會經濟文獻論考》均釋作『斗』，誤。

參考文獻

《敦煌寶藏》三四册，臺北：新文豐出版公司，一九八二年，三八四頁（圖）；《敦煌遺書總目索引》，北京：中華書局，一九八三年，一九四頁；《敦煌社會經濟文獻真蹟釋録》三輯，北京：全國圖書館文獻縮微複製中心，一九九〇年，三〇七頁（圖）（録）；《英藏敦煌文獻》五卷，成都：四川人民出版社，一九九二年，二六四頁（圖）；《敦煌寺院會計文書研究》，臺北：新文豐出版公司，一九九七年，四〇頁；《敦煌遺書總目索引新編》，北京：中華書局，二〇〇〇年，一二八頁；《敦煌社會經濟文獻論考》，上海人民出版社，二〇〇三年，三八六至三九〇頁（録）；《唐山師範學院學報》二〇一七年六期，一〇〇頁。

斯四一九二　吐蕃時期子年丑年儭司唱賣儭施所得斛斗支給歷

釋文

悲濟花前九斗折唱外，合得三石六斗五升，支明心下。

明心唱十三石五斗，折本分一石五斗五升，支菩提藏三石八斗七升，支悲濟花三石六斗五升。

明心折外更合出七斗迴入儭〔一〕，請收入心明下更加七斗。安教授合請先儭八斗五升，幸[請]支給〔二〕。三月十二日戒藏。尼德定花合得先儭四石三斗三升，請與支給〔三〕，收名後筭。

智照下廿八石〔四〕：折本分五石三斗八升，法安三石九斗一升，經十二石九斗三升，談顒糧兩石八斗，誦戒賞兩石。餘九斗八升，迴入儭。

明心前四石四斗，折外合得八斗。

丑年了悟唱綾十八石三斗〔五〕：折本分二石六斗，襪社三石九斗，嚴淨花一石二斗〔六〕，智勝四石一斗，淨嚴二石九斗八升，支經三石五斗二升〔七〕。

（後缺）

説明

此件首全尾缺，其内容是儭司唱賣所得斛斗支出歷，存悲濟花、明心、智照、了悟四人的記録，其中最後部分的了悟在丑年，則其他人當在子年。明心的記録中部分文字以豎綫隔開，係另一人所寫。

此件《敦煌遺書總目索引》擬名『悲濟花等唱經糧食賬』，《敦煌寶藏》《敦煌遺書總目索引新編》因之。《敦煌社會經濟文獻真蹟釋録》擬名『丑年悲濟花等唱賣得入支給歷』，《英藏敦煌文獻》擬名『悲濟花等僧尼得儭歷』。按此件與北敦二四九六（成字九六）背『儭司唱賣儭施得布支給歷』屬於同類文書（參看郝春文《唐後期五代宋初敦煌僧尼的社會生活》第六章，三一一至三一四頁），不過該件唱賣所得物爲布，此件爲糧食，時稱『斛斗』。所以，此件應擬名爲『儭司唱賣儭施所得斛斗支給歷』。此件中有『丑年』，吐蕃管轄敦煌時期習用地支紀年，則此件的年代可能在吐蕃時期。

校記

〔一〕此句至『收名後筭』，爲另筆書寫。

〔二〕『請』，據殘筆劃及文義補。
〔三〕『請與』，《敦煌社會經濟文獻真蹟釋録》未能釋讀。
〔四〕『智』，《敦煌社會經濟文獻真蹟釋録》釋作『普』，誤。
〔五〕『了悟』，《敦煌社會經濟文獻真蹟釋録》釋作『一月伍日』，誤。
〔六〕『嚴淨』，《敦煌社會經濟文獻真蹟釋録》未能釋讀。
〔七〕『經三石五斗二升』，《敦煌社會經濟文獻真蹟釋録》未能釋讀。

參考文獻

《敦煌寶藏》三四册，臺北：新文豐出版公司，一九八二年，三八六頁（圖）；《敦煌社會經濟文獻真蹟釋録》三輯，北京：全國圖書館文獻縮微複製中心，一九九〇年，一五〇頁（圖）（録）；《英藏敦煌文獻》五卷，成都：四川人民出版社，一九九二年，二六五頁（圖）；《唐後期五代宋初敦煌僧尼的社會生活》，北京：中國社會科學出版社，一九九八年，三一一至三一四頁。

斯四一九二背　未年四月五日張國清便麥契

釋文

（前缺）

康堅意　堅辯□

未年四月五日，張國清遂於　處便麥叁蕃升〔一〕，其麥並限至秋八月末還。如不

還〔二〕，其麥請倍〔三〕，仍掣奪〔四〕。如中間身不在，一仰保人代還。恐人無信，故立私契〔五〕，

兩共平章，書指爲記〔六〕。

麥主

便麥人張國清年卅三〔七〕

保人羅抱玉年五十五

見人李勝

見人高子豐

見人畫允振

報恩窖内分付。四月五日記。

説明

此件首缺尾全，『康堅意、堅辯』，應爲上件之尾部，因僅存兩個人名，故未單作一件。人名後是『未年四月五日張國清便麥契』，其後有『報恩窖内分付。四月五日記』。最後一行文字與『便麥契』前之人名筆跡相似，『便麥契』是用硬筆書寫，筆跡與前後之文字均不同。『便麥契』中兩處『麥主』名字均空缺不書，契約後的一行文字應爲報恩寺主管借貸者所書。這都説明此件是報恩寺所留存，故無需書明麥主，並標明了借貸物從何處出。

此件中的『未年』當在吐蕃管轄敦煌時期，唐耕耦疑爲貞元十九年（公元八〇三年）（參見《敦煌社會經濟文獻真蹟釋録》二輯，七九頁），沙知疑爲開成四年（公元八三九年）（《敦煌契約文書輯校》，一五〇頁）。此件中之『張國清』又見於伯五〇〇三《社司轉帖》，該件亦在吐蕃管轄敦煌時期。

校記

〔一〕『升』，《敦煌社會經濟文獻真蹟釋録》《敦煌契約文書輯校》釋作『馱』。

〔二〕『如』，《敦煌社會經濟文獻真蹟釋録》釋作『如違』，按底本實無『違』字。

〔三〕『倍』，《敦煌社會經濟文獻真蹟釋録》釋作『陪』，校改作『倍』。

〔四〕『奪』後《敦煌社會經濟文獻真蹟釋録》校補『家資』二字。
〔五〕『私』，《敦煌契約文書輯校》釋作『此』，誤。
〔六〕『書』，《敦煌社會經濟文獻真蹟釋録》釋作『畫』。
〔七〕『卌』，《敦煌社會經濟文獻真蹟釋録》釋作『四十』。

參考文獻

《敦煌資料》一輯，北京：中華書局，一九六一年，三五六頁（録）；*TunHuang and turfan Documents concerning Social and Economic history* Ⅲ，東京：東洋文庫，一九七八年，Legal Text（A）p. 101（圖）/（B）p. 61（録）；《敦煌寶藏》三四册，臺北：新文豐出版公司，一九八二年，三八六頁（圖）；《敦煌學輯刊》一九八四年一期，五頁；《隋唐五代經濟史料彙編校注》一編，北京：中華書局，一九八七年，九五六至九五七頁（録）；《敦煌社會經濟文獻真蹟釋録》二輯，北京：全國圖書館文獻縮微複製中心，一九九〇年，七九頁（圖）（録）；《英藏敦煌文獻》五卷，成都：四川人民出版社，一九九二年，二六五頁（圖）；《中國歷代契約會編考釋》，北京：北京大學出版社，一九九五年，三七五至三七六頁（録）；《敦煌契約文書輯校》，南京：江蘇古籍出版社，一九九八年，一五〇至一五一頁（録）；《律令時代中國的法律與社會》，北京：知識産權出版社，二〇〇七年，二一〇至二一一頁。

斯四一九三背　　佛窟畫草

釋文

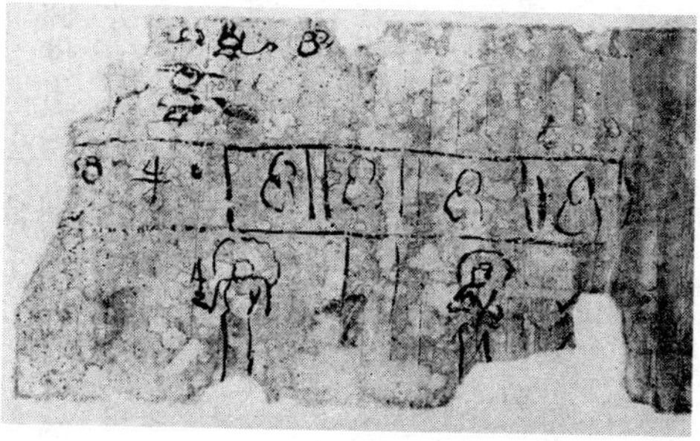

説明

此件畫於《觀無量壽佛經》卷背，倒書，有烏絲欄。沙武田認爲此爲『洞窟壁畫結構佈局草圖』（參看《敦煌畫稿研究》，三五頁）。

參考文獻

《敦煌寶藏》三四册，臺北：新文豐出版公司，一九八二年，三八七頁（圖）；《英藏敦煌文獻》五卷，成都：四川人民出版社，一九八二年，二六六頁（圖）；《敦煌畫稿研究》，北京：中央編譯出版社，二〇〇七年，三五頁。

斯四一九四　太子成道變文

釋文

其女聞已，集取千牸牛，搆與五百〔一〕。此五百與二百五十，此二百五五十與百二十五〔二〕，此百廿五與六十〔三〕，此六十與十五。此十五牛乳著於一分秔米煮之〔四〕。二女煮時現十六種相：或滿華瓶相〔五〕，或功德河水淵相，或萬字之相，或千輻輪相，或〔斛〕領牛相〔六〕，或象王龍王之相，或魚相，或大丈夫相，或帝釋相，或梵王相，或現乳麋（糜）至（上）上（至）半多羅樹相〔七〕，或一多羅樹相，或一丈大狀。還入彼器，無有遺失。

爾時菩薩於二月廿三日晨朝時〔八〕，向優婁頻螺聚落乞食〔九〕，至難提迦村主門前默然而立。是時村主女見於菩薩乞食〔一〇〕，便持一金鉢，盛滿和蜜乳麋（糜），持与菩薩。菩薩見已，念言：『我今得如（好）封瘡之藥〔一一〕。』菩薩受已，食了安詳而出〔一二〕，至尼連河岸，持所得之食置於上〔一三〕，脱衣入水澡（澡）浴熱氣〔一四〕，澡（澡）浴已〔一五〕，取其袈裟，於水中濯出捩曬乾，著衣體上〔一六〕，欲〔渡〕彼水〔一七〕，波流湍疾〔一八〕，身色尫羸〔一九〕，六年苦行〔二〇〕，不能得越彼河之岸。彼河有一大樹名頞誰那，此樹神名柯俱婆。此神見菩薩，以手引上菩薩，令菩薩挹度彼河岸〔二一〕。

爾時尼連禪主有一龍女名尼連荼邪〔二二〕，從地踊出〔二三〕，手執天妙苓（筌）提〔二四〕，奉獻菩薩，菩薩受已，即坐其上，取村主女乳糜（糜），如意飽食。食皆盡了，緣過去世行檀福報業力薰故〔二五〕，身體平復如舊，端正無有缺減〔二六〕。菩薩食已，時（持）此金鉢擲於海中〔二七〕，龍王得已，生大希〔二八〕，是時天帝釋即化身作金翅鳥，從海龍王邊奪將，卅三天置節供養〔二九〕，至今不斷。

爾時菩薩漸漸向（菩）提樹而行〔三〇〕，至於半路〔三一〕，如是思惟：『我今至此樹下，欲作何座證大菩提？』是時諸天知已〔三二〕，空中告曰：『過去諸佛悉皆如是，今大仁者鋪草取於正覺。』菩薩告曰：『誰與我草？』四面觀著，帝釋天土化身爲一刈草人，去菩薩不遠，右邊而立〔三三〕，刈草。此草青緑色，甚大柔滑，香氣芬芳。菩薩見已，告彼人曰：『仁者字何？』彼人曰：『我名吉利。』菩薩聞已，大喜：『我求吉利，今見吉人，甚大。』時（是）是（時）菩薩告彼人曰〔三四〕：『汝能與我草不？』彼人答曰：『我能與。』菩薩見與受取〔三五〕，自（手）手（自）執持〔三六〕，向菩提樹而行。菩薩向行〔三七〕，次有一夜叉〔三八〕，名曰雷（香）獸〔三九〕，守於此樹。是時見菩薩來，急告一同伴夜叉名曰赤眼：『汝今火急報於魔王〔四〇〕，往昔拘留孫、拘那含、迦葉等之地，今更有精進之人，來侵王境界。』魔王聞已，召集八部及一切諸鬼神，種種形貌〔四一〕。

爾時菩薩至菩提樹下，東面持草擲於地上，其草不亂。菩薩口云：『此草不亂大吉祥。此吉祥相，表我在於亂世間中，令定得不亂之法。』其時地六震動，菩薩遶樹三匝，跏趺而坐〔四二〕，口三唱云：『我證甘露法，若不證此法，終不起坐。』

爾時魔王來於樹下，語菩薩曰：『汝離我此樹，莫於中坐，我今損汝。』菩薩已（以）偈告曰〔四三〕：『虛空刀仗雨我身，寸寸節節割我體。我若不渡生死海，此菩提樹終不移。』魔王聞已，大生瞋怒，報菩薩云：『汝看今日，煞汝令死，汝急走之，我有四兵，召取將來，擲汝他方。』

爾時等（菩薩）已（以）偈答云〔四四〕：『淨居諸天是我衆，智力爲箭方便弓。我今降伏汝不難，猶如醉（？）象蹋枯竹。』是時魔王召集四兵，種種形貌，向菩提樹下惱亂菩薩。

爾時菩薩以手拍地，其地忽然二（六）種震動〔四五〕，作大音聲，如銅鍾明（鳴）〔四六〕。其魔惟聞聲中或打或煞，斷其黑暗之〔行〕〔四七〕，莫放波旬。波旬聞已，歸依於佛。

爾時菩薩降魔已了，於其夜初更獲六神通。漸至半夜，證十二因緣法。至於夜後，即知我生已盡，梵行成立，所作已辦，不受後生。其夜三分已過，第四於夜後分〔四八〕，明星初出現時，夜尚寂靜，一切衆生，行與不行，皆未覺寤〔四九〕。是時婆伽婆即生知自見〔五〇〕，成大菩提，放大光明，六道四生，蒼生過其光照，獲大利益。不具足者，六根皆得具足。
爾時世尊從羊子林起，行至一林下名差梨尼迦此云乳〔五一〕法林，到彼林已，經十七日〔五二〕，以三昧力相續而住〔五三〕。然後善生村主女施乳麋（糜）〔五四〕，一食已後，更不別食，至今活命。是時彼處從北天（竺）有二商主〔五五〕，一名帝梨富婆（娑）〔五六〕，二名跋梨迦。此二人北天（竺）貨賣〔五七〕，迴至差尼林〔五八〕，被此林神捉不放過，此二人發願禮天。彼神現身，報二人曰：『汝莫怖〔五九〕，此林中如來初成道，經今卌九日未曾得食〔六〇〕，汝能將麨酪蜜奉如來不？』商主二人告曰：『我能。』爾時二人至彼林已，禮佛雙足，卻住一面，白世尊言：『願爲我等，受此麨等〔六一〕，愍我等故〔六二〕。』
爾時世尊思惟：『我今當以何器而受二人之食？』思惟已，時四天王共持四金鉢奉上於佛〔六三〕。爾時世尊不受：『出家之人，不合畜此。』時四天王更將銀鉢奉，亦不受。更以種種七寶之鉢奉，皆不受之。
爾時北方天王告三天王曰：『我念往昔，青色諸天，將四石器奉我，白我曰：「用受食。」別有一天（子）〔六四〕，名毗盧遮那，白我言：「仁者天王〔六五〕，真（慎）勿〔六六〕，此石器供養如塔〔六七〕。所以者何？當來有佛出世，號（以下原缺文）

説明

此件首尾完整，原未抄完，無題，起『其女聞已』，訖『當來有佛出世，號』，其内容是釋迦牟尼下雪山之後，在菩提樹下成正覺，降服外道的故事。《敦煌遺書總目索引》擬名『佛經』；《敦煌寶藏》擬名『佛本行集經卷第二十八第二十九節録』，《敦煌遺書總目索引新編》從之。《英藏敦煌文獻》擬名『太子成道變文』，兹從之。

校記

〔一〕『搆』，《敦煌文獻中太子成道故事變文寫本叙録》釋作『轉』，誤。

〔二〕第二個『五』，據文義係衍文，當删。

〔三〕『百』，據殘筆劃及《佛本行集經》補；『廿』，《敦煌文獻中太子成道故事變文寫本叙録》釋作『二十』。

〔四〕『秔』，《敦煌文獻中太子成道故事變文寫本叙録》校改作『粳』，不必。

〔五〕『華』，據殘筆劃及文義補，《敦煌文獻中太子成道故事變文寫本叙録》釋作『□』，校補作『花』。

〔六〕『斛』，底本有一字空白，據《佛本行集經》補。

〔七〕『麐』，當作『麖』，據《佛本行集經》改，以下同，不另出校，《敦煌文獻中太子成道故事變文寫本叙録》逕釋作『麖』；『至上』，當作『上至』，據《佛本行集經》改。

〔八〕『廿』，《敦煌文獻中太子成道故事變文寫本叙録》釋作『二十』。

〔九〕『螺』，《敦煌文獻中太子成道故事變文寫本叙録》校改作『蠡』。

〔一〇〕「於」，據殘筆劃及《佛本行集經》補。
〔一一〕「如」，當作「好」，據《佛本行集經》改。
〔一二〕「詳」，《敦煌文獻中太子成道故事變文寫本叙録》校改作「庠」。
〔一三〕「持」，《敦煌文獻中太子成道故事變文寫本叙録》釋作「時」，誤；「所」，《敦煌文獻中太子成道故事變文寫本叙録》釋作「即」，誤；「得之食置於上」，《敦煌文獻中太子成道故事變文寫本叙録》校改作「便持所得之食」。
〔一四〕「澡」，當作「澡」，據《佛本行集經》改，「澡」爲「澡」之借字，《敦煌文獻中太子成道故事變文寫本叙録》釋作「淨」，誤。
〔一五〕「澡」，當作「澡」，據文義及《佛本行集經》改，「澡」爲「澡」之借字，《敦煌文獻中太子成道故事變文寫本叙録》釋作「□」，校補作「澡」，按底本「澡」字可辨識。
〔一六〕「衣」，《敦煌文獻中太子成道故事變文寫本叙録》校改作「於」，不必。
〔一七〕「渡」，據文義及《佛本行集經》補；「彼」，《敦煌文獻中太子成道故事變文寫本叙録》釋作「□」，校補作「彼」，按底本「彼」可辨識。
〔一八〕「波」，《敦煌文獻中太子成道故事變文寫本叙録》釋作「没」，誤；「疾」，《敦煌文獻中太子成道故事變文寫本叙録》釋作「□」，校補作「疾」，按底本「疾」字可辨認。
〔一九〕「色」，《敦煌文獻中太子成道故事變文寫本叙録》校改作「體」。
〔二〇〕此句《敦煌文獻中太子成道故事變文寫本叙録》漏録。
〔二一〕「挹」，《敦煌文獻中太子成道故事變文寫本叙録》校改作「得」；「度」，通「渡」，《敦煌文獻中太子成道故事變文寫本叙録》釋作「彼」，誤；「彼」，《敦煌文獻中太子成道故事變文寫本叙録》釋作「渡」，誤。
〔二二〕「荼」，《敦煌文獻中太子成道故事變文寫本叙録》釋作「荼」，誤。

〔二三〕『踊』，《敦煌文獻中太子成道故事變文寫本叙録》釋作『硧』，誤。

〔二四〕『苓』，當作『筌』，據《佛本行集經》改。

〔二五〕『薰』，《敦煌文獻中太子成道故事變文寫本叙録》釋作『熏』，誤。

〔二六〕『無』，《敦煌文獻中太子成道故事變文寫本叙録》校改作『可』；『有』，據殘筆劃及《佛本行集經》補，《敦煌文獻中太子成道故事變文寫本叙録》釋作『□』，校補作『喜』；『缺』前《敦煌文獻中太子成道故事變文寫本叙録》校補『無有』。

〔二七〕『時』，當作『持』，《敦煌文獻中太子成道故事變文寫本叙録》據文義校改，『時』爲『持』之借字。

〔二八〕『生』，《敦煌文獻中太子成道故事變文寫本叙録》漏録；『希』，《敦煌文獻中太子成道故事變文寫本叙録》釋作『齋』，誤。

〔二九〕『卅』，《敦煌文獻中太子成道故事變文寫本叙録》釋作『三十』；『置』，《敦煌文獻中太子成道故事變文寫本叙録》釋作『□』，校補作『恆』；『節』，《敦煌文獻中太子成道故事變文寫本叙録》釋作『即』，誤。

〔三〇〕第二個『菩』，據《佛本行集經》補。

〔三一〕『於』，據殘筆劃及文義補。

〔三二〕『知』，《敦煌文獻中太子成道故事變文寫本叙録》釋作『□』，校補作『子』；『已』，《敦煌文獻中太子成道故事變文寫本叙録》校改作『等』。

〔三三〕『立』，《敦煌文獻四種疑似〈佛本行集經〉講經文考辨》《敦煌文獻中太子成道故事變文寫本叙録》釋作『去』，誤。

〔三四〕『時是』，當作『是時』，據文義改，《敦煌文獻中太子成道故事變文寫本叙録》逕釋作『是時』；『彼』字右側有殘筆劃。

〔三五〕『取』，《敦煌文獻中太子成道故事變文寫本叙録》未能釋讀。
〔三六〕『自手』，當作『手自』，據《佛本行集經》改。
〔三七〕『向』後，《敦煌文獻中太子成道故事變文寫本叙録》校補作『菩提樹』。
〔三八〕『次』，《敦煌文獻中太子成道故事變文寫本叙録》校改作『時』。
〔三九〕『雷』，當作『香』，據《佛本行集經》改。
〔四〇〕『今』，據殘筆劃及文義補，《敦煌文獻中太子成道故事變文寫本叙録》釋作『合』。
〔四一〕『貌』，《敦煌文獻中太子成道故事變文寫本叙録》釋作『息』，校改作『容』，誤。
〔四二〕『跏』，《敦煌文獻四種疑似〈佛本行集經〉講經文考辨》校改作『加』，不必。
〔四三〕『已』，當作『以』，據文義改，『已』爲『以』之借字。以下同，不另出校。
〔四四〕『等』，當作『菩薩』，據文義改，底本係『菩薩』合文『井』的訛寫。
〔四五〕『二』，當作『六』，據《佛本行集經》改。
〔四六〕『明』，當作『鳴』，據文義改，『明』爲『鳴』之借字。
〔四七〕『行』，據《佛本行集經》補。
〔四八〕『第』，底本原寫作『弟』，按寫本中『第』『弟』形近易混，故可據文義逕釋作『第』。
〔四九〕『寤』，通『悟』。
〔五〇〕『自』，據文義係衍文，當删。
〔五一〕『差』，《敦煌文獻四種疑似〈佛本行集經〉講經文考辨》釋作『著』，誤；『法』，《敦煌文獻四種疑似〈佛本行集經〉講經文考辨》釋作『汁』，誤。
〔五二〕『經』，《敦煌文獻四種疑似〈佛本行集經〉講經文考辨》未能釋讀。

〔五三〕『住』，《敦煌文獻四種疑似〈佛本行集經〉講經文考辨》釋作『往』，誤。

〔五四〕『後』，《敦煌文獻四種疑似〈佛本行集經〉講經文考辨》釋作『彼』，誤；『主』，據殘筆劃及《佛本行集經》補。

〔五五〕『竺』，據《佛本行集經》補，《敦煌文獻四種疑似〈佛本行集經〉講經文考辨》逕釋作『竺』。

〔五六〕『婆』，當作『娑』，據《佛本行集經》改。

〔五七〕『二人北』，《敦煌文獻四種疑似〈佛本行集經〉講經文考辨》漏録；『竺』，據《佛本行集經》補。

〔五八〕『差』，《敦煌文獻四種疑似〈佛本行集經〉講經文考辨》釋作『著』，誤。

〔五九〕『怖』，《敦煌文獻四種疑似〈佛本行集經〉講經文考辨》釋作『端』，誤。

〔六〇〕『經』，《敦煌文獻四種疑似〈佛本行集經〉講經文考辨》釋作『□』，校補作『經』，按底本『經』字清楚；『卌』，《敦煌文獻四種疑似〈佛本行集經〉講經文考辨》釋作『四十』。

〔六一〕『等』，《敦煌文獻四種疑似〈佛本行集經〉講經文考辨》漏録。

〔六二〕『愍』，《敦煌文獻四種疑似〈佛本行集經〉講經文考辨》釋作『世尊愍』，按底本實無『世尊』二字；『等』，據殘筆劃及《佛本行集經》補。

〔六三〕『鉢』，據殘筆劃及《佛本行集經》補。

〔六四〕『子』，據《佛本行集經》補。

〔六五〕『仁』，據殘筆劃及《佛本行集經》補。

〔六六〕『真』，當作『慎』，據《佛本行集經》改，『真』爲『慎』之借字。

〔六七〕『塔』，底本寫作『偺』，係涉上文『供』而成之類化俗字。

參考文獻

《敦煌の文學》，東京：大藏出版株式會社，一九七一年，七〇頁；《敦煌の民衆：その生活と思想》，東京：評論社，一九七二年，二三四頁；《敦煌の繪物語》，東京：東方書店，一九八一年，一一三頁；《敦煌寶藏》三四册，臺北：新文豐出版公司，一九八二年，三八八頁（圖）；《敦煌遺書總目索引》，北京：中華書局，一九八三年，一九四頁（録）；《甘肅社會科學》一九八四年一期，八七頁；《敦煌學輯刊》一九八六年一期，四七至四八頁；《敦煌文書學》，臺北：新文豐出版公司，一九九一年，二一頁；《英藏敦煌文獻》五卷，成都：四川人民出版社，一九九二年，二六七頁（圖）；《敦煌遺書總目索引新編》，北京：中華書局，二〇〇〇年，一二八頁（録）；《敦煌文獻と中國文學》，東京：五曜書房，二〇〇〇年，四七四頁；《漢語史學報專輯》三輯，上海教育出版社，二〇〇三年，三三七頁；《佛經文學研究論集》，上海：復旦大學出版社，二〇〇四年，二八五頁；《敦煌學國際研討會論文集》，北京圖書館出版社，二〇〇五年，一七六頁；《綿陽師範學院學報》二〇一七年六期，一三〇至一三一頁（録）；《國學》二〇一七年一期，二七二至二七四頁（録）。

斯四一九五+斯四六一一+伯四五二五（一六）　一　大智度論卷第九〇勘經題記

釋文

兑〔一〕。
兑。
兑。
兑〔二〕。
兑。
兑〔三〕。
兑。
兑。
兑。

説明

此卷由斯四一九五、斯四六一一和伯四五二五綴合而成，正面爲《大智度論》卷九〇，經文上有大字書寫之『兑』字。行間有一行雜寫。背面爲『雜字類抄』、『籯金字書』和雜寫，字體不一，當係不同人不同時期所寫。其中『雜字類抄』和『籯金字書』上下抄寫，二者間按照前者的行款用曲綫區隔，表明『雜字類抄』抄寫在前，『籯金字書』是利用原紙每行下的空白抄寫的。

以上文字大字書寫於《大智度論》卷九〇經文之上，表示這幾紙佛經已經作廢。本書第二卷曾收録斯四六一一，當時未發現其可與其他寫卷綴合，此依據綴合後的文本重新釋録。此件《英藏敦煌文獻》未收，現予增收。

校記

〔一〕以下書於斯四一九五上。

〔二〕以下書於斯四六一一上。

〔三〕以下書於伯四五二五上。

參考文獻

《敦煌寶藏》四册，臺北：新文豐出版公司，一九八一年，三頁（圖）；《敦煌寶藏》三四册，臺北：新文豐出版公司，一九八二年，三八九頁（圖）；《敦煌寶藏》一三三册，臺北：新文豐出版公司，一九八六年，四二四頁（圖）；《法藏敦煌西域文獻》三一册，上海古籍出版社，二〇〇五年，三七五頁（圖）。

斯四一九五+斯四六一一+伯四五二五（一六）　二　雜寫

釋文

此是是大大大近圍。

説明

以上文字係時人隨手寫於經文行間，《英藏敦煌文獻》漏收，現予補録。

參考文獻

《敦煌寶藏》四册，臺北：新文豐出版公司，一九八一年，三頁（圖）；《敦煌寶藏》三四册，臺北：新文豐出版公司，一九八二年，三八九頁（圖）。

斯四一九五背＋斯四六一背＋伯四五二五（一六）背　一　雜字類抄附音義

釋文

（前缺）

舉[一]。

赤：赬，赭，赦。

冲，凌。

承：丞。

巫。

麥：麰。

翰。

邕。

婁。

水：漿。

册。
鹿：麟。
身：躰。
喬：矯。
罒〔二〕：罩。
虜。
歹：殁，殖。音寔，多也。
廬〔三〕。
毛〔四〕：毳。
公。
幕。音莫，帷幕。
貂。
創，劍。
壺。
春。

㐫，囷。

爽。

鳌。

匱。

走：赳。

咢。

説明

此件首缺尾全，無題，倒書，其内容是雜字摘抄，部分文字下有雙行小字音義。《英藏敦煌文獻》擬名『雜字附音義』，《敦煌經部文獻合集》擬名『雜字類抄』。按此件所抄雜字基本按部首歸類，個别字下注有音義，故擬今名。文中『幕』字音義中與字頭相同的字用一短豎省代，這種方法流行於五代以後的刻本韻書中，張涌泉據此推斷此件的年代可能在五代以後（參見《敦煌經部文獻合集》八册，四二九七頁）。

本書第二卷曾對斯四六一背進行過釋録，當時未發現該件可與其他卷號綴合，此依據綴合後的文本重新釋録。

校記

〔一〕此句以下爲斯四一九五背。

〔二〕「罒」，《敦煌經部文獻合集》認爲是「网」古異體字「冈」的變體。

〔三〕「盧」，《敦煌經部文獻合集》疑爲「盧」的訛俗字。

〔四〕此句以下爲斯四六一背。

參考文獻

《敦煌寶藏》四册，臺北：新文豐出版公司，一九八一年，四頁（圖）；《敦煌寶藏》三四册，臺北：新文豐出版公司，一九八二年，三九〇頁（圖）；《英藏敦煌文獻》五卷，成都：四川人民出版社，一九九二年，二六八頁（圖）；《英藏敦煌社會歷史文獻釋録》二卷，北京：社會科學文獻出版社，二〇〇三年，三四〇至三四一頁；《敦煌經部文獻合集》八册，北京：中華書局，二〇〇八年，四二九八至四二九九頁（録）。

斯四一九五背+斯四六一背+伯四五二五（一六）背　二　籯金字書

釋文

（前缺）

顲〔一〕，頊，樞，罍，淘，摯，暬，叟，握，昭，遼，馗，鋒，操，譙〔二〕，魏，厲，射，淳，曆，堯，濬〔三〕，哲，舜，覆，允，薰，絃，負〔四〕，戾〔五〕，扆〔六〕，屏〔七〕，符〔八〕，籙〔九〕，衡〔一〇〕，既，晏，璺〔一一〕，撫，虹，瞳，肘，款，鑾，域，廷，溥，灑，埏〔一二〕，翼，羽，疇，禹，豹，附，嘉，穗，沽，義，揆，戰，版〔一三〕，陛，階，禎，踐，滂（傍）〔一四〕，扇，鑿〔一五〕，謳，沐，澤（宅）〔一六〕，賒，辮，丕，寔，措。

諸君篇第二〔一七〕　洊，疊，嗣，踵，籥，亮，渦，瀣，鞭，瑶，膳，裕，桀，戟，舒〔一八〕，館，儲，祧，饗，廟，巹，桂，瓊，蕚，係，派〔一九〕，裔，潢，祚，茅，猿，巖，源，紀，峙〔二〇〕，聳，耿，榆，帳，闢，映，征，鸞，麗，藻，機，轂，蓬，采，兢〔二一〕。

諸王篇第三　蔡，霍，聃，郜，雍，滕〔二二〕，酆，郇，蔣〔二三〕，邢〔二四〕，胤〔二五〕，晉〔二六〕，磐〔二七〕，仁〔二八〕，捷〔二九〕，植，範，囿，岫，玳，璽，碣，睢，綬，峙，茂，壤，敞〔三〇〕，邀，侣，枚〔三一〕，鄒，輝〔三二〕，蕙，宵，疲，鑣，傑，芳，思，綺，擅，乎。

公主篇第四　娥，婺，芝宫，掖，甃，膀，螭，樓〔三三〕，燧，穠〔三四〕，緡，釣，陶，擥，魯，峌〔三五〕，津，洛，姿，絢，蔭，聯，規，彤，翬，曜，續〔三六〕，旌，宛，翔，敖，悦，聲，蓄，榮，紃，組，馥〔三七〕，仇，恪，糟，糠，荆。

東都篇第五

（以下原缺文）

説明

此件首缺尾全，原未抄完，倒書，其内容是《籯金》摘抄，有篇題『諸君篇』『諸王篇』『公主篇』和『東都篇』。《敦煌遺書總目索引》最早判定其爲『籯金』，王三慶進而指出其係抄撮《籯金》之部分難字（參見《敦煌類書》，一〇一頁），《英藏敦煌文獻》擬名《籯金字書》，《敦煌經部文獻合集》擬名《籯金難字》。兹從《英藏敦煌文獻》擬名。

關於《籯金》的情况，可參看本書第九卷斯二〇五三背之『説明』。《敦煌經部文獻合集》認爲此件摘抄所依據的底本很可能是伯三九〇七《籯金》（參見《敦煌經部文獻合集》，四三〇一頁）。

校記

〔一〕以下書於斯四一九五背。

〔二〕「譙」，《敦煌經部文獻合集》釋作「潐」，誤。
〔三〕「濬」，《敦煌寫本〈籯金字書〉研究》釋作「俊」，誤。
〔四〕「負」，《敦煌寫本〈籯金字書〉研究》漏録。
〔五〕「戾」，《敦煌寫本〈籯金字書〉研究》漏録。
〔六〕「扆」，《敦煌寫本〈籯金字書〉研究》漏録。
〔七〕「屏」，《敦煌寫本〈籯金字書〉研究》漏録。
〔八〕「符」，《敦煌寫本〈籯金字書〉研究》漏録。
〔九〕「籙」，《敦煌寫本〈籯金字書〉研究》漏録。
〔一〇〕「衡」，《敦煌寫本〈籯金字書〉研究》漏録。
〔一一〕「璺」，《敦煌寫本〈籯金字書〉研究》釋作「瑩」，誤。
〔一二〕「埏」，《敦煌寫本〈籯金字書〉研究》釋作「堆」，誤。
〔一三〕「版」，《敦煌寫本〈籯金字書〉研究》釋作「般」，《敦煌經部文獻合集》釋作「殷」。
〔一四〕「滂」，當作「傍」，據斯五六〇四《籯金》改。
〔一五〕「鑿」，《敦煌寫本〈籯金字書〉研究》釋作「鑿阪」，按底本實無「阪」字。
〔一六〕「澤」，當作「宅」，據斯五六〇四《籯金》改。
〔一七〕「第」，底本原寫作「弟」，按寫本中「第」「弟」形近易混，故可據文義逕釋作「第」。以下同，不另出校。
〔一八〕「舒」，《敦煌經部文獻合集》疑此爲與下「館」字左部相同誤書而未塗去者，當刪。
〔一九〕「派」，《敦煌寫本〈籯金字書〉研究》釋作「流」，誤。
〔二〇〕「峙」，《敦煌寫本〈籯金字書〉研究》釋作「崎」。

〔二一〕『兢』，《敦煌經部文獻合集》認爲此字出自『波兢驚少海』，本係衍文。
〔二二〕『滕』，《敦煌寫本〈籯金字書〉研究》釋作『滕』，誤。
〔二三〕『蔣』，《敦煌寫本〈籯金字書〉研究》漏録。
〔二四〕『邢』，《敦煌寫本〈籯金字書〉研究》漏録。
〔二五〕『胤』，《敦煌寫本〈籯金字書〉研究》漏録。
〔二六〕『晉』，《敦煌寫本〈籯金字書〉研究》漏録。
〔二七〕『磐』，《敦煌寫本〈籯金字書〉研究》漏録。
〔二八〕『仁』，《敦煌寫本〈籯金字書〉研究》漏録。
〔二九〕『捷』，《敦煌寫本〈籯金字書〉研究》漏録。
〔三〇〕『敞』，《敦煌經部文獻合集》釋作『敝』，疑爲『敞』之形訛。
〔三一〕『枚』，《敦煌寫本〈籯金字書〉研究》釋作『收』。
〔三二〕『輝』，《敦煌寫本〈籯金字書〉研究》釋作『輝蔥』，按底本實無『蔥』字。
〔三三〕『棱』，《敦煌經部文獻合集》猜測是『棱』，《敦煌寫本〈籯金字書〉研究》釋作『棱』。
〔三四〕『禯』，《敦煌寫本〈籯金字書〉研究》釋作『禯』。
〔三五〕『哑』，《敦煌寫本〈籯金字書〉研究》未能釋讀。
〔三六〕『繢』，《敦煌寫本〈籯金字書〉研究》釋作『繪』，誤。
〔三七〕以下書於斯四六一背。

參考文獻

《敦煌寶藏》四册，臺北：新文豐出版公司，一九八一年，四頁（圖）；《敦煌寶藏》三四册，臺北：新文豐出版公司，一九八二年，三九〇頁（圖）；《東洋研究》七七輯，一九八六年，三一至六三頁；《敦煌學論文集》，上海古籍出版社，一九八七年，四九、三六三頁；《英藏敦煌文獻》五卷，成都：四川人民出版社，一九九二年，二六八頁（圖）；《英藏敦煌文獻》八卷，成都：四川人民出版社，一九九二年，一三一至一三八頁（圖）；《林師景伊逝世十周年紀念論文集》，臺北：文史哲出版社，一九九三年，三六九至三八四頁；《敦煌類書》，高雄：麗文文化事業股份有限公司，一九九三年，九九至一〇七、一三三三頁；《敦煌音義彙考》，杭州大學出版社，一九九六年，四九九頁；《法藏敦煌西域文獻》一五册，上海古籍出版社，二〇〇一年，二一〇至二一一頁（圖）；《法藏敦煌西域文獻》二九册，上海古籍出版社，二〇〇四年，一八二至一八三頁（圖）；《敦煌學輯刊》二〇〇六年二期，一七至一九頁（録）；《敦煌經部文獻合集》八册，北京：中華書局，二〇〇八年，四三〇〇至四三〇八頁（録）；《敦煌研究》二〇〇九年二期，六三至六八頁（録）；《敦煌寫本〈籯金〉系類書整理與研究》，北京：中國社會科學出版社，二〇二〇年，三九至四一頁。

斯四一九五背+斯四六一背+伯四五二五（一六）背　三　雜寫（千字文等）

釋文

千字文勑員外散[一]

千字文勑員外散騎侍

世尊觀世音菩薩世音

世尊歡　世尊尊

大大大

而[二]

十九　廿二　廿四　十八　法則漏盡

廿六　十九　十七　廿二　十七　廿一　法會分第一

廿二廿

金剛般若波羅蜜　祐杷玖（？）通

金剛般若波羅經法（？）　法會（？）　陰蕩蚩

金剛般若波羅蜜經法會分第一　張王李趙

李趙

法會目由分第一　張王

其人

金　金剛般若波羅蜜經

豹豹

如是我聞　我我我我我我豹豹豹豹

如是我聞一佛我

如是我聞一時佛在舍衛國祇給孤獨園

太平興國八年九月

惡人相燭千被馬

有德人心下　無才意即高

我聞如是一時佛住舍衛國

說明

以上文字係時人隨手寫於《大智度論》卷九〇背面，倒書，筆跡不同、字號大小不一，間有塗抹，係不同人不同時期所寫。

校記

〔一〕此句最後有一『騎』字未寫完。此句以下書於斯四六一背。

〔二〕以下書於伯四五二五（一六）背。

參考文獻

《敦煌寶藏》四册，臺北：新文豐出版公司，一九八一年，四頁（圖）；《敦煌寶藏》一三三册，臺北：新文豐出版公司，一九八六年，四二四頁（圖）；《法藏敦煌西域文獻》三一册，上海古籍出版社，二〇〇五年，三七五頁（圖）。

圖書在版編目(CIP)數據

英藏敦煌社會歷史文獻釋録. 第十八卷 / 郝春文等編著. --北京: 社會科學文獻出版社, 2022.4
(敦煌社會歷史文獻釋録. 第一編)
ISBN 978-7-5201-9639-0

Ⅰ. ①英… Ⅱ. ①郝… Ⅲ. ①敦煌學-文獻-注釋 Ⅳ. ①K870.6

中國版本圖書館 CIP 數據核字 (2022) 第 018671 號

敦煌社會歷史文獻釋録 第一編
英藏敦煌社會歷史文獻釋録 第十八卷

編　著 / 郝春文　游自勇　石冬梅　宋雪春　管俊瑋　武紹衛　聶志軍
助　編 / 田衛衛

出 版 人 / 王利民
責任編輯 / 李建廷
技術編輯 / 蔡曉穎　鄭鳳雲
責任印製 / 王京美

出　版 / 社會科學文獻出版社 (010) 59367215
地址: 北京市北三環中路甲 29 號院華龍大厦　郵編: 100029
網址: www.ssap.com.cn
發　行 / 社會科學文獻出版社 (010) 59367028
印　裝 / 三河市東方印刷有限公司

規　格 / 開 本: 889mm × 1194mm　1/32
印 張: 17.25　字 數: 366 千字
版　次 / 2022 年 4 月第 1 版　2022 年 4 月第 1 次印刷
書　號 / ISBN 978-7-5201-9639-0
定　價 / 69.00 圓

讀者服務電話: 4008918866